U0000075

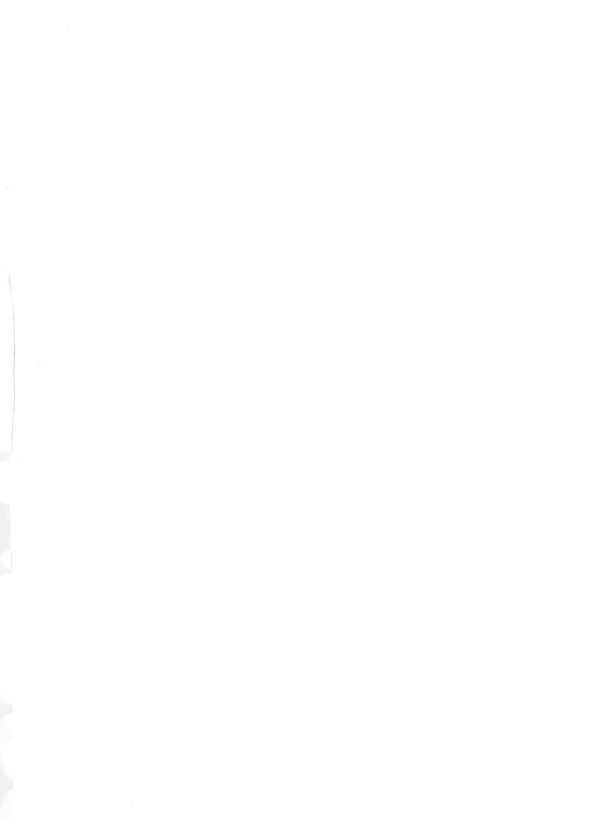

後漢書

百衲本二十四史

上海涵芬樓景印宋
紹興本原闕五卷半
借北平圖書館藏本
配補焉書板高營造
尺七寸寬五寸七分

百衲本後漢書覆校修正表

一、因補配殘本而致前後頁首尾重複者：

列傳一　十五─十六板（2775）「崇等以爲然而巫言益甚前及鄭今華陰縣乃相與議曰今迫近長安而」二十八字重複，圈刪。

列傳三十三　五─六板（3228）「解寢其事」四字重複，圈刪。

列傳七十六　二十七─二十八板（3876）「邛都」二字重複，圈刪。

列傳七十九　二十二─二十三板（3399 3310）「邊兵」二字重複，圈刪。

二、因補配殘本而致有闕文前後不貫者：

列傳三十八　八─九板（3322 9987）「之極」二字缺，添補。

三、原本存留墨丁，校對宋刊珍本，加以補正者：

列傳七下　三十三板（2866）一行首字「灾」

列傳七　一行末字「之」

列傳五十　三十板（3478）十三行頂格「一」

列傳五十二　十九板（3507）十七行末字「荒」

列傳五十三　二十八板（3728）十八行末字「乃」

列傳六十八　三十五板（3732）六行第四字闕文爲「言」

列傳六十九上　十四板（3739）一行倒第二字「舊」

　　　　　　　　　　　九行末格「窺」

　　　　　　　　　　　十行末格「寶」

　　　　　　　　　　　十七行末格「于」

　　　　　　　　　　　十八行頂格「爲」

　　　　　　　　　　　末行末字「多」

列傳七十下　二十四板（3781）一行首字「黃」

　　　　　　　　　　　一行末字「書」

　　　　　　二十六板（3782）十七行末字「于」

　　　　　　二十七板（3783）十八行頂格「割」

　　　　　　　　　　　十八行末字「賢」

列傳七十五　三板（3854）一行首字「試」

　　　　　　　　　　　一行末字「後史」

　　　　　　　　　　　二行末格「日悅」

　　　　　　　　　　　五行末格「悲」

　　　　　　　　　　　末行末二格「朱」

列傳七十七　一板（3882）一行頂格「十」（也音）

　　　　　　一板（3904）一行末二格「乘颿」

　　　　　　九板（3886）一行末字「闕」

　　　　　　十三板（3888）十七行末字「且」

　　　　　　四十二板（3902）十八行末字　狄中到鈇

　　　　　　三板（3905）末行末字「郁」

　　　　　　六板（3855）首行頂格「枹堪」

　　　　　　　　　　　末行第八字「輗」

　　　　　　　　　　　末行末字「輗」

　　　　　　　　　　　一行末字「三百」

　　　　　　　　　　　十七行末二字「令」

列傳七十八　二十六板（3916）末行末字「九」

列傳七十九　一板（3920）十三行末格「等故」

列傳八十　四板（3921）末行首二格「年春」

　　　　　十七板（3947）末行末二字「劣」

四、雕板顯然誤刻，加以改正者：

帝紀一上　一板（2590）九行四字　冷爲「沧」

帝紀一上

九板（2594）
十四行倒第二格　祝爲「祧」

十二板（2595）
十五行十三格　戎爲「戌」

帝紀一下

十五板（2597）
一行倒二格　勾爲「今」
十六行倒五格　同右

廿一板（2600）
十二行六字　主衍文删

廿一板（2600）
十二行八字　臣爲「匡」（避諱缺筆）

帝紀二

廿三板（2601）
十一行頂格　謂爲「謂」

廿四板（2601）
二行倒頂格　被爲「敬」

三三板（2606）
末行五格　國爲「國」

三四板（2606）
末行四格　成爲「城」

十一板（2613）
三行六格　鈇爲「欽」

十二板（2613）
十六行六格　欽爲「欽」

三十板（2622）
四行十一格　鐏爲「鐏」
四行十一─十三格　鐏□薄爲「慈□薄」

帝紀三

三板（2626）
六行八格　來爲「闞」

七板（2628）
二行倒十格　璧爲「辟」

十板（2629）
二行倒八格　宜爲「冥」

帝紀三

十三板（2645）
五行末字　蜋爲「蜋」

十六板（2646）
三行末字　羌爲「差」

十八板（2647）
十一行首字　同右

十九板（2648）
三行倒三字　肥爲「肥」

廿一板（2649）
十三行十格　普爲「晉」

廿三板（2650）
十四行十格　肥爲「肥」
九行八字　桓爲「肥」

廿四板（2650）
十七行八字　肥爲「肥」
十七行倒五字　桓爲「構」

廿五板（2651）
十八行九格　同右
二行四格　麋爲「肥」

廿七板（2652）
六行九字　麋爲「麋」
十二行倒六格　仍爲「乃」

五、修正目錄

後漢目

三板（2574）
四行　補「靈思何皇后獻帝伏皇后」
十七行　義爲「儀」

四板（2574）
六行　義爲「儀」
十六行　義爲「儀」

二十板（2582）
七行　「邙懼」下補「子壽」

廿一板（2583）
十一行　「子固」删

廿二板（2583）
十一行　補「章帝八王」

廿三板（2584）
十四行　補「明帝八王」

廿五板（2585）
十四行　墨丁爲「帝」

廿六板（2585）
七行　「郎顗」下補

廿七板（2586）
十行　「子譚」爲「郭」

廿八板（2586）
四行　「劉表」删

三十板（2588）
四行　「編」爲「倫」

三一板（2588）
八行　「慮」爲「憲」

帝紀四

十六板（2580）
九行　「子陒」移在「任光」下

十八板（2581）
二行　「子豹」移在四行「馮衍」

帝紀五

十八板（2662）
五行九字　網爲「綱」

十三板（2663）
十三行七格　姚爲「祧」

廿板（2663）
十七行十二格　二爲「而」

廿板（2669）
十三行五格　論爲「謚」

十三板（2675）
六行二字　凱爲「愷」

十九板（2678）
末行倒二格　滑爲「渴」

列傳四

八板（2811）
首行二格　舉爲「事」

列傳七

十板（2812）
首行三格　追爲「迫」

列傳七

十七板（2866）
首行五格　相爲「桓」

列傳五十三

三三板（3518）
十七行末字　水爲「永」

列傳六十八

三三板（3731）
十四行末字　麋爲「麋」

列傳七十下

廿四板（3781）
首行二字　市爲「巾」

列傳七十五

六板（3855）
首行倒二字　印爲「詣」

百衲本二十四史後漢書覆校記略

百衲本後漢書係根據本館前涵芬樓所藏紹興本影印，原闕五卷半，借北平圖書館及日本靜嘉堂文庫殘本配補。當年意在存真，其中未盡完善之處，一仍其舊。今已印行數版，流通近一千部，保存珍本之目的已達。爰就影本，加以覆校。勉圖尺寸之進，以期便利讀者。

本館編印衲本之初，全體編輯同人共成校勘記百數十冊，極具價值。本擬董理，印行專書，其後因故未果。今大陸淪陷，原稿已無法利用，深以為惜。惟近年故宮珍藏善本，陸續公開，特借故宮博物院所藏宋福唐郡庠復景祐監刊元代修補本及中央圖書館所藏錢大昕手跋北宋刊本與宋慶元間建安劉元起刊本，覆校影本。經此互校以後，宋刊原來面目，大致可復舊觀。

計修正影本因配補殘本而致首尾不貫者五處，其中重複者四處，共圈刪衍文三十六字，脫漏者一處，補足缺文兩字。原板存留墨丁四十六處，補正五十二字。另有顯屬雕刻錯誤者若干字，亦酌為改正。又修正目錄，計補字二十，刪字十，改錯字六，補墨丁一，移字四。先予列表於後，以備查考。

臺灣商務印書館編審委員會

中華民國六十五年十月

《百衲本二十四史》 新版刊印序

《百衲本二十四史》是近百年來校考最精良、版本最珍貴、蒐羅最廣泛的二十四史，先父王雲五先生於一九七六年〈重印補校百衲本二十四史序〉中已有論證。

一八九七年商務印書館在上海創立，創館元老張元濟先生於一九○二年正式主持商務印書館編譯所，將商務帶入「出版好書、匡輔教育」的出版之路。一九二一年(民國十年)王雲五先生經胡適先生推薦，接替主持商務印書館編譯所，並於一九三○年兼任總經理，與張元濟先生共同為商務印書館的百年大業作出貢獻。

張元濟先生入館後，積極蒐購民間珍貴藏書，一方面用來印製、廣泛發行，另一方面也為成立「涵芬樓」藏書室(後來開放為「東方圖書館」)預作準備。當年他並積極向各公私立圖書館商借影印各種版本的二十四史，逐一比較補正缺漏，然後在一九三○年開始付印，至一九三七年全部出齊。校印工程之艱鉅與可貴，從他所撰寫的《校史隨筆》可以了解。

商務涵芬樓所珍藏的二十四史及各種珍貴版本，可惜在一九三二年日本發動淞滬戰爭時，被日軍炸毀，化為一灰燼。《百衲本二十四史》的傳印，就顯得格外有意義。

王雲五先生於一九六四年在臺重新主持臺灣商務印書館，與當時總編輯楊樹人教授，依據臺北故宮博物院和中央圖書館珍藏的宋元版本，修補校正《百衲本二十四史》，並於一九七六年重版印行。

《百衲本二十四史》初印至今，已經八十年，雖經在臺補正重版，舊書均已售完，而各界索購者絡繹不絕，不得已先以隨需印刷供應，但仍然供不應求。

為了適應讀者的需要，本公司由副董事長施嘉明先生、總編輯方鵬程先生和舊書重印小組一起規劃，決定放大字體，以十八開精裝本重印《百衲本二十四史》，每種均加印目錄頁次，讓讀者方便查考，也讓我們與《百衲本二十四史》共同邁向百年大慶。值此付印前夕，特為之序。

臺灣商務印書館董事長王學哲謹序

二○一○年三月二十五日

後漢書一百二十卷

後漢書本紀十卷，列傳八十卷，宋范蔚宗撰，唐章懷太子賢注。

蔚宗事蹟具《宋書》本傳，賢事蹟具《唐書》本傳。考《隋志》載范書九十七卷，新舊《唐書》則作九十二卷，互有不同。惟《宋志》作九十卷，與今本合。然此書歷代相傳，無所亡佚。

考舊《唐志》又載章懷太子注《後漢書》一百卷，今本九十卷，中分子卷者凡十，是章懷作注之時，始併為九十卷，以就成數，《唐志》析其子卷數之，故云一百。《宋志》合其子卷數之，故仍九十，其實一也。又隋唐志均別有蔚宗《後漢書》論贊五卷，《宋志》始不著錄，疑唐以前論贊，與本書別行，亦宋人散入書內。

然《史通》論贊篇曰：馬遷自序傳後，歷寫諸篇，各敘其意。既而班固變為詩體，號之曰述。蔚宗改彼述名，呼之以贊。固之總述，合在一篇，使其條貫有序。乃各附本事，書於卷末，篇目相離，斷絕失序。夫每卷立論，其煩已多。而嗣論以贊，為黷彌甚，亦猶文士製碑，序終而續以銘曰，釋氏演法，義盡而宣以偈言云云。則唐代范書論贊，已綴卷末矣。史志別出一目，所未詳也。范撰是書，以志屬謝瞻。范敗後，瞻悉蠟以覆車，遂無傳本。

今本八志凡三十卷，別題梁剡令劉昭注。據陳振孫《書錄解題》，乃宋乾興初判國子監孫奭建議校勘，以昭所注司馬彪續漢書志，與范書合為一編。案《隋志》載司馬彪續《漢志》八十三卷，唐書亦同。《宋志》惟載劉昭補注《後漢志》三十卷，而彪書不著錄。是至宋僅存其志，故移以補《後漢書》之闕。其不曰續《漢志》，而曰《後漢志》，是已併入范書之稱矣。

或謂酈道元《水經注》，嘗引司馬彪《州郡志》，疑其先已別行。又謂杜佑《通典》述科舉之制，以《後漢書》續《漢志》連類而舉。疑唐以前，已併八志入范書，似未確也。自八志合併之後，諸書徵引，但題《後漢書》，儒者或不知為司馬彪書。故何焯《義門讀書記》曰：八志，司馬紹統之作（案紹統彪之字也），本漢末諸儒所傳，而述於晉初，劉昭注補，別有總敘。緣諸本或失載劉敘，故孫北海《藤陰劄記》亦誤出蔚宗志律曆之文云云。考洪邁《容齋隨筆》已誤以八志為范書，則其誤不自孫承澤始。今於此三十卷，並題司馬彪名，庶以祛流俗之譌焉。

（本文引自景印《文淵閣四庫全書》總目史部卷四十五，頁二之一二）

重印補校百衲本二十四史序

百衲本者何？彙集諸種善本，有闕卷闕頁，復多方蒐求，以事配補，有如僧衣之補綴多處者也。

我國正史彙刻之存於今者，有汲古閣之十七史，有南北監之二十一史。清高宗初立，成明史，命武英殿開雕，至四年竣工；繼之者二十一史。其後又詔增劉昫唐書，與歐宋新唐書並行，越七年遂成武英殿二十三史。及四庫開館，諸臣復據永樂大典及太平御覽、冊府元龜等書，裒輯薛居正舊五代史，得旨刊布，以四十九年奏進；於是二十四史之名以立。

武英殿本以監本為依據。清高宗製序，雖有監本殘闕，併勅校讎之言，始意未嘗不思成一善本也。惟在事諸臣，既未能廣蒐善本，復不知慎加校勘，佚者未補，譌者未正，甚或彌縫缺乏，以譌亂真，誠可惜也。本館前輩張菊生先生，以多年之時力，廣集佳槧，審慎校讎，自民十九年開始景印，迄二十六年甫竟全功。雖中經一二八之劫，抱書而走，亂定掇拾需時，然景印之初，海宇清寧，亦緣校讎精審，多費時日。嘗聞菊老茸印初稿，悉經手勘，朱墨爛然，盈闌溢幅，點畫纖細，鉤勒不遺，與同人共成校勘記，多至百數十冊，文字繁冗，尚待董理。爰取原稿若干條，集為校史隨筆，而付梓焉。

就隨筆所記，殿本訛闕殊多。分史言之，則史記正義多遺漏，漢書正文注文均有錯簡，三國志卷第淆亂，宋書誤註為正文，南齊書地名脫誤，北齊書增補字句均據北史，而仍與北史有異同。魏書考證有誤，舊唐書有闕文，訂正錯簡亦有小誤，唐書有衍文，舊五代史遂於嘉業堂劉氏刊本，元史有衍文及闕文，且多錯簡，重出之傳，亦未刪盡。綜此諸失，殿本二十四史不如衲史遠矣，況善本精美，古香古色，尤非殿本所能望其項背。

茲將百衲本二十四史據以景印之版本列述於後：

三

宋　書　　宋蜀大字本，北平國立圖書館吳興劉氏嘉業堂藏，闕卷以涵芬樓藏元明遞修本配補。

南齊書　宋蜀大字本，江安傅氏雙鑑樓藏。

梁　書　宋蜀大字本，北平國立圖書館及日本靜嘉堂文庫藏，闕卷以涵芬樓藏元明遞修本配補。

陳　書　宋蜀大字本，北平國立圖書館及日本靜嘉堂文庫藏。

魏　書　宋蜀大字本，北平國立圖書館江安傅氏雙鑑樓吳興劉氏嘉業堂及涵芬樓藏。

北齊書　宋蜀大字本，北平國立圖書館，闕卷以涵芬樓藏元明遞修本配補。

周　書　宋蜀大字本，吳縣潘氏范硯樓及自藏，闕卷以涵芬樓藏元明遞修本配補。

隋　書　元大字本，闕卷以北平國立圖書館江蘇省立圖書館藏本配補。

南　史　元大德刊本，北平國立圖書館及自藏。

北　史　元大德刊本，北平國立圖書館及自藏。

舊唐書　宋紹興刊本，常熟鐵琴銅劍樓藏，闕卷以明聞人銓覆宋本配補。

新唐書　北宋嘉祐刊本，日本岩崎氏靜嘉堂文庫藏，闕卷以北平國立圖書館江安傅氏雙鑑樓藏宋本配補。

舊五代史　原輯永樂大典有注本，吳興劉氏嘉業堂刻。

五代史記　宋慶元刊本，江安傅氏雙鑑樓藏。

宋　史　元至正刊本，北平國立圖書館藏，闕卷以明成化刊本配補。

遼　史　元至正刊本。

金　史　元至正刊本，北平國立圖書館藏，闕卷以涵芬樓藏元覆本配補。

元　史　明洪武刊本，北平國立圖書館及自藏。

明　史　清乾隆武英殿原刊本，附王頌蔚編集考證攟逸。

上開版本之搜求補綴，在彼時實已盡最大之能事。惟今者善本時有發見，前此認為業已失傳者，漸集於一隅，尤以中央圖書館及故宮博物院在抗戰期內，故家遺族，前此秘藏不宣，因播遷而割愛者不在少數；盡量收購，寄存盟邦，以策安全。近年悉數運回，使臺灣成為善本之總匯。百衲本後漢書原據本館前涵芬樓所藏宋紹興本影印，益以北平圖書館及日本靜嘉堂文庫殘本之配備，當時堪稱人間瑰寶；且志在存真，對其中未盡完善之處

一仍其舊。然故宮博物院近藏宋福唐郡庠覆景祐監刊元代修補本及中央圖書館所藏錢大昕手跋北宋刊本與宋慶元間建安劉元起刊本，各有其長處。本館總編輯楊樹人教授特據以覆校百衲本原刊，計修正原板影本因配補殘本而致首尾不貫者五處，其中重複者四處，共圈刪衍文三十六字，補足脫漏一處，缺文二字，原板存留墨丁四十六處，補正五十二字。另有顯屬雕刻錯誤者若干字，亦酌為改正。於是宋刊原面目，大致可復舊觀矣。又前漢書原景本闕漏目錄全份，亦據故宮博物院珍藏宋福唐郡庠覆景祐監刊元代修補本補印十有四頁，以成全璧。校書如掃落葉，愈掃愈落，礙難悉數掃清，然多費一番心力，對於鑽研史籍者，定可多一番裨益。區區之意，當為讀者所樂聞，亦可稍慰本館前輩張菊老在天之靈，喜其繼起有人也。

本館衲史原以三十二開本連史紙印製，訂為八百二十冊，流行雖廣，以中經多難，存者無多，臺省尤感缺乏，各國亦多訪購，爰應各方之需求，改訂為十六開大本，縮印二頁為一面，字體較縮本四部叢刊初編為大，用上等印書紙精印精裝，訂為四十一鉅冊，以便檢閱，經重版數次。茲為謀普及，再縮印為二十四開本五十八冊，字體仍甚清晰，而售價不及原印十六開本之半，莘莘學子，多有購置之力，誠不負普及之名矣。付印有日，謹述概要。

中華民國六十五年雙十節王雲五識

五

股東會全體股東獻禮

本公司董事長王岫廬（雲五）先生，學界巨擘，社會棟樑，歷任艱巨，功在國家。一生繫中國文化出版之命脈，惠澤士林。本公司三度罹國難而得復興。咸賴　先生之大力。每次復興，莫不聲光煥發，蔚為奇蹟。民國五十二年冬，　先生退出政壇。次年秋重主本公司，謀慮擘劃，晨夕辛勞，不取分文之酬，而甘之如飴；蓋純出於愛護本公司與宏揚文化之心願。無　先生之犧牲精神與卓越領導，不能有今日之商務書館，已為識者之定評。今歲欣逢　先生八秩華誕，社會同慶。股東會同人本崇功報德之念，群思有以祝賀。　先生謙辭至再至三，當以恭敬不如從命，爰於五十六年股東會議席上全體決議，利用重印之百衲本二十四史，作為　華誕獻禮。要不過體認　先生造福文化界之功績，聊表嵩祝悃誠於萬一耳。

臺灣商務印書館股份有限公司
股　東　會　全　體　股　東　謹　啟

中華民國五十六年四月十五日

六

後漢書下

後漢書目錄

陳壽

陳壽

第二十九卷 典服上

列侯　關內侯

四夷國　百官奉

〔後漢目〕十三　〔陳從〕

玉輅　乘輿

金根　安車

立車　耕車

戎車　獵車

軿車　青蓋車

綠車　皁蓋車

夫人安車　大駕

法駕　小駕

輕車　大使車

小使車　載車

道子從卒　車馬飾

第三十卷 典服下

晃冠　長冠

委貌冠　皮弁冠

爵弁冠　通天冠

遠遊冠　高山冠

進賢冠　法冠

武冠

方山冠　巧士冠

却非冠　却敵冠

樊噲冠　術氏冠

鶡冠　幘

佩　刀

印　黃赤綬

〔後漢目〕十四

赤綬　綠綬

紫綬　青綬

黑綬　黃綬

青紺綸　后夫人服

列傳八十卷

第一卷　劉玄

劉立　劉盆子

第二卷

王昌　劉永

03-7

范曄　後漢書一

唐章懷太子賢注

光武皇帝

世祖光武皇帝諱秀字文叔〈禮祖有功而宗有德光武中興故廟稱世祖諡法能紹前業曰光克定禍亂曰武秀之字曰茂伯升次字曰仲故字叔焉〉南陽蔡陽人〈南陽郡今鄧州縣也蔡陽故城在今隨州棗陽縣東事具宗室四王傳〉高祖九世之孫也出自景帝生長沙〈洪澤〉定王發〈長沙國今潭州縣也〉發生舂陵節侯買〈本屬零陵泠道縣元帝時徙南陽仍號舂陵故城今在隨州棗陽縣東舂陵鄉名也〉買生鬱林太守外〈鬱林郡今郴州縣前書郡守秩二千石本郡縣屬泠南頓縣也〉外生鉅鹿都尉回〈鉅鹿郡今邢州縣都尉本郡屬秦官前書秩比二千石景帝更名〉回生南頓令欽〈南頓縣屬汝南郡前書令秩千石至六百石不滿萬戶為長秩五百石至三百石〉欽生光武光武年九歲而孤養於〈欽為濟陽令光武生於縣皆泰官本郡故城在今陳州項城縣西南二十里〉叔父良身長七尺三寸美須眉大口隆準〈王莽傳曰鼻頭為準鄭玄尚書中候注云隆中央骨起狀如日也角謂庭中骨起狀如日角隆高也許負云鼻頭為準準音拙〉性勤於稼穡〈敏曰稼種曰穡而兄伯升好俠養士常非笑光武事田業比之高祖兄仲也〉〈仲邠陽侯喜也能為產業〉

〈書見前〉王莽天鳳中〈王莽建國六年改為天鳳〉乃之長安受尚書略通大義〈東觀記曰受尚書於中大夫廬江許子威資用乏與同舍生韓子合錢買驢令從者僦以給諸公費〉莽末天下連歲災蝗寇盜鋒起〈韓詩外傳曰一穀不升曰歉二穀不升曰饑三穀不升曰饉四穀不升曰荒五穀不升曰大侵〉諸家賓客多為小盜光武避吏新野〈屬南陽郡今鄧州縣續漢書曰伯升賓客劫人光武避吏於新野鄧晨家因賣穀於宛〉宛人李通〈東觀記曰時南陽旱饑而上田獨收宛人李通〉等以圖讖說光武云劉氏復起李氏為輔〈圖河圖也讖符命之書讖驗也言為王者受命之徵驗也易坤靈圖曰漢之臣李陽也〉光武初不敢當然獨念兄伯升素結輕客必舉大事且王莽敗亡已兆天下方亂遂與定謀於是乃市兵弩〈李倍〉起於宛時年二十八十月與李通從弟軼等起於宛時年二十八十一月有星孛于張〈前書音義曰孛星光芒短蓬蓬然也張南方宿也續漢志曰孛星見張東南行即翼軫楚之分翼軫楚地是楚地將有兵亂後一年正月光武起兵春陵攻拔宛下殺莽將等殺其士眾數萬人光武都雒陽居周地漢得火德〉光武遂將賓客還舂陵時伯升已會眾起兵初諸家子弟恐懼皆亡逃自匿

03-18

曰伯升殺我及見光武絳衣大冠
<small>服志曰與大冠者謂武冠之東觀記曰上時絳衣大冠將服也</small>皆驚曰謹厚者亦
復爲之乃稍自安伯升於是招新市平林
兵<small>新市縣屬江夏郡故城在今郢州富水縣</small>縣東北平林地名在今隨州隨縣東北與其
帥王鳳陳牧西擊長聚<small>廣雅曰聚居也音慈諭反前書音義曰小於鄉</small>
光武初騎牛殺新野尉乃得馬<small>秦官秩四百石也前書曰尉秦官</small>
至二<small>例曰多所誅殺曰屠</small>進屠唐子鄉<small>湖陽縣有唐子山在今唐州湖陽縣</small>
西南縣又殺湖陽尉<small>湖陽屬南陽東觀記曰劉終詐稱江夏吏也</small>
軍中分財物不均衆悉恨欲反攻諸
之<small>章潀</small>
諸殺劉光武斂宗人所得物悉以與之衆乃悅
進拔棘陽<small>縣名屬南陽在棘水之陽古謝國也故城在今唐州湖陽縣夫己力也</small>
反與王莽前隊大夫甄阜<small>王莽置六隊郡置大夫一人職如太守南</small>
陽爲前隊河內爲後隊潁川爲左隊弘農爲右隊河東爲北隊滎陽爲祈隊隊有大尉一人職如都尉<small>續漢書曰清陽縣有小長</small>戰於小長安
立賜一人職如都尉
漢軍大敗還保棘陽
安聚故城在今鄧州南陽縣南
更始元年正月甲子湖漢軍復與甄阜梁
丘賜戰於沘水西大破之斬阜賜<small>沘水在今唐州沘陽</small>
縣南廬江蕭縣亦有此水與此別也此音比上伯升又破王莽納言將

軍嚴尤秩宗將軍陳茂於淯陽<small>前書曰納言</small>進圍宛城
月辛巳立劉聖公爲天子以伯升爲大司
徒光武爲大常偏將軍<small>前書曰奉常常存故名更名太常應劭曰太常欲令國家盛大以尊之也</small>
皆下之<small>偏略也昆陽故城在今許州葉縣比郾城二縣也</small>
三月光武別與諸將徇昆陽定陵郾<small>昆陽定陵郾昔縣名並屬潁川郡今並屬許州葉縣也</small>
懼遣大司徒王尋大司空王邑<small>王莽時哀章</small>
萬餘轉以饋宛<small>宛城縣西比音於建友</small>
城縣也昆陽故城在今
有王尋姓名王邑王商
子於恭爲徒父兄弟也將兵百萬其甲士四十
二萬人五月到潁川復與嚴尤陳茂合
郡洛州緱氏縣也初光武爲舂陵侯家訟逋租於
尤見而奇之<small>觀記曰舂陵戴侯光武曾祖也東</small>
陽緱氏縣也
府今訟地皇元年十二月壬寅前租三萬六千斛
錢若千萬與上語不視福上歸嚴
福曰嚴公寧視卿耶及昆時城中出降尤者

言光武不取財物但會兵計策尤笑曰是
美須眉者邪何為乃如是初王莽徵天下
能為兵法者六十三家數百人並以為軍
吏選練武衛招募猛士

說文曰募廣求之也 旌旗輜重
募旌旗名也王莽傳
上言有奇士韓博
連率以軍旗輜重名之釋
名曰旍旗名也鄭玄注周禮
云軍壁門則樹鼓旗

千里不絶

周禮曰折用為旍旗
名曰翰用為旍熊虎
為旗鄭玄曰軍糧什物
雜載之車

時有長人巨無霸

王莽博上言
有奇士韓
博身長一
丈大十圍
自謂無霸
出於蓬萊東
南五城西
北昭如海濱
輒車
不能勝載
三馬不能
載以鐵著
車以見前
書 長一丈大十圍以為壘尉
又驅諸猛獸
虎豹犀象之屬以助威武自

帝設為壘尉蓋壘壁尉
者主壘壁之事

徵之於陽關

聚名也鄭元水經注曰潁水東
陽關聚夾潁木相對在今洛州陽
翟縣西北

諸將見兵盛反走馳入昆陽皆
惶怖憂念妻孥

舉子曰
孥妻子也

欲散歸諸城光武議
曰今兵穀既少而外寇彊大并力禦之功
庶可立如欲分散勢無俱全且宛城未拔
不能相救昆陽即破一日之間諸
部亦滅矣今不同心膽共舉功名反欲守

謂伯外圍
之未拔也

妻子財物邪諸將怒曰劉將軍何敢如是
光武笑而起會候騎還言大兵且至城北
軍陳數百里不見其後諸將遽相謂曰更
請劉將軍計之光武復為圖畫成敗諸將
憂迫皆曰諾時城中唯有八九千人光武
乃使成國上公王鳳廷尉大將軍王常留
守夜自與驃騎大將軍宗佻

驃騎大將
軍霍去病
帝置五
威將軍其
五威將軍
王莽置五
威將軍
佻音始
堯佻輕也
衣服儗五方之色以威天
下李軼初起假號以為號
佻音
祈幾

五威將軍李軼等十三騎
出城南門於外收兵
時莽軍到城下者且十萬光武幾不得出
既至郾定陵悉發諸營兵而諸將貪
惜財貨欲分留守之光武曰今若破敵珍

瑤萬倍
寶字古
瑶字

大功可成如為所敗首領無
餘何財物之有眾乃從嚴尤說王邑曰昆
陽城小而堅今假號者在宛亟進大兵

亟急
也音紀
力反

彼必奔走宛敗昆陽自服邑曰吾
昔以虎牙將軍圍翟義坐不生得以見責

讓 翟義字文仲方進少子為東
郡太守王莽居攝
義心惡之乃立東
平王雲子信為天子義自號

今將百萬之眾遇城而不能下何謂邪（或遇）柱天大將軍以誅莽乃使孫建王邑等將兵擊義破之義亡自殺故坐不生得坐音才回反見前書遂圍之數十重列營百數雲車十餘丈（雲車即樓車柵雲言其高出云之以望敵猶墨子云輣般為雲梯之械）瞰臨城中（瞰視俯視也）旗幟蔽野（說文旌也鉦似鈴也鏡說文鉦也幟音熾幡幟也廣雅曰幟幡也）埃塵連天鉦鼓之聲聞數百里或為地道衝輣橦城（慎詩曰臨衝橦城也衝橦車詩曰與爾臨衝橦車也）積弩亂發矢下如雨城中負戶而汲王鳳等乞降不許尋邑自以為功在漏刻意氣甚逸夜有流星墜營中晝有雲如壞山當營而隕不及地尺而散吏士皆厭伏（續漢志曰雲如壞山謂之星也占曰營頭之所墜其下覆軍殺將血流千里厭音一葉反）六月已卯光武遂與營部俱進自將步騎千餘前去大軍四五里而陳尋邑亦遣兵數千合戰光武奔之斬首數十級（秦法斬首一賜爵故因謂斬首為級）諸部喜曰劉將軍平生見小敵怯今見大敵勇甚可怪也且復居前請助將軍光武復進尋邑兵卻諸部共乘之斬首數百千級連勝遂

前時伯升拔宛已三日而光武尚未知乃僞使持書報城中云宛下兵到而陽墮其書尋邑得之不憙（憙音許記反）諸將既經累捷膽氣益壯無不一當百光武乃與敢死者三千人從城西水上衝其中堅（事中軍將最尊居中也堅銳自輔故曰中堅）尋邑陣亂乘銳崩之遂殺王尋城中亦鼓譟而出中外合勢震呼動天地莽兵大潰走者相騰踐奔殪百餘里閒（殪於計反或作瘞）會大雷風屋瓦皆飛雨下如注滍川盛溢（滍水經曰滍水出南陽魯陽西堯山東南經昆陽城此東入汝音直理反）虎豹皆股戰士卒爭赴溺死者以萬數水為不流王邑嚴尤陳茂輕騎乘死人度水逃去盡獲其軍實輜重車甲珍寶不可勝筭舉之連月不盡或燔燒其餘光武因復徇下潁陽（潁陽縣名屬潁川郡故城在今許州）會伯升為更始所害光武自父城馳詣宛謝（州裁縣古應國也屬潁川郡故城在今許州葉縣東北以伯升見害心不自安故懟）司徒官屬迎弔光武光武難交私語深引

過而巳未嘗自伐昆陽之功又不敢為伯

升服喪飲食言笑如平常更始以是慙拜

光武為破虜大將軍封武信侯九月庚戌

三輔豪桀共誅王莽傳首詣宛

於是置僚屬作文

都洛陽以光武行司隷校尉使前整修宮
更始將北

府（前書曰司隷校尉本周官武帝初置持節從中都官以督大奸猾後罷其兵察三輔三河弘農秩比二千石音義云掌徒隷而巡察故曰司隷）

移（東觀記曰文書）從事司察一如舊章（續漢書從事史十二人秩皆百石音義非法）

見諸將過皆冠幘（漢官儀曰幘者古之卑賤不冠者之服也）時三輔吏士東迎更始

之（續漢志曰時智者知天下之將亂也或見而笑之以為服妖也其後遂為赤眉所殺）而服婦人衣諸于繡擁（諸于諸夏之齊衣也郭璞注云俗名襜褕也即是諸于上有繡擁擁即繡镼此秦時衣也）

或有畏而走者及見司隷僚屬皆歡喜

不自勝老吏或垂涕曰不圖今日復見漢

官威儀由是識者皆屬心焉及更始自

陽乃遣光武以破虜將軍行大司馬事十

月持節北度河（漢官儀曰大司馬秦官也武帝以冠大將軍之號）鎮慰州郡所到部縣輒見（二千石長謂郡守也長吏謂縣令長及丞尉也三老者鄉官也高祖置以掌教化續漢志曰每鄉一人擇鄉三老為縣三老與令長丞尉以事相教每郡國皆有從事史假佐）

二千石長吏三老官屬下至佐史

考察黜陟如州牧行部事（漢初遣丞相史分刺州武帝改置刺史六百石成帝更名牧秩二千石漢官典儀曰刺史行郡國省察黜陟）縣各置諸

事曹史也（小注）

輒平遣囚徒除王莽苛政復漢官名吏人喜悅爭持牛

酒迎勞進至邯鄲（故趙繆王子林代郡繆王子景帝七代孫名元前書曰緜曼東觀記曰林作臨宇）說光武曰赤眉

今在河東但決水灌之百萬之衆可使為

魚（赤眉賊帥樊崇等衆與王莽兵亂皆朱其眉續漢書曰是時上平河北過邯鄲赤眉相別故曰赤眉）

郡林進見言赤眉可破比流決河水灌之皆上問其故對曰河水從西可令為魚上不然之列人也故城在今冀州肥鄉縣東北州肥鄉縣也

劉氏當復故郎因而稱之十二月立郎為天子都邯鄲遂林於是乃詐以卜者王郎為成帝子子輿前書曰立國將軍孫建奏云不知何一男子也魏武奏事曰若有急即何通

光武不答去之真定縣名屬真定國今恒州定國今恒州

遣使者降下郡國

二年正月光武以王郎新盛乃北徇薊縣名本王郎移檄購光武十萬戶說文遞臣字從契從邑見說文木簡為書長尺二寸謂之檄以徵召也縣名屬安平國在今瀛州饒陽縣東北官

謂之羽檄而故廣陽王子劉接起廣陽王名嘉武帝五代孫

兵薊中以應郎城內擾亂轉相驚恐言邯

鄲使者方到二千石以下皆出迎於是光

武趣駕南轅讀曰促急也晨夜不敢入城邑官故城在今瀛州饒陽縣東北官

食道傍至饒陽故城在今瀛州饒陽縣東北官

屬皆之食光武乃自稱邯鄲使者入傳舍客館也傳音知戀反下同方進食從者飢爭奪之傳吏

吏疑其偽乃椎鼓數十通椎音直追反紿言欺誑給言欺誑

郎將軍至給言欺誑官屬皆失色光武升車

欲馳既而懼不免徐還坐曰請邯鄲將軍入久乃駕去傳中人遙語曰門長當閉城西當閉

至呼沱河蒙冒霜雪夜兼行蒙冒霜雪天寒面皆破裂日天下詎可知而閉長者乎遂得南出晨

呼沱河今代州繁畤縣東北在滑州靈昌縣之流至魏太祖因饒河南至下博南即光武所度處今俗謂之危度口曰臣賢案此水出焉未畢數車而陷進至下博

至呼沱河山海經云太戲之山滹沱之水出焉盛沙布水上度之襄注新溝水所以河舊溝在饒陽縣南無船適遇冰合得過違惑不何通

城西曰下博縣屬信都國在今冀州今冀州故城在今冀州下博縣南違惑不

知所之有白衣老父在道旁老父蓋神人也老父蓋神人也指曰努力信都郡為長安守去此八信都郡今冀州是也

十里信都郡今光武即馳赴之信都太守任光開門出迎世祖因發旁縣得四千人

任光開門出迎世祖因發旁縣得四千人

先擊堂陽貰縣皆降之堂陽及貰音時夜反王莽時貰音時夜反王莽和成郡辛王茶分鉅鹿為太守如淳曰王茶分鉅鹿又昌城人

舉郡降和成記曰辛王莽和成又昌城人

劉植宋子人耿純昌城縣屬信都國故城在今冀州西北宋子縣屬鉅鹿郡各率宗親子弟據其縣邑以奉

州平棘縣北故城在今趙州平棘縣北各率宗親子弟據其縣邑以奉

光武於是北降下曲陽〔縣名屬鉅鹿郡常山郡有上曲陽故此言下〕衆稍合樂附者至有數萬人復北擊中山〔中山國一名中人亭故城在今定州唐縣東北張曜中山記曰城中有山故曰中山縣名黑水故城在縣之〕拔盧奴〔盧不流曰收因以名焉縣有黑水故城曰盧〕過發奔命兵〔前書音義曰舊時有急難權取驍勇者名曰奔命〕奔赴故謂之奔命移檄邊部共擊邯鄲郡縣還復饗〔騎士若有急難權取驍勇者名曰奔命〕應南擊新市真定元氏防子皆下之〔新市縣屬鉅鹿縣名屬趙國邘山郡故城在今恒州東北元氏房子屬常山郡並今趙州縣因入趙界〕時王郎大將李育屯柏人〔縣名屬趙國邘州縣故城在縣之十三〕漢兵不知而進前部偏將朱浮鄧禹為育所破亡失輜重光武在後聞之收浮禹散卒與育戰於郭門六破之盡得其所復〔徐文〕還保城攻之不下於是引兵拔廣阿〔會上谷太守耿況漁陽〕守彭寵〔屬州鉅鹿郡故城西北趙州象城縣西北漁陽郡在今幽州縣〕更始亦遣尚書僕射謝躬討郎〔漢官儀曰言能言能衝突軍陣〕將吳漢寇恂等將突騎來助擊王郎各遣其〔突騎〕

尚書四負武帝置成帝加一為五有侍曹尚書主刺史二千石事戶曹尚書主庶上書事主容主客尚書主外國四夷事成帝加三公尚書主斷獄微事僕射秦官也僕主也古者重武事主御史承二千石尚書主劾奏每官少有主躬射秦官也謝躬為尚書僕射

光武因大饗士卒遂東〔國夏伐晉取藥即其地也其後南徙故加邘州柏人縣東北左傳齊〕圍鉅鹿王郎守將王饒堅守月餘不下郎〔邘州縣名屬鉅鹿郡故城在今〕遣將倪宏劉奉率數萬人救鉅鹿〔倪音五奉音力全反〕斬首數〔〕千級四月進圍邯鄲連戰破之五月甲辰〔更始遣〕拔其城誅王郎收文書得吏人與郎交關〔三蕭縣屬沛郡今徐州縣也續漢〕謗毀者數千章光武不省會諸將軍燒之〔書曰更始使侍御史持節立光武為蕭王黃曇封上以四海為蕭之〕曰令反側子自安〔風日展轉反側〕侍御史持節立光武為蕭王〔書曰更始使侍御史天子以四海為蕭王劉永擅命睢陽〕就徵自是始貳於更始〔故謂所居為家行在所異也離是時長安政亂四方背叛梁王劉永擅命睢陽〕公孫述稱王巴蜀〔蜀有巴郡故總言之〕秦豐自號楚黎王〔秦驕黎丘鄉人黎丘楚地故稱楚黎王黎丘故城在今襄州率道縣比〕李憲自立〔〕為淮南王〔淮南郡今壽州也〕張步起〔齒襄陽記曰秦驕黎丘張步起〕

03-24

琅邪〔海州有瑯邪山故城今州胸山縣東北〕

董憲起東海〔今海州郡名〕

並置將帥侵

田戎起夷陵〔縣名屬南郡有夷山故城在今梁州南鄭縣東北 今硤州縣也故城在今縣西北〕

略郡縣又別號諸賊銅馬大肜高湖重連

鐵脛大搶尤來上江青犢五校擅鄉五幡

五樓富平獲索等〔諸賊或以山川土地為名或以軍容彊盛為號續漢志曰大將軍營有五部部有曲曲有軍候一人 三校尉部下有曲古師郎等並見東觀〕

各領部曲〔續漢志曰大將軍營有五部部〕

衆合數百萬人所在寇掠

光武將擊之先遣吳漢北發十郡兵幽州

牧苗曾不從漢遂斬曾而發其衆秋光武

擊銅馬於鄡縣〔縣名屬鉅鹿郡故城在今冀州鹿城縣東鄡音苦堯反竹書紀年曰衛獻公封于鄡臣賢案下文云吳漢將突騎來會鄡陽又追至館陶並與鄡相近俗本多設作鄡而蕭該音一反云屬太原郡臧玲音誤也〕

清陽〔州縣名屬清河郡今貝州縣故城在州西北〕

賊數挑戰〔挺身獨戰也古謂之致師見左傳挑音徒了反〕

光武堅營自守有出鹵掠者輒擊取之〔爾雅曰掠奪取也〕

絕其粮道積月餘日賊食盡夜遁去追至館陶大破之〔館陶縣屬〕

魏郡今魏州縣 受降未盡而高湖重連從東南來

與銅馬餘衆合光武復與大戰於蒲陽悉

破降之封其渠帥為列矦〔山蒲水所出在今蒲州定州比平城本名前書音義曰蒲陽厥樂魁列矦即微矦也或作蒲陽渠大名也尚書歟即稱列者言見序列也〕

者猶不自安光武知其意勑令各歸營勒

兵乃自乘輕騎按行部陳降者更相語曰〔降〕

蕭王推赤心置人腹中安得不投死乎〔投死〕

由是皆服采〔悉〕將降人分配諸將衆遂

數十萬故開西號光武為銅馬帝赤眉別

帥與大肜青犢十餘萬衆在射犬〔嶺漢志曰野王縣有射犬聚故城在今懷州武德縣北也〕

光武進擊大破之衆皆散

走使吳漢岑彭龍襲殺謝躬於鄴青犢赤眉

賊入函谷關攻更始〔函谷谷名因谷以名關舊在弘農湖城縣西前書揚在弘農帝乃為關外武帝乃徙關於新安縣之東〕

遣鄧禹率六椑將引兵而西以乘更始赤

眉之亂時更始使大司馬朱鮪舞陰王李〔舞陰縣屬南陽郡故城在今唐州沘陽縣西北〕

軼等屯洛陽〔在今河南郡〕光武亦令

馮異守孟津以拒之〔孔安國注尚書云孟地名在洛比都道所湊古今以為津〕

論衡曰武王伐紂八百諸侯同於此盟故曰盟津俗名治戍津今河陽縣津也

建武元年春正月平陵人方望
立前孺子劉嬰為天子
更始遣丞相李松擊
至右比平連破之
乘勝輕進反為所敗賊追急短兵
光武自投高岸遇突
騎王豐下馬授光武光武撫其肩而上顧
笑謂耿弇曰幾為虜嘆弇頻射却賊得免
士卒死者數千人散兵歸保范陽
軍中不見光武或云已歿
諸將不知所為吳漢曰
卿曹努力
眾恐懼數日乃定賊雖戰勝而
素憚大威
客主不相知夜遂引

【後漢帝紀上】十七

去大軍復進至安次
戰破之斬首三千餘級賊入漁陽乃遣吳
漢率耿弇陳俊馬武等十二將軍追戰于
潞東
及平谷大破滅之
此縣朱鮪遣討難將軍蘇茂攻溫馮異
寇恂與戰大破之斬其將賈彊於是諸將
議上尊號馬武先進曰天下無主如有聖
人承敝而起雖仲尼為相孫子為將猶恐
無能有益反水不收後悔無及
謙退奈宗廟社稷何且且還薊即尊位乃
可斬也武曰諸將盡然光武使出曉之曉
乃引軍還至薊夏四月公孫述自稱
天子光武從薊還過范陽命收葬吏士至
中山諸將復上奏曰漢遭王莽宗廟廢絕

【後漢帝紀上】十八

03-26

（上欄）

豪傑憤怒怨兆人塗炭尚書曰人墜塗炭孔安國云若陷泥墜火無救之也部音

者王與伯升首舉義兵更始因其資以據帝位而不能奉承大統敗亂綱紀盜賊日

多羣生危感子六反大王初征昆陽王莽日

自潰後拔邯鄲北州弭定參分天下而有踧迫也音

其二跨州據土帶甲百萬言武力則莫之

敢抗論文德則無所與辭臣聞帝王不可

以父曠天命不可以謙拒惟大王以社稷

為計萬姓為心光武又不聽行到南平棘傳七

諸將復固請之光武曰縣名屬常山郡今趙州縣故城在縣南 十九

寇賊未平四面受敵何遽欲正號位乎諸

將且出耿純進曰天下士大夫捐親戚弃

土壤從大王於矢石之間者其計固望其揚雄法言曰攀龍鱗附鳳翼之

攀龍鱗附鳳翼以成其所志耳今功業即定天人亦應而大王留

時逆衆不正號位純恐士大夫望絕計窮翼翼以

則有去歸之思無為父自苦也大王留

難可復合時不可留衆不可逆純言甚誠

（下欄）

切光武深感曰吾將思之行至鄗縣名今趙州高邑縣

光武先在長安時同舍生彊華漢續

書曰彊華潁川人自關中奉赤伏符曰劉秀

發兵捕不道四夷雲集龍鬪野四七之際

火為主四七二十八也自高祖至光武初起合二百二十八年即四七之際也漢火德故火為主

羣臣因復奏曰受命之符人應為大疆華奉赤伏符也意也

今上無天子海內淆亂符瑞之應昭大平御覽三十

然著聞曰蒼天神以塞羣望光武於是命范華

有司設壇場於鄗南千秋亭五成陌壇場謂築土場謂

即皇帝位燔燎告天種于六宗

祭天曰燔柴

登于山川偏于羣神

其祝文曰皇天上帝后

土神祇眷顧降命屬秀黎元為人父母

秀不敢當羣下百辟不謀同辭

破王尋王邑於昆陽誅王郎銅馬於河北

平定天下海内蒙恩上當天地之心下為

元元所歸不道卯金修德為天子

秀發兵捕不道卯金修德為天子猶固辭至于再至于三羣下為

僉曰皇天大命不可稽留敢不敬承於是建

元為建武大赦天下改鄗為高邑是月赤

眉立劉盆子為天子甲子前將軍鄧禹擊

更始定國公王匡於安邑大破之

斬其將劉均秋七月辛未拜前將

軍鄧禹為大司徒丁丑以野王令王梁為

大司空

軍景丹為驃騎大將軍吳漢為大司馬耿弇為

軍

威大將軍偏將軍蓋延為虎牙大將軍偏

將軍朱祐為建義大將軍中堅將軍杜茂

為大將軍時宗室劉茂自號厭新將軍恭

督將軍陳俊軍五社津

東使吳漢率朱祐及廷尉岑彭

執金吾賈復

將軍鄲

社稷癸丑祠高祖太宗世宗於懷宮進幸

河陽更始廩丘王田立降奔高陵辛未詔

曰漢制度曰帝之下書有四一曰策書二曰制書三

城逃走妻子裸袒流宂道路

更始破敗羣

朕

甚愍之令封更始為淮陽王〔淮陽郡故城在今陳州宛丘縣〕

吏人敢有賊害者罪同大逆甲申以前

高密令卓茂為太傅〔高密縣屬高密國今密州高密縣故城在今縣之西南卓

西 以平帝時為密令故曰前〕辛卯朱鮪舉城降冬十月癸丑

車駕入洛陽幸南宮却非殿〔漢典職儀曰南宮至北宮中央作大屋複道三道行天子從中道從官走左右十步一衞兩宮相去七里賢案俗本或作御此殿者誤〕遣岑彭擊荊州羣

賊十一月甲午幸懷劉永自稱天子十二

月丙戌至自懷赤眉殺更始而隗囂據隴〔狄道縣〕

右盧芳起於安定〔郡名今涇州縣 二十三〕 破虜大將軍叔壽

擊五校賊於曲梁戰歿〔曲梁屬廣平國今洺州縣也〕

二年春正月甲子朝日有食之〔續漢志曰在危八度虛危〕

為列矦大國四縣餘各有差下詔曰人情 大司馬吳漢率九將軍擊

檀鄉賊於鄴東大破之庚辰封功臣皆〔齊地賊張步擁兵據郡至五年乃破〕

得足苦於放縱快須臾之欲志慎罰之義〔尚書曰用不明德慎罰亦克用勸孔惟諸將業遠〕

功大誠欲傳於無窮宜如臨深淵如履薄〔安國注去慎刑罰亦能用勸善也〕

高密

冰戰戰慄慄日慎一日〔太公金匱曰黃帝居人上惴惴若臨深淵舜居人上兢兢如履薄冰禹居人上慄慄如不滿日湯居人上戰戰栗栗日慎一日壽終無咎其〕

顯效未訓名籍未立者大鴻臚趣上〔續漢志曰大鴻臚卿一人中二千石掌諸王入朝及拜諸矦封者趣音促〕 朕將差而錄之

博士丁恭議曰古帝王封諸矦不過百里〔史記太史公曰武王成康所封數百而同姓五十地不過百里〕 故利以建矦取

法於雷〔易曰震下坎上震為雷初九曰利建矦故封諸矦地方百里以法〕 強榦弱枝所以為治也今封諸矦四縣

不合法制帝曰古之亡國皆以無道未嘗

溢敬之戒之傳爾子孫長為漢藩〔藩屏也〕

聞功臣地多而減土者乃遣謁者即授印綬〔前書曰謁者秦官掌賓讚受事員七十人秩比六百石中興但三十人蔡質典職儀曰皆選儀容端〕

日在上不驕高而不危制節謹度滿而不〔正任奉使者前書曰諸矦王金璽綟綬音戾華名也似艾可染綠因以名綬也〕

曑輔漢將軍千匹降皆復爵位壬子起高〔以為國之藩蔽也言〕

廟建社稷於洛陽立郊北干城南始正火〔大雅曰四國于藩建諸矦所 壬午更始復漢將軍鄧〕

德色尚赤〔漢禮制度曰人君之居前有朝後有寢以象朝後有寢光武終則制廟以象寢以象〕

03-29

都洛陽乃合高祖以下至平帝為一廟藏十一帝主
於其中元帝次當第八光武第九故立元帝為祖廟
後遵而不改續漢志曰社稷於洛陽之右皆方壇
通於天子之壇四面及中各依方色無屋有牆門而已
土地人非土不立稷非穀不食故封土立社示有土
稷者五穀之長穀多不可徧敬故封稷而祭之也續漢書
曰制郊祀於洛陽城南七里為壇八陛中入為壇四陛
天地位皆在壇上地中和之氣故用黃焉壇半天子之
道以為門日月在壇上其外為遺重營皆紫以象紫宮
在壬亥其內為遺重營神位皆在遺上地神祇從食皆
北面西上黃帝后土稷食於中岳后土西方淮海岱在東
北道西南道帝位在壬亥丙巳黃帝位在丁未白帝位
寅赤帝位在丙巳黃帝位在丁未白帝位在庚申黑帝
位在壬亥其外為遺重營壇上其巳為玉帝壇八陛中入為壇四陛
食焉此以為門青帝位在甲寅赤帝位在丙巳黃帝位
在丁未白帝位在庚申黑帝位在壬亥其外為遺重營

太平御覽卷四十五引四

月赤眉焚西京宮室發掘園陵
園謂塋域陵謂山墳
掠關中大司徒鄧禹入長安遣府掾奉十
漢官儀曰司徒府掾屬三
一帝神主納於高廟
高祖至平帝神主以木為之凡十一人秩千石等中央達四一帝謂三
方天子主長二尺二寸諸矦主長一尺庚主用桑練主於
用栗衛宏舊漢儀曰宗廟主皆長尺二寸祭則立主於坎下
中西墻坎中去地六尺一寸祭則收主藏廟太室中

定王楊臨邑矦讓謀反
楊景帝七代孫讓即楊弟
軍耿純誅之三月己酉幸修武
縣名屬河內郡本殷之寧邑韓詩外傳曰武王伐紂勒兵於寧改曰修武今懷州縣也
壬子以太中大夫宋弘為大司空遣驃騎

大司空王梁免

遣前將

真

是

大將軍景丹率征虜將軍祭遵等二將軍
擊弘農賊破之因遣祭遵圍蠻中賊張滿
蠻中聚名故戎蠻子國在今汝州西南俗謂之麻城
幽州牧朱浮於薊延岑自稱武安王於漢
今汝州西南
中辛卯至自修武三月乙未大赦天下詔
曰頃獄多冤人用刑深刻朕甚愍之孔子
云刑罰不中則民無所措手足朕與
中二千石諸大夫博士議郎議省刑法遣
辛文
執金吾賈復率二將軍擊更始鄧王尹遵
破降之
遵或作尊
遣驃騎將軍劉植擊密賊戰歿
密縣屬河南郡今密縣屬河南州縣名
軍伐劉永夏四月圍永於睢陽更始將蘇
茂殺淮陽太守潘蹇而附劉永甲午封叔
父良為廣陽王兄子章為太原王章弟興
為魯王春陵矦嫡子祉為城陽王
城陽國故城在今沂州臨沂縣南
五月庚辰封更始元氏王歆為泗
水王
泗水兗州縣也
故真定王楊子得為真定
武帝封周後姬嘉為
王周後姬常為周承休公
周子南君成帝封姬

03-30

癸未詔曰民有

嫁妻賣子欲歸父母者恣聽之敢拘執論

如律六月戊戌立貴人郭氏爲皇后子彊

爲皇太子大赦天下增郎謁者從官秩各

一等　前書曰郎官掌守門戶出充車騎中郎秩比六百石已下車騎　謁者中郎侍郎郎中秩比三百石已下

封宗子劉終爲淄川王　淄川國今淄州縣名　秋八月帝丙午

破五校於羛陽降之　羛陽聚名城屬相州堯城縣故城在今相州堯城縣東諸於羛陽二音

自將征五校丙辰幸內黃　縣名屬魏郡　大

遣游擊將軍鄧隆救朱浮與彭寵戰於潞　今亳州縣

隆軍敗績蓋延拔雎陽劉永奔譙　譙今亳州縣名　破

虜將軍鄧奉據淯陽反九月壬戌至自內黃破

黃驃騎大將軍景丹薨延岑大破赤眉於

杜陵　杜陵縣名屬京兆周之杜伯國在今萬年縣東南　關中饑民相食

八將軍討鄧奉於堵鄉　堵音者水經注曰堵鄉在今唐州方城縣小

冬十一月以廷尉岑彭爲征南大將軍率

堵者　春秋保乾圖曰賊臣起名孫登巧用法子孫登爲天　銅馬青犢尤來餘賊共立孫登爲天

子於上郡　多枝方蓋立以應之上郡故城在今綏

登將軍樂玄殺登以其衆五萬餘人

降遣偏將軍馮異代鄧禹伐赤眉使太中

大夫伏隆持節安輯青徐二州招張步降

之　爾雅郭曰輯和也音集　十二月戊午詔曰惟宗室列族

爲王莽所廢先靈無所依歸朕甚愍之其

並復故國若莢身已殁屬所上其子孫見

名尚書封拜　錄其見於尚書封拜之

是歲蓋延等大破劉永於沛西　沛縣今徐州縣也　初

王莽末天下旱蝗黃金一斤易粟一斛至　黃

是野穀旅生　旅寄也不因播種而生故曰旅奇字書作穭音呂古字通　麻尗

尤盛野蠶成繭被於山阜人收其利焉

三年春正月甲子以偏將軍馮異爲征西

大將軍杜茂爲驃騎大將軍大司徒鄧禹

及馮異與赤眉戰於回溪　溪名也俗名回坑在今洛州永寧縣

東禹異敗績征虜將軍祭遵破蠻中斬張

滿辛巳立皇考南頓君巳上四廟壬午大

赦天下閏月乙巳大司徒鄧禹免馮異與

赤眉戰於崤底大破之　崤山名底阪也山在今洛州永寧縣西北

餘衆南向宜陽 縣名屬弘農郡韓國都也故此城在今洛州福昌縣東韓城也是

帝自將征之己亥幸宜陽甲辰親勒六軍大陳戎馬大司馬吳漢精卒當前中軍次之驍騎備分陳左右赤眉望見震怖遣使乞降丙午赤眉君臣面縛 偕而縛也謂反接縛之又以威遍之刃出更始始更敗脫璽入赤 奉高皇帝璽綬 蔡邕獨斷曰皇帝行璽天子行璽皇帝信璽天子信璽皇帝之璽皆以武都紫泥封之王璽謂天子璽是皇帝皇帝之璽 虎紐文曰皇帝行璽皇帝之璽皇帝信璽天子行璽天子信璽天子之璽凡六璽皆白玉螭虎紐文曰皇帝行璽之類是也 刻其王山出藍田山丞相李斯所書其文曰受命于天既壽永昌璽不與之璽一螭上蟠五龍一角缺及袂敗李松持璽詣宛上更始

詔以屬城門校尉 前書曰城門校尉掌京師城門屯兵秩此比二千石也

戊申至自宜陽己酉詔曰羣盜縱横賊害元元盆子竊號亂惑天下朕奮兵討擊應時崩解十餘萬衆束手降先帝璽綬歸之王府斯皆祖宗之靈士人之力朕曷足以享斯哉 當其擇吉日祠高廟賜天下長子當爲父後者爵人一級二月己未祠高廟受傳國璽劉永立董憲爲海西王 海西縣屬琅邪郡 張步爲齊王步殺光禄

大夫伏隆而反幸懷遣吳漢率二將軍擊青犢於軹西大破降之 軹縣屬河內郡故城在今洛州濟源縣東南

三月壬寅以大司徒司直伏湛爲大司徒 續漢志曰光武即位依武帝故事置司徒司直直佐武帝十一年省彭寵陷薊城寵

自立爲燕王帝自將征鄧奉於小長安斬之 關中上有長樂故城蓋小長安也 宋州虞城縣 劉永將蘇茂戰於廣樂大破之 廣樂地闕今

戰於上林破之 林苑也 吳漢率七將軍與虎牙大將軍蓋延圍劉永於睢陽五月己酉車駕還宮乙卯晦日有食之

大赦天下耿弇與延岑戰於穰大破之 屬南陽郡今鄧州縣 秋七月征南大將軍岑彭率三將軍伐秦豐戰於黎丘大破之獲其將蔡宏庚辰詔曰吏不滿六百石下至墨綬長相有罪先請 男子八十以上十歲以下及婦人從坐者自非不道詔所名捕皆不得

繫而書有名當驗問者即就驗女徒崔山

歸家〔前書音義曰今甲乂子犯徒遣歸家〕蓋延

拔睢陽獲劉永而蘇茂周建立永子紆為

梁王冬十月壬申幸春陵祠園廟因置酒

崔宅大會故人父老〔崔即張衡所補 龍飛白水也〕

太守張豐反 是歲李憲自冊

十一月乙未至自春陵涿郡〔涿郡故城在今幽州范陽縣〕

天子西州大將軍隗囂奉奏〔時郡隗承制命 為西州大將〕

建義大將軍朱祐率祭遵與延

本戰於東陽斬其將張成〔東陽聚名也故城在今鄧州南臨淮〕

郡復有東陽縣非此地也

軍卓制涼州翔方事〔後漢帝紀上 徐友山〕

四年春正月甲申大赦天下二月壬子幸

懷壬申至自懷遣右將軍鄧禹率二將軍〔武當縣屬南陽郡也武當山今均州鈞縣名〕

與延本戰於武當破之

夏四月丁巳幸鄴已巳進幸臨平〔鄴縣庶郡 故城在今定州 東郡箕山〕

遣大司馬吳漢擊五校賊於〔吳漢傳曰 鼓城縣東南〕

箕山大破之

故城在今定州東 五月進幸元氏辛巳

進幸盧奴遣征虜將軍祭遵率四將軍討

張豐於涿郡斬豐六月辛亥車駕還宮七

月丁亥幸譙遣捕虜將軍馬武偏將軍王〔垂惠聚名在今亳州 一名體城今姓董〕

霸圍劉紆於垂惠〔霸前書曰貴 姓董廷〕

憲將貢休以蘭陵城降憲圍之〔蘭陵縣屬東海 虎牙大將軍蓋憲〕

率平狄將軍龐萌救貢休不克蘭陵為憲〔今壽州太中大〕

所陷秋八月戊午進幸壽春

夫徐憚擅殺臨淮太守劉度憚坐誅遣揚〔沂州〕

武將軍馬成率三將軍伐李憲九月圍揚

於舒〔廬縣名故城在今廬江縣西 後漢帝紀上 三十二〕冬十月甲寅車駕還宮

太傅卓茂薨十一月丙申幸宛遣建義大

將軍朱祐率二將軍圍秦豐於黎丘十二〔三百卅一〕

月丙寅進幸黎丘是歲征西大將軍馮異

與公孫述將程焉戰於陳倉破之

五年春正月癸巳車駕還宮二月丙午大

赦天下捕虜將軍馬武偏將軍王霸拔垂

惠乙丑幸魏郡〔魏郡州所相也今相州〕壬申封殷後孔安為

殷紹嘉公〔嘉公成帝封孔吉為殷紹嘉公安即吉之喬也〕彭寵為其蒼

頭所殺漁陽平（著呼人為黠首謂敵者以別於良人也為）大司
馬吳漢率建威大將軍耿弇擊富平獲索
賊於平原大破降之（平原郡也今德州縣也）復遣耿弇率
二將軍討張步　三月癸未徙廣陽王良為
趙王始就國平狄將軍龐萌反殺楚郡太
守孫萌而東附董憲遣征南大將軍岑彭
率二將軍伐田戎於津鄉大破之（南郡有津鄉故城在
陵縣東）夏四月旱蝗河西大將軍竇融
始遣使貢獻　五月丙子詔曰　久旱傷麥秋
種未下朕甚憂之將殘吏未勝獄多冤結
元元愁恨感動天氣平其令中都官三輔
郡國出繫囚（前書音義曰中都官謂京師諸官府也
國謂諸侯王國也）罪非
犯殊死一切勿案（殊死謂斬刑而殊其木而弗殊也左傳曰
不殊殊絕也一切謂權時非久制也並音義）見徒免為庶人務進柔良退貪
酷各正厥事焉（臣賢案春秋緯字誤日食地震書餘悉
見前書音義見此下多有甲申此誤也）六月建義大
將軍朱祐拔黎丘獲秦豐而龐萌蘇茂圍
桃城（任城國有桃聚故城在今兗州任城縣此）帝時幸蒙（縣名屬梁國故城在）

（今宋州北）因自將征之先理兵任城乃進救桃
城大破萌等秋七月丁丑幸沛園陵進幸
（前書音義曰原廟已立廟更立者為原已立廟更立者為前與縣東一名湖陵）詔修復西京園陵廟
湖陵征董憲（湖陵縣屬山陽郡故城在今兗州方與縣東一名湖陵）又
幸蕃（縣名屬魯國蕃音皮湖陵縣屬東海郡蕃音皮故城在）遂攻董憲於昌慮
大破之（昌慮縣屬東海郡故城在今徐州滕縣之南古邾國之監邑也左傳曰濫庶其以來奔即此地郡音談）八月己酉進幸郯
（縣名屬東海郡郯音談）留吳漢攻劉紆董憲等車駕轉徇
彭城下邳吳漢拔郯獲劉紆漢進圍董憲
龐萌於胸（海州胸山縣西音桑故城在今青州）於冬十月還
幸魯使大司空祠孔子耿弇等與張步戰
於臨淄大破之（臨淄今青州縣）帝幸臨淄進幸劇
（縣名故城在今青州壽光縣南故紀國城也）張步斬蘇茂以降齊
地平初起太學（光武記曰太學在洛陽城開陽門外去官八里講堂長十丈廣三丈）車駕還宮幸太學賜博士弟子各
有差十一月壬寅大司徒伏湛免尚書令
矢霸為大司徒十二月盧芳自稱天子於
九原（縣名屬五原郡故城在今勝州銀城縣）西州大將軍隗囂於

遣子恂入侍交阯牧鄧讓率七郡太守遣

使奉貢 交阯郡今交州縣也南濱大海興地志云其夷足大指開析兩足並立指則相交於南與阯同古字通應劭漢官儀曰始開北方遂交阯爲子孫基阯也七郡謂南海蒼梧鬱林合浦交阯九真日南並屬交州見續漢書

詔復濟陽二年徭役 濟陽縣在故城在今曹州寃句縣西南皇考南頓君初爲濟陽令以哀帝建平元年帝生於濟陽宮故後之前書音義曰復也謂陳其賦役也復音福

是歲野穀漸少田畝益廣焉

後漢帝紀卷第一上

范曄
唐章懷太子　賢　注

六年春正月丙辰改舂陵鄉爲章陵縣世
世復傜役比豐沛無有所豫〔高祖豐沛邑人故代代復今比〕
辛酉詔曰往歲水旱蝗蟲爲災〔音福〕
人用困乏朕惟百姓無以自
瞻惻然愍之其命郡國有穀者給稟〔說文稟賜穀〕〔贍此音〕
價騰躍〔貴言躍也〕
高年鰥寡孤獨及篤癃無家屬貧
不能自存者如律〔大戴禮曰六十無妻曰鰥無夫曰寡禮記曰幼而無父曰孤老而無子曰獨篤病也漢律今亡〕二千石勉加
父曰孤老而無子獨爾雅篇曰癃病也〔因也蒼頡篇曰癃病也〕
循撫無令失職〔常也職撫〕揚武將軍馬成等拔
舒獲李憲二月大司馬吳漢拔胊獲董憲
龐萌山東悉平諸將還京師置酒賞賜三
月公孫述遣將任滿寇南郡〔今荊州也〕夏四月
丙子幸長安始謁高廟遂有事十一陵〔謂祭也左傳曰有事於太廟高祖長陵惠帝安陵景帝陽陵武帝茂陵昭帝平陵宣帝杜陵元帝渭陵成帝延陵哀帝義陵平帝康陵京〕
遣虎牙大將軍蓋延等

七將軍從隴道伐公孫述五月巳未至自
長安隗囂反蓋延等因與囂戰於隴坻諸
將敗績辛丑詔曰惟天水隴西安定北地
〔并郡名天水今秦州安定今涇州隴西今渭州並郡北地今寧州〕吏人爲隗囂所
有犯法不道者〔也音古義反〕又三輔遭難赤眉
註誤者〔辜一家三人爲不道前書音義曰又責亦反註誤也說文曰註亦誤〕吏人爲隗囂所殊死
以下皆赦除之六月辛卯詔曰夫張官置〔管子曰張官置吏所以奉主之法也〕
吏所以爲人也〔政反〕
難戶口耗少而縣官吏職所置尚繁其令
司隸州牧〔漢官儀曰司隸校尉部河南河內右扶洛陽故謂東京爲司隸風左馮翊京兆河東弘農七郡於河南〕
置長吏可并合者〔并音必并音反〕上大司徒大司
空二府於是條奏并省四百餘縣吏職減
損十置其一代郡太守劉興擊盧芳將賈
覽於高柳戰歿〔高柳縣屬代郡故城在今雲州定襄縣〕秋遣樂浪
人王調據郡不服〔樂浪郡故朝鮮國也在遼東〕初樂浪
浪太守王遵擊之郡吏殺調降遣前將軍
李通率二將軍與公孫述將戰於西城破

西城縣屬漢中今金州縣也

夏蝗秋九月庚子赦樂浪

謀反大逆殊死已下丙寅晦日有食之冬

十月丁丑詔曰吾德薄不明寇賊為害彊

弱相陵元元失所詩云日月告凶不用其行徵也詩小雅鄭玄注云告凶告天下凶亡之

行也行道度也不用之者謂相干犯也

咎内疚於心疚病也憂心孔疚詩

其勅公卿舉賢良武帝建元年始詔舉賢宜帝始令郡目得

方正各一人宜帝始令郡目得下情有司修

百僚並

上封事無有隱諱奏封事以知下情有司修

職務遵法度十一月丁卯詔王莽時吏人

沒入為奴婢不應舊法者皆免為庶人十

二月壬辰大司空宋弘免癸巳詔曰頃者十

師旅未解用度不足故行十一之稅謂十一之稅

糧儲差積始置校尉屯田

田租三十稅一如舊制景帝二年令人田租三十稅一令依景帝故制

其令郡國收見

全軍士屯田武帝初通西域校尉屯田

隗囂遣將行巡寇扶風行巡姓名漢有權置吏今悉罷之也

征西大將軍馮異拒破之是歲初罷

郡國都尉官始遣列侯就國匈奴遣使來

永念厥

獻使中郎將報命漢官儀曰使匈奴中郎將持節秩比二千石匈奴傳云令

中郎將韓統報

命照遺金帛

七年春正月丙申詔中都官三輔郡國出

繫囚非犯殊死皆一切勿案其罪見徒免

為庶民耐罪亡命吏以文除之歲刑為罰作二歲刑已上為耐耐音...前書音義曰耐輕刑之名

其罪耐遷逃亡

歸因失名籍

又詔曰世以厚葬為德薄終

為隗至于富者奢僭貧者單財單盡也

不能禁禮義不能止倉卒乃知其咎

其布告天下令知忠臣

孝子慈兄悌弟薄葬送終之義二月辛巳

罷護漕都尉官三月丁酉詔曰今國有限

軍並多精勇宜且罷輕車騎士材官樓船

士及軍假吏漢官儀曰高祖命天下郡國選能

令還復民伍公孫述立隗囂為朔

寧王癸亥晦日有食之避正殿復兵不聽

事五日詔曰吾德薄致災譴見日月

直革反左傳曰人君為政不用善自取謫於日月之災也

戰慄恐懼夫何言

哉今方念愆厥咎其令有司各修職

任奉導法度惠茲元元百僚各上封事無

有所諱其上書者不得言聖夏四月壬午

詔曰比陰陽錯謬日月薄食百姓有過在

子一人大赦天下公卿司隸州牧舉賢良

方正各一人遣詣公車朕將覽試焉　公車所在因以名焉漢官儀曰公車掌殿司馬門天下上事及徵召皆總領之　門名

〈後漢帝紀〉下　〔五〕

前將軍李通為大司空甲寅詔吏人遭饑

亂及為青徐賊所略爲奴婢下妻欲去留

者恣聽之　杜預左傳云以道取爲略　言從賣人之事以結其罪

人法從事

將軍王常為橫野大將軍八月丁亥封前

河閒王邵為河閒王隗囂寇安定征西大

將軍馮異征虜將軍祭遵擊卻之冬盧芳

所置朔方太守田颯　音立　雲中太守喬扈各　義曰音長

舉郡降是歲省長水射聲二校尉官　水地名胡騎所屯射聲者也夜中聞聲則射之因以為名二校尉皆武帝置今省之

八年春正月中郎將來歙襲略陽　縣名屬天水郡故城在今秦州隴西北

殺隗囂守將而據其城夏四月

司隸校尉傅抗下獄死隗囂攻來歙不能　城縣西北

下閏月帝自征隗囂河西太守竇融率五　謂隴西金城天水酒泉張掖高平縣名屬安定

郡太守與車駕會高平　後改爲高平今原州縣

吳漢征南大將軍岑彭圍之進幸上邽不　上邽縣名屬隴西金城天水酒泉張掖高平縣名屬安定郡

降故邽戎邑今秦州縣　命虎牙大將軍蓋延

建威大將軍耿弇攻之潁川盜賊寇沒屬

〈後漢帝紀〉下　〔六〕

縣河東守守兵亦叛京師騷動秋大水八

月帝自上邽晨夜東馳九月乙卯車駕還

宮庚申帝自征潁川盜賊皆降安丘侯張　安丘縣屬北海郡今青州縣有渠丘亭

步叛歸琅邪　琅邪太守

陳俊討獲之戊寅至自潁川冬十月丙午

幸懷十一月乙丑至自懷公孫述遣兵救

隗囂吳漢蓋延等還軍長安天水隴西復

反歸囂十二月高句麗王遣使奉貢是歲

大水　左傳曰平原出水為大水

九年春正月隗囂病死其將王元周宗復
立囂子純為王徙鴈門吏人於太原三月
辛亥初置青巾左校尉官公孫述遣將田
戎任滿據荊門

夏六月丙戌幸緱氏登轘轅
遣大司馬吳漢率四將軍擊盧
芳將賈覽於高柳戰不利秋八月遣中郎
將來歙監征西大將軍馮異等五將軍討
隗純於天水驃騎大將軍杜茂與賈覽戰
於繁時　復置護羌校尉官
都尉

十年春正月大司馬吳漢率捕虜將軍王
霸等五將軍擊賈覽於高柳匈奴遣騎救
覽諸將與戰郤之修理長安高廟夏征西
大將軍馮異破公孫述將趙匡於天水斬

之征西大將軍馮異薨秋八月己亥幸長
安祠高廟遂有事十一陵戊戌進幸汧
隗囂將高峻降冬十月中
郎將來歙等大破隗純於落門
周宗降隴右平先零羌寇金城西大破
之　庚寅車駕還宮是歲省
定襄郡　《後漢帝紀一下》　徙其民於西河
　
泗水王歙薨淄川王終薨
十一年春二月己卯詔曰天地之性人為
貴其殺奴婢不得減罪己酉幸南陽還幸
章陵祠園陵城陽王祉薨庚午車駕還宮
閏月征南大將軍岑彭率三將軍與公孫
述將田戎任滿戰於荊門大破之獲任滿
威虜將軍馮駿圍田戎於江州
岑彭遂率舟師伐公孫述平巴郡夏四月
丁卯省大司徒司直官

為大司徒司直仍舊令省

先零羌寇臨洮（縣名屬隴西郡故城在今岷州）六
月中郎將來歙率揚武將軍馬成破公孫
述將王元環安於下辯（縣名屬武都郡今成州同谷縣間諜也謂伺候間隙為）
安遣間人刺殺中郎將來歙（左傳例曰凡過信為次舍再宿為信過信為次）帝
自將征公孫述秋七月岑彭破公孫述次長安（師左傳出一宿為輔威）
黃石即黃灘也水經注曰江水出廣漢縣下入涪間諜也
八月岑彭將延岑戰於沈水大
破之（水經注曰江水出廣漢縣下入涪黃石出百里而屆于黃石在今涪州涪陵縣東輔威水本或作沈水及沈水者並非）
將軍臧宮與公孫述延岑戰於沈水大
射傷人弃市律公孫述遣間人刺殺征
免所炙灼者為庶民冬十月壬午詔除奴
至自長安癸亥詔曰敢炙灼奴娉論如律

南大將軍岑彭馬成平武都因隴西扶風十
馬援擊破先零羌徙致天水隴西太守
省朝方牧并井州（朝方郡在今夏州朝方縣北井音必政反前書音義曰刺史每歲盡則乘傳奏事京師今斷之哀帝改刺史曰州牧）
二月大司馬吳漢率舟師伐公孫述是歲
斷州牧自還奏事（入奏事京師）初

十二年春正月大司馬吳漢與公孫述將
史興戰於武陽斬之（武陽縣屬犍為郡故城在今眉州隆山縣東也）三
月癸酉詔隴蜀民被略為奴娉自訟者及
獄官未報一切免為庶民夏黃龍見東（黃龍見甘露降南行秋）
唐（縣名屬常山今濟州恒州縣也）六月黃龍見東阿
吳漢大破公孫述將馮駿拔江州獲田戎九月
輔威將軍臧宮拔涪城斬公孫恢（城涪今益州綿州縣也）
七月威虜將軍馮駿拔謝豐于廣都斬之都
吳漢大破公孫述將謝豐于廣都斬之（恢述之弟也大司空李通罷冬十一月戊寅）
被創夜死辛巳吳漢屠成都夷述宗族及
延岑等（廣雅曰夷滅也）十二月辛卯揚武將軍
馬成行大司空事是歲九真徼外蠻夷張
遊率種人內屬（九真今愛州縣也）封為歸漢里君省金
城郡屬隴西參狼羌寇武都（武都今武州也參音所今反）
隴西太守馬援討降之詔邊吏力不足戰
則守追虜料敵不拘以逗留法（說文曰逗止也此前書音音逗留義曰逗是曲行遁敵也漢法軍行逗留畏懦者斬追虜或近或遠量敵進退不拘以軍法直取勝敵為務）

也迎吏

橫野大將軍王常薨遣驃騎大將軍
杜茂將衆郡施刑屯北邊
施讀曰弛弛解也
前書音義曰謂有
罪亦倮徒之也

築亭候
書曰秦法十里一亭亭候伺望敵之所前書音義曰候謂斥候也

修烽燧
前書音義曰邊方有寇即然火舉之有寇作桔皐以薪草置其中常低之有寇即燃之有長作居亦作桔皐以相告曰烽光頭有兜囊以薪草置其中寇至即燔之其煙直則曰燧晝則燔燧夜乃舉烽亦曰兜零零亦籠也

詔曰往年已勑郡國異味不得有所獻御
今猶未止非徒有豫養導擇之勞
豫養謂未至獻時豫

十三年春正月庚申大司徒戾彊薨戊子

匈奴盧芳自五原亡入匈奴

二月遣捕虜將軍馬武屯虖沱河以備

方口實所以薦宗廟自如舊制
實謂著之事漢官儀曰

官勿復受
續漢志曰太官令一人
秩六百石掌御膳飲食明勑下以遠

前養之導
至乃煩擾道上疲費過所其令太
亦擇也

沙王興真定王得河閒王邵中山王茂皆
以其服屬疏遠不當襲爵為王
其以興
襲爵為王不應經義
得為真定戻邵為樂

成戻
樂成縣故城在今宋州樂縣西北
為臨湘戻
湘縣長沙縣今潭州長沙縣

龍襲爵為王不應經義

茂為單父戻
縣音善

其宗室及絕國封戻者凡一百三十七
人丁巳降趙王良為趙公太原王章為齊
公魯王興為魯公齊公劉康為衛公殷紹嘉公孔安
為宋公周承休公姬常為衛公省并西京
十三國廣平屬鉅鹿真定屬常山河閒屬
信都城陽屬琅邪泗水屬廣陵淄川屬高
密膠東屬北海六安屬廬江廣陽屬上谷
據此惟有九國
云十三誤也

大司徒丙子行大司空馬成罷夏四月大

三月辛未沛郡太守韓歆為

大司徒吳漢自蜀還京師於是大饗將士班
功臣

勞策勳
班布也謂編布勞來之其有功者云策書紀其勳也勞音力到反

增邑更封凡三百六十五人其外戚恩澤
封者四十五人罷左右將軍官
前書左右將軍周官也

孫述督師郊廟樂器葆車輿輦於是法物
至此罷
秦漢因之建威大將軍耿弇罷益州傳送公

始備
師古曰鹵簿儀式也時草創未暇今得備

時兵革既息天下少事文書調役
之始備

務從簡寡發謂謂也調謂 至乃十存一焉甲寅冀州

牧寶漢融爲大司空五月匈奴寇河東秋七

月廣漢徼外白馬羌率種人內屬 今廣漢
州維縣也徼猶塞也音吉刟瓦羌有百
五十四種在廣漢西北者爲白馬羌

徼外蠻夷獻白雉白冤 日南郡屬交州 冬十二月

甲寅詔益州民自八年以來被略爲奴婢

以略人法從事復置金城郡 前年省井隴西 十三

者謂公孫述時也皆一切免爲庶民或依託爲人下

妻欲去者恣聽之敢拘留者比青徐二州

獻使中郎將報命 中郎將劉襄也

夏四月乙巳封
平帝封孔均爲褒成侯志 十三

孔子後志爲褒成侯 均子也古今注曰時爲

越嶲人任貴自稱太守遣使奉計
帝置本邛都也嶲水名因越嶲水而置
故以名焉計謂人庶名籍若今計帳越嶲
令邛郡今云南

城人賈丹殺盧芳將尹由來降 秋九月平
州定襄是歲會稽大疫 會稽今越州縣也平城屬縣也襄 越州縣今門郡今雲鴈

善國遣使奉獻 國名郡音市善並西域莎車國鄯國名

卯詔益涼二州奴婢自八年以來自訟在 十二月癸

所官一切免爲庶民賣者無還直

十五年春正月辛丑大司徒韓歆免自殺

車見歲 丁未有星孛於昴汝南太守歐陽歙
霸傳
爲大司徒徙建義大將軍朱祐罷丁未有星

字於營室三月徙鴈門代郡上谷三郡民
前書曰代郡有常山關上
谷郡居庸關有關時胡寇

置常關居庸關以東
故徙之 初巴蜀既平大司馬吳漢上書請
數犯邊

封皇子不許重奏連歲三月乃詔羣臣議
通膠東彊復高密薨禹 十四

大司空融固始奏議曰古者封建諸族以藩屏

京師 藩籬也屏蔽也詩大雅曰介人維藩大邦維屏諸侯爲藩屏也羊
傳曰京者何大也師者衆也天
子之居必以衆大之辭言之
和萬國邇于夏商或
數千夏商周封八百也

大常登等奏議曰古者封建諸族以藩屏

周封八百 史記曰唐虞恊
同姓諸姬並爲建國 左傳
日虞虢焦滑霍揚
皆姬姓也

夾輔王室尊事天子亙國

永長爲後世法故詩云大啓爾宇爲周室
輔 詩魯頌也宇居也周成王封周公子伯
禽於魯言大開爾宇以爲我周家之輔

德光有天下亦務親親封立兄弟諸子不

違舊章陛下德橫天地興復宗統褒德賞

勳親睦九族〔孔安國注尚書云九族謂上至高祖下至玄孫〕功臣宗室
咸蒙封爵多受廛地或連屬縣今皇子賴〔禮記月令天子孟夏迎夏於南郊還乃封諸侯行爵出祿〕
天能勝衣趨拜陛下恭謙克讓抑而未議
羣臣百姓莫不失望宜因盛夏吉時定號〔廣雅曰輿載也言載在地者皆圖畫之司空掌土地〕明親
位以廣藩輔
親尊宗廟重社稷應古合舊厭塞衆心臣
請大司空上輿地圖〔故命上之〕太常擇吉日具禮儀制曰可夏四月
戊申以太牢告祠宗廟丁巳使大司空融〔後漢帝紀下 十五 陳孫〕
告廟封皇子輔為右翊公英為楚公延為
東海公康為濟南公蒼為東平公焉為左翊
陽公荊為山陽公衡為臨淮公
公兄為琅邪公癸丑追謚兄伯外為齊武
公京為魯哀公六月庚午復置屯騎長
公兄仲為魯哀公……改青巾左校尉為〔墾關墾田〕
水射聲三校尉官〔罷〕
越騎校尉詔下州郡檢覈墾田頃畝及
戶口年紀又考實二千石長吏阿枉不平
者冬十一月甲戌大司徒歐陽歙下獄死

十二月庚午關內侯戴涉為大司徒徒盧芳
自匈奴入居高柳是歲驃騎大將軍杜茂
免虎牙大將軍蓋延薨
十六年春二月交阯女子徵側反略有城〔邑三月辛丑晦日有蝕之秋九月河南尹〕
張伋及諸郡守十餘人坐度田不實皆下〔後漢書太守多為詐巧不務實核尚……田為……聚人田中并度廬屋里落聚人〕
獄死〔帝呼遮道〕郡國大姓及兵長盜處處並起攻
劫在所害殺長吏郡縣追討到則解散去
復屯結青徐幽冀四州尤甚冬十月遣使〔後漢帝紀下 十六 五〕
者下郡國聽羣盜自相糾摘〔摘猶發也音它狄反〕
人共斬一人者除其罪雖逗留回避故〔縱〕
縱者皆勿問聽以禽討為效其牧守令長
坐界內盜賊而不收捕者又以畏愞捐城
委守者皆不以為負〔其後……但取獲賊〕
多少為殿最〔……唯蔽匿〕
者乃罪之於是更相追捕賊並解散徙其
魁帥於它郡賦田受稟使安生業自是牛

馬放牧邑門不閉盧芳遣使乞降十二月

甲辰封芳為代王初王莽亂後貨幣雜用

布帛金粟是歲始行五銖錢〔武帝始為五銖錢王莽時廢今始行之〕

十七年春正月趙公良薨二月乙亥晦日

有食之〔東觀記曰上以日食避正殿讀圖讖多御坐東廂下淺露發疾眩甚左右有白大司馬史病苦如此不能動搖自強從公出乘以入南行數里病差四月二日車駕宿師病差數日行黎陽界到葉以車騎省留數日行至平愈〕

夏四月乙

卯南巡狩皇太子及右翊公輔楚公英東

海公陽濟南公康東平公蒼從幸潁川進〔陳坂〕

幸葉章陵〔葉縣故楚葉公邑屬南郡〕五月乙卯

車駕還宮六月癸巳臨淮公衡薨秋七月

妖巫李廣等羣起據皖城〔城縣名屬廬江郡故皖音式涉反城在今舒州有皖水音下板反〕

遣虎賁中郎將馬援驃騎將軍段

志討之九月破皖城斬李廣等冬十月辛

巳廢皇后郭氏為中山太后立貴人陰氏

為皇后進右翊公輔為中山王食常山郡〔本恒山郡避文帝諱改為常山故城在今趙州元氏縣西〕

其餘九國公皆即

舊封進爵為王甲申幸章陵修園廟祠舊

宅觀田盧置酒作樂賞賜時宗室諸母因

酣悅相與語曰文叔少時謹信與人不款

曲唯直柔耳今乃能如此帝聞之大笑曰

吾理天下亦欲以柔道行之乃悉為春陵

宗室起祠堂有五鳳見於潁川之郟縣〔郟今汝州郟城縣也東觀記曰鳳高八尺五彩羣鳥並從行列地數頃傳十〕十二

十八年春二月蜀郡守史歆叛遣大司

馬吳漢率二將軍討之圍成都甲寅西巡

狩幸長安三月壬午祠高廟遂有事十一

陵歷馮翊界進幸蒲坂祠后土〔漢官儀曰祭日祭其禮儀如祭天蒲坂縣屬河東郡故今蒲州汾陰也以夏至日祭其官曲入河古之祭地澤中方丘也於河東汾陰后土官在今蒲州汾陰縣西北〕

夏四月甲戌車駕還宮癸酉詔曰

今邊郡盜穀五十斛罪至於死開殘吏妄

殺之路其饟除此法同之內郡遣伏波將

軍馬援率樓船將軍段志等擊交阯賊徵

側等戊申幸河內戊子至自河內五月旱

盧芳復亡入匈奴秋七月吳漢拔成都斬
史歆等王成赦益州所部殊死巳下冬十
月庚辰幸宜城〔城在今襄州率道縣南〕還
祠章陵十二月乙丑車駕還宮是歲罷州
牧置刺史〔武帝元封五年初置部刺史掌奉詔條察州秩六百石負十三人成帝綏和元年更名牧秩二千石哀帝建平二年復為刺史元壽二年復為牧經王莽變革至建武元年復置牧今改〕
史制

【後漢帝紀一下】〔十九〕

十九年春正月庚子追尊孝宣皇帝曰中
宗始祠昭帝元帝於太廟〔漢官儀曰光武皆雖十二於父子之間也〕
平帝於長安春陵節矦以下四世於章陵〔成帝哀帝也然則宣帝為曾祖故追尊及祠也〕成帝哀帝
妖巫單臣傅鎮等反據原武遣太中大夫
臧宮圍之夏四月拔原武斬臣鎮等伏波
將軍馬援破交阯斬徵側等因擊破九真
賊都陽等降之閏月戊申進趙齊魯三國
公爵為王六月戊申詔曰春秋之義立子
以貴〔公羊傳曰立嫡以長不以賢立子以貴不以母貴也母貴則子貴子以貴〕

貴母以
子貴

【後漢帝紀下】〔二十〕

東海王陽皇后之子宜承大統皇
太子彊崇執謙退願備藩國父子之情重
父違之其以彊為東海王立陽為皇太子
改名莊秋九月南巡狩壬申幸南陽進幸
汝南南頓縣舍置酒會賜吏人復南頓田
租歲〔蔡邕獨斷曰陛階也陛下者陛階下也與天子言不敢斥至尊故呼在陛下者云天子言不敢斥至尊故曰陛下司也諸官府所止皆曰寺光武常從陛下風俗通曰寺司也〕父老前叩頭言皇考居此日久陛下
識知寺舍
賜復十年〔帝曰天下重器常恐不任日復〕帝曰天下重器常恐不任日復
惜之何言謙也帝大笑復增一歲進幸淮
陽梁沛西南東寇益州〔常據華陽國志云武帝元封二年嶳夷反將軍郭昌討平之因開為益州郡故城在今昆州晉寧縣是也〕遣武威將軍
劉尚討之越嶲太守任貴謀叛十二月劉
尚襲貴誅之是歲復置函谷關都尉省〔九年今〕
復修西京宮室

二十年春二月戊子車駕還宮夏四月庚〔古今注曰坐入故大倉令奚涉罪大〕
辰大司徒戴涉下獄死

陳從

司空竇融免五月辛亥大司馬吳漢薨匈
奴寇上黨天水遂至扶風六月庚寅廣漢
太守蔡茂為大司徒太僕朱浮為大司空
壬辰左中郎將劉隆為驃騎將軍行大司
馬事〔武帝省大尉置大司馬將軍成帝賜金印紫綬置官屬祿比丞相哀帝去將軍位在司徒上見前書〕
乙未徙中山王輔為沛王秋東夷韓冬〔東夷有辰韓卜韓馬韓謂之三韓韓國也〕
十月東巡狩甲午幸魯進幸東海楚沛國
國人率衆詣樂浪內附
十二月匈奴寇天水壬寅車駕還宮是歲
省五原郡徙其吏人置河東復濟陽縣區
役六歲
二十一年春正月武威將軍劉尚破益州
夷平之夏四月安定屬國胡叛屯聚青山〔青山在今慶州馬嶺縣西北〕
遣將兵長史陳訢討平之〔訢音新〕
秋鮮卑寇遼東遼東太守祭肜大破之
冬十月遣伏波將軍馬援出塞擊烏桓不
克匈奴寇上谷中山其冬鄯善王車師王
等十六國皆遣子入侍奉獻願請都護〔都護〕

〔宣帝覽始以鄭吉為南比道屈烏壘城祭西域諸國動靜以聞事見前書〕
帝以中國初定未遑外事乃還其侍子厚
加賞賜
二十二年春閏月丙戌幸長安祠高廟遂
有事十一陵二月乙巳至自長安夏五月
乙未晦日有食之秋七月司隸校尉蘇鄴
下獄死九月戊辰地震裂制詔曰日者地
震南陽尤甚夫地者任物至重靜而不動
者也而今震裂咎在君上鬼神不順無德
災殃將及吏人朕甚懼焉其令南陽勿輸
今年田租芻槀遣謁者案行其死罪繫囚
在戌辰以前減死罪一等徒皆弛解鉗衣
絲絮〔絁解脫也倉頡篇曰鉗鐵也音其炎反前書在徒役者不得衣絲絮今赦許之〕
賜郡中居人壓死者棺錢
人三千其口賦通稅而廬宅尤破壞者勿
收責〔漢儀注曰人年十五至五十六出賦錢人百二十為一算又人年七歲至十四出口錢人二十以供天子至武帝時又口加三錢以補車騎馬通稅謂欠田租出也〕
吏人死亡或在
壞垣毀屋之下而家羸弱不能收拾者其

以見錢穀取備為尋求之冬十月壬子大
司空朱浮免癸丑光祿勳杜林為大司空
是歲齊王章薨青州蝗匈奴奠鞬為大司
【奠音於六反鞬音紀言反比其名也】
比遣使詣漁陽請和親使　詔罷諸邊郡
中郎將李茂報命烏桓擊破匈奴匈奴北
徙幕南地空【前書音義曰沙土日幕即今磧也】
亭候更卒
二十三年春正月南郡蠻叛遣武威將軍
劉尚討破之從其種人於江夏【郡名故城在今安州雲夢】

縣東
南

【後漢帝紀一下　二十三　林俊】

夏五月丁卯大司徒蔡茂薨秋八月
丙戌大司空杜林薨九月辛未陳留太守
【況字文伯京兆人王音肅】
王況為大司徒
僕張純為大司空高句麗率種人詣樂浪
內屬十二月武陵蠻叛寇掠郡縣遣劉尚
討之戰於沅水【武陵郡今朗州也沅水名出群柯東北過臨沅縣至長沙入洞庭湖】
尚軍敗歿是歲匈奴奠鞬日逐王比率
部曲遣使詣西河內附
二十四年春正月乙亥大赦天下匈奴奠

鞬日逐王比遣使款五原塞求扞禦北虜
秋七月武陵蠻寇臨沅【縣名屬武陵郡故城在今朗州武陵縣】遣
謁者李嵩中山太守馬成討蠻不克於是
伏波將軍馬援率四將軍討之詔有司申
明舊制阿附蕃王法【前書音義曰人道尚右言捨天子偏也阿曲附益王族者有重法為左官之法作左官之律設附益之法武帝時有淮衡山之謀作左官附益王族者為左官之令更始】
之冬十月匈奴奠鞬日逐王比自立為南
單于於是分為南北匈奴

【後漢帝紀一下　二十四　朴紀】

二十五年春正月遼東徼外貊人【貊人穢貊國人也貊音陌】
寇右北平漁陽上谷太原遼東太守祭
肜招降之烏桓大人來朝【大人謂渠帥也】
遣使詣闕貢獻奉蕃稱臣又遣其左賢王
擊破北匈奴却地千餘里三月南單于遣
子入侍戊申晦日有食之伏波將軍馬援
等破武陵蠻於臨沅冬十月叛蠻悉降夫
餘王遣使奉獻【夫餘國在海東去玄菟千里餘】是歲烏桓大
人率眾內屬詣闕朝貢
二十六年正月詔有司增百官奉【續漢志曰大駙】

軍三公奉月三百五十斛中二千石奉月百八十
斛二千石月百二十斛比二千石月百石
十斛千石月八十斛六百石月七十斛比
六百石月五十斛四百石月四十五斛比
四百石月四十斛三百石月四十斛比三
百石月三十七斛二百石月三十斛比二
百石月二十七斛百石月十六斛斗食月

食月十一斛佐史月八斛凡諸受奉錢穀各半奉音扶味反

其千石巳上減於

西京舊制六百石巳下增於舊秩初作壽

陵初作陵未有名故號曰壽陵蓋取久長之義也漢自文帝以後皆預作陵今循舊制也　將作

大匠竇融上言園陵廣袤無慮所用作少府掌宮室景帝改爲大匠秩二千石說文曰南比曰袤東西曰廣雅曰無慮都凡也謂請園　將作

陵都凡制度　帝曰古者帝王之葬皆陶人瓦也袤音茂

器木車茅馬禮曰塗車芻靈自古有之鄭玄注云芻靈束茅爲人馬也　遣　使

後世之人不知其處太宗識終始之義景

帝能述遵孝道遭天下反覆而霸陵獨完

受其福豈不美哉惟霸陵不掘今所制地

不過二三頃無爲山陵陂池裁令流水而
已水而已陵音普何反池音徒何反　遣中郎將段

郴投南單于璽綬令入居雲中州郡此在今勝郴音丑

始置使匈奴中郎將將兵衛護之將即中郎將段

林反　段郴也漢官儀曰使匈奴中郎將屯西河美稷縣也　南單于遣子入侍奉

奏詣關於是雲中五原朔方北地定襄鴈

門上谷代八郡民歸於本土遣謁者分將

施刑補理城郭解見上　發遣邊民在中

國者布還諸縣皆賜以裝錢轉輸給食觀東

二十七年夏四月戊午大司徒玉況薨五

月丁丑詔曰昔契作司徒禹作司空皆無

大名其令二府去大朱祐奏宜令三公並去大名以法經典帝從其議　又改大司馬爲太尉驃騎大將軍行大司

馬劉隆即日罷以大僕趙憙爲太尉大司

農馮勤爲司徒益州郡徼外蠻夷率種人

內屬北匈奴遣使詣武威乞和親武威郡故屬涼州城在今涼　冬魯王興齊王石始就國

二十八年春正月己巳徙魯王興爲北海

王以魯國益東海賜東海王彊虎賁旄頭

鍾虡之樂漢官儀云舊選羽林爲旄頭被髮先驅　夏六月丁

卯沛太后郭氏薨因詔郡縣捕王侯賓客

坐死者數千人（時更始子鯉因沛獻王輔殺劉盆子兄恭故王侯賓客多坐死）

秋八月戊寅東海王彊沛王輔楚王英濟

南王康淮陽王延始就國冬十月癸酉詔（蠶室宮刑者畏風須暖作密室蓄火如蠶室因以名焉寶音一禁反見前書音義）

死罪繫囚皆一切募下蠶室（蠶室宮刑獄名謂幽閉也）

者舉冤獄出繫囚庚申賜天下男子爵人

二十九年春二月丁巳朔日有食之遣使

匈奴遣使貢獻乞和親　其女子宮閻也北

巳下及徒各減本罪一等其餘贖罪輸作

各有差

三十年春正月鮮卑大人内屬朝賀二月

東巡狩甲子幸魯進幸濟南閏月癸丑車

駕還宮有星孛于紫宮夏四月戊子徒左

朔王焉為中山王五月大水賜天下男子

爵人二級鰥寡孤獨篤癃貧不能自存者

粟人五斛秋七月丁酉幸魯國復濟陽縣

是年傜役冬十一月丁酉至自魯

三十一年夏五月大水戊辰賜天下男子

爵人二級鰥寡孤獨篤癃貧不能自存者

粟人六斛癸酉晦日有食之是夏蝗秋九

月甲辰詔令死罪繫囚皆一切募下蠶室

其女子宮是歲陳留雨穀形如稗實（傳云稗草之似穀者音蒲頼反　注左穆）

中元元年春正月東海王彊沛王輔楚王

英濟南王康淮陽王延趙王盱皆來朝（況于　反）

丁卯東巡狩二月己卯幸魯進幸太山

北海王興齊王石朝于東嶽辛卯柴望岱山（岱宗太山也梁父太山下小山也）

宗登封太山甲午禪于梁父

（續漢志曰時上為壇壇謂除地改壇南北面尚書令奉玉牒上御覽外山祭燔毀封之藏王牒皇帝再拜禪祭地也封以五十三分封石檢畢皇帝再拜……以高后配山川群神從祀刻石文辭多不載）

三月戊辰司

空張純薨夏四月癸酉車駕還宮己卯大

赦天下復嬴博梁父奉高（四縣屬太山郡故城在今兗州博城……）

勿出今年田租芻稾改年為中元行幸
長安戊子祀長陵五月乙丑至自長安六
月辛卯太僕馮魴為司空乙未司徒馮勤
薨是夏京師醴泉涌出〔在官則醴泉出也飲之〕
者固疾皆愈惟眇躄者不瘳又有赤草生
於水崖〔赤草朱草也大戴禮曰朱草日生一葉至十五日已後日落一葉周而復始〕郡
國頻上甘露上〔孝經援神契曰德至草木即朱草生〕奏言地祇靈應而朱草
萌生〔至草木即朱草生〕孝宣帝每有嘉瑞輒
以改元神爵五鳳甘露黃龍列為年紀蓋
以感致神祇表彰德信是以化致升平稱
為中興今天下清寧靈物仍降陛下情存
損挹推而不居宣可使祥符顯慶沒而無
聞宜令太史撰集〔太史史官之長也前書音義曰太史公武帝置位在丞相上〕
上以傳來世不納常自謙無德每郡國
所上輒抑而不當故史官罕得記焉秋郡
國三蝗冬十月辛未司隸校尉東萊李訢
為司徒甲申使司空告祠高廟曰高皇帝
與群臣約非劉氏不王呂太后賊害三趙

二十九　李業

謂高帝子趙幽王友隱王如意〔恭王恢燕王建呂后兄弟子呂產擁南北軍欲為亂周勃陳平等誅之〕專王呂氏賴社稷之
靈祿產伏誅〔呂祿並呂后兄弟子呂庤后崩各〕
天命幾墜危朝更安呂太后不宜配食高
廟同桃至尊薄太后母德慈仁〔薄太后高帝之母如孝文帝之〕
廟同桃至尊薄太后母德慈仁於中置寢
今其上薄太后尊號曰高皇后配食地祇
遷呂太后廟主于園四時上祭〔園謂塋域也〕
十一月甲子晦日有食之是歲初起明堂
靈臺辟雍及北郊兆域〔大戴禮云明堂者凡九室一室有四戶八牖三〕毛鉉
十二堂〔蓋以茅蓋屋上圜之謂辟雍也白〕
綴扁以茅蓋上員又曰建武三十一年作明堂上員下
一時之王室有十二堂法九州室八窗八九七十二
十戶七十二〔牖以茅蓋屋上員下方赤綴戶也白〕
族曰辟雍在城西南〔今其出從平城門先歷明堂臨辟雍至郊先歷〕
堂四面起土作橋丁出橋樿中無水明堂去
廟盖以茅為蓋也漢官儀去平城門
二里所於中行鄉射禮辟雍乃以此門入三
辟雍在城西二百步法古清陽宮門
有壇雍壇高三丈十二階西出城西
有俟地祇壇南而其鼓樂及舞人御所帳在壇上地
具皆地壇位南面而其鼓樂諸陵皆方壇上
郊茨犧牲從食壇下壇壝陛從壇上地理之
郊祠祇位北郊壇理犢宣布圖讖於天下復濟陽南
頓是年傜役參狼羌寇武都敗郡兵隴西

三十

太守劉盱遣軍救之及武都郡兵討叛羌
皆破之

二年春正月辛未初立此郊祀后土東夷

倭奴國王遣使奉獻 倭在帶方東南大海中依山島為國 二月

戊成帝崩於南宮前殿年六十二 注曰是歲

遺詔曰朕無益百姓皆如孝文皇帝 在丁巳

制度務從約省 文帝葬皆以瓦器不以金銀銅錫為飾因其山不起墳

史二千石長吏皆無離城郭無遺吏及因

郵奏 說文曰郵境上行書舍也 初帝在兵間久厭武事

且知天下疲耗思樂息肩 左傳曰息肩 自隴 肩于晉

蜀平後非儆急未嘗復言軍旅皇太子嘗

問攻戰之事帝曰昔衞靈公問陳孔子不 論語衞靈公問陳於孔子曰俎豆之事則嘗聞之矣軍旅之事未之 學也

對此非爾所及 皇太子見帝勤勞 每旦視朝日仄乃罷數引公卿郎將講

論經理夜分乃寐 分猶半也

不息承間諫曰陛下有禹湯之明而失黃

老養性之福 黃帝老子 願頤愛精神優游自寧

帝曰我自樂此不為疲也雖身濟大業兢

【後漢帝紀一下】 三十一

兢如不及故能明慎政體緫攬權綱量時

度力舉無過事退功臣而進文吏戢弓矢

而散焉牛雖道未方古斯亦止戈之武焉 左傳曰於止戈為武此

論曰皇考南頓君初為濟陽令以建平元 蔡邕光武 東觀記曰光武

年十二月甲子夜生光武於縣舍 武將生皇考以令舍不 顯開宮後殿居之而生有赤光照室中 欽異焉使卜者王長占之長辭在右 盡明如畫

曰此兆吉不可言 是歲縣界有嘉禾 辟音頻亦反

生一莖九穗因名光武曰秀明年方士有

夏賀良者上言哀帝云漢家歷運中衰當

再受命於是改號為太初元年稱陳聖劉

太平皇帝以厭勝之及王莽篡位忌惡劉

氏以錢文有金刀故改為貨泉或以貨泉

字文為白水真人後望氣者蘇伯阿為王

莽使至南陽遙望舂陵郭唶曰 音 氣佳哉鬱鬱葱葱然及始起兵還春陵遠

望舍南火光赫然屬天有頃不見 初道士

【後漢帝紀一下】 三十二 李慈

西門君惠李守等亦云劉秀當爲天子其

王者受命信有符乎不然何以能乘時龍

而御天哉 易曰時乘六龍以御天

贊曰炎正中微大盜移國 漢以火德王故曰炎正大盜謂王莽也 九縣飆 九縣九州也三精日月星也

回三精霧塞 三精回謂亂也霧塞昏昧也 先見於事也讖緯法經緯天地曰文

厭淫詐神思反德光武誕命靈貺自甄貔 沈幾先物深略緯文 尋邑百萬貔

虎爲羣 虎如虔劉執夷虎屬也書曰如虎如貔言其猛勇也

虔劉庸代紛紜梁趙 雍南子英威旣

彗雲 彗以兵爲車輿野言其聲詳銳反 長轂雷野高鋒

振新都自焚 代紂同周武王 英威旣

未澄四關重擾 神旌乃顧 三河

遞行天討

金湯失險車書共道 前書曰金城湯池取其堅

顯宗孝明皇帝

顯宗孝明帝

唐章懷太子　賢　注

顯宗孝明皇帝諱莊（謚法曰照臨四方曰明伏云帝靈上兌上蓋面方也東觀記云帝讚赤色有似於堯　杜頤赧古今注曰莊之宇曰嚴）光武第四子也母陰皇后帝生（而豐下注左傳云豐面）十歲能通春秋光武奇之之建武十五年封東海公十七年進爵為王十九年立為皇太子師事博士桓榮學通尚書中元二年二月戊戌即

<後漢帝紀二>　李賢

皇帝位年三十尊皇后曰皇太后三月丁卯葬光武皇帝於原陵（帝王紀曰原陵方三百二十步高六丈在臨平亭東南去洛陽十五里）有司奏上尊廟曰世祖夏四月丙辰詔曰予末小子奉承聖業凤夜震畏不敢荒寧先帝受命中興德侔帝王協和萬邦假於上下（假音格至也懷柔百神惠於兆民）朕承大運繼體守文（繼體而立者則守文德敘梁傳曰繼體君之君也）不知稼穡之艱難（懼有廢失聖恩遺戒顧重天下以元元為首公卿百僚將何以輔朕不逮其賜天下男子爵人二級（前書音義曰男子者謂戶內之長也高赧為泰制爵二十級一公士二上造三簪褒四不更五大夫六官大夫七公大夫八公乘九五大夫十左庶長十一右庶長十二左更十三中更十四右更十五少上造十六大上造十七駟車庶長十八大庶長十九關內侯二十徹侯也赏賜爵者位得賣與人也其以戶口率置三老孝悌力田為生之本也三老高后置所以勸導鄉里助成風化也文帝詔曰孝悌天下之大順也力田為生之本也三老衆人之師也其以戶口率置員孝見前書）公乘得移與子若同產同產子（漢制賜爵自公士巳上不至）三老孝悌力田人三級（李賢）

為首公卿百僚何以輔朕不逮其賜天下男子爵人二級（前書音義曰男子者謂戶內之長也高赧為泰制爵二十級）

難懼有廢失聖恩遺戒顧重天下以元元

公乘得移與子若同產同產子（漢制賜爵自公士巳上不至）

三老孝悌力田人三級（漢制賜爵自

得過公乘故過者得移於母兄弟弟也授也同產同母兄弟也言無名數謂無文簿謂自歸首也）者人一級無名數及流人無數欲自占粟人十斛其施刑及郡國徒在中元元年（鰥寡孤獨篤癃四月己卯赦前所犯而後捕繫者悉免其刑又邊人遭恣其所樂中二千石下至黃刑又邊人遭亂為內郡人妻在己卯赦前一切遣還邊（漢制二百石以上銅印黄綬也熙秩贖論者悉皆復秩還綬）賜方今上無天子下無方伯（公羊傳曰上無天子下無方伯贖方今上無天子下無方伯夫萬乘至重若涉淵水而無舟楫夫萬乘至重此制引以為謙也）

而壯者慮輕〔帝言年尚少壯思慮輕淺故須賢人輔弼〕實賴有

德左右小子〔賴恃人右助也左〕高密侯禹元功之記

東平王蒼寬博有謀並可以受六尺之託〔六尺謂年十五巳下大節屈也音女孝反〕

臨大節而不撓〔謂大事撓屈也〕

以禹為太傅蒼為驃騎將軍太尉憙告諡〔南郊趙憙也應劭風俗通曰禮臣子無爵諡君父遣太尉於南郊告天而諡之前書音義曰累其功美葬日遣太尉於南郊告天而諡之事也〕

司空魴將校復土〔李訢也梓風俗通曰梓宮謂將領校謂領校兵以穿壙也木為棺謂之梓宮者存時所居緣生事死因以為名填壙事也土為填壙故言復土〕其封

惠為節鄉侯訢為安梓宮

九月燒當羌寇隴西敗郡兵於允街〔允街縣名在今涼州昌松縣東南城臨麗水一名麗水城〕赦隴西

囚徒減罪一等勿收今年租調又所發天

水三千人亦復是歲更賦〔更謂戍卒也前書音義曰更有三品有卒更有踐更有過更古者欲得雇更錢者次直者出錢三百入官以顧之謂之過更也歲次直者天下皆當戍邊三日亦名為更行三日戍當行者不可往即還因住一月也一月一更是為踐更律卒踐更者顧更錢二千是為過更也〕遣謁者張

鴻討叛羌於允吾〔允吾縣名屬金城郡故城在西南允音沿〕

牙音鴻軍大敗戰歿冬十一月遣中郎將

竇固監捕虜將軍馬武等二將軍討燒當

羌十二月甲寅詔曰方春戒節人以耕桑

其勅有司務順時氣使無煩擾〔月令禮記仲春之月令慶施惠下及兆民行慶施惠仲春無作大事以妨農事〕

羌〔前書音義曰右趾謂斷其右足次剕次黥次劓右趾至髡鉗城旦春者婦人犯罪不加剕鉗而築城旦春者晝亦作薪夜以食徒者婦人不任軍役之事但令舂以食作者〕天下亡命殊死以下聽得

贖論死罪入縑二十四右趾至髡鉗城旦

〔宁者謂不任舂者謂剕鉗而築城旦春者次隸臣妻次作司寇〕宁城旦春至

司寇作三匹〔見薪白粲次隸臣妻次作司寇也〕其

春十匹〔前書音義右趾謂黥其右足次剕次黥左趾次剕右趾〕

未發覺詔書到先自告者半入贖〔半選舉〕

不實邪佞未去權門請託殘吏放手〔放手謂貪〕

百姓愁怨情無告訴有司明奏罪名〔舉非其人並舉非其人之罪〕

并正舉者〔舉非其人並舉非其人之罪〕又郡縣每因徵發輕

為姦利侵漁詭責亂弱先急下貧其務在均平

無令枉刻

永平元年會儀

永平元年春正月帝率公卿巳下朝於原

陵如元會儀〔漢官儀曰古不墓祭秦始皇起寢於墓側漢因而不改諸陵寢皆以〕

〔晦望二十四氣三伏社臘及四時上飯以人隨鼓漏理被枕具盥水陳莊具天子以正月上原〕

陵公卿百官及諸侯王郡國計吏皆當軒下占其郡國穀價四方改易欲先帝魂魄聞之也元會儀見下
夏五月太傅鄧禹薨戊寅東海王彊薨遣
司空馮魴持節視喪事賜升龍旄頭鑾輅
龍旂旄頭見光武紀鑾鈴也在鑣交龍爲旂唯天子用之今特賜以葬六月乙
卯葬東海恭王秋七月捕虜將軍馬武等
與燒當羌戰大破之募士卒戍隴右賜錢
人三萬八月戊子徙山陽王荊爲廣陵王
遣就國是歲遼東太守祭彤使鮮卑擊赤
山烏桓大破之斬其渠帥赤山在遼東西北數千里越

嶲姑復夷叛姑復縣名州郡討平之
二年春正月辛未宗祀光武皇帝於明堂
帝及公卿列侯始服冠冕衣裳玉佩絇屨
以行事漢官儀曰天子冠通天諸侯王冠遠遊三公諸侯冠進賢三梁卿大夫尚書二千石
博士冠兩梁二千石已下至小吏冠一梁天子公卿特進諸侯祀天地明堂皆冠平冕天子十二旒三公
九卿諸侯七其纓各如其綬色玄衣纁裳周禮曰王祀昊天上帝則服大裘而冕祀五帝亦如之三禮圖
曰冕以三十升布漆而爲之廣八寸長尺六寸前圓後方前下後高有俛伏之形故謂之冕欲人之位彌
高而志彌下故以名焉董巴輿服志曰顯宗初服冕衣裳以祀天地衣裳以玄上纁下乘輿備文日月星
辰十二章三公諸侯用山龍九章卿已下用華蟲七章皆五色采乘輿刺繡公卿已下皆織成陳留襄邑

獻之徐廣車服注曰漢明帝案古禮備其服章天子郊廟衣皁上絳下前三幅後四幅衣畫而裳繡禮記
曰古之君子必佩玉君子於玉比德焉天子佩白玉公侯佩山玄玉大夫佩水蒼玉世子佩瑜玉周禮屨
人掌王赤舄青絇鄭玄注云赤舄爲上冕服之舄也絇屨鼻頭以青絲飾之絇音劬三禮圖曰屨複下曰
舄其色各隨裳色禮畢登靈臺使尚書令持節詔驃
騎將軍三公曰今令月吉日宗祀光武皇
帝於明堂以配五帝五經通義曰蒼帝靈威仰赤帝赤熛怒黃帝含樞紐白帝白招矩黑帝汁光紀牲幣及玉各依方色禮備法物樂和八音
詠祉福舞功德祉亦福也詠謂詩云降福穰穰之類景帝詔曰歌者所以發德舞者所以明功其班時令勑羣后班布也時令謂月令也四時各有令若有

乖舛必致妖灾故告之事畢升靈臺望元氣吹時律觀
物變元氣天氣也王者承天心理禮樂通上下四時之氣也故望之焉時律者即月令孟春律中太蔟仲春律中夾鍾之類大戴禮曰聖人截十二管察八音之清濁謂之律呂律呂不正則諸氣不和周禮保章氏以五雲之色辨吉凶水旱豐荒之祲象鄭司農注云以二至二分觀雲色青爲蟲白爲喪赤爲兵荒黑爲水黃爲豐故春秋傳曰凡分至啓閉必書雲物爲備故也杜預注云物謂氣色灾變也羣
僚藩輔宗室子孫衆郡奉計百蠻貢職奉計謂計吏也詩曰因時百蠻百蠻言衆多也獨言蠻通四夷
烏桓濊貊咸來助
祭單于侍子骨都侯亦皆陪位斯固聖祖
功德之所致也朕以闇陋奉承大業親執

珪璧恭祀天地

又禮曰四圭尺有二十以祀天禮地以青圭禮東方以赤璋禮南方以白琥禮西方以玄璜禮北方

仰惟先帝受命

中興撥亂反正以寧天下 撥理也公羊傳曰撥亂世反之正莫

封泰山建明堂立辟雍起靈臺恢弘 淮南子曰九州之外有八殥八殥之外有八紘八紘之外有八極

大道被之八極

而胤子無成康之質羣臣無呂旦之謀 素性頑鄙臨事益懼故君子

坦蕩蕩小人長戚戚 坦蕩明達之貌戚戚常憂懼也 其令天

盥洗進爵踧踖惟慙 鄭注論語云踧踖恭敬貌踧音促

措不用四十餘年

自謂無成康之時刑

下自殊死巳下謀反大逆皆赦除之百僚 陳仲

師尹其勉修厥職順行時令敬若昊天以

綏兆人 若順三月臨辟雍初行大射禮 禮儀

日大射之禮王將祭射宮擇士以助祭也張虎熊豹之侯以六耦射之為耦諸侯九節天子射

王以六耦射三耦畫以雲氣為獸天子射九節諸侯七節孤卿大夫以采蘋五節士以采蘩三節

以六耦九節諸侯以采蘋射二耦

九月沛王輔楚王英濟南王康淮陽王延 秋

東海王政來朝冬十月壬子幸辟雍初行

養老禮詔曰光武皇帝建三朝之禮而未

及臨饗 三朝之禮謂中元元年初起明堂辟雍靈臺也

當聖業 尚書康王曰辟雍靈臺也

辰初行大射令月元日 十月東觀記曰元日也

尊事三老兄事五更安車輭輪供綏執授

羣王設醬公卿饌珍朕親袒割執爵而酳

孝經援神契曰算事三老父象天地之事五更安車之事輭輪以蒲裹輪輭音而天地之事安車天子乘之宋均汪曰算謂之說文綏車中把也綏音而五更者五行更代之事者漢官儀曰養三老五更先吉五行更代事者漢官儀曰五更亦吉

取有首妻男女全具者 續漢志曰養三老五更行禮年者

日司徒上太傅若講師故用其德行年者

高者三公一人爲三老次卿一人爲五更 五更皆服緇紵

大袍單衣皂緣領袖中長冠進賢扶王杖五更亦然

玄注儀禮云醬 即周禮八珍之屬也

太隆也醬酳謂看著之屬

面三公進供禮亦如之

卿正履天子親袒割牲執醬而饋

交拜導自作階三老升自賓階外東面

坐于東廂遣使者安車迎三老五更於門屏大鴻臚

之不杖皆齊于太學講堂其日乘輿先到辟雍禮殿

祝哽在前祝噎在後 食多

祝噎之令故置人於前後也所以絜口音

也注儀禮云酳酳漱也珍謂看之明日告酬以其共之

升歌鹿鳴下管新宮 鳴鹿

詩小雅篇名也新宮小雅逸篇也升歌鹿鳴下管新宮八

歌所以重人聲也無禮曰天子八佾舞

俏佾萬舞於庭 傳曰俏列八風故行八音而行也

詩小雅篇名也新宮小雅逸篇也諸侯六大夫氏

四十二夫無所以節八音而行也自八以下萬亦舞也詩云公庭萬舞

以克當易陳負乘詩刺彼己 寇至負也者小

朕固薄德何

朕固負且乘致

人之事也乘也者君子之器也小人而乘君子
之器盜思奪之矣詩曰彼已之子不稱其服也
憖疾無忘厥心三老李躬年耆學明五更 永念
榮授朕尚書詩曰無德不報無言不酬 相

其賜榮爵關內侯食邑五千戶三老
雅也
詩大

幼孤惠鰥寡稱朕意焉中山王焉始就國
三老酒人一石肉四十斤有司其存者耆
五更皆以二千石祿養終厥身其賜者耆
（力役指事使人也萐莆如皮膚變黑色如鐵也）
（禮記曰六十者七十者八十者……不從恤）

甲子西巡狩幸長安祠高廟遂有事於十
一陵歷覽館邑會郡縣吏勞賜作樂十一
月甲申遣使者以中牢祠蕭何霍光帝謁
陵園過式其墓
（東觀漢記曰蕭何墓在長陵東……霍光墓）
（在茂陵東司馬門道南四里司馬門道北百步又云霍光墓）
（式車也帶也禮記曰行過墓必式）
進幸河東所過賜
二千石令長已下至於椽史各有差
（續漢志曰）
郡國及縣諸賣皆置掾史
癸卯車駕還宮十二月護羌校
尉竇林下獄死是歲始氣於五郊
（續漢書）
（迎氣五郊氣二尺立春之日迎春於東郊祭青帝句芒車服皆青歌青陽八佾舞雲翹之舞立夏之日迎夏於南郊祭赤帝祝融車服皆赤歌朱明八佾舞雲翹之舞）

〈後漢帝紀二〉 九 失宴男

先立秋十八日迎黃靈於中兆祭黃帝后土車服皆
黃歌朱明八佾舞雲翹育命之舞之日迎秋於
西郊祭白帝蓐收車服皆白歌白藏八佾舞育命之
舞立冬之日迎冬於北郊祭黑帝玄冥車服皆黑歌
玄冥八佾舞育命之舞

主就坐自殺 少府陰就子豐殺其妻酆邑公
（郿縣屬南陽）（郿鄽音擦）

三年春正月癸巳詔曰朕奉郊祀登靈臺
見史官正儀度
（儀謂渾儀以銅為之置於靈臺王者正天文之官也度謂日月星辰之行度也史官即太史掌天文之官也）
其正則三時有成
（正謂日月五星不失其次也三時謂春夏秋左傳曰務其夫春者歲之始也始得）
時比者水旱不節邊人食寡政失於上人

受其咎有司其勉順時氣勸督農桑去其
蝗蟲以及螟賊
（爾雅曰食苗心曰螟食節曰賊食根曰蟊蟲一名短弧今之水）
詳刑慎罰明察單
辭
（單辭猶偏辭也）
風夜匪懈以稱朕意二月甲寅
太尉趙憙司徒李訢免丙辰左馮翊郭丹
為司徒已未南陽太守虞延為太尉甲子
立貴人馬氏為皇后皇子炟達反為皇太
子賜天下男子爵人二級三老孝悌力田
人三級流人無名數欲占者人一級鰥寡

〈後漢帝紀二〉 十 李芳

孤獨篤癃貧不能自存者粟人五斛夏四
月辛酉封皇子建為千乘王〔千乘國名今青州高
淄州高〕美為廣平王六月丁卯有星孛于
天船北〔天船星名續漢志曰天船為水彗出之為大水是歲伊洛水溢到津城門伏庚古本死北注曰彗長三尺乃去見三十五日〕秋八月戊辰改大樂為大
子樂〔儲積也墊溺也音丁念反 樂名子故大子樂令一人秋〕
無有善政日月薄蝕彗孛見天水旱不節
稼穡不成人無宿儲下生愁墊〔儲積也墊溺也音丁念反〕
六百石〔壬申晦日有蝕之詔曰朕奉承祖業〕
雖夙夜勤思而智能不逮昔楚莊無災以
致戒懼〔說苑曰楚莊王見天不見妖而地不出孽則禱於山川曰天其亡余歟此能求過此地則其亡余歟〕
魯哀禍大天不降譴〔春秋感精符曰魯哀公時政衰亂逆諫失亡不日食政之變當致日食之類逆謙之何益告之不悟故哀公之篇絕無日食之異焉〕
之動變儻尚可救有司勉思厥職以匡無〔國語曰天子聽政公卿至于庶人獻〕
德古者鄉士獻詩百工諫庶人傳語〔近臣盡規而後王斟酌事焉〕
其言事者靡有〔政記曰〕
所諱冬十月烝祭光武廟〔禮記曰冬祭曰烝泉也冬物畢成〕
初奏文始五行武德之舞〔蒸嘗舞 始舞者本文〕
〔前書曰文始可祭眾〕

舞韶舞也尚祖六年更名日文始其舞人執羽龠篇五
行者本周舞也人冠冕本周舞也奏始皇二十六年更名日五行也以除亂也其舞人執干戚光武草創禮樂未備今始
云初也秦之故

甲子車駕從皇太后幸章陵觀舊
廬十二月戊辰至自章陵是歲起北宮及
諸官府京師及郡國七大水
四年春二月辛亥詔曰朕親耕藉田以祈
農事〔禮記曰天子親耕于東郊為藉田千畝自帥耕上帝之粢盛所以先百姓而致孝敬要義曰天子耕藉田以供自躬履于田而耕之續漢志云正月始耕既耕告祠先農舊儀先農漢神農炎帝也祠以太牢百官皆從皇帝親執耒而耕天子三公五孤卿七〕
羣司積精禱求〔積精猶言無瞑氣之而六反沐潤也〕
宿雪春不煩沐〔云告事求福曰禱〕
得時雨宿麥潤澤其賜公卿半奉有司勉
遭時政務平刑罰秋九月戊寅千乘王建
薨冬十月乙卯司徒郭丹司空馮魴免丙
辰河南尹范遷為司徒大僕伏恭為司空
十二月陵鄉疾梁松下獄死〔坐縣飛書誹謗〕
五年春二月庚戌驃騎將軍東平王蒼罷

歸藩琅邪王京就國冬十月行幸鄴與趙
王栩會鄴常山三老言於帝曰上生於元
氏願蒙優復詔曰豐沛濟陽受命所由加
恩報德適其宜也今永平之政百姓怨結
而吏人求復令人慚笑重逆此縣之舉拳
其復元氏縣田租 禮記曰 得一善則拳拳服膺而不息
更賦六歲勞賜縣掾史及門闌走卒 續漢
志曰 五伯鈴下侍閤門闌走卒皆有程品多少隨所典領
比匈奴寇五原十二月寇雲中南單于擊
至自鄴十一月
二萬

卻之是歲發遣邊人在內郡者賜裝錢人

六年春正月沛王輔楚王英東平王蒼淮
陽王延琅邪王京東海王政趙王盱北海
王興齊王石來朝二月王雒山出寶鼎或雄
作盧江太守獻之夏四月甲子詔曰昔禹
收九牧之金鑄鼎以象物使人知神姦不
逢惡氣 夏禹之時令遠方圖畫山川奇異之物故人入山林川澤魑魅魍魎莫能逢之惡氣謂魑魅魍魎之類事見左傳 百物之形狀而備之故人入山林奇異之物使人知鬼神

則興遷于商周德既衰鼎乃淪亡 史記曰 入泗水中秦始皇過彭城齋戒欲出周鼎於泗水使千人沒水求之不得 祥瑞之降以周鼎亡
象三公 易曰 鼎折足覆公餗 易曰 足以覆公餗 山豆公卿奉職得其理邪
應有德方今政化多僻何以致兹易曰鼎
太常其以礿祭之日 禮記曰 夏祭曰礿 礿音藥 礿祠
陳鼎於廟以備器用賜三公帛五十四九
卿二千石半之先帝詔書禁人上事言聖
而闕者章奏頗多浮詞自今若有過稱虛
譽尚書皆宜抑而不省示不為諂子蚩也

冬十月行幸魯祠東海恭王陵曾沛王延
楚王英濟南王康東平王蒼淮陽王延琅
邪王京東海王政東平王蒼淮陽王延使
者祠中岳壬午車駕還宮東平王蒼琅琊
王京從駕來朝皇太后
七年春正月癸卯皇太后陰氏崩二貝庚
申葬光烈皇后秋八月戊辰北海王興薨
是歲北匈奴遣使乞和親

八年春正月己卯司徒范遷薨 漢官儀曰 遷字子閭

沛人也

三月辛卯太尉虞延為司徒衞尉趙

憙行太尉事遣越騎司馬鄭衆報使北匈

奴初置度遼將軍屯五原曼柏縣〔武帝拜范明友為度遼將軍至此復置焉以中郎將吳常行度遼將軍曼柏縣在今勝州銀城縣〕

秋郡國十

四雨水冬十月北宮成丙子

老五更禮畢詔三公募郡國中都官死罪

繫囚減罪一等勿笞詣度遼將軍營屯朔

方五原之邊縣妻子自隨便占著邊縣〔占音

父母同產欲相代者恣聽之其大逆

無道殊死者一切募下蠶室亡命者令贖〔既既盡

罪各有差凡徒者賜弩衣糧壬寅晦日〔詔曰朕以無德奉承大業

有食之既既盡〔也

而下貽人怨上動三光日食其咎尤〔春秋感精符曰人主　含天光撩機衡齊七　政象明則道正不明則政亂故常戒以自粉厲焉〕

大春秋圖讖所為至譴〔象八極故君明則道正不明則政亂故曰至譴也〕

一人羣司勉修職事極言無諱於是在予〔皆亂曰食三十六故日至譴也〕

者皆上封事各言得失〔宣帝始以令羣臣得奏封事以知下情封事〕

正有副領尚書者先發副封所言不善屏而不奏後魏相奏去副封以防擁蔽帝覽章深〔無

自引各乃以所上班示百官詔曰羣僚所

言皆朕之過人冤不能理吏點不能禁而〔春秋說題辭曰詩者天之心王人之言言無不通〕

輕用人力繕修宮宇出入無節喜怒過差〔

昔應門失守關雎刺世〔春秋說題辭曰詩人歌詠思其故也言不正應門失守故與〕

飛蓬隨風微子所歎〔

竦然兢懼徒恐薄德又而致怠耳北匈奴〔永覽前戒

妻子詣五原朔方占著所在死者皆賜妻

父若男同產一人復終身其妻無父兄獨

有母者賜其母錢六萬又復其口算〔口算巳見

九年春三月辛丑詔郡國死罪囚減罪與

寇西河諸郡

夏四月甲辰詔郡國以公田賜貧人

各有差令司隸校尉部刺史歲上墨綬長

吏視事三歲巳上理狀尤異者各一人與
計偕上〔偕俱也所僻之人令與計吏俱上〕
以聞是歲大有年〔穀熟也梁傳曰五穀大有年為四姓小〕
疾開立學校置五經師〔崇尚儒學表宗漢紀曰永平中為四姓小〕
諸王侯及功臣子弟莫不受經又為外戚樊氏郭氏
陰氏馬氏諸子弟立學號四姓小侯以非
麻方小侯亦其義也〔禮記曰小侯亦其義也〕
十年春二月廣陵王荊有罪自殺國除〔夏〕
四月戊子詔曰昔歲五穀登衍〔鄭玄注周禮云五穀黍稷〕
衍饒也音以職反
下方盛夏長養之時蕩滌宿惡以報農功〔帝自〕
百姓勉務桑稼以備災害吏敬職無令
慈惕閏月甲午南巡狩幸南陽祠章陵日
禮畢召校官弟子〔至也夏〕
此至又祠舊宅〔北至也夏〕
作雅樂奏鹿鳴〔校學也鹿鳴詩小雅篇〕
御埍箎和之以娛嘉賓〔鄭玄注周禮云埍燒土為之大如鵝子〕
還幸南陽頓勞饗〔泉曰有六孔世本曰暴辛公作箎以竹為之長尺四寸有八孔〕
三老官屬冬十一月徵淮陽王延會平輿〔縣名屬汝南郡故城在今豫州沈陽縣東北與音預〕
徵沛王輔會睢陽十

十七　卓皮

二月甲午車駕還宮
十一年春正月沛王輔楚王英濟南王康
東平王蒼淮陽王延中山王焉琅邪王京
東海王政來朝秋七月同隸校尉郭霸下
獄死是歲漅湖出黃金盧江太守以獻〔漅湖〕
廬州合肥縣東南〔湖名音子小反在今〕
所在出焉〔時麒麟白雉醴泉嘉禾〕
十二年春正月益州徼外夷哀牢王相率
內屬於是置永昌郡罷益州西部都尉〔兩〕
牢博南二縣去洛陽七千里〔夷傳曰罷益州西部所領六縣合為永昌郡置京成帝陽嘉中所作也〕
四月遣將作謁者王吳修汴渠自滎陽至
于千乘海口〔汴渠即蒗蕩渠也汴即蒗蕩渠也所謂石門在今河滎陽山北一里過汴以〕
五月丙辰賜天下男
子爵人二級三老孝悌力田人三級流民
無名數欲占者人一級鰥寡孤獨篤癃貧
無家親屬不能自存者粟人三斛詔曰昔曾
閔本親竭歡致養〔曾參字子輿閔損字子騫並孔子弟子也〕
尼葬子有棺無椁〔論語曰鯉也死有棺而無椁〕喪貴致哀

十八　東哭

檀存寧儉今百姓送終之制竸爲奢靡生
者無擔石之儲而財力盡於墳土
制度茲極耳目田荒不耕游食者眾
孫飢寒絕命於此豈祖考之意哉又車服
靡破積世之業以供終朝之費子
者有司其申明科禁宜於令者宣下郡國
秋七月乙亥司空伏恭罷乙未大司農牟
融爲司空冬十月司隸校尉王康下獄死
是歲天下安平人無徭役歲比登稔百姓
殷富粟斛三十牛羊被野
十三年春二月帝耕於藉田禮畢賜觀者
食三月河南尹薛昭下獄死夏四月汴渠
成辛巳行幸榮陽巡行河渠乙酉詔曰自
汴渠決敗六十餘歲加頓年

以來雨水不時汴流東侵日月益甚水門
故處皆在河中漭瀁廣溢莫測圻岸
蕩蕩極望不知綱紀今兖豫之人多被水
患乃云縣官不先人急好興它役又或以
爲河流入汴幽冀蒙利故曰左隄彊則右
隄傷左右俱彊則下方傷宜任水執所之
使人隨高而處公家息雍塞之費百姓無
陷溺之患議者不同南北異論朕不知所
從久而不決今既築隄理渠絕水立門河
汴分流復其舊迹陶丘之北漸就壤墳
東過洛汭歎禹之績也今五土之宜反
其正色濱渠下田賦與貧人無令豪右
得固其利

西
也因遂度河登太行進幸上黨壬寅車
駕還宮冬十月壬辰晦日有食之三公免
冠自劾制曰冠履勿劾災異屢見咎在朕
躬憂懼逴逴未知其方將有司陳事多所
隱諱使君上壅蔽下有不暢乎昔衛有忠
子曰仲叔圉治賓客祝鮀主宗廟
王孫賈主軍旅夫如是奚其喪
臣靈公得守其位　論語孔子曰衛靈公無道季
康子曰夫如是奚其不喪孔子曰　今何以和穆

【後漢帝紀二】

鰥孤勉思職焉十一月楚王英謀反廢國
王二　林慮
陰陽消伏災譴刺史太守詳理冤存恤
連及死徙者數千人是歲齊王石薨
除遷於涇縣　涇縣屬丹陽郡今宣州縣故城在
縣東有涇水出蕪湖因水立名
十四年春三月甲戌徒虞延免自殺夏
四月丁巳鉅鹿太守南陽邢穆為司徒
宇禕
宛人　前楚王英自殺夏五月封故廣陵王
荊子元壽為廣陵矦初作壽陵
十五年春二月庚子東巡狩辛丑幸偃師
詔亡命自殊死以下贖死罪縑四十四右
趾至骹鉗城旦春十四寧城旦至司寇五

匹犯罪未發覺詔書到日自告者半入贖
徵沛王輔會睢陽進幸彭城癸亥帝耕于
下邳三月徵琅邪王京會良成　良成縣名屬
在今泗州下邳縣北
徵東平王蒼會陽都　陽都東海郡縣名琅邪
郡故城在今沂州沂水縣南
又徵廣陵矦及其三弟會魯祠東海　命
恭王陵還幸孔子宅祠仲尼及七十二弟
康從
子親御講堂　孔子宅在今兖州曲阜縣故魯城中
闕之東北也七十二弟之徒漢春秋曰孔子宅在
圖之東北也七十二弟之徒漢春秋曰
時外廟為羣臣中庭北面再拜帝進爵而後坐

【後漢帝紀二】

皇太子諸王說經又幸東平　二十二在今
東平國名故城東
辛卯進幸大梁　大梁城魏惠王所築故城在今汴州
至定陶祠
定陶恭王陵　恭王康帝子元夏四月庚子車駕還宮
改信都為樂成國臨淮為下邳國封皇子
恭為鉅鹿王黨為樂成王衍為下邳王暢
為汝南王昞為常山王長為濟陰王　今濟陰
郡今曹州
賜天下男子爵人三級郎從官二十歲已
上帛百匹五十歲已上二十四十歲已下十
匹官府吏五匹書佐小史三匹令天下大
酺五日　前書音義曰漢律三人已上無故羣飲
橫賜得令聚會歓飲食五日

乙巳，大赦天下，其謀反大逆及諸不應宥者，皆赦除之。冬，車騎校獵上林苑（周禮校人掌王馬之政……故曰校獵，人掌王田獵之事，謂以木相貫穿為闌校以遮禽獸遊禽獸）。十二月，遣奉車都尉竇固、駙馬都尉耿秉屯涼州（前書曰奉車都尉掌乘輿車，駙馬都尉掌天子之副馬，駙副也，並武帝置）。

置鐵官（置鐵二千石）。

十六年春二月，遣太僕祭肜出高闕（高闕山名），奉車都尉竇固出酒泉，駙馬都尉耿秉出居延（本匈奴地名也，武帝因以為縣屬，張掖郡在今甘州張掖縣東北），騎都尉來苗出平城，伐北匈奴。竇固破呼衍王於天山（天山即祁連山，一名雪山，在伊州北……呼衍匈奴王號也，折羅漢山在伊州北），留兵屯伊吾盧城（其地宜禾，都尉以屯田……伊吾故城是也，今伊州納職縣是也）。耿秉、來苗、祭肜並無功而還。

夏五月，淮陽王延謀反，發覺，癸丑，司徒邢穆、駙馬都尉韓光坐事下獄死，所連及誅死者其眾（戊午晦，日有食之。六月）。丙寅，大司農西河王敏為司徒（漢官儀曰敏字叔公，并州……熊城人也）。秋七月，淮陽王延徙封阜陵王（阜陵縣名屬九江）。

郡故城在今滁州全椒縣南。

九月丁卯，詔令郡國中都官死罪繫囚減死罪一等，勿笞，詣軍營屯朔方、敦煌，妻子自隨，父母同產欲求從者，恣聽之。女子嫁為人妻，勿與俱。謀反大逆無道，不用此書。是歲，北匈奴寇雲中，太守廉范擊破之。

十七年春正月，甘露降於甘陵，北海王睦薨。二月乙巳，司徒王敏薨，三月癸丑，汝南太守鮑昱為司徒。是歲，甘露仍降樹枝內（仍頻也，內謂……附於軍曰泉，技內附是無外也）。神雀五色翔集京師。西南夷哀牢（哀牢山名……）、僥（海山……）、槃木、白狼、動黏諸種，前後慕義貢獻入侍。

夏五月戊子，公卿百官以帝威德懷遠，祥物顯應，乃並集朝堂，奉觴上壽。制曰：天生神物，以應王者；遠人慕化，實由有德。朕以虛薄，何以其稱……

唯高祖光武聖德所被不敢有辭其勑舉
觴太常擇吉日策告宗廟其賜天下男子
爵人二級三老孝悌力田人三級流人無
名數欲占者人一級鰥寡孤獨篤癃貧不
能自存者粟人三斛郎從官視事十歲以
上者帛十四中二千石二千石下至黃綬
堅秩奉贖在去年以來皆賜贖秋八月丙
寅令武威張掖酒泉敦煌〔張掖郡故匈奴昆邪王地也漢官儀〕〔及張掖屬國繫囚右〕〔日張國臂掖故曰張掖故城在今甘州張掖縣西北〕

陳寵

尉耿秉騎都尉劉張出敦煌昆崙塞〔昆崙山名在今肅州酒泉縣西南山有昆崙之體故名之周穆王見西王母此山有石室王母臺西河舊事曰昆崙白〕
軍營冬十一月遣奉車都尉竇固駙馬都
趾巳下任兵者〔任堪也〕皆一切勿治其罪詔

初置西域

破白山虜於蒲類海上遂入車師
都護戊己校尉〔宣帝初置都護有丞司馬各二人秩比六百石戊己中央置校尉有丞司馬各一人秩比六百石戊己元帝置也鎮覆四方見漢官儀亦處西域鎮撫諸國是〕
歲改天水為漢陽郡

十八年春三月丁亥詔曰其令天下亡命
自殊死已下贖死罪縑三十四右趾至髡
鉗城旦春十疋完城旦至司寇五疋吏人
犯罪未發覺詔書到自告者半入贖夏四
月己未詔曰自春已來時雨不降宿麥傷
下男子爵人二級及流民無名數欲占者
人一級鰥寡孤獨篤癃貧不能自存者粟
人三斛理冤獄錄輕繫二千石分禱五岳〔吳佐〕

四瀆郡界有名山大川能興雲雨者〔職方氏掌天下之地楊州其山曰會稽其川曰三江荊州其山曰衡山其川曰江漢豫州其山曰華其川曰淮泗兗州其山曰岱其川曰河泲雍州其山曰嶽其川曰涇汭幽州其山曰醫無閭其川曰河泲冀州其山曰恒其川曰漳此謂九州名山大川也說文曰時雨淮南子曰時澍萬物澍音之戍反〕〔周槷〕

吏各絜齋禱請冀蒙嘉澍〔春兩之灌萬物無地不澍無物不生澍音之戍反〕六月己未有星孛於
太微焉耆龜茲攻西域都護陳睦悉沒其〔長〕
眾北匈奴及車師後王圍戊己校尉耿恭
秋八月壬子帝崩於東宮前殿年四十八

遺詔無起寢廟藏主於光烈皇后更衣別室藏於后之更衣別室故藏於后之更衣別室更易也　帝初作壽陵制令流水而巳石椁廣一丈二尺長二丈東觀記曰陵東北作廡長三丈五步出外為小廚財足祠杞五尺無得起墳說文曰打墳也萬年之後埽地而祭杅水脯糒而巳說文曰糒乾飯也過百日唯四時設奠興作者以擅議宗廟法從事前書曰擅議宗廟者弃市道奉建武制度無敢違者後宮之家不得置吏卒數人供給灑埽勿開脩道敢有所

封㑹與政東觀記曰光武閒傷前代權臣太盛外戚與政上濁明主下危臣子族陷郡之家不過九卿親屬榮位不能及許史王氏之半耳　館陶公主女光武為子求郎不許而賜錢千萬謂羣臣曰郎官上應列宿出宰百里史記曰太微宮後二十五星郎位也人則民受其殃是以難之故吏稱其官民安其業遠近肅服戶口滋殖焉論曰明帝善刑理法令分明日晏坐朝幽柱必達內外無倖曲之私在上無矜大之色斷獄得情號居前代十二言少刑也故後

之言事者莫不先建武永平之政而鍾離意宋均之徒常以察慧為言本傳夫豈弘人之度未優乎

贊曰顯宗丕承業兢兢危心恭德政察危心言常危懼姦勝姦勝猶勝姦俊備章朝物省薄墳陵朝物謂朝儀文物也永懷廢典下身遵道廢典謂明堂漢不行下身謂進爵授綬之類　登臺觀雲臨雍拜老懇惟帝辟雍之禮歷績增光文考懇勉也書曰惟我文考光于四海

後漢帝紀卷第二

肅宗孝章皇帝

唐章懷太子賢注

肅宗孝章皇帝諱炟顯宗第五子也〔諡法曰溫克令儀曰章　帝初名...〕母賈貴人永平三年立〔冬十月丁未〕為皇太子少寬容好儒術顯宗器重之十八年八月壬戌即皇帝位年十九尊皇后曰皇太后壬戌葬孝明皇帝于顯節陵〔紀「顯節陵方三百步高八丈其地敬富壽亭也西北去洛陽三十七里〕

大赦天下賜民爵人二級為父後及孝悌力田人三級脫無名數及流人欲占者人一級爵過公乘得移與子若同產子鰥寡孤獨篤癃貧不能自存者粟人三斛詔曰朕以眇身託于王侯之上統理萬機懼失厥中兢兢業業未知所濟深惟守文之主必建師傅之官詩不云乎不愆不忘率由舊章〔詩大雅也鄭玄云律循也率由用也由用舊謂周公之典文所謂行也〕行太尉事節鄉侯憙三世在位為國元老〔趙憙光武時為太尉明帝時行太尉事故曰三代在位元長也詩曰方叔元〕

司空融〔融牟融為太尉融武帝初名...〕憙為太傅融為太尉並錄尚書事以武帝之〔儒領尚書事錄尚書事由此始〕典職六年勤勞不怠其以三事大夫莫肯夙夜小雅之〔詩雨無正之文也三事三公也鄭玄云三事大夫及諸族隨而行者皆無復君臣之禮不肯夙夜省王也王在外三公及尚書益撓之文尚書安國注云〕稱朕意焉十一月戊戌蜀郡太守第五倫〔子達汝弼汝無面從農夜省王〕為司空詔征西將軍耿秉屯酒泉〔酒泉縣今我達汝當以義輔正我無固從我〕戊己校尉耿恭甲辰晦日有食之於是避〔遣酒泉太守段彭救也前書音義曰城下有泉其味若酒因名酒泉焉〕正殿寢兵不聽事五日詔有司各上封事十二月癸巳有司奏言孝明皇帝聖德淳〔日昃日映尚書曰文王自朝至于日中昃不遑〕茂勤勞日昃身御浣衣〔食無兼食暇食無兼珍澤臻四表〔尚書曰光被四表被四表也〕焦僥僬耳款塞自至〔款叩焦僥僬耳解見明帝紀〕方開道西域〔鬼方遠方易曰高宗伐鬼方三年克之威靈廣被〕

勉思厥職各貢忠誠以股肱之正義也羣后百僚

無思不服以烝庶爲憂不以天下爲樂備

三雍之教躬養老之禮作登歌正子樂博

貫六藝 周禮保氏教之六藝一曰禮二曰樂三曰射四曰馭五曰書六曰數前書藝文志曰以禮樂春秋詩書爲六

著在圖讖 河圖圖出代九天開明受用嗣興十代禮樂文雅並出謂藝博貫謂窮極深幽 光又括地象曰九不合晝夜聰明淵塞

明帝至德所感通於神明功烈光于四海

仁風行於千載而深執謙謙自稱不德無

起寢廟埽地而祭除日祀之法 春秋外傳曰時月祀時車祖禰則月祭高皇則三桃則事今此除日祀之法從時月之祭謂 省送終之禮

以爲更衣續漢書曰五月嘗麥故骨肉合於祖廟謂之礿

莫不悽愴陛下至孝燕燕順聖德臣愚

遂藏主於先烈皇后更衣別室天下聞之

曰顯宗其四時禘祫於光武之堂閒祀怨

還更衣續漢書曰五年再祫祭三年一祫五年一祫以夏四月禘父爲昭南向子爲穆比向禘之義也祫祫祫祫之朔祖宗其四時祫立秋嘗祭盛酎十月合也冬十月五穀成故骨肉合於祖廟謂之祫祭四時正祭三伏臘祭即各于寢殿中有便殿寢側之別殿即更衣者非正殿也

如孝文皇帝祫祭高廟故事 德文始五行之共進武德之舞 前書高廟奏武

舞

制曰可是歲牛疫京師及三州大旱詔

勿收兗豫徐州田租芻藁其以見穀賑給

貧人 建初元年春正月詔三州郡國方春東作恐人稍受稟徃來煩劇或妨耕農稍令

恐人稍受稟徃來煩劇或妨耕農稍 井音必與之不頓與之其各實覈尤貧者計所貸井與之少給之

還到聽過止官亭無雇舍宿小吏家右得容姦妄政友流人欲歸本者郡縣其實稟令足

使貧弱遺脫 前書已百石已

下有斗食佐史之秩言小吏也 詔書既下勿得稽留刺史明無狀謂其罪惡尤大其狀無可寄言故云無狀它皆類此

加督察尤無狀者 丙

寅詔曰比年牛多疾疫墾田減少穀價頗

貴人以流亡方春東作宜及時務二千石

勉勸農桑弘致勞來羣公庶尹各推精誠

專急人事罪非殊死須立秋案驗有司明

眞選舉進柔良退貪猾順時令理冤獄五教在寬帝典所美 五教謂父義母慈兄友弟恭子孝也尚書舜典曰汝作司徒敬敷五教在寬

徒敬敷五教在寬 愷悌君子大雅所歎 愷樂悌易也詩大雅泂酌

篇曰愷悌君子人之父母

布告天下使明知朕意酒泉太守段彭計擊車師大破之罷戊己校尉官二月武陵澧中蠻叛（武陵郡今澧州水經曰澧水出武陵充縣西歷山之）也三月甲寅山陽東平地震已巳詔曰朕以無德奉承大業夙夜慄慄不敢荒寧（安孔國注尚書曰不敢荒急自安寧）而災異仍見與政相應朕既不明涉道曰寡又選舉乖實俗吏傷人官職秏亂刑罰不中可不憂與昔仲弓季氏之家臣子游武城之小宰孔子猶誨以賢

《後漢帝紀三》 五 林作小

才問以得人（論語仲弓為季氏宰問政子曰赦小過舉賢才子游為武城宰孔子謂之曰汝得人焉耳乎）明政無大小以得人為本夫鄉舉里選必累功勞今刺史守相不明真偽戊才孝廉歲以百數既非能顯而當授之政事甚無謂也每尋前世舉人貢士或起甽敢不繫閱閱（說文曰甽田中之溝音工犬反史記曰明其等曰閱積其功閱言前代）舉人務取賢于不拘門地敕奏以言則文章可採明試以功則政有異迹（敕陳奏進也今各陳言敕奏則知其能否也尚書曰敕奏以言明試以功則政之頒）文質彬彬朕甚嘉之（半之貌其彬彬雜）其

今太傅三公中二千石二千石郡國守相舉賢良方正能直言極諫之士各一人夏五月辛酉初舉孝廉郎中寬博有謀任典城者以補長相（任攃使也典主也主縣長相謂矦相語前書音義）秋七月辛亥詔以上林池籞田賦與貧人（籞禁苑也音人不得往來謂之籞）八月庚寅有星孛于天市（史記曰房為天駟東北曲十二星曰天市）九月永昌哀牢夷叛冬十月武陵郡兵討叛蠻破降之十一月阜陵王延謀反貶為阜陵矦

《後漢帝紀三》 六 毛南

二年春三月辛丑詔曰比年陰陽不調飢饉屢臻深惟先帝憂人之本（本謂本稼穡）詔書曰不傷財不害人誠欲元元去末歸本而今貴戚近親奢縱無度嫁娶送終尤為僭侈有司廢典莫肯舉察春秋之義以貴理賤今自三公並宜明糾非法宣振威風朕在弱冠未知稼穡之艱難區區管窺豈能照（史記扁鵲曰以管窺天以郄視文）一隅哉其科條制度所宜施行在事者備為之禁先京師而後諸夏

公羊傳曰春秋內中國而外諸夏内諸夏而外夷狄王者欲一乎天下曷以内外之辭言自近者始也

甲辰罷伊吾盧屯兵六年置永昌越巂益州三郡民夷討哀牢破平之夏四月戊子

詔還坐楚淮陽事徙者四百餘家令歸本郡癸巳詔齊相省冰紈方空縠吹綸絮素也冰言色鮮絜也紈細繒名曰縠釋名曰縠紗也方空紗也方目也紗而細曰空亦曰空方目即細之方目紗也縠似縠而細吹綸絮似絮而細吹者紗薄如吹也六月燒當羌叛金

城太守郝崇討之敗績羌遂寇漢陽秋八月道行車騎將軍馬防討平之十二月戊

●後漢帝紀三 七

寅有星孛于紫宮

三年春正月己酉宗祀明堂禮畢登靈臺望雲物大赦天下三月癸巳立貴人竇氏為皇后賜爵人二級三老孝悌力田人三

級民無名數及流民欲占者人一級鰥寡孤獨篤癃貧不能自存者粟人五斛夏四

己巳罷常山呼沲石臼河漕石臼河名也在今定州唐縣東北時鄧訓上言此漕難成遂罷之漕水運也音才到反

月 行車騎將軍馬防破燒當羌於臨洮 臨洮縣名屬隴西郡即今岷山之州 閏月

西域假司馬班超擊姑墨大破之 姑墨西城國名

去長安八千一百五十里冬十二月丁酉以馬防為車騎將軍武陵漊中蠻叛漊水名音婁源出今澧州崇義縣西北山是

歲零陵獻芝草

四年春二月庚寅太尉牟融薨夏四月戊子立皇子慶為皇太子賜爵人二級三老孝悌力田人三級民無名數及流人欲自占者人一級鰥寡孤獨篤癃貧不能自存者粟人五斛己丑徙鉅鹿王恭為江陵王

●後漢帝紀三 八

汝南王暢為梁王常山王昞為淮陽王辛卯封皇子伉為千乘王伉音抗全為平春王

夏五月丙辰車騎將軍馬防罷甲戌縣屬江夏郡

司徒鮑昱為太尉南陽太守桓虞為司徒虞字仲春馮翊人

六月癸丑皇太后馬氏崩秋七月壬戌葬明德皇太后冬牛大疫十一月壬

成詔曰蓋三代導人教學為本漢承暴秦襄顯儒術建立里有教夏曰校殷曰庠周曰序

五經為置博士其後學者精進雖曰承師前書曰三代之道鄉

亦別名家　言雖承一師之業其後觸類而長更爲章句則別爲一家之學

皇帝以爲去聖久遠學不厭博故遂立大

小夏侯尚書後又立京氏易　建也京氏至建武中復置顔氏嚴氏春秋大

大小夏侯　嚴氏謂彭祖顔氏嚴氏謂顔　京房也　此皆

小戴禮博士　安樂大小戴戴德戴聖也

所以扶進微學尊廣道藝也　至永平元年詔

書五經章句煩多議欲減省至中元元年詔

長水校尉儵　樊儵　博士屬太常故云下

行欲使諸儒共正經義頗令學者得以自

助　九

孔子曰學之不講是吾憂也又曰博學　論語文　也論語講問之也切問之事好學亦仁之

而篤志切問而近思仁在其中矣　習也篤厚也志記也人能博涉學而後識之事近思之事已所未悟之事近思之一分故仁在其中矣於戲其勉之或於戲嘆辭

夫博士議郎郎官　常故云下及諸生諸儒

會白虎觀講議五經同異使五官中郎將　續漢志曰五官中郎將比二千石

魏應承制問　郎將比二千石

奏帝親稱制臨決如孝宣甘露石渠故事　前書甘露二年詔諸儒講五經異同蕭望之等平奏其議上觀制臨決焉又曰施讎甘露中論五經於石

侍中淳于恭

歲甘露降泉陵洮陽二縣　二縣屬零陵郡泉陵陵縣北洮陽故城在今湘源縣西北　陵城在今永州零

作白虎議奏　今白虎通是

渠閣三輔故事曰石渠閣在未央殿北藏秘書之所

五年春二月庚辰朔日有食之詔曰朕新　去年馬后崩

離供養　太后崩

隨之詩不云乎亦孔之醜　詩小雅日朝日辛卯日有食之亦孔之醜

又父旱傷麥憂心慘切公卿已下

其舉直言極諫能指朕過失者各一人遣

詣公車將親覽問焉其以嚴究爲先勿取　孔甚也　飍惡也

浮華　前書鄒陽曰顯究之士甲申詔曰春秋書無麥苗

重之也　春秋莊公七年秋大水無麥苗不書穀至麥苗獨書書人食最重也

如炎如焚　去秋雨澤不適今時復旱炎焚言熱氣如炎如焚旱魃爲虐如惔如焚詩凶年無時而

爲備未至朕之不德上累三光震慄忉忉　韓詩曰憂心忉忉前代聖君博思

痛心疾首　咨諏音刀諏謀也雖降災咎輒有開匬反風

咨諏　武王有疾周公作請命之書藏於金匮後管蔡流言成王疑周公天乃大風禾未盡偃成

之應　王啓金匮得書乃反風起禾事見尚書

今予小子徒慘慘

十

而巳其令二千石理冤獄錄輕繫禱五嶽

四瀆及名山能興雲致雨者異蒙不崇朝

徧兩天下之報〔尚書大傳曰五嶽皆觸石出雲不崇朝而兩天下〕

加肅敬焉三月甲寅詔曰孔子曰刑罰不〔膚寸而合不崇朝而兩天下矣務〕

中則人無所措手足今吏多不良擅行喜〔曰〕

怒或案不以罪迫脅無辜致令自殺者一〔言〕

歲且多於斷獄甚非為人父母之意也〔元句作／有司其議糾舉之〕

破武陵漊中叛蠻夏五月辛亥詔曰朕思〔人父母／荆豫諸郡兵討〕

遲直士側席異聞〔遲猶希望也音持二反／謂不正坐所以待賢良也〕今外官多曠並可以補任〔側廁〕

其先至者各以發憤吐懣略聞子大夫之

志矣皆欲置於左右顧問省納建武詔書〔典曰書曰章周〕

又曰堯試臣以職不直以言語筆札〔書曰〕

朕其試哉又曰歷試諸難札簡也〔試諸〕

記曰馬防上言聖人作樂所以宣氣致和順陰陽也

臣愚以為可因歲首發太蔟之律奏雅頌之音以迎

和氣時以作樂器費多〔今注曰見零陵泉湘〕

遠獨行十月迎氣樂也　是歲零陵獻芝草有八

黄龍見於泉陵〔伏戈古今注曰〕水中相與戲其二大如馬有角

西域假司馬班超擊疏勒破之

六年春二月辛卯琅邪王京薨夏五月辛〔六枚大如／駒無角〕

西趙王盱薨六月丙辰太尉鮑昱薨辛未

晦日有食之秋七月癸巳以大司農鄧彪

為太尉

七年春正月沛王輔濟南王康東平王蒼

中山王焉東海王政琅邪王宇來朝夏六

月甲寅廢皇太子慶為清河王立皇子肇

為皇太子己未徙廣平王羨為西平王

八月飲酎高廟褅祭光武皇帝孝明皇帝〔前書高廟飲酎奏武德五行之舞音義云正月旦作酒八月成名曰酎酎者言醇也武帝時因八月嘗酎會〕

諸侯出金助祭所謂酎金也丁孚漢儀式曰九真交阯日南者用犀角二長九寸若瑇瑁瑠璃用象

於是尚書葇上於也尚書葇以詠祖考來格言明者祭　甲辰詔書云高祖考孝

明哲之祀則能致祖石搏拊琴瑟以詠祖考來格言明者祭

帝燕燕之情前修褅祭以盡孝敬朕得識　子末小子質又菲薄仰惟先

昭穆之序寄遠祖之思今年大禮復舉加〔今新加之言顯宗神坐〕考之神來至

以先帝之坐　悲傷感懷樂以

迎來哀以送往雖祭亡如在而空虛不知

所裁庶或饗之豈亡克愇肅雍之臣辟公
之相肅肅雍雍和相助也詩大雅曰有來雍至止
祭皆有相肅肅雍雍相維辟公天子穆穆百辟諸矦來助
德無斁慙慢也

公錢四十萬鄉半之及百官執事各有差
皆助朕之依依　今賜
依依慕之意

九月甲戌幸偃師東涉卷津　卷縣名屬河南
郡也卷音上權
反至河內下詔曰車駕行秋稼觀牧穫因
道橋遠離城郭遣吏逢迎刺探起居　刺探謂矦
刺探起
▲後漢帝紀三　十三

涉郡界皆精騎輕行無它輜重不得輒修
患不能脫粟飯飲耳　晏子相齊食脫粟之飯
孔子曰顏回一瓢飲
過欲令貧弱有利無違詔書遂覽淇園　前書
同也探音
湯勘反
出入前後以為煩擾動務省約但
僑之苑也

下至于三老門闌走幸鄴賜錢饗魏郡守令已
己酉進幸鄴勞饗賜魏郡守令已
所

常山趙國吏人復元氏租賦三歲辛卯車
駕還宮詔天下繫囚減死一等勿笞詣邊

戍妻子自隨占著所在父母同產欲相從
者恣聽之有不到者皆以乏軍興論　軍興

闕之當死刑也　及犯殊死一切募下蠶室其女子
死刑系囚鬼薪白粲巳上　前書曰鬼薪白粲巳
上皆三歲刑也男子

宮殿系囚鬼薪白粲巳上
為鬼薪取薪以給宗廟女子
為白粲使擇米白粲粲然　皆減本罪各一等

輸司寇作云命贖死罪入縑二十四疋
至髡鉗城旦春十四疋城旦至司寇三四
吏人有罪未發覺詔書到自告者半入贖

冬十月癸丑西巡狩幸長安丙辰祠高廟
遂有事十一陵遣使者祠太上皇於萬年
年仍分置萬年縣在今
太上皇高祖父也名端音它官反
圖曰高祖初都櫟陽太上皇崩葬櫟陽此原陵號萬
▲後漢帝紀三　十四　李秀

獲白鹿帝曰上無明天子下無賢方伯又
進幸槐里岐山得銅器形似酒罇獻之
以中牢祠蕭何霍光

明帝妃　人之無良相怨一方　詩小雅也良善也
言王者所為無有
而善者各相與於一方　斯器亦曷為來哉　公羊
孔子抱麟而泣曰　韓詩曰
為來哉勒去長安五十餘里　又幸長平御池陽宮

長平觀去長安　音義曰淇園
有東至高陵造舟於
孔子曰獲麟而死至也謂次此　渭造至也謂天子造舟諸矦維舟大夫方舟士特

涇而還　每所到幸輒會郡縣吏人勞賜作樂十
舟而還　雅曰天子造舟

一月詔勞賜河東守令掾以下十二月丁
亥車駕還宮是歲京師及郡國蝝

八年春正月壬辰東平王蒼薨三月辛卯
葬東平憲王賜鸞輅龍旂夏六月北匈奴
大人率眾款塞降冬十二月甲午東巡狩
幸陳留梁國淮陽潁陽戊申車駕還宮詔
曰五經剖判去聖彌遠章句遺辭乖疑難
正恐先師微言將遂廢絕非所以重稽古
求道真也其令羣儒選高才生受學左氏
穀梁春秋古文尚書毛詩以扶微學廣異
義焉是歲京師及郡國蝝

元和元年春正月中山王焉來朝日南徼
外蠻夷獻生犀白雉 劉欣明交州記曰犀其毛
如豕蹄有三甲頭如馬有三角鼻上角短額上角長異
物志曰角中特有光耀白理如線自本達末則為通天犀
二月甲戌詔曰王者
八政以食為本 尚書洪範八政一
曰食是為政本 故古者急耕
稼之業致未耜之勤 未耜農器也未
耒柄耜其刃也末 節用儲
蓄以備凶災是以歲雖不登而人無飢色
八月辛丑濟陰王長薨 閏

自牛疫已來穀食連少良由吏教未至刺
史二千石不以為負 負猶憂也 其令郡國募人
無田欲徙它界就肥饒者恣聽之到在所
賜給公田為雇耕傭賃種餉 銅糧山古餉之
字音式上反貫
與田器勿收租五歲除算三年其後欲還
本鄉者勿禁夏四月己卯分東平國封憲
王蒼子尚為任城王六月辛酉沛王輔薨
秋七月丁未詔曰律云掠者唯得榜笞立
蒼頡篇曰掠問也廣雅曰榜擊也音補
彭說文曰磬也音普庚反
短有數 令丙為篇之次也前書音義曰令有先後
故有令甲令乙令丙又景帝京師定箠令箠
長五尺本大一寸其竹也末薄半寸其節故
云有數
已來掠考多酷鉆鑽之屬 大獄謂楚王英等
獄也鉆音其廉反
自徒者大獄
說文曰鉆鋏也國語中刑用鉆鑿甘謂慘酷其肌膚也
毒怵然動心書曰鞭作官刑豈云若此安
用鉗鑿甘謂慘酷其肌膚也 慘苦無極念其痛
宜及秋冬理獄明為其禁
毒怵然動心書曰鞭作官刑豈云若此安
國注尚書以鞭為理官事之刑
八月甲子太尉鄧彪罷大司農鄭弘為太
尉癸酉詔曰朕道化不德吏政失和元元
未諭抵罪於下寇賊爭心不息邊野邑屋

不修作克永惟庶事思稽厥衷與凡百君
子共弘斯道中心悠悠將何以寄其改建
初元九年為元和元年郡國中都官繫囚減
死一等勿笞詣邊郡妻子自隨占著在所
其犯殊死一切募下蠶室其女子宮繫囚
亡命者贖各有差丁酉南巡狩詔所經道作
鬼薪白粲以上皆減本罪一等輸司寇作
上郡縣無得設儲時〔儲積也時具有蓄備也〕 命司空
將徒支杜橋梁〔杜音竹〕 有道使奉迎探
知起居二千石當坐其賜鰥寡孤獨不能 康誥
自存者粟人五斛九月乙未東平王忠薨
辛丑幸章陵舊宅園廟見宗室故人賞
賜各有差冬十月己未進辛江陵詔廬江
太守祠南嶽又詔長沙零陵太守祠長沙
定王舂陵節侯鬱林府君還辛宛十一月
己丑車駕還宮賜從者各有差十二月壬
子詔曰書云父不慈子不祗兄不友弟不
恭不相及也〔祗敬也左傳胥臣云康誥曰父不慈子不祗兄不友弟不恭不相及也今〕

後漢帝紀三 十七

康誥之言事同而文異 往者妖言大獄所及廣遠一
人犯罪禁至三屬〔即三族也謂父族毋族及妻族〕 莫得垂緌
仕官王朝如有賢才而沒齒無用朕甚憐
之非所謂與之更始也諸以前妖惡禁錮
者一皆蠲除之〔左傳曰以重幣錮之杜預注曰禁錮勿令仕也〕 以明弃咎
之路但不得在宿衛而已
二年春正月乙酉詔曰今云人有產子者
復勿筭三歲今諸懷姙者 賜胎養
穀人三斛復其夫勿筭一歲著以為令又
詔三公曰方春生養萬物莩甲〔前書音義曰莩音殍
白皮也甲坼也〕 且助萌陽以育時物其令有司
罪非殊死且勿案驗及吏人條書相告不
得聽受〔條事條也〕 冀以息事寧人敬奉天氣立
秋如故夫俗吏矯飾外貌似是而非撓之
人事則悅耳論之陰陽則傷化朕甚厭之
甚苦之安靜之吏悃愊無華〔說文云悃愊至
誠也悃音苦本反愊音苦力反〕 日計不足月計有餘〔莊子庚桑楚
子之道以居畏壘之山畏壘之人相與云庚桑桑子者偪偪然知之始
來吾洒然異之今吾月計之不足歲計之有餘庶幾

後漢帝紀三 十八

03-75

其聖人乎如襄城令劉方 吏人同聲謂

方字伯況平原人

之不煩雖未有它異斯亦殆近之矣閒勅
二千石各尚寬明而今富姦行賂於下貧
吏枉法於上使有罪不論而無過被刑甚
大逆也夫以苛為察以明以輕為德
以重為威四者或興則下有怨心吾詔書
數下冠蓋接道而吏不加理人或失職其
咎安在勉思舊令稱朕意焉二月甲寅始
用四分歷

續漢書曰時待詔張盛京房鮑業等以
四分歷請與待詔楊岑等共課歲餘盛
等所中多四分四分歷十九 周清

後漢帝紀三

詔曰今山川鬼神應典禮者
其議
增修羣祀以祈豐年丙辰東巡狩己未鳳
乙丑帝耕
皇集肥城

肥城縣名屬太山郡故城
在今濟州平陰縣東南

於定陶詔曰三老尊年也孝悌淑行也力
尚未咸秩

咸皆也秩序也言山川之神尚
未次序而祭之書曰咸秩無文
周清

田勤功使使者祠唐堯於成陽靈臺

成陽
縣屬
濟陰

率農功也

濟陰郡郭緣生述征記曰成陽縣東南
有祠廟堯母慶都墓上有祠廟堯母
慶都亦名靈臺大母辛

末幸太山柴告岱宗有黃鵠三十從西南

來經祠壇上東北過于宮屋翺翔外降進
幸奉高壬申宗祀五帝于汶上明堂

前書人
濟南人

（小字）
公玉帶上黃帝時明堂
圖中有一殿四面無壁以茅
蓋通水水圜宮垣上有樓從西南入名曰崑
崙以帶上明堂如帶圖焉汶水出於太山朱虛
縣萊蕪山

癸酉告祠

二祖四宗

東觀
記曰
二祖謂高祖世
祖四宗謂中宗
明帝肅宗章帝
為世宗宣帝為中宗明帝為顯宗

武帝為世宗宣帝

大會外內羣臣丙子詔曰朕巡狩岱宗柴
望山川告祀明堂以章先勳其二王之後 先

禮記曰存二王之後所以通三正也漢之
二王之後所以通三正也漢之二王殷周
之後也

聖之胤

東觀記曰孔子後襄
成侯等咸來助祭
東后蕃衛東方國

藩屏故曰藩衛
君也諸侯為天子

宗室眾子要荒四裔

要荒二服名要
二千里荒服去王城

童孫

父叔尚書品刑文皆天子同姓諸侯有
兄弟子孫列者故總而言之

百僚從臣

葱領之西

宇書曰形多須
西域人多著貌
西河舊事山高大多葱故以為名在敦煌

伯父伯兄仲叔季弟幼子

之類

或曰西域草
行曰跋水行曰涉山川曰跋
涉山川傳曰懸度慶者石山也溪谷

沙漠之北

五百里要者
其荒忽無常也
荒服去王城二千

跋涉懸度

不通以繩
索相引而
度去
陽關五千八百五十里

陵踐阻絕駿奔郊時

天駿疾也
前書音義曰
駿奔走在廟郊時
神靈之居止者咸來助祭

祖宗功德延及朕躬予一人空虛多致墓

承尊明　盥洗享薦懔祗慄詩不

著明　靈燿著明謂日月貞明

同心自新其大赦天下諸無犯罪不當得赦
者皆除之復奉高廟無出今年田租芻

橐戊寅進幸魯祠東海恭王陵庚寅祠孔子
己丑進幸魯祠東海恭王陵庚寅祠孔子

於闕里及七十二弟子賜襄成侯及諸孔

男女帛壬辰進幸東平祠憲王陵

東甲午遣使者祠定陶太后恭王陵

山至天井關

月乙巳客星入紫宮乙卯車駕還宮庚申

假于祖禰　告祠高廟五月

戊申詔曰乃者鳳皇驚鴛鴦比集七郡

孫柔之瑞圓曰鸑鷟鳥者赤神之精鳳皇之佐

【後漢帝紀三】　荀悅

則至也比頻也　或一郡再見及白烏神雀甘露屢臻

祖宗舊事或班恩宥

國神雀仍集　其賜天下吏爵人三級高年鰥寡孤獨帛人一匹

賓孤獨帛人一匹　經曰無侮鰥寡惠此煢

獨加賜河南女子百戶牛酒

天下大酺五日賜公卿已下錢帛各有差

及洛陽人當酺者布戶一匹城外三戶共

一匹賜博士貞弟子見在太學者布人三

匹令郡國上明經者口十萬以上五人不

滿十萬三人改廬江為六安國江陵復為

南郡　徙江陵王恭為六安王

秋七月庚子詔曰春秋於春每月書王者

重三正慎三微也

當奉而成之　禮記曰正朔三而改

【後漢帝紀三】　李昪

皆氣黑人得加功展業故夏為人正色尚黑尚書大傳

日夏十三月爲正平以十

爲朝殷以十二月爲朝必以三

正者當爾之時物皆尚微之義也

授命當扶微理弱奉承成立春陽氣尚微

（寧事欲辭以待之　陰陽之所定也）

後有順陽助生之

不以報四（可以報猶論以立春陽氣故不論四　月令仲冬是月也日短至　陰陽爭諸生蕩君子身欲）

律　十二月立春　月令冬至之爲

加賜男　李景

（東觀記曰鳳皇見肥城句　今注云黃龍見洛陽元延亭部疏音庾）

儒雅稽之典籍以爲王者生殺宜順時氣朕咨訪

其定律無以十一月十二月報囚九月壬

辰詔鳳皇黃龍所見亭部無出二年租賦

子爵人二級先見者帛二十匹近者三匹

大守三十四令長十五四丞尉半之詩云

雖無德與汝式歌且舞（詩小雅也取雖無大德／要有喜悅之心欲歌舞／也式用也）

它如賜爵故事丙申徵濟南王康中

山王爲會丞祭冬十一月壬辰日南至初

開闢梁（易曰先王以至日閉關商旅不行王弼注／云冬至陰之復夏至陽之復故爲復即至）

（其寂然大靜先王／則天地而行者也）

三年春正月乙酉詔曰蓋君人者視民如

父母有憯怛之憂有忠和之教匍匐之救

周禮鄉司徒以鄉三物教萬民　其

仁聖鄉忠和詩郁風曰凡民有喪匍匐救之

嬰兒無父母親屬及有子不能養食者稟

給如律丙申北巡狩濟南王康中山王焉

西平王羨六安王恭樂成王黨淮陽王昞

王城王尚沛王定皆從辛丑帝耕于懷二　駕

月壬寅告常山魏郡清河鉅鹿平原東平

郡太守相曰朕惟巡狩之制以宣聲教考

同遐迩解釋怨結也今四國無政不用其

（小雅曰方之圓無政者由天子不用善人也）　林俊

良　其小雅四方之圓無政者

言出游欲親知其劇易前祠園陵遂望祀

華霍（華霍柱山霍山爾也在今盧江灊縣西南亦名天／山華山爲西嶽霍山爲南嶽）東

柴岱宗爲人祈福今將禮常山遂徂此土

歷魏郡經平原升踐隄防詢訪耆老咸曰

往者汴門未作深者成淵淺則泥塗追惟

先帝勤人之德（謂永平十二年修汴渠）

弘業遠圖（尚書曰覃懷底績孔安國注云底致績功也／言能復禹爲理水之大功）

聖跡滂流至于海表不克堂構甚慙焉

（尚書曰若考作室既底法／厥子乃不肯堂別肯構）月令孟春善相丘陵

土地所宜

月令孟春之月善相立陵阪險原隰土地所宜五穀所殖以教導人必躬親之田事

飢饉

今肥田尚多未有墾闢其悉以賦貧民給與糧種務盡地力勿令游手所過縣邑聽半入今年田租以勸農夫之勞乙丑勑侍御史司空曰方春所過無得有所伐殺車可以引避引避之騑馬可輟解輟

履

之服夾轅者為服馬外為騑馬

詩云敦彼行葦牛羊勿踐履人君

一草木不時謂之不孝

殺一獸不以其時非

禮記孔子曰伐一樹

孝

俗知順人莫知順天其明稱朕意戊辰也

進幸中山遣使者祠北嶽出長城

城西自臨洮東至海

史記蒙恬為秦築長

癸酉還幸元氏祠光武顯宗於縣

舍正堂明日又祠顯宗于始生堂皆奏樂

明帝生于常山

三月丙子詔高邑令祠光武

元氏傳舍也

於即位壇復元氏七年傜役巳卯進幸趙

州縣名屬常山郡今在恒州縣也房山今在恒州

庚辰祠房山於靈壽

山縣縣西北俗名王母山上有王母祠

辛卯車駕還宮賜從行

者各有差夏四月丙寅太尉鄭弘免大司

農宋由為太尉

由字叔路長安人

五月丙子司空弟

五倫罷太僕袁安為司空秋八月乙丑幸

安邑觀鹽池

許慎云河東鹽池表五十一里周百一十六里今蒲州虞鄉縣西

九月至自安邑冬十月北海王基薨

羌叛寇隴西是歲西域長史班超擊斬疏

勒王

章和元年春三月護羌校尉傅育追擊叛

羌戰歿夏四月丙子令郡國中都官繫囚

減死一等詔金城成六月戊辰司徒四

免癸卯司空表安為司徒光祿勳任隗為

司空

隗字仲和南陽宛人

秋七月癸卯齊王

晃有罪貶為蕪湖侯

蕪湖縣名屬丹陽故城在今宣州當塗縣東南

壬子淮陽王昞薨鮮甲擊破北單于斬之

燒當羌寇金城護羌校尉劉盱討之斬其

渠帥壬戌詔曰朕聞明君之德啓迪鴻化

緝熙康乂光照六幽

六合幽隱之處也緝熙光明也

人回靡不率俾仁風翔于海表威延行平

鬼區

鬼方即

然後敬恭明祀膺五福之慶獲

來儀之瑞尚書五福一曰壽二曰富三曰康寧四曰攸好德五曰考終命來儀謂鳳也書曰鳳皇來儀

朕以不德受祖宗弘烈乃者鳳皇仍集麒麟並臻甘露宵降嘉穀滋生芝草之類歲月不絕朕夙夜祗畏上天無以彰于先功今改元和四年爲章和元年秋令是月養衰老授几杖行糜粥飲食秋之令仲月令仲其賜高年二人共布帛各一匹以爲醴酪死勿笞詔金城戊八月癸酉南巡狩壬午罪囚犯法在丙子赦前而後捕繫者皆減

《後漢帝紀卅》 李清

遣使者祠昭靈后於小黃園 小黃縣屬陳留州陳留縣東北小黃北後爲作圍廟于小黃摑陳留風俗傳曰沛公起兵野戰喪皇妣于黃鄉天下平定乃使使者以梓宮招魂幽野於是丹蛇在水自洒濯之入于梓官浴處有遺髮故諡曰昭靈夫人 甲申徵任城王尚會雎陽戊 乙未幸沛祠

子辛梁己丑遣使祠高原廟戊 前書音義曰枌白榆高祖里社在豐縣東北十五里原廟解見光武紀 獻王陵徵會東海王政乙未晦日有食之

九月庚子幸彭城東海王定任城王尚皆從辛亥幸壽春壬子詔郡國中都

官繫囚減死罪一等詔金城戊犯殊死者一切募下蠶室其女子宮繫囚鬼薪白粲巳上減罪一等輸司寇作亡命者贖死罪 縣名屬汝南郡今潁川縣 繼二十四右趾至髡鉗城旦春七四宅城旦至司寇三囚更民犯罪未發覺詔書到自告者半入贖復封阜陵族延爲阜陵王

巳未幸汝陰 黃英 還宮北匈奴屋蘭儲等率眾降是歲西域長史班超擊莎車大破之月氏國遣使獻扶拔師子 扶拔似麟無角 扶拔音步末反

《後漢帝紀卅》

遺詔無起寢廟一如先帝法制

二年春正月濟南王康阜陵王延中山王焉來朝壬辰帝崩於章德前殿年三十三

論曰魏文帝稱明帝察察章帝長者 以上之辭章帝素知人厭明帝苛切之事從寬厚 華嶠 陳寵之義除慘獄之科 寵時爲尚書以吏政嚴切乃上書除慘酷之科 深元元之愛著胎養之令 元和二年令諸懷妊者賜穀人三斛 奉承明德太后盡心孝道割裂名五十餘條本傳也具

都以崇建周親也周至平傜簡賦而人賴其

慶又體之以忠恕文之以禮樂故乃蕃輔

克諧羣后德讓謂之長者不亦宜乎在位

十三年郡國所上符瑞合於圖書者數百

千所烏呼懋哉也懋美

賛曰肅宗濟濟天性愷悌於穆后德諒惟

淵體於穆歎美也尚書曰齊聖廣淵也　左右蓺文斟酌律禮蓺文謂諸儒講五經同異帝親稱制論決也律謂詔云立春不以報四也禮謂修禘祫登靈臺之屬

服帝道弘此長懋儒館獻歌戎亭虛侯獻歌

時上一四巡等頌謂崔駰游太學　氣調時豫憲平人富

後漢帝紀卷第三

唐章懷太子　賢　注

孝和皇帝
孝殤皇帝

〔後漢帝紀四〕　李賢

孝和皇帝諱肇〔一〕謚法曰不剛不柔曰和伏矦古今注曰肇之字曰肇始皇諱之字曰肇音兆臣賢案許愼說文肇上諱也音大可反也但伏矦音兆不同蓋應別有所據　肅宗第四子也母梁貴人為竇皇后所譖憂卒實后養帝以為己子建初七年立為皇太子章和二年二月壬辰即皇帝位年十歲

尊皇后曰皇太后太后臨朝三月丁酉改淮陽為陳國〔今陳州〕楚郡為彭城國〔今徐州〕

平并汝南郡〔今蔡州〕六安復為

盧江郡〔即今盧州故舒城縣也〕遺詔徙西平王羨為陳王六安王恭為彭城王癸卯葬孝章皇帝于敬陵〔在洛陽城東南三十九里古今注曰陵周三百步高六丈二尺〕庚戌皇太后詔曰先帝以明聖奉承祖宗至德要道天下清靜庶事咸寧今皇帝以幼年在疚〔疾病也勞勞然在夏病之中也或作憿詩周頌云憿憿在疚〕朕且佐助聽政外有大國賢王並為蕃屏內有公卿大夫統理本朝恭已受成夫何憂哉〔孔子曰舜何為哉恭已正南面而已尚書曰子小子垂拱仰成〕然守文之際必有內輔以參聽斷侍中憲〔即母弟鳳也〕行能兼備忠孝尤篤先帝所器親受遺詔當以舊典輔斯職為憲固執謙讓節不可奪令供養兩宮〔兩宮謂帝宿衞左右厥事已重亦不太后宮〕可復勞以政事故太尉鄧彪元功之族三讓彌高〔元功謂高密矦禹也彪父邠中興初有功封鄲矦彪讓國異母弟鳳論語云太伯三以天下讓民無得而稱焉鄲音比之鄧讓莫杏反〕曰太伯三以天下讓〔周大王之長子季歴兄也吳越採藥大王薨而不返季歴為大王有疾太伯因適吳不來奔喪二讓也終喪之後遂斷髮文身三讓也〕襃表義德欲以崇化令彪聰明康彊可謂老成黃耈矣〔其以彪為大傅賜爵關內矦錄尚書事黃耈者老也言老而有成德也詩大雅曰雖無老成人尚有典刑黃謂髮落更生黃也詩老也序黃耈老也〕書事百官總已以聽之職事〔古者君在諒闇百官總已以聽於冢宰錄尚書事貝冢宰之任也〕朕庶幾得專心內位於戲群公其勉率百僚各修厥職愛養元元綏以中和

稱朕意焉辛酉有司上奏孝章皇帝崇弘
鴻業德化普洽垂意黎民留念稼文加
殊俗武暢方表界惟人面無思不服巍巍
蕩蕩莫與比隆 巍巍乎其有成功蕩蕩乎人無能名焉孔子美帝堯之詞見論
諡 周頌曰於穆清廟蕭顯雝相 清廟文王廟也雝穆歡美
之調言助祭者禮儀粉且和也請上尊廟曰肅宗共進武德
之舞制曰可癸亥陳王羨彭城王恭樂成 建初三年章帝不忍興諸
王嘗下邳王衍梁王暢始就國 夏四月丙子調高廟丁丑調 王乘輦皆留京師今遣之國
世祖廟戊寅詔曰昔孝武皇帝致誅胡越
故權收鹽鐵之利 武帝使孔僅東郭咸陽乘傳舉行天下鹽作官府收利
私家更不得以奉師旅之費自中興以來匈
鑄鐵賣鹽 奴未賓永平末年復修征伐先帝即位務
休力役然猶深思遠慮安不忘危探觀舊日
典復收鹽鐵欲以防備不虞寧安邊境而
吏多不良動失其便以達上意先帝恨之
故遺戒郡國罷鹽鐵之禁縱民煮鑄入稅
縣官如故事 前書音義曰縣官謂天子 其申勑刺史二千

石奉順聖旨勉弘德化布告天下使明知
朕意五月京師旱詔長樂少府桓郁侍講
禁中 長樂宮之少府也郁榮子出 冬十月乙亥以侍中竇
憲為車騎將軍伐北匈奴安息國遣使獻
師子扶拔 扶拔解見章紀
永元元年春三月甲辰初令郎官詔除者
得上丞尉以比秩為真 漢官儀曰羽林郎出補三百石丞尉自占
丞尉小縣丞尉三百石其次四百石丞尉皆所以優之
竇憲出雞鹿塞 雞鹿塞在朔方窳渾縣北關塞十三州志云窳渾縣有大道西北出
度遼將軍鄧鴻出稒陽塞 稒陽縣屬九原郡故城在今勝州銀城縣界稒音固
南單于出滿夷谷 滿夷谷名
與北匈奴戰於稽洛山大破之追至和渠
北鞮海竇憲遂登燕然山刻石勒功而還
北單于遣弟右溫禺鞮王 鞮音丁奚反 奉奏貢
獻秋七月乙未會稽山崩閏月丙子詔曰 詩曰如崩祖宗之靈師克有
匈奴背叛為害久遠賴 謂單于所常居也役
捷醜虜破碎遂掃厥庭 籍再舉 萬里清蕩非朕小子眇身
不再籍 籍惟言不

所能克堪有司其案舊典告類薦功以章

伏烈〔類祭天也書曰類于上帝〕薦進也以功進告於天　九月庚申以車

騎將軍竇憲為大將軍以中郎將劉尚為車

車騎將軍竇憲冬十月令郡國弛刑輸作軍營

其從出塞者刑雖未竟皆免歸田里庚子

阜陵王延薨是歲郡國九大水

屬國都尉官〔前書西河郡美稷縣上郡龜茲縣屬國都尉所治者也哀帝時并大鴻臚故今復置之〕

有食之〔東觀記曰史官不覺涿郡言之〕已亥復置西河上郡

二年春正月丁丑大赦天下二月壬午日

夏五月庚辰

成分太山為濟北國分樂成涿郡為

河閒國丙辰封皇弟壽為濟北王開為河

閒王淑為城陽王紹封故淮陽王昞子側

為常山王賜公卿以下至佐史錢布各有

差已未遣副校尉閻磐討北匈奴取伊吾

盧地丁卯紹封故齊王晃子無忌為齊王

北海王睦子威為北海王車師前後王並

遺子入侍〔車師有後王前王前王即後王並〕月氏國

遺兵攻西域長史班超超擊降之六月辛

卯中山王焉薨秋七月乙卯大將軍竇憲

出屯涼州九月北匈奴遣使稱臣遣冬十月

遣行中郎將班固報命南單于遣左谷蠡

王師子〔左谷蠡匈奴王號也谷音鹿蠡音離〕出雞鹿塞擊

北匈奴於河雲北大破之

三年春正月甲子皇帝加元服〔元首也謂加冠者先笄曰後笄冠於首儀禮太后詔袁安為賓賜東帛乘馬〕賜諸侯王公將

軍特進〔漢官儀曰諸侯功德優盛朝廷所敬異者賜位特進在三公下中二千〕

石列侯宗室子孫在京師奉朝請者黃金

將大夫郎吏〔奉朝請無員三公外戚宗室諸侯多奉朝請漢律春日朝秋日請〕

從官帛〔將謂五官及左右中郎將也大夫謂光祿太夫也十三州志曰大夫皆掌顧問應對言能扶持君父也〕賜民爵及栗帛各有

差大酺五日郡國中都官繫囚死罪贖縑

至司寇及亡命各有差庚辰賜京師民酺

布兩戶共一匹二月大將軍竇憲遣左校

尉耿夔出居延塞〔居延縣屬張掖郡居延澤在東北武帝使伏波將軍路博〕

於德篡廆虜障圍北單于於金微山大破之獲

其母閼氏〔閼氏匈奴后之號也晉灼為姓支〕 夏六月辛卯尊皇

太后母比陽公主〔王海恭〕為長公主辛丑

阜陵王種薨〔阜陵王延之子 王疆女〕冬十月癸未行幸長

安詔曰北狄破滅名王仍降〔仍頻〕 西域諸

國納質內附豈非祖宗〔哲重光之鴻烈〕

寐歎息想望舊京其賜行所過二千石長

吏巳下及三老官屬錢帛各有差鰥寡孤

獨篤癃貧不能自存者粟人三斛十一月

癸卯祠高廟遂有事十一陵詔曰高祖功

臣蕭曹為首有傳世不絕之義詔國後

容城疾無嗣朕望長陵東門見二臣之墟

〔東觀記曰蕭何墓在長陵東司馬門道北近蕭何墓 續漢志曰大鴻臚掌〕

使者以中牢祠大鴻臚求近親宜為嗣者遣

遠節每有感焉忠義獲寵古今所同可

須景風紹封以章厥功〔封拜諸侯及其嗣春〕

護騎都尉戊巳校尉官庚辰至自長安減

七

莞刑徒從駕者刑五月

四年春正月北匈奴右谷蠡王於除鞬自

立為單于款塞乞降〔於除鞬其名也〕遣大將

軍左校尉耿夔授璽綬〔東觀記曰賜玉具劍〕

持節衛 三月癸丑司徒袁安薨閏月丁丑

太常丁鴻為司徒夏四月丙辰大將軍竇

憲還至京師六月戊戌朔日有食之丙辰

郡國十三地震竇憲潛圖弒逆〔東觀記曰〕

宮詔收捕憲黨射聲校尉郭璜〔郭況子也〕

〔璜作璜音同〕

璜子侍中舉衛尉鄧疊疊弟步兵

校尉磊皆下獄死謁者僕射〔續漢書曰謁者〕

收憲大將軍印綬遣憲

及弟篤景就國到皆自殺是夏旱蝗秋七

月己丑太尉宋由坐黨憲自殺八月辛亥

司空任隗薨〔任光子也〕癸丑大司農尹睦為太

尉錄尚書事〔錄謂總領之也錄尚書自牟融始也〕丁巳賜公卿以

下至佐史錢穀各有差冬十月己亥宗正

劉方為司空十二月壬辰詔今年郡國秋

八

稼為旱蝗所傷其什四以上勿收田租芻

臺有不滿者以實除之所損十不滿四者以見損除也 武陵

零陵澧中蠻叛燒當羌冦金城

靈臺望雲物大赦天下戊子千乘王抗薨

五年春正月乙亥宗祀五帝於明堂遂登

辛卯封皇弟萬歲為廣宗王廣宗縣名今貝州宗城縣隨賜帝諱廣故 二月戊戌詔有司省減內外廄及

涼州諸苑馬說文曰廄馬舍也漢官儀曰未央大廄令廄長樂承華等廄令皆秩六百石又

西北邊分養馬三十萬所分置

自京師離宮果園

上林廣成圍悉以假貧民恣得采捕不收

其稅丁未詔曰去年秋麥入少恐民食不

足其上尤貧不能自給者戶人數往者

郡國上貧民以衣履釜鬵為皆與豪右得

其饒利鬵音尋方言曰鬵自關而東謂之甑或謂之鬻凡計金甑之家為資附於役重多即賣之以避科稅豪富之家饒利乘賤買故得其饒利詔書實覈考實事也欲有

以益之而長吏不能躬親反更徵召會聚

以失農作愁擾百姓若復有犯者二千石

先坐甲寅太傅鄧彪薨戊午隴西地震三

月戊子詔曰選舉良才為政之本科別行

能必由鄉曲周禮鄉大夫掌其鄉之政教考其德行察其道藝三年而舉賢能者於王

而郡國舉吏不加簡擇故先帝明勅在所

令試之以職乃得充選漢官儀曰建初八年十二月己未詔書辟士四科一曰德行高妙志節清白二曰經明行脩能任博士三曰明曉法律足以決疑能案章覆問文任御史四曰剛毅多略遭事不惑明足以決斷才任三輔令皆存孝悌清公之行自今已後審四科辟召及刺史二千石察舉茂才尤異孝廉吏務實校試以職有非其人臨計過署不便習官事正舉者故不以實法

又德行尤異不須經職者別署狀上而宣

布以來出入九年二千石曾不承奉恣心

從好司隷刺史訖無糾察也訖竟今新蒙赦

令且復申勅後有犯者顯明其罰在位不

以選舉為憂督察不以發覺為負憂也亦非

獨州郡也是以庶官多非其人下民被姦

邪之傷由法不行故也庚寅遣使者分行

貧民舉實流冗宂散也流散者舉其實而給之

三十餘郡夏四月壬子封阜陵王種兄子

為阜陵王以種無嗣故也六月丁酉郡國三兩雹開倉賑稟

秋九月辛酉廣宗王萬歲薨無子

大東觀記曰如鴈子

國除匈奴單于於除鞬叛遣中郎將任尚

討滅之壬午令郡縣勸民蓄蔬食以助五

穀也 其官有陂池令得采取勿收假稅

二歲假猶 冬十月辛未太尉尹睦薨

十一月乙丑太僕張酺爲太尉是歲

武陵郡兵破叛蠻降之護羌校尉貫友討

燒當羌羌乃遁去南單于安國叛骨都侯

喜斬之

六年春正月永昌徼外夷遣使譯獻犀牛

大象己卯司徒丁鴻薨二月乙未遣謁者

分行稟貸三河兖冀青州貧民許巇馬光

自殺

劉方爲司徒太常張奮爲司空三月庚寅

詔流民所過郡國皆實稟之其有販賣者

勿出租稅又欲就賤還

歸者復一歲田租更賦

以眇末承奉鴻烈陰陽不和水旱違度濟

河之域凶饉流亡

＊後漢帝紀四

李

未獲忠言至謀所以匡救之策寤寐永歎

用思孔疚 惟官人不得於上

黎民不安于下有司不念寬和而競爲苛

刻覆案不急以妨民事

上當天心下濟元元也思得忠良之士以

輔朕之不逮其令三公中二千石二千石

內郡守相舉賢良方正能直言極諫之士

各一人昭巖穴披幽隱遣詣公車

朕將悉聽焉帝乃親臨策問選補

郎吏夏四月蜀郡徼外羌種人遣使內

附五月城陽王淑薨無子國除六月

己酉初令伏令伏日閉盡日

七月京師旱詔中都官徒各除半刑謫其

未竟五月己下皆免遣丁巳幸洛陽寺

陽令下獄抵罪司隸校尉河南尹皆左降

未及還官而澍雨西域都護班超大破焉

＊後漢帝紀四

者尉犁斬其王自是西域降服納質者五
十餘國南單于安國從弟子逢侯率叛胡
亡出塞九月癸丑以光祿勳鄧鴻行車騎
將軍事與越騎校尉馮柱行度遼將軍朱
徵使匈奴中郎將杜崇討之冬十一月護
烏桓校尉任尚率烏桓鮮卑大破逢侯

海郡屬與州武陵漊中蠻叛郡兵討平之
七年春正月行車騎將軍鄧鴻度遼將軍
朱徽中郎將杜崇皆下獄死　夏四月辛亥
夫御史謁者博士議郎郎官會廷中各言
朝日有食之帝引見公卿問得失令將大
封事　　　　　　　　　　詔曰元首不明

化流無良政失於民謫見于天
深惟庶事五教在寬是以舊典
一人有司詳選郎官寬博有謀才任典城
者各二十人　既而悉以所選郎出
補長相　月辛卯改千乘國為樂安國
乙巳易陽地裂　六月丙寅沛王定薨秋七月
京師地震
八年春二月己丑立貴人陰氏為皇后賜
天下男子爵人二級三老孝悌力田三級
民無名數及流民欲占者人一級鰥寡孤獨
篤癃貧不能自存者粟人五斛夏四月癸
亥樂成王黨薨甲子詔賑貸并州四郡貧
民五月河內陳留蝗南匈奴右溫禺犢王
叛為寇秋七月行度遼將軍龐奮越騎校
尉馮柱追討之斬右溫禺犢王車師後王

官繫囚減死一等諭敦煌戍其犯大逆募
下蠶室其女子宮自死罪巳下至司寇及
亡命者入贖各有差九月京師蝗吏民言
事者多歸責有司詔曰蝗蟲之異殆不虛

【後漢帝紀四】

生洪範五行傳曰貪利傷人則蝗蟲為災也孔安國注曰矜憐也　萬方有
罪在予一人而言事者專各自下非助我
者也朕寤寐恫矜思憂勞　昔楚嚴無災而懼
僚師尹勉修厥職刺史二千石詳刑辟理
寬虐恤鰥寡矜孤弱興蝗之咎
庚子復置廣陽郡　高帝時燕國也昭帝元鳳元年為廣陽郡宣帝本始元年
冬十月乙丑北海王烝薨　海北丁巳南宮
十二月辛亥陳王羨薨　郡今青州郡縣國也
宣室殿火
九年春正月永昌徼外蠻夷及撣國重譯

奉貢　撣音擅東觀記作撣也說文曰譯四庚之語也
月庚辰隴西地震癸巳濟南王康薨西域
長史王林擊車師後王斬之夏四月丁卯
封樂成王黨子巡為樂成王六月蝗旱戊
辰詔今年秋稼為蝗蟲所傷皆勿收租更
勿稟若有所損失以實除之餘當收租者
亦半入其山林饒利陂池漁採以贍元元
勿收假稅秋七月蝗蟲飛過京師八月鮮

【後漢帝紀四】

甲寇肥如　肥如縣屬遼西郡前書音義曰肥子奔燕封於此今平州也遼東
太守祭參下獄死　東觀記曰鮮卑千餘騎攻肥如城殺略吏人祭參坐沮敗下獄誅
閏月辛巳皇太后竇氏崩丙申葬章
德皇后燒當羌寇隴西殺長吏遣行征西
將軍劉尚越騎校尉趙世等討破之九月
庚申司徒劉方策免自殺甲子追尊皇姊
梁貴人為皇太后冬十月乙酉改葬恭懷
梁皇后于西陵　諡法曰正德美容曰恭執義揚善曰懷十一月癸卯光祿勳河
南呂蓋為司徒　姓呂蓋字君上苑陵人也十二月丙寅司

空張奮罷。壬申，大僕韓稜爲司空。己丑，復置若盧獄官〔前書曰：若盧獄屬少府。漢舊儀曰：王鞠將相大臣也。〕十年春三月壬戌，詔曰：隄防溝渠，所以順助地理，通利壅塞〔禮記月令曰：季春之月，修利隄防，導達溝瀆，開通道路，無有障塞。〕今發慢懈弛不以爲負，刺史二千石其隨宜疏導，勿因緣妄發以爲煩擾，將顯行其罰。夏五月己巳，京師大水〔東觀記曰：京師大雨，南山水流出，至東郊壞人廬舍。〕秋七月己巳，司空韓稜薨。八月丙子，大常大山巢堪爲司空〔堪字次朗，大山南城人。〕九月，燒當羌豪迷唐等率種人詣闕貢獻。冬十月庚戌，復置廩犧官〔漢官儀曰：廩犧令一人，秩六百石也。〕五州雨水。十一月戊寅，梁王暢薨。

十一年春二月，遣使循行郡國，稟貸被災害不能自存者，令得漁采山林池澤，不收假稅。丙午，詔郡國中都官徒及篤癃老小女徒各除半刑，其未竟三月者皆免歸田里。夏四月丙寅，大赦天下。己巳，復置右校尉官〔東觀記曰：置在西河鵠澤縣。〕秋七月辛卯，詔曰：吏

民踰僭，厚死傷生，是以舊令節之制度。頃者貴戚近親，百僚師君，莫肯率從，有司不舉，急放日甚。又商賈小民，或忘法禁，奇巧靡貨，流積公行。其在位者當先舉正。市道小民，但且申明憲綱，勿因科令加虐羸弱。

十二年春二月，旄牛徼外白狼貘薄夷率種人內屬〔關駰曰：十三州志曰：旄牛縣屬蜀郡前。詔書曰：旄牛所出，歲貢其尾，以爲節旄。〕詔貸被災諸郡民種糧，賜下貧鰥寡孤獨不能自存者，及郡國流民，聽入陂池漁采，以助蔬食〔二月丙申，詔曰：比年不登，百姓虛匱〔匱，乏也。〕京師去冬無宿雪〔以其經冬，故言宿也。〕今春無澍雨，黎民流離，困於道路，朕痛心疾首，靡知所濟。瞻仰昊天，何辜今人〔詩大雅，周宣王遇旱之詩。言今人何罪乎，而天令饑饉。〕三公朕之腹心，而未獲承天安民之策。數詔有司，務擇良吏，今猶不改，競爲苛暴，侵愁小民，以求虛名，委任下吏，假執行邪，是以令下而姦生，禁至而詐起

董仲舒曰法出而姦生令下而詐起
化貨行於言罪成乎手朕甚病焉公
巧法析律飾文增辭 禮記王制
日析言破律也
卿不思助明好惡將何以救其弊各罰
既至復令灾及小民若上下同心庶或有
瘳其賜天下男子爵人二級三老孝悌力
田三級民無名數及流民欲占者人一級
鰥寡孤獨篤癃貧不能自存者粟人三斛
壬子賜博士弟子在太學者布人三四
武帝時置博士弟子太常擇人年十八以上儀狀端
正者補焉昭帝增員滿百人宣帝倍之元帝更設員
【後漢帝紀四】
十九
五原民下貧者穀戊辰稀歸山崩 稀歸縣屬南郡
日南郡今郡兵討破之閏月賑貸敦煌張掖
鬱林州今 夏四月日南象林蠻夷反 象林縣屬日南郡
千人成帝更
增負三千人
古之夔國今歸州也秦山松曰厖原此縣人餞被流
放忽然輦歸其秭亦來因名其地為秭歸秭姊也
東觀記曰秭歸山高四百餘丈崩填谿水厭殺百餘人
六月舞陽大水賜
被水災尤貧者穀人三斛秋七月辛亥朝
日有食之九月戊午太尉張酺免冬十一月西域蒙奇疎
司農張禹為太尉
勒二國遣使內附賜其王金印紫綬是歲

燒當羌復叛
十三年春正月丁丑帝幸東觀覽書林閣
篇籍博選術藝之士以充其官二月任城
王尚薨丙午賑貸張掖居延朔方日南貧
民及孤寡羸弱不能自存者秋八月詔象
林民失農桑業不能賑貸種糧稟賜下貧穀
食己亥北宮盛饌門閤火護羌校尉周鮪
擊燒當羌破之荊州雨水九月壬子詔曰
荊州比歲不節今茲淫水為害 淮南子曰女
惟四民農食之本慘然懷孫其令天下半
入今年田租芻藁有宜以實除者如故事
貧民假種食皆勿收責冬十一月安息國
遣使獻師子及條枝大爵
率少邊役衆劇束脩良吏進仕路狹撫接
夷狄以人為本其令緣邊郡口十萬以上
止淫水高誘注云
平地山水為淫水
余雖頗登此多不均狹淫深淺
治李善
西域傳曰安息國臨
和懷城去洛陽
二萬五千里條支國臨西海山師子大雀郅廣
志曰大爵頸及身膺蹄都似囊駝舉頭高八九尺
丈夫餘食之卵如甕其外邦蹄勩為也
如淳
覽卿卻之耽焉也
丙辰詔曰幽并涼州戶口

歲舉孝廉一人不滿十萬二歲舉一人五
萬以下三歲舉一人鮮卑寇右北平遂入
漁陽漁陽太守擊破之戊辰司徒呂蓋罷
十二月丁丑光祿勳魯恭為司徒辛卯巫
蠻叛寇南郡（今襄州巫山縣也）
十四年春二月乙卯東海王政薨繕修故
西海郡（平帝時金城塞外羌地以為西海郡也 徙金城西部都尉以成之 光武建武中省金城入隴西郡至是復繕故 今蘭州縣也）
戊辰臨辟雍饗射大赦天下夏四月遣使
者督荊州兵討巫蠻破降之庚辰賑貸張
掖居延敦煌五原漢陽會稽流民下貧穀
各有差五月丁未初置象林將兵長史官（闞駰十三州志曰將兵長史居在日南郡 又有將兵司馬去雒陽九千六百三十里）
卯廢皇后陰氏后父特進綱自殺秋七月
甲寅詔復象林縣更賦芻藁二歲壬
子常山王側薨是秋三州雨水冬十月甲
申詔兗豫荊州今年水雨淫過多傷農功
其令被害什四以上皆半入田租芻藁其

不滿者以實除之辛卯立貴人鄧氏為皇
后丁酉司空巢堪罷十一月癸卯大司農
徐防為司空是歲初復郡國上計補郎官（上計今計吏也前書音義曰舊制使郡丞奉歲計武帝元朔中令郡國舉孝廉各一人與計偕拜為郎中 中興令 復之）
十五年春閏月乙未詔流民欲還歸本而
無糧食者過所實稟之疾病加致醫藥其
不欲還歸者勿強二月詔稟貸潁川汝南
陳留江夏梁國敦煌貧民（陳留今汴州縣也 江夏郡高帝置 沔水過郡入江故曰江夏 後為陳）
四月甲子晦日有食之五月戊寅南陽大
風六月詔令百姓鰥寡漁采陂池勿收假
稅二歲秋七月丙寅濟南王錯薨（錯音七故反）
復置涿郡故安鐵官（續漢書曰其郡縣有鹽官鐵官者隨事廣狹置令長 鹽官鐵官者皆如縣次也）
九月壬午南巡狩清河王慶濟北
王壽河間王開並從賜所過二千石長吏
以下三老官屬及民百年者錢布各有差
是秋四州雨水冬十月戊申幸章陵祠舊

宅癸丑祠園廟會宗室於舊廬勞賜作樂

戊午進幸雲夢臨漢水而還（雲夢令安州縣也即在雲夢澤）

中十一月甲申車駕還宮賜從臣及留者

公卿以下錢布各有差十二月庚子琅邪

王宇薨有司奏以為夏至則微陰起靡草

死可以決小事（禮記月令曰孟夏之月靡草死）

（云靡草薺葶藶之屬臣賢案五月）（禮記月令曰孟夏之月麥秋至斷薄刑決小罪鄭玄注）（陰爻生可以言）

（彼陰令月令云孟夏之月此言夏至者與）

月令不同是歲初令郡國以日比至案薄刑

十六年春正月己卯詔貧民有田業而以

匱乏不能自農者貸種糧二月己未詔究

豫徐兗四州比年雨多傷稼禁沽酒夏四

月遣三府掾分行四州貧民無以耕者為

雇犂牛直五月壬午趙王商薨秋七月旱

戊午詔曰令秋稼方穗而旱雲雨不露展

吏行慘刻不宣恩澤妄拘無罪幽閉良善

所致其一切四徒於法疑者勿決以奉秋（方察煩苛）

令（制縫圖圈具桎梏斷薄刑決小罪）方

之吏顯明其罰辛酉司徒魯恭免庚午光

祿勳張酺為司徒辛巳詔令天下皆半入

今年田租芻槀其被災害者以實除之貧

民受賞種糧及田租芻槀皆勿收責八月

己酉司徒張酺薨冬十月辛卯司空徐防

為司徒大鴻臚陳寵為司空十一月己丑

行幸緱氏登百岯山（即柏岯山也在洛州緱氏縣南爾雅云山一成曰岯）

賜百官從臣布各有

差北匈奴遣使稱臣貢獻十二月復置遼

東西部都尉官（西部都尉安帝時以為屬國都尉在遼東郡昌黎城也）

元興元年春正月戊午引三署郎召見禁

中（漢官儀三署謂五官署也左右署也以補三署郎年五十以上屬五官其次分在左右署中者門戶之職禁非侍御者不得入故調禁）

室以罪絕者悉復屬籍五月癸酉雍地裂（東觀記曰右扶風雍地裂流俗本雍下有州字者誤也）秋九月辛未遼東太守耿

郡界夏四月庚午大赦天下改元元興宗

選除七十五人補謁者長相高句驪寇

夔擊貊人破之冬十二月辛未帝崩于章

德前殿年二十七五皇子隆為皇太子賜

03-93

天下男子爵人二級三老孝悌力田人三

級民無名數及流民欲占者人一級鰥寡

孤獨篤癃貧不能自存者粟人三斛自實

憲誅後帝躬親萬機每有災異輒延問公

卿極言得失前後符瑞八十一所自稱德

薄皆抑而不宣舊南海獻龍眼荔支十里　奔騰阻險死者

一置五里一候

乃上書陳狀帝下詔曰遠國珍羞

本以薦奉宗廟苟有傷害豈愛民之本其

勅太官勿復受獻由是遂省焉

繼路時臨武長汝南唐羌縣接南海

篇十餘

論曰自中興以後逮于永元雖頗有弛張

而俱存不擾是以齊民歲增闢土世廣

也偏師出塞則漠北地空都護西指則通

譯四萬

其道遠三代術長前世將服叛去來自有

數也

孝殤皇帝諱隆

少子也元興元年十二月辛未夜即皇帝

位時誕育百餘日　北匈奴遣使稱臣

太后太后臨朝　尊皇后曰皇

詣敦煌奉獻

延平元年春正月辛卯太尉張禹為太傅

司徒徐防為太尉參錄尚書事百官總己

以聽封皇兄勝為平原王癸卯光祿勳梁

鮪為司徒

和皇帝于慎陵　三月甲申葬孝

宗丙戌清河王慶濟北王壽河間王開常

山王章始就國夏四月庚申詔罷祀官不在祀典者〔東觀記曰鄧太后雅性不好淫祀〕鮮卑寇漁陽漁陽太守張顯追擊戰没丙寅以虎賁中郎將鄧騭為車騎將軍司空陳寵薨五月辛卯皇太后詔曰皇帝幼冲承統鴻業朕且〔寅勑〕權佐助聽政兢兢寅畏〔也寅勑〕不知所濟深惟至治之本道化在前刑罰在後將稽中和廣施慶惠與吏民更始其大赦天下自建武以來諸犯禁錮詔書雖解有司持重多不奉行其皆復為平民壬辰河東垣山崩〔垣縣令蜂州縣也古今注〕六月丁未太常尹勤為司空郡國三十七水已未詔曰自夏以來陰雨過節煥氣不效〔效猶驗也〕將有厭各寤寐憂惶未知所由昔夏后惡衣服菲飲食孔子曰吾無閒然〔菲薄也間非也〕今新遭大憂且歲節未和徹膳損服庶有補焉其減太官導官尚方内署諸服御珍膳靡麗難成之物〔太官今周官也秩千石典天子厨膳導官尚方掌作御刀劍諸器御米導擇也尚方掌〕

物内署掌内府衣物秩〔六百石並見續漢書〕丁卯詔司徒大司農長皆……樂少府曰朕以無德佐助統政夙夜經營懼失厭東思惟治道由近及遠先内後外自建武之初以至于今八十餘年宫人歲增房御彌廣又宗室坐事没入者猶託名為庶民以抒幽隔鬱滯之情〔抒舒也食波反〕諸官府郡國王侯家奴婢姓劉及疲癃羸老皆上其名務令實悉秋七月庚寅勑司隸校尉部刺史〔秦有監御史監諸郡漢興省之但遣丞相史分刺諸州無有常官孝武帝初置刺史十三人秩六百石成帝更為牧秩二千石其一州屬司隸校尉諸州常以八月巡行所部郡國録囚徒考殿最初歲盡詣京都奏事中興但因計吏見續漢書〕夫天降灾戾應政而至閒者郡國或有水灾妨害秋稼朝廷惓惓悼懼而郡國欲獲豐穰虛飾之譽遂覆蔽灾害多張墾田不揣流亡〔揣音初委反〕競增户口掩匿盗賊令姦惡無懲署用非次選舉乗宜貪苛慘毒延及平民〔平民謂善人也書曰延于平人〕刺史垂頭塞耳

阿私下比不畏于天不愧于人詩小雅也假貸

之恩不可數特自今以後將糾其罰二千

石長吏其各實覈所傷害為除田租芻稾

八月辛亥帝崩癸丑殯于崇德前殿年二

歲

贊曰孝和沈列率由前則王赫自中賜命

彊惡愿惡也謂誅實憲等　抑沒祥符登顯時德謂用鄧

荷負

殤世何早平原弗克平原王勝以固疾不得立也左傳曰弗克政也

後漢帝紀卷第四

孝安皇帝　後漢書五

范曄　唐章懷太子　賢　注

恭宗孝安皇帝諱祜諡法曰寬容和平曰安清河孝王慶母左姬帝自在邸第

神光照室又有赤蛇盤於牀第之間

年十歲好學史書數有

幼和帝稱之數見禁中延平元年慶始就

國鄧太后特詔留帝清河邸八月殤帝崩

太后與兄車騎將軍鄧隲定策禁中其夜

使隲持節以王青蓋車迎帝齋于殿中漢

太后御崇德殿百官皆吉服

羣臣陪位引拜帝為長安侯

皇太后詔曰先帝聖德

淑茂早弃天下朕奉皇帝夙夜瞻仰日月

冀望成就豈意卒然顧沛天年不遂悲痛

斷心朕惟平原王素被痼疾念宗廟之重

思繼嗣之統唯長安侯祜質性忠孝小心

翼翼能通詩論篤學樂

古仁惠愛下年已十三有成人之志親德

係後莫宜於祜禮昆弟之子猶己子

禮記禮春秋之義為人後者為之子不以

父命辭王父命

奉承祖宗案禮儀奏又作策命曰惟延平

元年秋八月癸丑皇太后曰咨長安侯祜

孝和皇帝懿德巍巍光于四海大行皇帝

不永天年

朕惟疾孝章皇帝世嫡皇孫謙恭慈順在

而勤

以疾嗣孝和皇帝後其審君漢國允執其

中一人有慶萬民賴之皇帝其勉之哉讀

策畢太尉奉上璽綬即皇帝位年十三太

〈後漢帝紀五〉

后猶臨朝公羊傳曰猶者可止之辭也

九月庚子謁高廟

辛丑謁光武廟六州大水己未遣謁者分行虛實舉災害賑乏絕丙寅葬孝殤皇帝于康陵（陵在慎陵塋中庚地高五丈五尺周二百八步）乙亥隕石于陳留西域諸國叛攻都護任尚遣副校尉梁懂救尚擊破之（懂音勤）冬十月四州大水雨雹詔以宿麥不下（宿舊也麥必經年而熟故稱宿）賑賜貧人十二月甲子清河王薨使司空持節弔祭車騎將軍鄧騭護喪事乙酉罷魚龍曼延百戲（漢官典職曰作九賓樂舍利之獸從西方來戲於前殿激水化成比目魚嗽水作霧化成黃龍八丈出水遨戲於庭炫耀日光曼延者獸名也張衡西京賦所云巨獸百尋是為曼延）

王棻

永初元年春正月癸酉朝大赦天下蜀郡徼外羌內屬（東觀記曰徼外羌龍橋等六種慕義降附）戊寅分犍為南部為屬國都尉（司隸領河南河內河東弘農魏末因為司州都於洛陽）二月丙午州貧民（都尉秩領在汝州西）及被災郡國公田以廣成游獵地（在廣成苑名在汝州西）封帝弟常保為假與貧民丁卯分清河國

〈後漢帝紀五〉

廣川王（廣川縣屬信都國故城在今冀州棗彊縣東北）庚午司徒梁鮪薨三月癸酉日有食之詔公卿內外眾官郡國守相舉賢良方正有道術之士明政術達古今能直言極諫者各一人己卯永昌徼外僬僥種夷貢獻內屬甲申葬清河孝王贈龍旗虎賁夏五月甲戌長樂衛尉魯恭為司徒（前書曰衛尉秦官掌宮門衛屯兵也長樂建章甘泉宮皆隨所掌以為官名秩中二千石也）丁丑詔封北海王普為北海王九真徼外夜郎蠻夷舉土內屬（九真郡名今愛州縣也）六月戊申爵皇太后母陰氏為新野君丁巳河東地陷壬戌罷西域都護先零種羌叛斷隴道大為寇掠遣車騎將軍鄧騭征西校尉任尚討之丁卯赦除諸羌相連結謀叛逆者罪秋九月庚午詔三公明申舊令禁奢侈無作浮巧之物彈（屢見也）財厚葬是日太尉徐防免（以災異也）辛未司空尹勤免（以水雨漂流也）癸酉調揚州五郡租米贍給東郡（五郡謂九江丹陽廬江吳郡豫章也揚州領六郡會稽最遠蓋不調也）

陳伸

濟陰陳留梁國下邳山陽丁丑詔曰自今
長吏被考竟未報（考謂考問其狀也報謂斷決也）自非父母
喪無故輒去職者劇縣十歲平縣五歲以
上乃得次用壬午詔太僕少府減黃門鼓
吹以補羽林士（漢官儀曰黃門鼓吹百四十五人）（羽林左監主羽林八百人右監主）
九百廄馬非乘輿常所御者皆減半食（天子所乘車輿也不敢斥言尊者故稱乘輿見蔡邕獨斷）
廟園陵之用皆且止丙戌詔死罪以下及諸所造作非供宗
亡命贖各有差庚寅太傅張禹為太尉太
常周章為司空（漢官儀曰章守次也）冬十月倭
國遣使奉獻（倭國遠縣人也身以其文在右大小別尊甲之差見）（東觀記曰突壞）
傳辛酉新城山泉水大出（東觀記曰人田水深三丈十）
一月丁亥司空周章密謀廢立策免自殺
戊子勅司隸校尉與并二州刺史民訟言
相驚弃捐舊居老弱相攜窮困道路其各
勅所部長吏躬親曉喻若欲歸本郡在所
為封檄不欲勿強（封謂印封之也長檄猶令欲歸者皆給以長）十二月乙卯潁川太守張敏為司
（音其兩反）

空是歲郡國十八地震四十一雨水或山
水暴至二十八大風雨雹
二年春正月癸酉河南下邳東萊河內貧民（古今注曰時州郡大飢米石二千人相食老弱弃道路）（續漢書曰種羌九千餘戶隴西臨洮谷冀縣屬天）
為種羌所敗於冀西
水郡二月乙丑遣光祿大夫樊準呂倉分（在隴西臨洮）
行兗冀二州稟貸流民夏四月甲寅丙
城中火燒殺三千五百七十人五月旱丙
寅皇太后幸洛陽寺及若盧獄錄四徒賜
河南尹廷尉卿及官屬以下各有差即日
降雨六月京師及郡國四十大水大風雨
電（東觀記曰電大如芋）（魁鵡子風拔樹發屋）秋七月戊辰詔曰昔（政制即今之渾儀也）
在帝王承天理民莫不據璇機王衡以齊（孔安國尚書注曰璇美玉也以琁為璣以玉為衡者正天文之器也七政日月五星各異其）
七政（詩小雅曰憂心京京爾雅曰京京憂也）（關令公卿郡國）
憂心京京（朕以不德遵奉大業而陰陽差越）
舉賢良方正遠求博選開不諱之路冀得
變異並見萬民飢流羌貊叛戾鳳夜克己

至謀以鑒不遠而所對皆循尚浮言無卓
爾異聞〔語曰如有所立卓爾高遠之兒也論語曰如有所立卓爾〕其百僚及郡國
吏人有道術明晝災異陰陽之度琁機是
數者各使拍藏以聞〔拍猶搜也〕二千石長吏明以詔
書博衍幽隱〔衍猶〕朕將親覽待以不次舉
獲嘉謀以承天誡閏月辛丑廣川王常保
薨無子國除癸未蜀郡徼外羌舉土內屬
〔東觀記曰徼外羌薄申等八種舉眾降〕
墨綬下至郎謁者〔續漢書曰王國有中大夫秩六百石謁者比四百石卿〕九月庚子詔王王官屬
中二百石〔七〕

其經明任博士居鄉里有廉清孝順
之稱才任理人者國相歲移名與計偕上
尚書公府通調令得外補〔調選書也〕冬十月
庚寅竇憲滑陰山陽蒐賨民征西校尉任
尚與先零羌戰于平襄尚軍敗績〔平襄縣屬天水郡故城〕
邑也十一月辛酉拜鄧騭為大將軍徵還
京師留任尚屯隴右先零羌稱天子〔滇零羌名〕
於北地〔滇零音丁田反〕遂寇三輔東犯趙魏稱南入
益州殺漢中太守董炳十二月辛卯竇東

郡鉅鹿廣陽安定襄沛國貧民廣漢塞
外參狼羌降分廣漢比部為屬國都尉是
歲郡國十二地震
三年春正月庚子皇帝加元服〔元服謂加冠也士冠禮曰令月吉辰加爾元服鄭玄云元首也〕
大赦天下賜王主貴人公
卿以下金帛各有差男子為父後及三老
孝悌力田爵人二級流民欲占者人一級
遣騎都尉任仁討先零羌不利羌遂破沒
臨洮縣〔隴西郡屬名〕
高句驪遣使貢獻三月京師
大飢民相食壬辰公卿詣闕謝詔曰朕以
幼沖奉承鴻業不能宣流風化而感逆陰
陽至令百姓飢荒更相噉食永懷悼歎若
墜淵水咎在朕躬非群司之責而過自眚
引重朝廷之不德〔貶引謂貶損引過〕
藥復以助不逮癸巳詔以鴻池假與貧民
〔續漢書曰鴻池在洛陽東二十里假借也令得漁采其中〕
夏四月丙寅大鴻臚九江夏勤為司徒〔勤字恭伯宗壽春人也〕
三公以國用不足奏令吏人入錢

穀得為關內侯虎賁羽林郎五大夫官府

吏緹騎營士各有差〔續漢志曰載金吾緹騎二百人緹赤黃色營士謂五領士七百人長水領士千三百六十七人也〕己巳

詔上林廣成苑可墾闢者賦與貧民甲申

清河王虎威薨五月丙申封樂安王寵子

延平為清河王丁酉沛王正薨癸丑秋七月

大風六月甲戌烏桓寇代郡上谷涿郡

海賊張伯路等寇略緣海九郡遣侍御史

龐雄督州郡兵討破之庚子詔長吏案行

在所皆令種宿麥蔬食務盡地力其貧者

給種餉九月鴈門烏桓及鮮卑叛敗五原

郡兵於高渠谷〔東觀記曰戰九原高梁谷渠梁相類必有誤也〕南單于叛圍中郎將耿种於美稷十一

月遣行車騎將軍何熙討之十二月辛酉

郡國九地震乙亥有星孛于天苑〔天苑星名是續漢書曰電大如鴈子也〕

歲京師及郡國四十一雨水電〔大如鴈子〕

并涼二州大飢人相食

四年春正月元日會徹樂不陳充庭車

故會必陳乘輿法物車輦於庭會日充庭車以年飢故不陳辛卯詔以三輔

比遣寇亂人庶流冗除三年通租過更口

筭芻槀人〔前書音義曰天下人皆戍邊三日亦名為更人自行行者當自戍三日不可人人自行行者行者義曰戍三日入官官以給戍者言過更其本更之日故出錢也又曰過更又言戍人年十五至五十六出〕稟上郡貧民各有差海賊張伯

路復與勃海平原劇賊劉文河周文光等

攻厭次殺縣令遣御史中丞王宗督青州

刺史法雄討破之度遼將軍梁慬懂遼東太

守耿夔討破南單于於屬國故城丙午詔

減百官及州郡縣奉各有差二月丁巳稟

九江貧民南匈奴寇常山乙丑初置長安

雍二營都尉官〔漢官儀云京兆虎牙扶風都尉居雍縣故俗人稱犯三輔都尉居長安〕

初以來諸妖言㐫過坐徙邊者各歸本郡

其沒入官為奴婢者免為庶人詔謁者劉

珍及五經博士校定東觀五經諸子傳記

百家藝術整齊脫誤是正文字〔洛陽宮殿名曰南宮有東觀前書曰凡諸子百八十三家言百家舉全數也〕三月南單于降先零

羌寇襄中〔縣名屬漢中郡今梁州襄城縣〕漢中太守鄭勤戰

殁徙金城郡都襄武〔西郡今渭州縣〕戊子杜

陵園火㷛巳郡國九地震夏四月六州蝗

酉三郡大水巳卯騎都尉任仁下獄死九〔東觀記曰司隸豫青冀六州〕

月甲申益州郡地震冬十月甲戌新野君〔東觀記曰新野君薨贈以玄玉赤紱贈錢三千萬布三萬匹〕使司空

陰氏薨　持節設喪事大將軍鄧騭罷

五年春正月庚辰朔日有食之丙戌郡國〔後漢帝紀五〕〔十一〕

十地震巳丑太尉張禹免甲申光禄勲李〔卓茂〕

脩為太尉〔漢官儀曰脩宇伯游豫州襄城人也〕二月丁卯詔省

減郡國貢獻太官口食先零羌寇河東遂

至河内三月詔隴西徙襄武安定徙美陽

安定郡今涇州也美陽縣故城在今武功縣北　北地徙池陽〔北地郡今寧州也池〕

上郡徙衙〔城在今綏州也衙縣故城在同州白水縣東北〕

左傳曰秦晉戰于彭衙即此也　夫餘夷犯塞殺傷吏人閏月

丁酉赦涼州河西四郡戊戌詔曰朕以不

德奉郊廟承大業不能興和降善為人祈

稔災異蜂起寇賊縱橫夷狄猾夏〔猾亂也夏華夏也〕

戎事不息百姓匱乏疲於徵發重以蝗蟲

滋生害及成麥秋稼方收甚可悼也朕以

不明統理失中亦未獲忠良以毗闕政傳

曰顛而不扶危而不持則將焉用彼相矣

公卿大夫將何以匡救濟斯艱兮承天誠

哉蓋為政之本莫若得人襃賢顯善聖制

所先濟濟多士文王以寧〔詩大雅之詞也〕思得忠

良正直之臣以輔不逮其令三公特進侯

中二千石二千石郡守諸侯相舉賢良方〔十二〕

正有道術達於政化能直言極諫之士各

一人及至孝與衆卓異者并遣詣公車朕

將親覽焉六月甲辰樂成王巡薨秋七月

己巳詔三公特進九卿校尉〔九卿奉常光禄〕舉列將子孫明

延尉少府宗正司農校尉謂城門屯騎越騎步兵長水胡騎等

曉戰陳任將帥者九月漢陽人杜琦王信

叛〔東觀記曰琦自稱安漢將軍〕與先零諸種羌攻陷上邽

城十二月漢陽太守趙博遣客刺殺杜琦

東觀記曰漢陽故事吏杜晋手刺殺之

是歲九州蝗郡國八雨水

六年春正月庚申詔越巂舊置長利高望始

昌三苑又令益州郡置萬歲苑犍為置漢（犍為郡名前書音義曰故夜郎國也國在今眉州隆山縣西北也）三月十

平苑也故城在今

下至黃綬一切復秩還賜爵各有差戊

辰皇太后幸雒陽寺錄囚徒理冤獄六月

壬辰豫章貞谿原山崩（貞谿）辛巳大赦天

州蝗劉愷為司空五月丙寅詔令中二千石

下遣侍御史唐喜討漢陽賊王信破斬之（林仁）

洛陽集穀城門外 冬十一月辛丑護烏（御名）

校尉吳社下獄死是歲先零羌滇零死子

零昌復襲偽號

七年春正月庚戌皇太后率大臣命婦謁

宗廟（喪服傳曰命夫者其男子之為大夫也命婦者其妻也）謝沈書古今注皆云七年正月甲寅東觀績漢泰山松調宗廟此云七年庚戌疑紀誤也 謁

國十八地震夏四月乙未平原王勝薨丙（二月丙午郡）

申晦日有食之五月庚子京師大雩（左傳曰龍見而）

零社預汪云謂建巳之月龍星角亢見東方遠爲百穀求膏雨周禮司巫職曰若國大旱則帥巫而舞雩鄭玄汪云雩吁也籲而求雨（零陵郡名）秋護羌校尉侯霸騎都尉

馬賢破先零羌八月丙寅京師大風蝗蟲

飛過洛陽詔賜民爵郡國被蝗傷稼十五

以上勿收令年田租不滿者以實除之九

月調零陵桂陽丹陽豫章會稽租米下邳（今永州縣也丹陽郡名今潤州江寧縣也餘並見上）

輸敖倉（詩曰薄狩於敖即此地泰於此築太倉亦曰敖庚在今滎陽縣西北東觀記曰濱水）

彭城山陽廬江九江飢民又調濱水縣穀

縣彭城廣陽廬江九江（濱江九江）

穀九十萬斛送敖倉

元初元年春正月甲子改元元初賜民爵

人二級孝悌力田人三級爵過公乘得移

與子若同產同產子民脫無名數及流民

欲占者人一級鰥寡孤獨篤癃不能自存

者穀人三斛貞婦帛人一匹（二月己卯日）

南地圻（東觀記曰圻長百八十二里廣五十六里）三月癸酉日有

食之夏四月丁酉大赦天下京師及郡國

五旱蝗詔三公特進列侯中二千石二千

石郡守舉敦厚質直者各一人五月先零
羌寇雍城六月丁巳河東地陷秋七月蜀
郡夷寇蠶陵殺縣令〔鸞陵縣屬蜀郡故城在今翼州翼水縣西有鸞陵山〕
武都漢中絕隴道辛未大司農山陽司馬
苞為太尉〔謝承書曰苞字仲成東緱人也〕
九月乙丑太尉李脩罷先零羌寇〔因以為鸞名〕
冬十月戊子朔日
有食之先零羌敗涼州刺史皮陽於狄道
乙卯詔除三輔三歲田租更賦口算〔光武解見〕
紀十一月是歲郡國十五地震

二年春正月詔稟三輔及并涼六郡流冗
貧人蜀郡青衣道夷奉獻內屬〔青衣道縣名在大江青衣〕
分漳水為支渠以溉民田〔史記曰西門豹為鄴令候人鑒十二水之會今嘉州龍遊縣也東觀記曰青衣蠻夷堂律等歸義〕
修理西門豹所〔渠引水灌田所鑿之渠在今相州鄴縣西也〕
葬京師客死無家屬及棺槨朽敗者皆為
設祭其有家屬九貧無以葬者賜錢人五
千辛酉詔三輔河內河東上黨趙國太原
各修理舊渠通利水道以溉公私田疇〔前書〕

〔音義曰暴田曰疇〕
三月癸亥京師大風先零羌寇益
州遣中郎將尹就討之夏四月丙午立貴
人閻氏為皇后五月京師旱河南及郡國
十九蝗甲戌詔曰朝廷不明庶事失中災
異不息憂心悼懼被蝗以來七年于茲而〔裁與鑱同〕
州郡隱匿裁言頃畝〔古字通今畢飛蔽〕
天為害廣遠所見寧相副邪三司之
職內外是監既不奏聞又無舉正天災至
重欺罔皇天今方盛夏且復假貸以觀厥
後〔假貸猶寬容也盛夏不可即加刑罰故且寬容〕其務消救災眚安
輯黎元六月丙戌太尉司馬苞薨〔謝承書苞為太尉常食廳為樊豐等所諂連及苞乞骸骨未見聽以疾薨也〕
洛陽新城地裂秋七月辛巳太僕太山馬
英為太尉〔英字文思充洛州蓋縣人也〕八月遼東鮮卑圍無
慮縣〔慮縣屬遼東山因以為名〕九月又攻夫犂
營殺縣令〔夫犂縣名屬遼東屬國〕壬午晦日有食之冬
十月遣中郎將任尚屯三輔詔郡國中都
官繫囚減死一等勿笞詰馮翊扶風屯妻

子自隨占著所在女子勿輸〔不輸作也〕亡命死

皋以下贖各有差其吏人聚為盜賊有悔

過者除其罪乙未右扶風仲光安定太守

恢京兆虎牙都尉耿溥與先零羌戰於

丁奚城〔東觀記曰至比地靈州界丁奚城也〕光等大敗並沒左

馮翊司馬鈞下獄自殺〔東觀記曰安定太守杜恢與鈞等并威擊羌〕光

震十二月武陵澧中蠻叛州郡擊破之〔東觀記曰蠻田山高少等攻城殺長吏州郡募五里蠻夷六亭兵追擊蠻山等皆降賜五里六亭渠率金帛各有差後漢帝紀五〕十一月庚申郡國十地

十七

己酉司徒夏勤罷能庚戌司空劉愷為司

徒光祿勳袁敞為司空

三年春正月甲戌修理太原舊溝渠既灘

官私田〔酈元水經沘曰昔智伯遏過晉水以灌即智氏故渠乘高東北注於汾水分為二派北瀆東南此城注入晉陽城即故瀆也此瀆〕東

平陸上言木連理〔平國今兖州平陸縣名古厥國也屬東平國今兗州平陸縣名古厥國也屬東〕東

〔上言蒼梧鬱林合浦蠻夷反叛州蒼梧郡今合浦也上言蒼梧鬱林合浦蠻夷反叛州蒼梧郡今合浦〕二月遣侍御史任逴督州郡兵討

之〔遠音丁角反〕郡國十地震三月辛亥日有食

之丙辰赦蒼梧鬱林合浦南海吏人為賊

所迫者夏四月京師旱五月武陵蠻復叛

州郡討破之癸酉度遼將軍鄧遵率南匈

奴擊先零羌於靈州破之〔靈州縣名屬北地郡故城在今慶州靈州縣名屬北地郡故城在今慶州〕

越巂徼外夷舉種內屬六月中郎

將任尚遣兵擊破先零羌於丁奚城〔馬領縣西北〕秋七

月辛巳趙王宏薨冬十一月蒼梧鬱林合

浦蠻夷降丙戌初聽大臣二千石刺史行

三年喪〔安帝遺詔以日易月於後大臣遂以為常至此復遵古制也〕

國九地震十二月丁巳任尚遣兵擊破先

零羌於北地

四年春二月乙巳朔日有食之乙卯大赦

天下壬戌武庫災夏四月戊申遼西

蔲已鮮卑寇遼西遼西郡兵與烏桓擊〔遼西郡故城在今平州東陽樂城是〕五月丁丑太常李郃為

破之 司空六月戊辰三郡雨雹秋七月辛丑陳

王鈞薨京師及郡國十雨水詔曰今年秋
稼茂好垂可收穫而連雨未霽（霽雨止也懼必）
淹傷夕陽惟憂思念厭各夫霖雨者人怨（霖雨絕道也）
之所致（左傳曰凡雨三日以上為霖京房）（別對災異曰人勞怨雨水絕道也）
吏以威暴下文吏安行苛刻鄉吏因公生　其武
姦為百姓所患苦者有司顯明其罰又月
令仲秋養衰老授几杖行糜粥
〔賜〕方今案比之時（東觀記曰方今八月案比之時鄭玄注云助老氣也行猶）
郡縣多不奉行雖有　糜粥稟秋相半長吏
怠事草行躬親其違詔書養老之意其務
崇仁恕賑護寡獨稱朕意焉九月護羌校
尉任尚使客刺殺叛羌零昌冬十一月己
卯彭城王恭薨十二月越巂夷寇遂父殺
縣令（越巂郡屬）甲子任尚及騎都尉馬賢
與先零羌戰于富平上河大破之（富平縣屬）（北地郡故）
城在今靈州回樂縣西南灅元水虐人羌率眾隆
（經注曰河水於此有上河之名也）（羌人羌號也東觀記曰虐人種）
（羌大豪怙狠等詣庭遼將軍降）隴右平是歲郡

國十三地震

五年春正月越巂夷叛三月壬戌中山王
憲薨三月京師及郡國五旱詔稟寔遭旱貧（郡名在）
人夏六月高句驪與穢貊寇玄菟（遼東）
秋七月越巂蠻夷及旄牛豪叛殺長吏（施牛）
丙子詔曰舊令制度各（漢令亡）
有科品今（縣屬蜀郡華陽國志）（曰在邛崍山表也）
欲令百姓務崇節約遭永初
之際人離荒厄朝廷躬自菲薄去絕奢飾
食不兼味衣無二綵比年獲豐穰尚之
儲積而小人無慮不圖久長嫁娶送終紛
（善黃綺）
華靡麗至有走卒奴婢被綺縠著珠璣（文繪）
（繒穀紗也機）（不圓者也）京師尚若斯何以示四遠設張
法令懇惻分明而有司惰任記不奉行秋
節既立執主鷙鳥將用（鷙鳥謂鷹鸇之類也應劭曰）（鷙執也以其能服執眾鳥月）
復重申以觀後效八月丙申朔日有食之（令孟秋鷹乃祭鳥始用行戮言有司惰）（法令將欲刺其罪順秋行誅同鷙鳥學也）
鮮卑寇代郡殺長吏冬十月鮮卑寇上谷
十二月丁巳中郎將任尚有臬弃市是歲

郡國十四地震

六年春二月乙巳，京師及郡國四十二地震，或坼裂，水泉涌出。壬子，詔三府選屬高第能惠利牧養者各五人，光祿勳與中郎將選孝廉郎寬博有謀、清白行高者五十人，出補令長丞尉。乙卯，詔曰：夫政先京師，後諸夏。月令仲春養幼小，存諸孤。季春賜貧窮，贍之，絕省婦使（鄭玄云婦使謂組紃之事），其表貞女，所以順陽氣，崇生長也。賜人尤貧困孤弱單獨穀人三斛，貞婦有節義十斛，甄表門閭，旌顯厥行（節謂志操，義謂推讓，甄明也，旌⋯里門謂之閭⋯）。

三月庚辰，始立六宗，祀於洛城西北（續漢志曰元初六年以尚書歐陽家說謂六宗者在天地四方之中⋯）。夏四

月會稽大疫，遣光祿大夫、大醫循行疾病，賜棺木（漢官儀大醫令一人秩六百石）。五月京師旱。六月丁丑，除田租口賦。沛國勑海大風雨電。

成王賓薨。丙戌，平原王得薨。秋七月鮮甲

寇馬城（搜神記曰昔秦人築城於武周塞以備朝胡築城而崩者數矣有馬馳走周旋反覆父⋯）。

度遼將軍鄧遵（老異之因依以築城城乃不崩遂以名焉其故城今朝州也）率南單于擊破之。九月癸巳，陳王竦薨。十二月戊午朔，日有食之既。郡國八地震。是歲永昌、益州、蜀郡夷叛，與越嶲舊夷殺長吏（在上郡西河者號沈氏也）焼城邑，益州刺史張喬討破降之。夏

永寧元年春正月甲辰，任城王安薨。三月丁酉，濟北王壽薨。車師後王叛，殺部司馬。沈氏羌寇張掖（沈氏羌號也，續漢志曰羌在上郡西河者號沈氏也）。

四月丙寅，立皇子保為皇太子，改元永寧，大赦天下，賜王主三公列侯下至郎吏從官金帛，又賜民爵及布粟各有差。己巳，詔封陳王羨子崇為陳王，濟北王子萇為樂成王，河閒王翼為平原王。壬午，琅邪王壽薨。六月沈氏羌種羌叛，寇張掖，護羌校尉馬賢討沈氏羌，破之。秋七月乙酉朔，日有食之。冬十月己巳，司空李郃免（舒縣人也）。癸酉，衛尉廬江陳襃為司空（襃字伯仁作自三月至是）。

月京師及郡國三十三大風雨水。十二月

永昌徼外撣國遣使貢獻撣音　戊辰司徒

劉愷罷遼西鮮卑降癸酉太常楊震為司

徒是歲郡國二十三地震夫餘王遣子詣

關貢獻燒當羌叛建光元年春正月幽州

剌史馮煥率二郡太守討高句驪穢貊不

克二月癸亥大赦天下賜諸園貴人　人謂宫人無也

巳皇太后鄧氏崩丙午葬和熹皇后丁未

卿校尉尚書子第一人為郎舍人三月癸

　　　　　王主公卿以下錢布各有差以公

　　　　陵者也　子守圉

樂安王寵薨戊申追尊皇考清河孝王曰 章英

孝德皇皇妣左氏曰孝德皇后祖妣宋貴

人曰敬隱皇后夏四月穢貊復與鮮卑寇

遼東遼東太守蔡諷追擊戰歿丙辰以廣

川并清河國丁巳尊孝德皇元妃耿氏為

甘陵大貴人　甘陵孝德皇后之陵也因以／甲子／為縣合貝州清河縣東也

樂成王萇有罪廢為臨湖侯　湖縣名屬／廬江郡也／慢不孝故貶／續漢書曰坐輕

千石郡國守相舉有道之士各一人賜縑／已巳令公卿特進侯中二千石二／千石郡國守相舉有道之士各一人賜縑

寡孤獨貧不能自存者穀人三斛甲戌遼

東屬國都尉龐奮矯璽書殺玄菟太守

姚光五月庚辰特進鄧騭及度遼將軍鄧

遵並以讒自殺　騰與遵／皆自殺　孔母王聖與中黃門李閏等誣告鄧遵／尚書鄧訪等謀廢立宗族皆免官

　　　　　　丙申驃平原王翼為都鄉侯秋七

月巳卯改元建光大赦天下壬寅太尉馬

英薨八月護羌校尉馬賢討燒當羌於金

城不利甲子前司徒劉愷為太尉鮮卑寇

居庸關九月雲中太守成嚴擊之戰歿鮮

之戊子幸衛尉馮石府　續漢書曰賜賞寶／玉劍玉玦雜繒布等是

秋京師及郡國二十九雨水冬十一月巳

丑郡國三十五地震或圻裂詔三公以下

各上封事陳得失遣光祿大夫案行賜死

者錢人二千除今年田租其被災甚者勿

收口賦鮮卑寇玄菟庚子復斷大臣二千

石以上服三年喪癸卯詔三公特進侯卿

校尉舉武猛堪將帥者各五人丙午詔京

師及郡國被水雨傷稼者隨頃畝減田租

甲子初置漁陽營兵[伏候古今注曰漁陽營兵千人也]冬十二月高句驪馬韓穢貊圍玄菟城夫餘王遣子與州郡并力討破之

延光元年春二月夫餘王遣子將兵救玄菟[夫餘王子尉仇台也]擊高句驪馬韓穢貊破之遂遣使貢獻三月丙午改元延光大赦天下遣徙者復戶邑屬籍賜民爵及三老孝悌力田人二級加賜鰥寡孤獨篤癃貧不能自存者粟人三斛貞婦帛人二匹夏四月癸未京師郡國二十一雨雹癸巳司空陳襃免五月庚戌宗正彭城劉授爲司空[漢官儀曰宗正孟春徐州武原人也]己巳改授樂成國爲安平[秩中二千石授字]封河間王開子得爲安平王六月郡國蝗秋七月癸卯京師及郡國十三地震高句驪降虜人羌叛攻穀羅城[穀羅屬西河郡]度遼將軍耿夔討破之八月戊子陽陵園寢火[無功縣屬陵也]辛卯九眞言黃龍見無功[九眞郡屬]己

二十五　李賢

亥詔三公中二千石舉刺史二千石令長相視事一歲以上至十歲清白愛利能勤身率下防姦理煩有益於人者無拘官簿[清白謂貞正也愛利謂愛人而利之也隱親猶親自隱也][無拘官簿謂受超遷之不拘常牒也]刺史舉所部郡國太守相舉墨綬隱親悉心勿取浮華[墨綬謂令長之屬也隱親猶自隱也悉盡也言令三公以下各舉所知皆隱審盡心勿取浮華不]實者九月甲戌郡國二十七地震冬十月鮮卑寇鴈門定襄十一月鮮卑寇太原燒當羌豪降十二月九眞徼外蠻夷貢獻內屬

是歲京師及郡國二十七雨水大風殺人詔賜壓溺死者年七歲以上錢人二千其壞敗廬舍失亡穀食粟人三斛又田被淹傷者一切勿收田租若一家皆被災害而弱小存者郡縣爲收斂之虔人羌反攻穀羅城度遼將軍耿夔討破之

二年春正月旄牛夷叛寇靈關殺縣令[靈關道屬越巂郡]益州刺史蜀郡西部都尉討之詔選三署郎[三署解見和帝紀]及吏人能通古文尚

二十六　章懷

書毛詩穀梁春秋各一人丙辰河東潁川

大風夏六月壬午郡國十一大風九真言

嘉禾生 東觀記曰禾百五十六本七百六十八穗 丙申北海王普

薨秋七月丹陽山崩八月庚午初令三署

郎通達經術任牧民者視事三歲以上皆

得察舉九月郡國五雨水冬十月辛未太

尉劉愷罷司徒楊震為太尉光祿勳

東萊劉熹為司徒 熹字季明青州長廣人也 十一月甲辰

校獵上林苑鮮甲敗南匈奴於曼柏是歲

地震

分蜀郡西部為屬國都尉京師及郡國三

李蕃　二十

三年春二月丙子東巡狩丁丑告陳留太

守祠南頓君光武皇帝于濟陽復濟陽今

年田租匆喿亶庚寅遣使者祠唐堯於成陽 古成伯國也故城在今濮州雷澤縣北述征記云成陽東南有堯冢

言鳳皇集臺縣丞霍收舍樹上 戊子濟南上 臺縣屬濟南郡故城在今

賜臺長帛五十四丞二十四尉半之

言鳳皇所過草部無出今年田 兗州平陵縣北

吏卒人三匹鳳皇所過草部無出今年田

租賜男子爵人二級辛卯幸太山柴告岱

宗 太山王者告代之處為五岳之宗故曰岱燔柴以告天 齊王無忌北海

王普樂安王延來朝王辰宗祀五帝于汶

上明堂癸巳告祀二祖六宗 太宗孝武曰代宗宣帝曰中宗孝元曰高宗孝明曰顯宗孝章曰肅宗謂孝文曰太宗孝武二祖高祖光武

樂三月甲午陳王崇薨戊戌祀孔子及七

十二弟子於闕里自魯相令丞尉及孔氏

親屬婦女諸生悉會賜襃成侯以下帛各

有差還幸東平至東郡歷魏郡河內壬戌

車駕還京師幸大學是日太尉楊震免夏 格音閣至也 壬

四月乙丑車駕入宮假于祖禰 假音格

成沛國言甘露降豐縣戊辰光祿勳馮石

為太尉五月南匈奴使匈奴

中郎將馬翼討破之日南徼外蠻夷內屬

六月鮮甲寇玄菟庚午閬中山崩 閬中縣屬巴郡臨閬 辛未扶風言白鹿見雍辛巳

遣侍御史分行青冀二州災害督錄盜賊

秋七月丁酉初復右校令左校丞官 志曰

李芳　二十八

將作大匠屬官有左右校皆
令有令永中興未置今始復

日南徼外蠻豪帥

詔關貢獻馮明言甘露降頻陽衙
今雍州美原縣　頻陽縣
西南衙見上　故城在

見陽翟鮮甲寇高柳梁王堅薨
潁川上言木連理白鹿麒麟
明帝孫節王暢之子也

八月辛巳大鴻臚耿寶為大將軍戊子潁
川上言麒麟一白虎二見陽翟九月丁酉
廢皇太子保為濟陰王常侍江京乙巳詔郡
國中都官死辠繫囚減罪一等詔敦煌隴
西及度遼營漢官儀曰廬遼將軍屯五原曼栢縣也
下及亡命者贖各有差辛亥濟南上言黃
龍見歷城國今齊州縣也歷城縣屬濟南
冬十月行幸長安壬午新豐上言鳳皇集
西界亭今新豐縣西南有鳳皇即此時集之處也丁亥會
三輔守令掾史於長安作樂閏月乙未會
高廟遂有事十一陵歷觀上林昆明池遣
使者祠大上皇于萬年以中牟祠蕭何曹
參霍光十一月乙丑至自長安十二月乙
未琅邪言黃龍見諸縣諸縣名故城在
密州諸城縣西南是

余中

歲京師及諸郡國二十三地震三十六雨
水疾風雨雹
四年春正月壬午東郡言黃龍二麒麟一
見濮陽縣名屬東郡即古昆吾國今濮州縣
邶王衍薨甲辰南巡狩三月戊午朝日有
帝潁頊之墟今濮州縣
食之庚申幸宛帝不豫辛酉令大將軍耿
寶行太尉事祠章陵園廟告長沙零陵太
守祠定王節侯鬱林府君乙丑自宛還丁
卯幸葉帝崩于乘輿年三十二秋不敢宜
所在上食問起居如故庚午還宮辛未夕
乃發喪尊皇后為皇太后太后臨朝以后
兄大鴻臚閻顯為車騎將軍定策禁中立
章帝孫濟北惠王壽子北鄉侯懿
東觀記書並曰北鄉侯犢子也今作懿蓋二名錯之
甲戌濟南王香薨光武曾孫簡曾孫城
乙酉北鄉侯即皇帝位夏四月丁酉
太尉馮石為太傅石字次初荊州湖陽人也馮魴之孫
太尉馮參錄尚書事前司空李郃為司
徒劉熹為太尉
徙辛卯大將軍耿寶中常侍樊豐侍中謝

陳芳

憚周廣乳母野王君王聖坐相阿黨豐憚

廣下獄死自殺聖徙鴈門己酉葬孝安

皇帝于恭陵在今洛陽東北二十七里伏羲古今注曰陵山周二百六十丈高十五丈也

廟曰恭宗六月乙巳大赦天下詔先帝巡

狩所幸皆半入今年田租秋七月西域長

史班勇西域都護之長史也擊車師後王斬之丙午

東海王肅薨冬十月丙午越巂山崩辛亥

少帝薨是冬京師大疫

論曰孝安雖稱尊享御而權歸鄧氏至乃

損徹膳服克念政道然令自房帷威不速

遠始失根統歸成陵徹遂復計金授官永初

陽北地推咎台衡以荅天眚

贊曰安德不升秩我王度降奪儲嫡開萌邪蠹馮石承歡揚公逢怒

羅繒布等故曰承歡也揚公揚震逢怒彼曰而微

請樊豐等譖震云有恚恨心帝免之

遂復天路也詩曰彼月而微此日而微

亂政化陵遲漢祚襄微自此而始故言遂復天路也

後漢書帝紀卷第五

孝順皇帝

孝沖皇帝

孝質皇帝

帝紀卷第六　　范曄　後漢書六

唐章懷太子賢注

孝順皇帝諱保 諡法曰慈和徧服曰順伏侯古今注曰保之字曰守　安帝之子也母李氏為閻皇后所害永寧元年立為皇太子延光三年安帝乳母王聖大長秋江京 前書曰長秋皇后官本秦官將行也景帝更名大長秋或用中人或用士 林俊 中常侍樊豐譖太子乳母王男厨監邴吉殺之大子數為歎息王聖等懼有後禍遂與豐京共搆陷太子太子坐廢為濟陰王明年三月安帝崩北鄉侯立濟陰王以廢黜不得上殿親臨梓宮悲號不食內外羣僚莫不哀之及北鄉侯薨車騎將軍閻顯及江京與中常侍劉安陳達等白太后祕不發喪而更徵立諸國王子乃開宮門屯兵自守十一月丁巳京師及

郡國十六地震是夜中黃門孫程等十九人 孫程傳十九人見共斬江京劉安陳達等即皇帝位 漢官儀曰崇德門內德陽殿也 於德陽殿西鍾下門 年十一近臣尚書以下從輦到南宮登雲臺召百官尚書令劉光等奏言孝安皇帝聖德明茂早弃天下陛下正統當奉宗廟而姦臣交搆遂令陛下龍潛蕃國 從太子廢為王也廢為濟潛蕃國 故曰龍也羣僚速近莫不失望天命有常此鄉不永漢德盛明福祚孔章 章明也孔甚也 近臣之烈上當天心下獒民望而即位倉卒典踐祚奉遵鴻緒為郊廟主承續祖宗無窮建策左右扶翼內外同心稽合神明陛下章多缺請條案禮儀分別具奏制曰可乃召公卿百僚使虎賁羽林士屯南北宮諸門 漢官儀曰書稱虎賁三百人言其猛怒如虎之奔也孝武建元三年初置期門平帝元始元年更名虎賁郎又武帝太初元年初置建章管騎後更名羽林以天有羽林之星故取名焉又取從軍死事之子孫養羽林官教以五兵號曰羽林孤兒見光武中興以征伐之士勞苦者為之故曰羽林士 閭 顯兄弟聞帝立率兵入此宮尚書郎鎮與

交鋒刃遂斬顯弟衛尉景戊午遣使者入
省奪得璽綬乃幸嘉德殿遣侍御史持節
收閻顯及其弟城門校尉耀執金吾晏並
下獄誅已未開門罷屯兵衛尉壬戌詔司隸校
尉惟閻顯江京近親當伏辜誅其餘務崇
寬貸壬申謁高廟癸酉謁光武廟乙亥詔
卯葬少帝以諸王禮司空劉授免

益州刺史罷子午道通襃斜路
三秦記曰子午長安正南山名秦領谷一名樊川谷
襃斜漢中谷名南谷名襃北谷名斜首尾七百里七
月甲申以少府河南陶敦為司空
其令郡國守相視事未滿歲者一切得舉
孝廉吏
尚書奏請下有司收還延光三年九月丁
酉以皇太子為濟陰王詔書奏可京師大
疫辛亥詔公卿郡守國相舉賢良方正能
直言極諫之士各一人尚書令以下從輦
幸南宮者皆增秩賜布各有差

永建元年春正月甲寅詔曰先帝聖德膺
祚未永奄弃鴻烈朕姦慝緣間人庶怨讟上
干和氣疫癘為災朕奉承大業未能寧濟
蓋至理之本稽弘德惠蕩滌宿惡與人更
始其大赦天下賜男子爵人二級為父後
三老孝悌力田人三級流民欲自占者人一級
鰥寡孤獨篤癃貧不能自存者粟人五斛
貞婦帛人三四坐法當徙勿徙二徙當傳
勿傳

其與閻顯江京等交通者悉勿考勉修厥
職以康我民辛未皇太后閻氏崩辛已太
傳馮石太尉劉憙司徒李郃免
丙戌太常桓焉為太傅大鴻臚朱寵為太
尉參錄尚書事長樂少府九江朱倀為司
徒　　賜百官隨輦
宿衛及拜除者布各有差
羌校尉馬賢討破之夏五月丁丑詔幽并

涼州刺史使各實二千石以下至黃綬驗實之也二千石太守也黃綬丞尉也前書曰此二百石以上銅印黃綬也年老劣弱不任軍事者上名嚴勅障塞繕設屯備立秋之後簡閱戎馬六月己亥封濟南王錯子顯為濟南王秋七月庚午衛尉來歷為車騎將軍八月鮮卑寇代郡代郡太守李超戰歿九月辛亥初令三公尚書入奏事冬十月辛巳詔減死罪以下徙邊其亡命贖各有差丁亥司空陶敦免鮮卑犯邊庚寅遣黎陽營兵出屯中山北界告幽州刺史其令緣邊郡增置步兵列屯塞下調五調遷也五校也營謁師郡畢五人令教習戰射營五校也壬寅廷尉張皓為司空調長水步兵射聲胡騎車騎等五校尉也甲辰詔以疫癘水潦令人半輸今年田租傷害什四以上勿收責不滿者以實除之十二月辛巳賜王主貴人公卿以下布各有差

二年春正月戊申樂安王鴻來朝丁卯常

山王章薨二月鮮卑寇遼東玄菟甲辰詔稟貸荊豫兗冀四州流冗貧人所在安業之疾病致殪藥護烏桓校尉耿曄率南單于擊鮮卑破之三月旱遣使者錄四徒疏勒國遣使奉獻夏六月乙酉追尊謚皇姚李氏為恭愍皇后葬于恭北陵西域長史班勇敦煌太守張朗討焉耆尉犁危須三國破之並遣子貝獻秋七月甲戌朔有食之壬午太尉朱寵司徒朱倀罷庚子太常劉光為太尉錄尚書事光祿勳許敬為司徒劉光字仲遼即太尉劉矩之弟許敬字鴻卿平輿人

辛丑下邳王成薨

三年春正月丙子京師地震漢陽地陷裂甲午詔實敷傷害者賜年七歲以上錢人二十一家被害郡縣為收斂乙未詔勿收漢陽今年田租口賦夏四月癸卯遣光祿大夫案行漢陽及河內魏郡陳留東郡稟貸貧人六月旱遣使者錄囚徒理輕繫甲

寅濟南王顯薨秋七月丁酉茂陵園寢災

帝縞素避正殿（爾雅曰縞晧也繒之精白者曰縞）

常王龔持節告祠茂陵九月鮮卑寇漁陽 辛亥使太（東觀記曰無清介辟召策罷）

冬十二月己亥太傅相焉免

是歲車騎將軍來歷罷

【後漢帝紀六】 七 辛酉

四年春正月丙寅詔曰朕託王公之上涉

道日寡政失厥中陰陽隔寇盜肆暴庶

獄彌繁憂悴永歎狄如疾首詩云君子如

祉亂庶遄已（解見三朝之會朝旦立春嘉 章紀）

與海內洗心自新其赦天下從甲寅赦令

已來復秩屬籍三年正月己來還贖其間

顯江京等知識婚姻禁錮一原除之（婚壻妻父曰姻 猶皆姻也）

朕意丙子帝加元服（冠也）賜王主貴人公卿

以下金帛各有差賜男子爵及流民欲占

者人一級爲父後三老孝悌力田人二級

鰥寡孤獨篤癃不能自存帛一匹二月戊

戌詔以民入山鑿石發洩藏氣勑有司檢

察所當禁絕如武平永平故事夏五月壬

辰詔曰海內頗有災異朝廷修政太官減

膳珍玩不御而桂陽大守文礱（音力及公）

竭忠宣暢本朝而遠獻大珠以求幸媚今（不惟）

封以還之五州雨水秋八月庚子遣使（實）

皓免 丁巳大尉劉光司空張（東觀記曰以陰陽不和父託病策罷以千石祿終身）

霸死三收斂槀賜（安帝永初五年復之癸酉大鴻臚龐參爲）

郡歸舊土

太尉錄尚書事太常王龔爲司空冬十一（鮮）

月庚辰司徒許敬免（東觀記曰策罷以千石祿終身）

甲寇朝方十二月乙卯正劉崎爲司徒（崎字叔峻華陰人也）

是歲分會稽爲吳郡拘彌國遣

使貢獻

【後漢帝紀六】 八 東漢

五年春正月疏勒王遣侍子及大宛莎車

王皆奉使貢獻夏四月京師旱辛巳詔郡

國貧人被災者勿收責今年過更京師及

郡國十二蝗冬十月丙辰詔郡國中都官

死罪繫囚皆減罪一等詣北地上郡安定

戌乙亥定遠矦班始坐殺其妻陰城公主

腰斬始班趙玼也尚順帝姑陰城公主同產皆弃市 主東觀記曰陰城公主名賢得

六年春二月庚午河開王開薨三月辛亥

復伊吾屯田章帝建初二年罷也復置伊吾司馬一人

秋九月辛巳繕起太學護烏相校尉耿曄

遣兵擊鮮卑破之丁酉于闐王遣侍子貢

獻冬十一月辛亥詔曰連年災潦異部尤

甚比獨除實傷贍恤窮匱而百姓猶有弃

業流亡不絶疑郡縣用心怠惰恩澤不宣 鄭惰

易美損上益下書稱安民則惠 易益卦曰損上益下民悅

無彊惠愛也尚書曰安人則惠黎人懷之 其令異部勿收今年田

租芻藁十二月日南徼外葉調國遣

使貢獻 東觀記曰葉調國王遣使師會詣闕貢獻以師會爲漢歸義葉調邑君賜其君紫綬

又擇國王雍田亦賜金印紫綬揮音揮 壬申客星出牽牛于闐

王遣侍子詣闕貢獻

陽嘉元年春正月乙巳立皇后梁氏賜爵

人二級三老孝悌力田三級爵過公乘得

移與子若同產同產子民無名數及流民

欲占著者人一級鰥寡孤獨篤癃貧不能

自存者粟人五斛二月海賊曾旌等寇會

稽句章鄞鄮三縣長 三縣皆屬會稽郡鄞縣在今鄞縣西鄮縣故城在鄮縣東南鄮音銀鄮音茂

攻會稽東部都尉詔 縣在今越州句章故城

緣海縣各屯兵戊丁巳皇后謁高廟光武

廟詔稟甘陵貧人大小口各有差京師旱

庚申勅郡國二千石各禱名山岳瀆大

天謁者詣嵩高首陽山并祠河洛請雨 陽

東北也 山在洛陽 戊辰雩以異部比年水潦民食不

贍詔稟行稟貸勸農功賑之絶甲戌詔曰

政失厥和陰陽隔并冬鮮宿雪春無澍雨

分禱祈請靡神不禜 說文曰禜設緜蕝爲營以祈水旱祭音詠詩曰禜 不

深恐在所慢違如在之義 論語曰祭神如神在 令

遣侍中王輔等持節分詣岱山東海榮陽

河洛盡心祈焉 濟水四瀆之一至河南卷爲蒙澤故於榮陽祠焉 三月

揚州六郡妖賊章河等寇四十九縣殺傷

長吏庚寅帝臨辟雍饗射大赦天下改元

陽嘉詔宗室絶屬籍者一切復籍稟異州

尤貧民勿收今年更租口賦夏五月戊寅
阜陵王恢薨秋七月史官始作候風地動
銅儀（史令作之　時張衡為大）
丙辰以太學新成試明
經下第者補弟子增甲乙科員各十人（書前　音義曰甲科謂作簡策難問列置案上在試者意投　射取而荅之謂之射策上者為甲次為乙若錄政化　得失顯而問之謂之對策也）
除郡國耆儒九十人補郎舍
人九月詔郡國中都官繫囚皆減死一等
亡命者贖各有差鮮卑寇遼東冬十一月
甲申望都蒲陰狼殺女子九十七人（土　望都　縣名）
詔賜狼所殺者錢（屬中山國今定州縣也章帝改曲逆為蒲陰亦屬中　山與望都相近故城在今定州北東魏記亦作蒲本　多作滿滿宇者誤也東觀又云為不祠北岳所致詔　曰政失厥中狼災為應至乃殘食孤幼訪其故山　曰岳尊靈國所望秩而比不奉　祠涯刑放濫害加孕婦也）
人三千辛卯初令郡國舉孝廉限年四十
以上諸生通章句文吏能牋奏乃得應選
其有茂才異行若顏淵子奇不拘年齒選（曰顏回魯人好學年二十九髮盡白早死新序曰子　奇年十八齊君使之化阿至阿鑄其庫兵以為耕器）
成復置玄菟郡屯田六郡閏月丁亥令諸（出倉廩以賑貧　窮阿縣大化）
十二月丁未東平王敞薨庚

以詔除為郎年四十以上課試如孝廉科
者得參廉選歲舉一人戊子客星出天苑
辛卯詔曰間者以來吏政不勤故災咎屢
臻盜賊多有退省所由皆以選舉不實官
非其人是以天心未得人情多怨書歌殷
肱詩刺三事（尚書益稷篇帝作歌曰元首明哉股　肱良哉詩小雅曰三事大夫莫肯夙夜　莫肯朝夕也即太尉司徒　空司徒也歸猶委任三司　三司三公也）
歲月之次文武之宜務存厥衷庚子恭陵（其簡序先後精覈高下）

是歲起西
苑修飾宮殿二年春二月甲申詔以吳郡（恭陵安帝陵也廡廊屋也　訟文曰堂下周屋曰廡也）
會稽飢荒貸人種糧三月使匈奴中郎將
王稠率左骨都侯等擊鮮卑破之辛酉除
京師耆儒年六十以上四十八人補郎舍
人及諸王國郎（武帝元朔四年初置南部都尉於隴西巳亥　臨洮縣中興以來廢至此復置之也）四月復置隴西南部都
尉官
京師地震五月庚子詔曰朕以不德統奉
鴻業無以奉順乾坤協序陰陽災眚屢見

咎徵仍臻地動之異發自京師矜矜祗畏
不知所裁羣公卿士將何以匡輔不逮奉
咎戒異異不空設必有所應其各悉心直
言厥咎靡有所諱戊午司空王龔免六月
辛未太常魯國孔扶為司空〔仲淵〕疏勒國
獻師子封牛〔東觀記曰疏勒王盤遺使文時詣闕如斗封牛其領上肉隆起若封然因以名之〕
大鴻臚沛國施延為太尉〔延字君子蘄縣人也〕
月旱秋七月己未太尉龐參免八月己巳
丁丑洛陽地陷是

寇代郡冬十月庚午行禮辟雍奏應鍾始
復黃鍾作樂器隨月律〔律子為黃鍾律律有輕重長短度量甘出聲黃鍾隨月律謂月令正月律中太族二月律中夾鍾三月律中姑洗四月律中仲呂五月律中蕤賓六月律中林鍾七月律中夷則八月律中南呂九月律中無射十月律中應鍾十一月律中黃鍾十二月律中大呂東觀記曰元和以來音戾不調修復如舊典音湊〕
三年春二月己丑詔以父旱京師諸獄無
輕重皆且勿考貢須得澍雨三月庚戌益
州盜賊刼質令長殺列矦夏四月丙寅車
師後部司馬率後部王加特奴等掩擊匈

奴大破之獲其季母五月戊戌制詔曰昔
我太宗丕顯之德假于上下儉以恤民政
致康乂朕秉事不明政道天地譴怒
大變仍見春夏連旱寇賊彌繁元元被害
朕甚愍之嘉與海內洗心更始其大赦天
下自殊死以下謀反大逆諸犯不當得赦
者皆赦除之賜民年八十以上米一斛肉
二十斤酒五斗九十以上加賜帛人二匹
絮三斤秋七月庚戌鍾羌寇隴西漢陽冬

十月護羌校尉馬續擊破之十一月壬寅
司徒劉崎司空孔扶免乙巳大司農南郡
黃尚為司徒光祿勳河東王卓為司空〔黃尚字伯河南郡邔人也王卓字仲遠河東解人也邔音求紀反〕　丙午武都塞上
屯羌及外羌攻破屯官驅略人畜
後世襲封爵自去冬旱至于是月謁者馬
四年春二月丙子初聽中宮得以養子為
賢擊鍾羌大破之夏四月甲子太尉施延
免〔東觀記曰以選舉貪污策罷也〕戊寅執金吾梁商為大將

軍前太尉龐參為太尉六月己未梁王匡

薨秋七月己亥溆北王登薨閏月丁亥朔
日有食之冬十月烏寇雲中十一月圍

度遼將軍耿曄於蘭池
諸郡兵救之烏桓退走十二月甲寅京師

地震

重今日變方遠地搖京師

永和元年春正月夫餘王來朝乙卯詔曰
朕秉政不明災眚屢臻典籍所忌震食為

羣公百僚其各上封事指陳得失靡有
所諱已宗祀明堂登靈臺改元永和大赦
天下秋七月偃師蝗冬十月丁亥承福殿

火帝避御雲臺十一月丙子太尉龐參罷
十二月象林蠻夷叛乙巳以前司空王龔
為太尉

二年春正月武陵蠻叛圍充縣又寇夷道
二月廣漢屬

十五

國都尉擊破白馬羌武陵太守李進擊叛

蠻破之三月辛亥北海王翼薨乙卯司空
王卓薨丁丑光祿勳馮翊郭虔為司空

夏四月丙申京師地震五月日南

叛蠻攻郡府秋七月九真交阯二郡兵反

八月庚子熒惑犯南斗

孤獨貧不能自存者賜粟人五斛庚子幸

未央宮會三輔郡守都尉及官屬勞賜作

樂十一月丙午祠高廟丁未遂有事十一

陵丁卯京師地震十二月乙亥至自長安

三年春二月乙亥京師及金城隴西地震

二郡山岸崩地陷戊子太白犯熒惑夏四

月九江賊蔡伯流寇郡界及廣陵殺江都

長戊戌遣光祿大夫案行金城隴西都

死者年七歲以上錢人二千一家皆被害

為收斂之除今年田租尤甚者勿收口賦

十六

閏月蔡伯流等率衆詣徐州刺史應志降

續漢書曰志字仲節汝南頓人也曾祖父順

郡丞羊珍反攻郡府太守王衡破斬之六

已酉京師地震五月吳

月辛丑琅邪王遵薨薨降之嶺外平

祝良交阯

刺史張喬慰誘日南叛蠻降之嶺外平

卿長沙臨湘人也

書曰祝良字邵卿長沙臨湘人也

沙劉壽爲司徒

三公各舉故刺史二千石及見令長郎謁

者四府掾屬剛毅武猛有謀謨任將帥者

各二人特進姐校尉各一人冬十月燒當

羌寇金城護羌校尉馬賢擊破之羌遂相

招而叛十二月戊戌朔日有食之

四年春正月庚辰中常侍張逵遶政楊定

等有罪誅

事見梁商傳也

連及弘農太守張鳳安

平相楊晧下獄死三月乙亥京師地震夏

四月癸卯讓羌校尉馬賢討燒當羌大破

之戊午大赦天下賜民爵及粟帛各有差

五月戊辰封故濟北惠王壽子安爲濟北

王秋八月太原郡旱民庶流冗癸丑遣光

祿大夫案行稟貸除更賦冬十月戊午校

獵上林苑歷函谷關而還十一月丙寅幸

廣成苑

五年春二月戊申京師地震夏四月庚子

中山王弘薨南匈奴左部句龍大人吾斯

車紐等叛圍美稷

美稷縣屬西河郡也

軍馬續討吾斯車紐破之使匈奴中郎將

陳龜迫殺南單于已曰晦日有食之且凍

且音子丁反

羌寇三輔殺令長

余反　九月令扶風漢陽築

下及亡命贖各有差

隴道塢三百所置屯兵辛未太尉王龔罷

隴山之關也今名大

且凍羌寇武都燒隴關

震關在今隴州汧源

郡居離石

離石縣名在郡南五百九里西河本都平定縣至此徙於離石

居夏陽朔方居五原句龍吾斯等東引烏

相西收羌胡寇上郡立車紐爲單于冬十

一月辛巳遣使匈奴中郎將張耽擊破之
車紐降

六年春正月丙子征西將軍馬賢與且凍
羌戰于射姑山賢軍敗没安定大守郭璜
下獄死詔貸王疾國租一歲閏月鞏唐羌
寇隴西遂及三輔二月丁巳有星孛于營
室三月武都大守趙沖討鞏唐羌破之庚
子司空郭虔免丁巳河開王政薨丙午大
僕趙戒爲司空（戒字志伯蜀郡成都人也）夏五月庚子
齊王無忌薨使匈奴中郎將張耽大破烏
桓羌胡於天山（東觀記曰耽將吏兵縱索相縣上通天山）
北地秋七月甲午詔假民有貲者戸錢一
千八月丙辰大將軍梁商薨壬戌河南尹
梁冀爲大將軍九月諸種羌寇武威河辛亥
晦日有食之冬十月癸丑徙安定居扶風
北地居馮翊十一月庚子以執金吾張喬
行車騎將軍事將兵屯三輔漢安元年春
正月癸巳宗祀明堂大赦天下改元漢

二月丙辰詔大將軍公卿舉賢良方正能
探賾索隱者各一人（嘖幽深也索求也）秋七月始
承華廄（東觀記曰時以遠近獻馬眾多圉承華廄充滿始置承華令秋六百石）八月
南匈奴左部大人句龍吾斯與黃龍寺著
等反叛（黃音於六反居言反）丁卯遣侍中杜喬光祿
大夫周舉守光祿大夫郭遵馮羨欒巴張
綱周栩劉班等八人分行州郡班宣風化
舉實臧否九月庚寅廣陵盜賊張嬰等寇
郡縣冬十月辛未太尉桓焉司徒劉壽免
甲戌行車騎將軍張喬罷十一月壬午司
隷校尉趙峻爲太尉大司農胡廣爲司徒
（峻字伯師下邳徐人也）癸卯詔大將軍三公選武猛
試用有效驗任爲將校者各一人是歲廣
陵賊張嬰等詣太尉張綱降
二年春二月丙辰郡善國遣使貢獻夏四
月庚戌護羌校尉趙沖與漢陽太守張貢
（參縊縣屬安定 力全反）擊燒當羌於參縊破之六月
乙丑熒惑犯鎮星丙寅立南匈奴守義王

寇樓儲為南單于冬十月辛丑令郡國中
都官繫囚殊死以下出縑贖各有差其不
能入贖者遣詣臨羌縣居作二歲甲辰減
百官奉丙午禁沽酒又貸王侯國租一歲
閏月趙沖擊燒當羌於河陽破之（屬天水阿陽縣）
遣人刺殺句龍吾斯於河陽破張
燒城寺殺略吏民是歲涼州地百八十震
建康元年春正月辛丑詔曰隴西漢陽張
掖北地武威武都自去年九月巳來地百
八十震山谷坼裂壞敗城寺殺害民庶其
狄叛逆賦役重數內外怨曠惟咎歎息其
遣光祿大夫案行宣暢恩澤惠此下民勿
為煩擾三月庚子沛王廣薨領護羌校尉
衛琚追討叛羌破之（琚音 南郡江夏盜賊）
寇掠城邑州郡討平之夏四月使匈奴中
郎將馬寔擊南匈奴左部破之於是胡羌
烏桓悉詣寔降辛巳立皇子炳為皇太子

改年建康大赦天下賜人爵各有差秋十
月丙午清河王延平薨八月楊徐盜賊范
容周生等寇掠城邑遣御史中丞馮赦督
州郡兵討之庚午帝崩于玉堂前殿時年
三十遺詔無起寢廟斂以故服珠玉玩好
皆不得下

論曰古之人君離幽放而反國祚者有矣
莫不矯鑒前違審識情偽無忘在外之憂
（離遭也矯正也左傳曰晉侯在外十九年矣 陰阻艱難備嘗之矣人之情偽盡知之矣）故能
中興其業觀夫順朝之政殆不然乎何其
僞僻之多與（殆近也言順帝僞前之僻不能改正也）

孝沖皇帝諱炳（諡法曰幼少在位曰沖司馬彪曰沖幼早天故諡曰沖伏侯古今注曰炳）
之字曰明順帝之子也虞貴人建康元
年立為皇太子其年八月庚午即皇帝位
年二歲尊皇后曰皇太后太后臨朝丁丑
以太尉趙峻為太傅大司農李固為太尉
參錄尚書事九月丙午葬孝順皇帝于憲
陵（在洛陽西十五里陵高八丈四尺周三百步）廟曰敬宗是曰京師

又太原鴈門地震三郡水涌土裂庚戌詔
三公特進諸校尉舉賢良方正幽逸修
道之士各一人百僚皆上封事己未九江
太守立騰有罪下獄死（東觀記曰騰知罪法深懷狹巧稽留道路）
（城死也）楊州刺史尹耀九江太守鄧顯討賊
范容等於歷陽軍敗耀顯為賊所殺冬十
一月日南蠻夷攻燒城邑交阯刺史夏方招
誘降之壬申常山王儀薨己卯零陵太守
劉康坐殺無辜下獄死十一月九江盜賊
大逆不用此令十二月九江賊黃虎等攻
令郡國中都官擊囚減死一等徒邊謀反
徐鳳馬勉等稱無上將軍攻燒城邑己酉
合肥是歲暈盜發憲陵護羌校尉趙沖追
擊叛羌於鸇陰河戰歿（涼州姑臧縣東南有鸇陰城因水以為名）
永嘉元年春正月戊戌帝崩于玉堂前殿
年三歲清河王蒜徵至京師（諡法忠正無邪曰質 今注曰續之字曰纘）
孝質皇帝諱纘 肅宗
玄孫曾祖父千乘貞王伉祖父樂安夷王

籠父勃海孝王鴻母陳夫人沖帝不豫大
將軍梁冀徵帝到洛陽都亭及沖帝崩皇
太后與兄冀定策禁中丙辰使冀持節以王
青蓋車迎帝入南宮丁巳封孝崇皇帝于
日即皇帝位年八歲己未葬孝沖皇帝于
懷陵（在洛陽西北十五里高四丈六尺周百八十三步 甲申 晏駕）
張嬰等復反攻殺堂邑江都長（堂邑縣屬廣陵 曲陽縣屬揚州 廣陵賊）
六合縣（縣屬九江郡在洛陽西北東城縣故城在定遠縣東南也）
九江賊徐鳳等攻殺曲陽東城長
謁高廟乙酉謁光武廟二月豫章太守虞
續坐賊下獄死乙酉大赦天下賜人爵及
栗帛各有差（還）王族所削戶邑彭城王道
薨叛羌詣左馮翊梁並降三月九江賊馬
勉稱黃帝九江都尉滕撫討馬勉范容周
生大破斬之（東觀記曰傳勉頭及所帶王印鹿皮冠黃衣詣洛陽詔縣夏城門外章示）
百姓夏四月壬申雩庚辰濟北王安薨丹陽
賊陸宮等圍城燒其寺丹陽太守江漢擊
破之五月甲午詔曰朕以不德託母天下

布政不明每失厥中自春涉夏大旱炎赫
愛心京京〔闕雅曰京憂也〕故得禱祈明祀異蒙潤
澤前雖得雨而宿麥頗傷比日陰雲還復
開霽謳寐得歡重懷惨結〔窹覺也寐臥也詩曰惄如調飢寤寐永歎唯憂〕
老用〔　〕將二千石令長不崇寬和暴刻之為乎
其令中都官繫囚罪非殊死考未竟者一
切任出以湏立秋也〔任保〕郡國有名山大澤
能興雲兩者二千石長吏各絜齋請禱竭
誠盡禮又兵役連年死亡流離或支骸不
欽或偣棺莫收甚愍焉昔文王葬枯骨
人賴其德〔呂氏春秋曰周文王使人掘地得死人之骸文王曰更葬之吏曰此無主矣文王曰有天下者天下之主今我非其主邪遂今吏以衣棺更葬之天下聞之曰文王賢矣澤及枯骨又況人乎〕
今遣使者案行若無家屬及貧無資者隨
宜賜邱以慰孤塊是月下邳人謝安應募
擊徐鳳等斬之丙辰詔曰孝殤皇帝雖不
永休祚而即位踰年君臣禮成孝安皇帝
先後相踰失其次序非所以奉宗廟之重

垂無窮之制昔定公追正順祀春秋善之
〔魯閔公立二年而薨次僖公立僖雖閔兄然嘗為閔臣位次當在閔下後文公即位乃進僖神位居閔之上左傳僖公逆祀僖公神位定公八年經書從祀先公逆祀以定公八年從閔下毅梁曰從祀先公祀謂退僖神位於閔下〕
其令恭陵次康陵憲陵次恭陵以序
親秩為萬世法六月鮮卑寇代郡秋七月
庚寅阜陵王代薨盧江盜賊攻尋陽又攻
肝台〔音吁夷今楚州縣也〕令滕撫遣司馬王章擊破之
九月庚戌太傳趙峻薨冬十一月己丑南
陽太守韓昭坐贓下獄死〔東觀記曰強賦一億五千萬檻車徵下獄〕
丙午中郎將滕撫擊廣陵賊張嬰破之
丁未中郎將趙序坐事弃市
歷陽賊華孟自稱黑帝攻殺九江太守
楊岑滕撫率諸將擊孟等大破斬之
本初元年春正月丙申詔曰昔堯命四子
以欽天道〔四子謂羲仲羲叔和仲和叔也〕尚書曰乃令羲和欽若昊天
九疇休咎有象〔安國注云洪範九疇孔九類其八日庶徵有休咎驗也人君行善政則百穀以成嘉瑞以至至〕
七言天與禹洛出書神龜負文而出列於背有數至
九禹遂因第之以成九類其八日庶徵也時則之應休咎之驗也政有乘失則休咎之徵隨用成家用平康是休徵也咎亦惡也徵驗也政有乘失則百穀不

戚家用不寧是於徵也休於有象世象或作家象重
人君之政故言休於有象世象或作家象重
夫瑞以和
降異因逆感禁微應大前聖所重頃
者州郡輕慢憲防競逞殘暴造設科條陷
入無罪或以喜怒驅逐長吏恩阿所私罰
枉仇隙至令守闕訴訟前後不絕送故迎
新人離其害怨氣傷和以致災眚書云
德慎罰情過也明德慎罰尚書康誥之言
方春東作育微
始其勅有司罪非殊死且勿案驗以崇
寬言東作之時須青養細微敬事之始礼記月令孟
春之月無殺蚤胎夭飛鳥無麛無卵慶賜遂行無
有不當書曰勅數五教五教在寬　章炎
王子廣陵太守王喜坐討
賊逗留下獄二月庚辰詔曰九江廣陵
二郡數離寇害殘夷最甚謂比年張嬰寇九江也
生者失其資業死者委尸原野昔之為政
一物不得其所若己為之　尚書曰一夫弗獲則曰時予之辜
況我元嬰此困毒方春飛節賑濟乏戹
為死氣逆生氣也骨枯曰骼肉腐曰胔
掩骼埋胔之時　月令孟春之月行慶施惠下及　鄭玄注曰
枯曰骼肉腐曰胔　其調比郡見穀出稟窮

二十七

弱收葬枯骸務加理卹以稱朕意夏四月
庚辰令郡國襄明經年五十以上七十以
下詣太學自大將軍至六百石皆遣子受
業歲滿課試以高第五人補郎中次五人
大子舍人又千石六百石四府掾屬三署
掾屬謂大將軍府掾屬二十九人太尉府掾
屬二十九人司徒府掾屬三十一人司空府掾屬二十
九人漢官儀曰
郎四姓小侯先能通經者各令隨家法
中郎將皆秦官也比二千石郎屬為三署郎謂之侍
五官署左右署也儒生為侍者謂之詩家謂之
體家故言各隨家法也
四姓小侯解見明紀也
其高第者上名牒當
以次賞進五月庚寅徙樂安王為勃海王
海水溢郡使謁者案行收葬樂安北海
人為水所漂沒死者又稟給貧羸庚戌太
白犯熒惑六月丁巳大赦天下賜民爵及
粟帛各有差閏月甲申大將軍梁冀潛行
鴆弒帝崩于玉堂前殿年九歲丁亥太尉
李固免戊子司徒胡廣為太尉司空趙戒
為司徒與梁冀參錄尚書事太僕袁湯為

司空

二十八

贊曰孝順初立時髦允集　爾雅曰髦俊也郭璵注曰士中之俊也郭猶毛中之髦時張晧王龔龐參張衡李郃李固黄瓊之儔也

匪砥匪革終淪　砥礪也革改也淪沒也言順帝初外天位又於私暱近習也謂封孫程等十九人為侯又詔中官養子聽襲封爵之類

璧習　璧賢也習集不能因致自礪改革前非而終弱

保阿傳土后　保安也阿倚也言可依倚以取安傳姆也謂阿母山陽君宋娥更相貨賂之類也

家世及　類也阿母山陽君宋娥更相貨賂求增邑土也后家謂拜后父梁商為大將軍商薨仍拜子冀為大將軍弟不疑為河南尹　沖天

未識質弒以聰陵折在運天緒三終　折在於時運所以天緒三終也言陵遲天

後漢帝紀卷第六

二十九

李棠

范曄　後漢書七
唐章懷太子賢　注

孝桓皇帝

孝桓皇帝諱志　謚法曰克敵服遠曰桓志之字曰意

母匽氏

祖父河間孝王開父蠡吾侯翼翼卒帝襲爵為侯本
故城在今瀛州博野縣西蠡音禮
願分蠡吾縣以封翼帝崩無嗣
姓名在今瀛州博野縣西貴人位次皇
外有萬壽亭　洛陽城北面西頭門也
將妻以女弟　妻音七　會質帝崩太

初元年梁太后徵帝到夏門亭

使異持節以王青蓋車迎帝入南宮其日即皇帝位
續漢志曰皇太子皇子皆安車朱班輪青
蓋金華蚤故曰王青蓋車

時年十五太后猶臨朝政　東觀記曰大后御德陽殿

月乙卯葬孝質皇帝于靜陵　在洛陽東南三十里陵高

丙戌詔曰孝廉吏皆當典城牧民禁姦
齊王喜薨辛巳謁高廟光武廟
百三十八步周五丈五尺

舉善興化之本恌必由之詔書連下分明

懇惻而在所觀習遂至怠慢選舉乖錯害

《後漢帝紀七》　一　李賢

及元頃雖頗頗繩正猶未懲改方今淮夷

未殄軍師屢出　本初元年廬江賊攻盱台廣陵
賊張嬰等殺江都長盱台都
尉摎擊破之其餘衆猶未殄也
並近淮故言淮夷時中郎將滕撫等殺江

百姓疲悴困於

徵發庶望羣吏惠我勞民彌滋貪穢以祈
休祥其令秩滿百石十歲以上有殊才異
行乃得參選臧吏子孫不得察舉杜絕邪
偽請託之原令司隸校尉廉白守道者得信其操
申古字通　各明守所司將觀厥後　九月戊戌追

尊皇祖河間孝王曰孝穆皇　孝穆皇夫人趙氏曰
博本漢蠡
尊皇考蠡吾侯翼為孝崇皇其陵曰博陵置
園廟故曰博園在今瀛州博野縣西貴人位次皇
吾縣之地也帝既追尊父為孝崇皇
後金印紫綬

甲午尊皇母匽氏為孝崇博園貴人

孝穆皇后皇考蠡吾侯翼為孝崇皇冬十月

《後漢帝紀七》　二　李賢

建和元年春正月辛亥朔日有食之

詔三公九卿校尉各言得失戊午大赦天
下賜更勞一歲男子爵人二級為父後
及三老孝悌力田人三級鰥寡孤獨篤癃
貧不能自存者粟人五斛貞婦帛人三四
災害所傷什四以上勿收田租其不滿者

以實除之二月荊揚二州人多餓死道
府掾分行賑給沛國言黃龍見譙夏四
庚寅京師地震詔大將軍公卿校尉舉賢
良方正能直言極諫者各一人又命列侯
將大夫御史謁者千石六百石（博士議郎比六百石右謂五官左右虎賁羽林中郎將也大夫謂光祿大夫太中大夫中散大夫諫議大夫中郎將比二千石之屬官也中郎侍郎郎中郎官也）又命
各上封事指陳得失（議郎比六百石郎官）又詔大將軍公卿郡國不
舉至孝篤行之士各一人壬辰詔州郡不

▲後漢帝紀七　三　陳敬

得迫脅驅逐長吏藏吏藏滿三十萬而不
糾舉者刺史二千石以縱避為罪若有擅
相假印綬者與殺人同弃市論丙午詔郡
國繫囚減死罪一等勿笞唯謀反大逆不
用此書又詔曰比起陵塋（作靜陵也）歷時歲
力役既廣徒隸尤勤頃雨澤不沾密雲復
散僮（易曰密雲不雨自我西郊）或在茲雨其令徒作陵者減
刑各六月是月立阜陵王（便光武玄孫也阜陵王代兄勃之子以順）族
便為阜陵王帝陽嘉中封為勃道亭族今改封也

道音子由反本傳作便（親紀傳不同蓋有誤）便郡
國六地列裂水涌井溢
續漢志曰水溢城寺壞殺人時芝草生中
梁太后攝政兄異枉殺李固杜喬（漢官儀曰中黃藏府掌中幣帛金銀諸貨物也）六月太尉胡
黃藏府（賀質帝之父也梁大后改封勃海）廣陵王荊秋七月勃海王
廣罷大司農杜喬為太尉秋七月勃海王
鴻薨（賀質帝之父也梁大后改封勃海）立帝弟蠡
吾族悝為勃海太尉杜喬免冬十月司徒
丁卯京師地震太尉胡廣為司空表湯為司徒
趙戒為太尉（戒字伯慎蜀郡人也已氏縣）十一月濟陰言有五色
太尉胡廣為司空十一月濟陰言有五色

▲後漢帝紀七　四　林芳

大鳥見于巳氏（續漢志曰以為鳳皇政既衰名屬濟陰郡故城今宋州巳氏之邑也古戎州巳氏之邑也）
一等成邊清河劉文反殺國相射暠欲立
清河王蒜為天子事覺伏誅蒜坐貶爵為尉
氏族徙桂陽自殺（續漢志曰時以為鳳皇氏族郡令沛州縣也前太尉李）
固杜喬皆下獄死（續漢志曰順帝之末京都童謠曰直如弦死道邊曲如鉤反封侯等直如弦謂梁冀胡廣等謠曰江舍及李堅等）陳留盜賊李堅自稱
皇帝伏誅（東觀記曰江舍及李堅等）
二年春正月甲子皇帝加元服庚午大赦

天下賜河間勃海二王黃金各百斤〔河間王建勃海王〕彭城諸國王各五十斤〔彭城王定〕軍三公特進㑹中二千石二千石將大夫郎吏從官四姓及梁鄧小侯諸夫人以下帛各有差年八十以上賜米酒肉九十以上加帛二匹綿三斤三月戊辰帝從皇太后幸大將軍梁冀府白馬羌寇廣漢屬國殺長吏益州刺史率板楯蠻討破之〔板楯西南〕夏四月丙子封帝弟顥為平原王奉〔號之〕孝崇皇祀尊孝崇皇夫人馬氏為孝崇園貴人嘉禾生大司農帑藏〔說文曰帑者金布所藏之府也帝他反〕五月癸丑此宮掖廷中德陽殿及左掖門火車駕移幸南宮六月改清河為甘陵立安平王得子經㑹理為甘陵王〔安平縣也經城縣今具州經城縣〕秋七月京師大水河東言木連理〔今具州縣也〕冬十月長平陳景自號黃帝子署置官屬又南頓管伯亦稱真人並圖舉兵悉伏誅三年春三月甲申彭城王定薨夏四月丁

卯晦日有食之〔續漢志曰在東井二十三度東井主法梁太后枉殺公卿扺天法也〕五月乙亥詔曰蓋聞天生蒸民不能相理為之立君使司牧之君道得於下則休祥著乎上庶事失其序則咎徵見乎象〔巳上〕詔詞曰閒者日食毀缺陽光修刑〔公羊傳曰日食修德月食修刑之文也〕云乎日食毀缺陽光晦暗朕祗懼〔傳不〕潛思匪違啟處〔邊暇也啟跪也詩小雅曰王事靡盬不遑啟處〕帝愍前世禁錮故建初之元並蒙恩澤流從者使還故郡沒入者免為庶民先皇德政可不務乎其自永建元年迄乎今歲凡諸妖惡支親從坐及吏民減死徙邊者悉歸本郡唯沒入者不從此令六月庚子詔大將軍三公特進㑹其與卿校尉舉賢良方正能直言極諫之士各一人乙卯震憲陵寢屋秋七月庚申廉縣雨肉〔續漢志曰肉似羊肺或大如手五行傳曰棄法律逐功臣時則有羊禍時則有赤眚赤祥是時梁太后攝政兄冀專權枉誅李固杜喬天下寃之廉縣北地郡也〕八月乙丑有星孛于天市〔前書曰旗星中四星名曰天市〕京師大水九月己卯地震庚寅

地又震。詔死罪以下及亡命者贖各有差。郡國五山崩。冬十月，太尉趙戒免。司徒湯為太尉，大司農河內張歆為司徒（歆字敬讓）。十一月甲申，詔曰：朕攝政失中，災眚連仍，三光不明，陰陽錯序。監寐寤歎，疢如疾首（監寐言雖寢而不寐也。寤覺也）。今京師廝舍，死者相枕，賤廝役舍。郡縣阡陌處處有之，甚違周文掩骴（人之舍也）之義。其有家屬而貧無以葬者，給直人三千，喪主布三匹。若無親屬，可於官壖地葬（壖官之餘地也），表識姓名為（壖地前書音義曰壖，表識姓名。表識姓名為厚。林慮）

七

埋藏。民有不能自振及流移者，稟穀如科。設祠祭，又徙在作部疾病致醫藥，死亡厚之城郭旁地（音奴喚而癹二反）。州郡檢察，務崇恩施，以康我民。和平己丑詔。春正月甲子，大赦天下，改元和平元年。曰曩家不造，先帝早世（謂順帝崩也。詩周頌曰閔予小子遭家不造。鄭玄注云造成也。言成王遭武王崩，家道未成）。永惟大宗之重，深思嗣續之福，詢謀台輔，稽之兆占，僉建明哲，克定統業。天人協和，萬國咸寧，元服

巳加將即委付。而四方盜竊頗有未靜，故假延臨政，以須安謐。幸賴股肱禦侮之助，殘醜消蕩（南頓管伯等謀反並伏誅。謂建和二年長安陳景反），民和年稔，普天率土，退還通洽，同遠覽復子明辟之義。近慕先姑歸授之法（皇太后亦還政於成帝也），及今辰皇帝稱制，羣公卿士虔恭爾位，勸力一意勉同斷金（金者剛之物也，言人能同心則其利可斷金。易曰二人同心其利斷金）。展也大成則所望矣（詩小雅曰允矣君子展也大成。鄭玄注云允信也。展誠也。誠能致太平是所望也）。二月，扶風妖賊裴優自稱皇帝，伏誅（通曰裴優名也。風名也後）甲寅，皇太后梁氏崩。三月，車駕從幸北宮，甲午葬順烈皇后。夏五月庚辰，尊博園貴人曰孝崇皇后。秋七月，梓潼山崩（梓潼縣屬廣漢郡，今梓州始州縣也，有將潼水）。冬十一月辛巳，減天下死罪一等徙邊戍。元嘉元年春正月，京師疾疫，使光祿大夫將醫藥案行。癸酉，大赦天下，改元元嘉二

八

月九江廬江大疫甲午河閒王建薨夏四
月巳丑安平王得薨〔河閒孝王開之子初為京　樂成王後改曰安平〕為京
師旱任城梁國飢民相食司徒張歆罷光
祿勳吳雄為司徒秋七月武陵蠻叛冬十
月司空胡廣罷十一月辛巳京師地震閏
月庚午任城王崇薨大常黃瓊為司空
二年春正月西域長史王敬為于寘國所
殺〔故國人殺之〕丙辰京師地震夏四月
甲寅孝崇皇后匽氏崩庚午常山王豹薨
辰日有食之八月濟陰言黃龍見句陽〔縣名屬濟陰郡左傳曰盟于句瀆之丘是也故城在今曹州乘氏縣北一名穀丘〕
五月辛卯葬孝崇皇后于博陵秋七月庚〔金城言黃龍見〕
地震十一月司空黃瓊免十二月特進趙
龍見允街〔允街城郡音緣皆〕冬十月乙亥京師
戒為司空右北平大守和旵坐臧下獄死
永興元年春二月張披言白鹿見三月丁
亥幸鴻池夏五月丙申大赦天下改元永
興丁酉濟南王廣薨無子國除秋七月郡

國三十二蝗河水溢百姓飢窮流冗道路
至有數十萬戶冀州尤甚詔在所賑給之
絕安慰居業冬十月太尉袁湯免太常胡
廣為太尉司徒吳雄罷司空趙戒免以太
僕黃瓊為司徒光祿勳房植為司空十一
月丁丑詔減天下死罪一等徙邊戍是歲
武陵太守應奉招誘叛蠻降之
聽刺史二千石行三年喪服癸卯京師地
二年春正月甲午大赦天下二月辛丑初
者各一人詔曰比者星辰謬越坤靈震動〔張衡對策曰水者五行之首逆〕
震詔公卿校尉舉賢良方正能直言極諫
災異之降必不空發勑已修政庶望有補
其興服制度有踰僭者皆宜損省〔音長反〕
郡縣務存儉約申明舊令如永平故
事六月彭城泗水增長逆流〔者五行之首逆〕
流者人君之恩不下及而教逆也〔直亮不能下及而教逆也〕
能下〔　〕詔司隸校尉部刺史曰蝗
災為害水變仍至五穀不登人無宿儲其
令所傷郡國種蕪菁以助人食京師蝗東

海胸山崩〔胸山名也在今海州胸山縣南〕九月丁卯朝日有
食之詔曰朝政失中雲漢作旱〔雲漢詩大雅篇名也周宣王時天旱故作詩曰倬彼雲漢昭回于天王乃夜視〕
其天侯爲川靈涌水蝗蟲殘我百穀太
徒〔潁字公孫字人〕<後漢帝紀七>減天下死罪一等徙邊戍蜀郡
司徒黃瓊爲太尉閏月光祿勳尹頌爲司
陽廚光飢饉荐臻其不被害郡縣當爲飢
餓者儲天下一家趣不糜則爲國實其
禁郡國不得賣酒祠祀裁足太尉胡廣免
李伯詐稱宗室當立爲太初皇帝伏誅冬
十一月甲辰校獵上林苑遂至函谷關賜
所過道傍年九十以上錢各有差太山琅
邪賊公孫舉等反叛殺長吏
永壽元年春正月戊申大赦天下改元永
壽二月司隸兗州飢人相食〔即洛陽司隸州勃州〕
郡賑給貧弱若王族吏民有積穀者一切
貸十分之三〔又首音吐得反首後得反〕以助稟貸其百姓
吏民者以見錢雇直〔雇猶稱也〕王族須新租乃

償〔須待也〕夏四月白烏見齊國六月洛水溢
壞鴻德苑〔續漢志曰永溢至津城門漂流人物〕
南陽大水司空房植免太常韓縯爲司
空〔縯音翼也〕詔太山琅邪遇賊者勿收租賦
貧者稟人二斛〔巴郡益州郡山崩〕秋七月初置太山琅邪都尉官
〔諸本無郡縣字者誤也〕
郡縣鉤求收葬及所唐突壓溺失屍骸者
復更算三年又詔被水死流失屍骸者令
以上賜錢人二千〔益州郡更名〕
〔都尉建武七年省唯邊郡往往置都尉及屬國都尉〕
〔漢官儀曰秦郡有尉一人典兵禁捕盜賊〕
美稷〔河縣西美稷也〕安定屬國都尉張奐討除之
二年春正月初聽中官得行三年服〔中官宦以下〕
二月甲申東海王臻薨三月蜀郡屬國夷
叛秋七月鮮卑寇雲中太山賊公孫舉等
寇青兗徐三州遣中郎將段熲討破斬之
冬十一月置太官右監丞官〔漢官儀太官右監丞秩比六百〕
〔也石〕十二月京師地震

三年春正月巳未大赦天下夏四月九真
蠻夷叛大守兒式討之戰殁遣九真都尉
魏朗擊破之復屯據日南閏月庚辰晦日
有食之六月初以小黃門為守官令置丞
從右僕射官〔漢官儀曰守官令一人黃門冗從僕射一人並秩六百石也〕京師
麂長沙蠻叛寇益陽〔縣名屬長沙國在益水之陽陽今潭州縣也故城在縣〕冬十一月司徒尹頌
蝗秋七月河東地裂
司空韓縯為司徒大常比海孫朗為司
空〔朗字代平〕

延熹元年春三月巳酉初置鴻德苑令官〔漢〕
夏五月巳酉大會公卿以下賞
賜各有差甲戌晦日有食之京師蝗六月
戊寅大赦天下改元延熹丙戌分中山置
博陵郡以奉孝崇皇園陵〔博陵郡故城在今瀛州博野縣也後〕
大雩秋七月巳巳雲陽地裂甲子大〔延安〕
尉黃瓊免太常胡廣為太尉冬十月校儗傰
廣成遂幸上林苑十二月鮮甲寇邊使匈
奴中郎將張奐率南單于擊破之

二年春二月鮮甲寇鴈門巳亥卓陵王便
麂蜀郡夷安寇蠻陵殺縣令三月復斷刺史
二千石行三年喪夏京師雨水六月鮮甲
寇遼東秋七月初造顯陽苑置丞丙午皇
后梁氏崩乙丑葬懿獻皇后于懿陵大將
軍梁冀謀為亂八月丁丑帝御前殿詔司
隸校尉張彪將兵圍冀第收大將軍印綬
冀與妻皆自殺衛尉梁淑河南尹梁胤屯
騎校尉梁讓越騎校尉梁忠長水校尉梁
戢等及中外宗親數十人皆伏誅太尉胡
廣坐免司徒韓縯司空孫朗下獄〔東觀記曰並坐不衛〕
宮止長壽亭減死〔一等以爵贖之〕壬午立皇后鄧氏追慶懿
陵為貴人冢詔曰梁冀姦暴濁亂王室孝
質皇帝聰敏早茂異心懷忌畏私行殺毒
永樂太后親尊莫二〔和平元年有司奏太后所居皆以永樂為稱置官屬不得在洛陽〕異又遏絕禁還京師
使朕離母子之愛隔顧復之恩禍害深大
罪釁日滋賴宗廟之靈及中常侍單超徐

頊具琊恌　說文曰憲憂也音工ム反今作憲字即憲字也今相傳音縡作唐

衡尚書令尹勳等激憤建策內外協同漏

刻之閒桀逆梟夷　梟縣首也於木也　斯誠社稷之祐

臣下之力宜班慶賞以酬忠勳其封超等

五人為縣侯　徐頊武陽侯左悺上蔡侯唐衡汝陽侯具瑗東武陽侯單超新豐侯五縣侯也　勳等七人為亭侯　趙忠武原侯張惲宜陽侯霍諝鄴亭侯張敞酇亭侯韓悰西郷侯趙忠漢陽侯堂虎冤句侯呂都亭侯七亭侯也

恩私多受封爵大司農黃瓊為太尉光祿　於是舊故

大夫中山祝恬為司徒　恬字伯休盧奴人　大鴻臚梁

國盛允為司空　允代字伯代　初置秘書監官　書監一人秩六百石　儀秘

央官甲午祠高廟十一月庚子遂有事十

一陵壬寅中常侍單超為車騎將軍十二

月已巳至自長安賜長民粟人十斛圍

陵人五斛行所過縣三斛燒當等八種羌

叛寇龍右護羌校尉段熲追擊於羅亭破

之　東觀記曰追到積石山即羅亭相近在今鄯州也　天竺一國來獻

三年春正月丙申大赦天下丙午車騎將

軍單超薨閏月燒何羌叛寇張掖護羌校

尉段熲追擊於積石大破之　積石山在今都州龍支縣南即禹貢云導河積石是也

白馬令李雲坐直諫下獄死夏

四月上郡言甘露降五月甲戌漢中山崩

六月辛丑司徒祝恬薨秋七月司空盛允

為司徒太常虞放為司空　放字子仲陳留人也　長沙

蠻寇郡界九月大山琅邪賊勞丙等復叛

寇掠百姓遣中丞趙其　史闕其名也　持節督

州郡討之　丁亥詔無事之官權絕奉豐年

如故冬十一月南蠻賊率眾詣郡降勒

姐羌圍允街　勒姐羌號也姐音子野反　段熲擊破之太山

賊叔孫無忌攻殺都尉侯章十二月遣中

郎將宗資討破之武陵蠻寇江陵車騎將

軍馮緄討皆降散荊州刺史度尚討長沙

蠻平之

四年春正月辛酉南宮嘉德殿火戊子丙　丙署署名也續漢志曰丙署長七人秩四百石黃綬官者為之主中官別處

二月壬辰武庫火司徒盛允免大司農种

嵩為司徒三月省冗從右僕射官永壽三年置太

尉黃瓊免夏四月太常劉矩為太尉甲寅

封河間王開子博為任城王五月辛酉有

星孛于心丁卯原陵長壽門火己卯京師東觀記曰大如雞子續漢志曰誅殺過差寵小人也

雨雹六月京兆扶

風又涼州地震庚子岱山及博尤來山並博令博城縣也太山有祖來山一名尤來

積裂己酉大赦天下司

空虞放免前太尉黃瓊為司空犍為屬國

夷寇鈔百姓益州刺史山昱擊破之零吾

十七　章寔

羌與先零諸種並叛寇三輔秋七月京師

零減公卿以下奉貢王歲半租占賣關內

侯虎賁羽林緹騎營士五大夫錢各有差

九月司空黃瓊免大鴻臚劉寵為司空冬

十月天竺國來獻南陽黃武與襄城惠得

昆陽樂季詠言相署皆伏誅先零沈氐羌

與諸種羌寇并涼二州十一月中郎將皇

甫規擊破之十二月夫餘王遣使來獻永壽三年置

五年春正月省太官右監丞壬午南

宮丙署火三月沈氐羌寇張掖酒泉王午

濟北王次薨夏四月長沙賊起寇桂陽蒼永壽元

梧東觀記曰時攻沒著梧取銅虎符太守甘定刺史各奉出城桂陽郡在桂水之陽今連州縣地

驚馬逸象突入宮殿乙丑恭陵東闕火

也戊辰虎賁掖門火己巳太學西門自壞帝安

五月康陵園寢火殤帝陵也長沙零陵賊起攻

桂陽蒼梧南海交阯遣御史中丞盛脩督

州郡討之不克乙亥京師地震詔公卿各

上封事甲申中藏府承祿署火秋七月己陳寔

十八

未南宮承善闥火爾雅曰宮中謂之闈廣雅曰闈謂之闥鳥吾

羌寇漢陽隴西金城諸郡兵討破之八月

庚子詔減虎賁羽林住寺不任事者半奉東觀記曰以軍師水旱疫病帑藏空虛不任事者住寺減半奉據此

勿與冬衣虎賁羽林不任事者住寺減半奉據此其公卿以下給冬衣之半

艾縣賊焚燒長沙郡縣寇益陽殺令記東觀曰

縣又零陵蠻亦叛寇長沙己卯罷琅邪都時賊乘刺史車屯據臨湘居太守舍益陽殺長吏艾縣名屬豫章郡故城在今洪州建昌縣

尉官永壽元冬十月武陵蠻叛寇江陵南

郡太守李肅坐奔北弃市辛丑以太常馮
緄為車騎將軍討之假公卿以下奉又換
王茂租以助軍糧出濯龍中藏錢還之十
一月馮緄大破叛蠻於武陵京兆虎牙都
尉宗謙坐臧下獄死（長安見西羌傳）
羌寇武威張掖酒泉太尉劉矩免太常楊
秉為太尉

六年春二月戊午司徒种暠薨三月戊戌
大赦天下衞尉潁川許栩為司徒（栩宇季鄢郢人 李芳）
夏四月辛亥康陵東署火五月鮮卑寇遼（九）
東屬國秋七月甲申平陵園復火（平陵昭帝陵也）桂
陽盜賊李研等寇郡界武陵蠻復叛太守
陳奉與戰大破降之隴西太守孫羌討滇
那羌破之八月車騎將軍馮緄免冬十月
丙辰校獵廣成遂幸函谷關上林苑十一
月司空劉寵免南海賊寇郡界十二月衞
尉周景為司空
七年春正月庚寅沛王榮薨三月癸亥隕

石于鄠夏四月丙寅梁王成薨五月已丑
京師雨雹秋七月辛卯趙王乾薨野王山
上有死龍荆州刺史度尚擊枣陽桂陽盜
賊及蠻夷大破平之冬十月壬寅南巡狩（李賢）
庚申幸章陵祠舊宅遂有事于園廟賜守
令以下各有差戊辰幸雲夢臨漢水還幸
新野祠湖陽新野公主魯哀王壽張勤侯（光武姊湖陽長公主新野長公主兄魯哀王重並光武時立廟）
廟（哀王舅舂張勤羌樊重並光武時立廟）護羌
校尉段熲擊當煎羌破之十二月辛丑車

駕還宮八年春正月遣中常侍左悺之苦（干）
縣祠老子（史記曰老子者楚苦縣厲鄉曲仁里人也名耳字伯陽周守藏吏神廟故就祠之苦縣屬陳國今亳荆谷陽縣也如字）
勃海王悝謀
反降為癭陶王（癭陶縣屬鉅鹿郡故城在今趙州癭陶縣西南）丙申晦
日有食之 詔公卿校尉舉賢良方正已酉
南宮嘉德署黃龍見千秋萬歲殿火太僕
左稱有辠自殺癸亥皇后鄧氏廢河南尹
鄧萬世（鄧后之叔父）虎賁中郎將鄧會下獄死
兒子 護羌校尉段熲擊罕姐羌破之三

月辛巳大赦天下夏四月甲寅安陵園寢火惠帝也丁巳壞郡國諸房祀（房謂祠堂也王澳傳曰時唯密）尉存故太傅卓茂廟洛陽留令王澳祠五月壬申罷太山都尉官（永壽元年置）濟陰東郡濟北河水清尉楊東莞丙辰緱氏地裂桂陽楊胡蘭朱蓋（丙戌太）等復反攻沒郡縣轉寇零陵蒼梧太守陳蓋球拒之道中郎將度尚長沙太守抗徐等擊蘭盖大破斬之（謝承書曰抗徐字伯徐丹陽人少為郡佐吏有膽智策略長沙大守風俗通曰抗喜為漢中太守）梧太守張敘為賊所執又桂陽太守任胤背敵畏懦皆弃市閏月甲午南宮長秋和歡殿後鈎楯掖庭火（長秋宮名漢官曰長秋署火司馬朔平署）一六月段熲擊當煎羌於湟中大破之（湟水名在今都州湟水縣也）秋七月太中大夫陳蕃為太尉八（茂字叔盛彭城人也）辛巳立貴人九月戊申京師地震冬十月司空周景免太常劉茂為司空（竇氏為皇后）勃海妖賊蓋登等（蓋音古猛反）稱

大上皇帝有玉印珪璧鐵券相署置皆伏誅（續漢書曰時登等有玉印五皆如白石文曰皇帝信璽皇帝行璽其三無文字璽二十二珪五鐵券十一開王廟帶王綬衣緋衣相署置也）十一月壬子德陽殿西閤黃門北寺火延及廣義神虎門燒殺人（廣義神虎洛陽宮西門也是時連月火災諸宮寺或一日再發又夜有訛言唯善政可以已之書奏妻不省）使中常侍管霸之苦縣祠老子九年春正月辛亥朔日有食之詔公卿校尉郡國舉至孝沛國戴異得黃金印無文（東觀記曰戴異鉏田得金印到廣陵以興龍尚已酉詔曰）字遂與廣陵人龍尚等共祭井作符書稱太上皇伏誅比歲不登民多飢窮又有水旱疾疫之困盜賊徵發南州尤甚（謂長沙桂陽零陵屬荊州）日食譴告累至政亂在予仍獲咎徵其令大司農絕今歲調度徵求及前年所調未畢郡勿復收責其災旱盜賊之郡勿收租餘郡悉半入三月癸巳京師有火光轉行人相驚諕司隸豫州飢死者什四五至有

滅戶者遣三府掾賑稟之陳留太守韋毅
坐臧自殺夏四月濟陰東郡濟北平原河
水清司徒許栩免五月太常胡廣爲司徒
六月南匈奴及烏桓鮮卑寇緣邊九郡秋
七月沈氏羌寇武威張掖詔舉武猛三公
各二人卿校尉各一人太尉陳蕃免庚午
祠黃老於濯龍宮遣使匈奴中郎將張奐
擊南匈奴烏桓鮮卑九月光祿勳周景爲
太尉南陽太守成瑨太原太守劉質以
諧弃市（時小黃門趙津犯法質考殺之）司空劉茂
免大秦國王遣使奉獻（官官怨恚有司承旨奏質等）冬
（鄧字伯應封南陽亭侯）（時國王安敦獻象牙犀角狀瑠等）
十二月洛城傍竹柏枯傷光祿勳汝南宣
（鄧奐降司隷校尉李膺等二百餘人受誣）
張奐爲司空（東陽亭族）南匈奴烏桓率衆詣
爲黨人並坐下獄書名王府（河內牢脩告之）
永康元年春正月先零羌寇三輔中郎將
張奐破平之當煎羌寇武威護羌校尉段
頻追擊於鸞鳥大破之（鸞鳥縣名屬武威郡鸞音鸞）西羌

悉平夫餘王寇玄菟太守公孫域興戰破
之夏四月先零羌寇三輔五月丙申京師
及上黨地裂盧江賊起寇郡界壬子晦日
有食之詔公卿校尉舉賢良方正六月庚
申大赦天下悉除黨錮改元永康（時李膺）
（官者子弟官官多懼請帝以天）（時當赦帝許之故除黨錮也）
是秋八月魏郡言嘉禾生甘露降巴郡言
黃龍見（續漢志曰時人欲就淀谷水澡浴因）
（相恐此中有黃龍語遂行人閒郡欲以爲）
（美故上言之時史以書帝紀桓帝政化衰缺而多言）
生龍皆（龍孽也）六州大水勃海海溢詔州郡賜溺死
（瑞應皆此類也先儒言瑞興非時則爲妖孽而人言）
者七歲以上錢人二千一家皆被害者悉
爲收斂其亡失穀食稟人三斛冬十月先
零羌寇三輔使匈奴中郎將張奐擊破之
十一月西河言白兔見十二月壬申復瘻
陶羌悝爲勃海王丁丑帝崩于德陽前殿
年三十六戊寅尊皇后曰皇太后太后臨
朝是歲復博陵河閒二郡比豐沛
論曰前史稱桓帝好音樂善琴笙（東觀記前史謂）

飾芳林而考濯龍之宮〔薛綜注東京賦云濯龍殿名芳林謂兩旁樹木蘭也考成也既成而祭之左傳曰考仲子之宮也〕設華蓋以祠浮圖老子〔浮圖令佛也續漢志曰祠老子於濯龍官文罽爲壇飾淳金銀器設華蓋之坐用郊天樂用〕及斯〔左傳曰國將興聽於人將亡聽於神毛仙〕

嗣所謂聽於神乎

誅梁冀奮威怒天下猶企其休息而五邪〔五邪謂單超徐璜具瑗左悺唐衡是也自非忠賢力〕嗣虐流衍四方〔五邪謂忠賢謂李膺陳蕃寶武黃瓊朱穆劉淑劉陶等各上書極諫以折官官等〕華屢折姦鋒〔忠賢謂李膺陳蕃寶武黃瓊朱穆劉淑劉陶等各上書極諫以折官官等〕薮謀之〔罪所逐相乃都商丘依同姓諸侯斟灌斟尋氏爲周人相與畔而襲殺王王出奔曰周王好利暴虐周人相與畔王王出奔故城在今青州臨淄地也〕雖願依斟流彧亦不可得已〔帝王紀曰夏帝相爲夏相依斟尋氏周王〕

賛曰相自宗支越躋天祿〔于彙言帝龍幸官堅令執威權賴忠臣李膺等竭力諫爭以免篡弑之禍不然則雖願如夏相依斟尋周王〕政移五倖刑淫三獄〔越謂非次也躋升也天祿天位也倖使也達濫也五倖使也左天祿不再傳子家屬曰政移五邪也三獄謂李固杜喬也五雲杜衆成瑨劉質也帝三百餘人據相帝納三皇后又博採官女五六千〕傾宮雖積皇身靡續〔者帝王紀曰紂多發美女以充傾官之室婦人衣綾紈人並無子也〕

後漢帝紀卷第七

孝靈帝

范曄　後漢書八

唐章懷太子　賢　注

孝靈皇帝諱宏　諡法曰亂而不損曰靈伏古今注曰宏之字曰大肅
宗玄孫也曾祖河間孝王開祖淑父萇世
封解瀆亭侯　淑以河間王子封為解瀆亭侯故言世封也解瀆亭在今定州義豐
縣東北也　帝襲爵母董夫人桓帝崩無
子皇太后與父城門校尉竇武定策禁中
使守光祿大夫劉儵持節將左右羽林至
河間奉迎

【後漢帝紀八　章英】

續漢志曰桓帝之初京都童謠曰城上烏尾畢逋父為吏子為徒一徒死百乘車車班班入河間河間姹女工數錢以錢為室金為堂石上慊慊舂黃粱粱下有縣鼓我欲擊之丞卿怒者言永樂太后聚斂金錢以為堂室也姹女靈帝妬女也慊慊不充之意舂黃粱不與下共食也我謂百姓也欲擊者言將起兵也丞卿謂軍往討之人也死者言一人尚不足使人敗夷城堂也我怒欲擊者求見而止我也

建寧元年春正月壬午城
門校尉竇武為大將軍已亥帝到夏門亭
使竇武持節以王青蓋　洛陽記曰到夏門外萬壽亭群臣謁見

車迎入殿中庚子即皇帝位年十二改元
建寧以前太尉陳蕃為太傅與竇武及司
徒胡廣參錄尚書事使護羌校尉段熲討
先零羌二月辛酉葬孝桓皇帝于宣陵　陵在今洛陽東南三十里高十二丈周三百步
廟曰威宗庚午謁高廟辛　高廟在今原州高平縣逢一
未謁世祖廟大赦天下賜民爵及帛各有
差段熲大破先零羌於逢義山　山在今原州高平縣逢
閏月甲午追尊皇祖為孝元皇帝夫人夏
氏為孝元皇后考為孝仁皇夫人董氏為
慎園貴人　慎園在今瀛州樂壽縣東南俗呼為二皇陵

【後漢帝紀八　二】

夏四月戊辰
太尉周景薨司空宣酆免長樂衛尉王暢
為司空五月丁未朔日有食之詔公卿以
下各上封事及郡國守相舉有道之士各
一人又故刺史二千石清高有遺惠為衆
所歸者皆詔公車太中大夫劉矩為太尉
六月京師雨水秋七月破羌將軍段熲復
破先零羌於涇陽　涇陽縣名屬安定故城在今原州平涼縣南也
司空王暢免宗正劉寵為司空九月丁亥

中常侍曹節矯詔誅太傅陳蕃大將軍竇
武及尚書令尹勳侍中劉瑜屯騎校尉馮
述皆夷其族皇太后遷于南宮　太后與竇武密謀欲誅曹武節
司空劉寵為司徒胡廣為太傅錄尚書事
十月甲辰晦日有食之令天下繫囚罪未
決入縑贖各有差十一月太尉劉矩免太
僕沛國聞人襲為太尉　風俗通曰少正卯魯姓聞人名襲字定卿　續漢志曰置永樂宮儀如桓帝尊竇
之聞人其十二月鮮卑及濊貃寇幽并二州

陳從

二年春正月丁丑大赦天下三月乙巳尊
慎園董貴人為孝仁皇后
夏四月癸巳大風雨雹詔公卿以下
各上封事五月太尉聞人襲罷司空許栩
免六月司徒劉寵為太尉太常許訓為司
徒　訓字季師平輿人
秋七月破羌將軍段熲大破先零羌於射
虎塞外谷東羌悉平九月江夏蠻叛州郡
討平之丹陽山越賊圍太守陳夤夤擊破

之冬十月丁亥中常侍侯覽諷有司奏前
司空虞放太僕杜密長樂少府李膺司隸
校尉朱瑀潁川大守巴肅沛相荀翌河內
大守魏朗山陽大守翟超等皆為鉤黨下
獄　鉤謂相牽引也事具劉淑李膺傳　死者百餘人妻子徙邊
諸附從者鋼及五屬　五屬謂五服內親也　制詔州郡大
舉鉤黨於是天下豪桀及儒學行義者一
切結為黨人　續漢志曰建寧中京都長者皆以董方筒為裝具時有識者竊言董筒方筒中　庚子晦日有
僕曹節為車騎將軍百餘日罷

王中

食之十一月太尉劉寵免太僕郭禧為太
尉　禧字公房扶溝人也禧音僖　婦
三年春正月丙寅晦日河內人婦食夫河南人夫食
禧罷太中大夫聞人襲為太尉秋七月司
空劉囂罷八月大鴻臚橋玄為司空九月
執金吾丑董寵下獄死冬濟南賊起攻東平
陵　東平陵縣名屬濟南故城在今濟州東
鬱林烏滸民相率內

烏滸南方夷號也廣州記曰其俗
食人以鼻飲水口中進噉如故

四年春正月甲子帝加元服大赦天下賜
公卿以下各有差唯黨人不赦二月癸卯
地震海水溢河水清三月辛酉朔日有食
之太尉聞人襲免大僕李咸爲太尉〔字元卓南平人〕
詔公卿至六百石各上封事大疫使
中謁者巡行致醫藥司徒許訓免司空橋
玄爲司徒夏四月太常來豔爲司空〔豔字季德〕
南陽新
野人
五月河東地裂雨雹山水暴出秋
〔五米作〕

〔後漢帝紀五〕

七月司空來豔免癸丑立貴人宋氏爲皇
后〔執金吾宋酆女前年入被庭爲貴人〕司徒橋玄免太常宗俱
爲司空陽安衆人〔前司空許栩爲司徒冬〕
鮮卑寇并州
嘉平元年春三月壬戌太傅胡廣薨夏五
月己巳大赦天下改元熹平長樂太僕侯
覽有罪自殺六月京師雨水癸巳皇太后
竇氏崩秋十月甲寅葬相思皇后官官謟〔有時〕
司隸校尉段熲捕繫太學諸生千餘人

人書朱雀闕云天下大亂公卿
皆尸祿故捕之事見官者傳

冬十月渤海王
悝被誣謀反丁亥悝及妻子皆自殺十一
月會稽人許生自稱越王寇郡縣〔東觀記曰聚眾自稱大將軍立父生爲越王攻破郡縣〕遣楊州刺史臧旻丹陽
大守陳夤討破之十二月司徒許栩罷大
鴻臚袁隗爲司徒鮮卑寇并州是歲甘陵
王恢薨

二年春正月大疫使使者巡行致醫藥十
丑司空宗俱薨二月壬午大赦天下以光
祿勳楊賜爲司空三月太尉李咸免夏五
月以司隸校尉段熲爲太尉沛相師遷坐〔記云陳行相師遷奏沛相魏愔前言師遷爲沛相師遷與陳王寵交通明蓋誤也〕
誣罔國王下獄死國王陳愍王寵也臣案陳
月北海地震東萊北海海水溢〔出大魚二枚〕
唐珍爲司空秋七月司空楊賜免太常潁川〔各長八九丈高二丈餘〕
冬十二月日南微外國重譯
貢獻太尉段熲罷鮮卑寇幽并二州癸酉
晦日有食之

〔後漢帝紀八〕

〔六 陳編〕

三年春正月夫餘國遣使貢獻二月己巳
大赦天下太常陳耽爲太尉（耽字漢公東海人也）三月
中山王暢薨無子國除夏六月封河閒王
利子康爲濟南王奉孝仁皇祀秋祀洛水溢
冬十月癸丑令天下繫囚罪未決入縑贖
十一月楊州刺史臧旻率丹陽太守陳寅
大破許生於會稽斬之任城王博薨十二
月鮮卑寇北地北地太守夏育追擊破之
鮮卑又寇并州司空唐珍罷永樂少府許
訓爲司空
四年春三月詔諸儒正五經文字刻石立
于太學門外封河閒王建孫佗爲任城王（建桓帝弟也）
赦天下延陵園災（成帝陵也在今咸陽縣西）遣使者持節
告祠延陵鮮卑寇幽州（今咸陽縣理志及）
遣守宮令之臨監穿渠爲民興利（前書地理志及續漢郡國志並無監令蕭令州安邑縣西南有鹽池）今郡國遇災者減田
租之半其傷害十四以上勿收責冬十月

丁巳令天下繫囚罪未決入縑贖拜沖帝
母虞美人爲憲園貴人（順帝虞美人也憲園在洛陽東北）
帝母陳夫人爲渤海孝王妃（漢官儀曰平準令一人秩六百石也）使官者爲令
平準爲中準（一人秩六百石也）
列於內署自是諸署悉以閹人爲丞令
五年夏四月癸亥大赦天下益州郡夷叛
太守李顒討平之復崇高山名爲嵩高山（前書武帝祠中嶽政嵩高爲崇高觀記曰使中郎將堂谿典請雨因上言改之名爲嵩高山大雩）
使侍御史行詔獄亭部理冤枉原輕繫休
囚徒五月太尉陳耽罷司空許訓爲太尉
閏月永昌太守曹鸞坐訟黨人弃市（訟謂申理）
子弟在位者皆免官禁錮六月壬戌太常
南陽劉逸（逸字大過）爲司空秋七月壬午
許訓罷光祿勳劉寬爲太尉冬十月甲午
御殿後槐樹自拔倒豎司徒袁隗罷十一
月丙戌光祿大夫楊賜爲司徒十二月甘
陵王定薨試太學生年六十以上百餘人

除郎中太子舍人至王家郎郡國文學吏

漢官儀曰太子舍人王家郎中並秩二百石無員

是歲鮮卑寇幽州沛

國言黃龍見譙

六年春正月辛丑大赦天下二月南宮平
城門又武庫東垣屋自壞

平城門洛陽城南門也蔡邕曰平城門正陽之門與宮連郊祀法駕所從出門也蔡邕曰平城武庫禁兵所藏東垣庫之外障易傳曰小人在位殿妖城門自壞門謂東西邊

夏四月大旱七州蝗鮮卑寇三邊
市賈民為宣陵孝子者數十人皆

除太子舍人

【後漢帝紀八 九】

球為司空八月遣破鮮卑中郎將田晏出
雲中使匈奴中郎將臧旻與南單于出鴈
門護烏桓校尉夏育出高柳並伐鮮卑劉
等大敗冬十月癸丑朔日有食之太尉劉
寬免帝臨辟雍辛丑京師地震辛亥令天
下繫囚罪未決入縑贖十一月甲寅太常陳
免十二月甲寅太常河南孟戫為太尉字
叔達音乙六反庚辰司徒楊賜免太常王敏為司
空鮮卑寇遼西永安太僕王旻下獄死

光和元年春正月合浦交阯烏滸蠻叛招
引九真日南民攻沒郡縣太尉孟戫罷二
月辛亥朔日有食之癸丑光祿勳陳國袁
滂為司徒

滂字公喜
鴻都門名也於内置學時其中諸生皆州郡三公舉召能為尺牘辭賦及工書鳥篆者相課試至千人

三月辛丑大赦天下改元光和太常
常山張顥為太尉

顥字智明搜神記曰顥命椎破地得一金印文曰忠孝侯印相新兩後有鵲飛翔近地令梁人摧之慎地化為圓石顥命椎破得一金印文曰忠孝侯印

震侍中寺雌雞化為雄司空陳耽免太常
來豔為司空五月壬午有白衣人入德陽
殿門亡去不獲

東觀記曰白衣人言梁伯夏教我上殿與中黃門相語因忽起奔迅五色有頭體長十餘丈形兒似龍

不見六月丁丑有黑氣墮所御温德殿庭中

東觀記曰温德殿東觀記曰白衣人玉堂前後殿據楊賜傳云慎嘉德殿前

壬子青虹見御坐玉堂後殿庭中

洛陽宮殿有玉堂前殿玉堂後殿中名南宮有

八月有星孛于天市九

秋七月

月太尉張顥罷太常陳球為太尉司空來
豔薨冬十月屯騎校尉袁逢為司空皇后

【後漢帝紀八 十】

宋氏廢后父執金吾酆下獄死丙子晦日
有食之十一月太尉陳球免十二月丁巳
光祿大夫橋玄為太尉是歲鮮卑寇酒泉
京師馬生人京房易傳曰諸侯相伐厭妖馬生人矣初開西邸賣
官自關內侯虎賁羽林入錢各有差山陽公載其以
私令左右賣公卿公千萬卿五百萬次應選者半之或三分之一於西園立庫以貯之
記曰時賣官二千石二千萬四百石四百萬

【後漢帝紀八】 十一

二年春大疫使常侍中謁者巡行致醫藥
三月司徒袁滂免大鴻臚劉郃為司徒
乙丑太尉橋玄罷太中大夫段熲為太
尉京兆地震司空袁逢罷太常張濟為司
空細陽人夏四月甲戌朔日有食之辛
巳中常侍王甫及太尉段熲並下獄死丁
酉大赦天下諸黨人禁錮小功以下皆除
之時上祿長和海上言黨人錮及五族有乖典訓帝從之東平王端薨五
月衛尉劉寬為太尉秋七月使匈奴中郎
時張脩壇斬單于呼徵更立羌渠為單于故坐死
將張脩有罪下獄死
冬十月甲申司徒劉郃永樂少府陳球衛

尉陽球步兵校尉劉納謀誅官者事洩皆
下獄死巴郡扳楯蠻叛遣御史中丞蕭瑗
督益州刺史討之不剋十二月光祿勳楊
賜為司徒鮮卑寇幽并二州是歲京房易傳曰
利麂洛陽女子生兒兩頭四臂二首下不一
也厥妖人生兩頭
三年春正月癸酉大赦天下二月公府駐
駕廡自壞公府三公府也駐駕停車庑也廊庑屋也音無亡反
壞三月梁王元薨夏四月江夏蠻叛六月
詔公卿舉能通尚書毛詩左氏穀梁春秋
各一人悉除議郎秋是地震涌水出
甘陵張披縣西北也縣屬酒泉郡故城在八月今繫囚罪未決入
鮮卑寇幽并二州冬閏月有星孛于狼弧二星名也
氏為皇后南陽宛人也將軍何貢女也是歲作罼圭靈
昆苑罼圭苑有二東罼圭苑周三千五百步並在洛陽
宣平門外也
四年春正月初置騄驥廄丞領受郡國調

馬騄騄善馬也調謂調習登校之也

豪右章襍馬一四至二百
萬〔前書音義曰謷者為之壅也權專也謂障餘人賣買而自取其利〕二月郡國上芝
英草夏四月庚子大赦天下交阯刺史朱
儁討交阯合浦烏滸蠻破之六月庚辰兩
〔續漢書曰電大如雞子〕秋七月河南言鳳皇見新
城暈烏隨之賜新城令及三老力田帛各
有差九月庚寅朔日有食之太尉劉寬免
衛尉許馘為太尉閏月辛酉北宮東掖庭
永巷署〔官者為之秋六百石掌宮婢侍使巷中署名也漢官儀曰令一人〕災
采女販賣更相盜竊單閹帝著商估服諸
宴為樂又於西園弄狗著進賢冠帶綬
寇幽并二州是歲帝作列肆於後宮使諸
徒楊賜罷冬十月太常陳耽為司徒鮮卑
又駕四驢帝躬自操轡驅馳周旋京
師轉相放效〔續漢志曰驢者乃服重致遠上下山谷野人之所用耳何有帝王君子而〕
狗而〔冠狗者狗而冠也續漢志曰冠者尊服之前高七十後高三十長八寸禮三百威儀三千冠帶也謂昌邑王見狗冠方山冠襲遂曰王之左右皆狗冠也〕

〔後漢帝紀八　十三　陳敢〕

〔司〕

驂駕之平天意若曰國且大亂
賢愚倒植凡執政者皆如驂也

五年春正月辛未大赦天下二月大疫三
月司徒陳耽免夏四月旱太常表隤為司
徒五月庚申永樂宮署災〔續漢志曰德陽前殿西北入門內永樂太后宮署災〕秋七月有星孛于太微巴郡板楯
蠻詣太守曹謙降癸酉令繫囚罪未決入
縑贖八月起四百尺觀於阿亭道冬十月
太尉許馘罷太常楊賜為太尉校獵上林
苑歷函谷關遂巡狩于廣成苑十二月還
幸太學

〔後漢帝紀八　十四　朱安國〕

六年春正月日南徼外國重譯貢獻二月
復長陵縣比豐沛三月辛未大赦天下夏
大旱秋金城河水溢五原山岸崩始置圜
圜署以宦者為令冬東海東萊琅邪井中
冰厚尺餘大有年
中平元年春二月鉅鹿人張角自稱黃天
其部師有三十六萬皆著黃巾同日反叛〔續漢書曰三十六萬餘人安平甘陵皆著黃巾同日反叛〕
師轉相放效
三月戊申以河南尹何進為大將

續漢書曰三
十六萬餘人
安平甘陵
安平王續
十六萬餘人
甘陵
王忠

【上欄】

軍將兵屯都亭，置八關都尉官。〔八關謂函谷、廣城、伊闕、大谷、轘轅、旋門、小平津、孟津也。都亭在洛陽。〕

諸徙者。〔時中常侍呂彊言於帝曰，黨錮久積，若與黃巾合謀，悔之無救，帝懼，皆赦之，唯〕壬子，大赦天下黨人，還

張角不赦。詔公卿出馬、督，舉列將子孫及

吏民有明戰陳之略者，詣公車，遣北中郎

將盧植討張角，左中郎將皇甫嵩，右中郎

將朱儁討潁川黃巾。夏四月，庚子，南陽黃巾張

曼成攻殺郡守褚貢。〔盛字伯熊。〕楊賜免，太

僕弘農鄧盛為太尉。司空張濟罷，大〔後漢帝紀八　十五〕

司農張溫為司空。朱儁為黃巾波才所敗。〔時鈞上書曰，令斬常侍〕

侍中向栩、張鈞坐言官者，為下獄死。〔自消也，帝以章示常侍，故下獄也。〕

守趙謙於邵陵。〔邵陵縣名，屬汝南郡，故城在今豫州郾城縣東。〕〔廣陽〕

黃巾殺幽州刺史郭勳及太守劉衞。五月，

皇甫嵩、朱儁復與波才等戰於長社，大破

之。〔長社今許州縣也。故城在長葛縣西。〕六月，南陽太守秦頡擊張

曼成，斬之。交阯屯兵執刺史及合浦太守

來達，自稱柱天將軍，遣交阯刺史賈琮討

【下欄】

平之。皇甫嵩、朱儁大破汝南黃巾於西華。〔西華縣屬汝南郡故城在今陳州項城縣西〕

詔嵩討東郡，朱儁討南

陽。盧植破黃巾，圍張角於廣宗。官誣奏

植，抵罪。〔帝遣破張角，垂當拔之，小黃門左豐言於帝曰，盧中郎固壘息軍，以待天誅，帝怒，遂於檻車徵植，減死一等。〕遣中郎將董卓攻張角，不剋。

女子生見兩頭共身。〔續漢志曰，靈帝光和二年，洛陽上西門外女子生兒，兩頭異肩共胸，俱前向，以為不祥，墮地棄之，其後政在私門，上下無別，二頭之象。劉艾紀曰，時巴郡巫人張脩療病，愈者雇以米五斗，號為五斗米師。〕秋，七月，巴郡妖巫張

脩反，寇郡縣。河南尹徐灌下獄死。八月，皇甫嵩與黃巾

戰於倉亭，獲其帥卜巳。〔倉亭在東郡。其帥卜巳也。〕嵩北討張角。九月，安平王續有罪，誅，國除。

冬，十月，皇甫嵩與黃巾賊戰於廣宗，獲張

角弟梁。角先死，乃戮其屍。〔發棺戮屍，傳送馬市以〕皇

甫嵩為左車騎將軍。十一月，皇甫嵩又破

黃巾于下曲陽，斬張角弟寶。湟中義從胡

北宮伯玉與先零羌叛，以金城人邊章、韓

遂為軍帥，攻殺護羌校尉泠徵、金城太守

陳懿。〔泠姓也，周有泠州鳩大夫泠也。〕癸巳，朱儁拔宛城，斬黃

巾別帥孫夏詔減太官珍羞御食一肉廄馬非郊祭之用悉出給軍十二月己巳大赦天下改元中平是歲下邳王意薨無子國除郡國生異草備龍蛇鳥獸之形（亦作人狀操持兵弩一備具）（續漢志曰龍蛇鳥獸其狀毛羽頭目足翅皆具是歲黃巾賊起漢遂微弱）風俗二年春正月大疫琅邪王據薨二月己酉稅天下田畝十錢（以修宮室）南宮大災火半月乃滅（續漢志曰時燒靈臺殿延及洛陽城西樂成殿面南頭門西燒嘉德和驩殿已亥廣陽門外屋自壞及比關度道也）黑山賊張牛角等十餘輩並起所在寇鈔司徒袁隗免三月延尉崔烈為司徒北宮伯玉等寇三輔遣左車騎將軍皇甫嵩討之不剋夏四月庚戌大風雨雹五月太尉鄧盛罷太僕河南張延為太尉（延字公威歂之子）秋七月三輔螟左車騎將軍皇甫嵩免八月以司空張溫為車騎將軍討北宮伯玉九月特進楊賜為司空冬十月庚寅司空楊賜薨光祿大夫許相為司空（相字公弼平輿人許訓之子）前司徒陳耽

王營

諫議大夫劉陶坐直言下獄死十一月張溫破北宮伯玉於美陽因遣盪寇將軍周慎追擊之圍榆中（縣名故城在今蘭州金城縣東也）又遣中郎將董卓討先零羌慎卓並不克鮮卑寇幽并二州是歲造萬金堂於西園洛陽民生見兩頭四臂三年春二月江夏兵趙慈反殺南陽太守秦頡庚戌大赦天下太尉張延罷車騎將軍張溫為太尉中常侍趙忠為車騎將軍復修玉堂殿鑄銅人四黃鍾四（其音中黃鍾也其子為黃鍾天祿獸也鑄使）及天祿蝦蟆又鑄四出文錢（銅人列於倉龍玄武闕外鍾懸於玉堂及雲臺殿前天祿蝦蟆吐水於平門外事具官者傳寫以銘陽縣北有宗資碑旁有兩石獸膊有一曰天祿一曰辟邪據此即天祿辟邪也漢有天祿閣一曰天祿獸也）立因獸以名刺史王敏討趙慈斬之車騎將軍趙忠罷五月壬辰晦日有食之六月荊州蠻叛寇郡界郡兵討破之秋八月懷陵上有雀萬數悲鳴因鬬相殺（懷陵冲帝陵也續漢志曰天戒若曰諸懷爵祿而尊厚者還自相害也）冬十月武陵前太尉張延為

李秀

官人所譖下獄死十二月鮮卑寇幽并二
州

四年春正月己卯大赦天下二月榮陽賊
殺中牟令〔中牟令鄭州縣劉艾紀曰中牟縣皓及主簿潘業臨陣不顧皆被害〕〔前書音義曰杲恩連〕己
亥南宮內殿旱恩自壞〔闕曲闕也音浮思〕
月河南尹何苗討榮陽賊破之拜苗為車
騎將軍〔劉艾紀曰上西門外〕三
韓遂鄙兵大敗遂寇漢陽漢陽太守傅燮
戰沒扶風人馬騰漢陽人王國並叛寇三
輔太尉張溫免司徒崔烈為太尉五月司
空許相為司徒光祿勳沛國丁宮為司空
〔官字元雄宇〕六月洛陽民生男兩頭共身
〔劉食妻生也〕漁陽人張純與同郡張舉舉兵叛
攻殺右北平太守劉政遼東太守楊終護
烏桓校尉公綦稠等舉兵自稱天子寇幽
冀二州秋九月丁酉令天下繫囚罪未決
入縑贖冬十月零陵人觀鵠〔觀姓鵠名〕自稱平
天將軍寇桂陽長沙太守孫堅擊斬之十

一月太尉崔烈罷大司農曹嵩為太尉十
二月休屠各胡叛是歲賣關內侯假金印
紫綬傳世入錢五百萬

五年春正月休屠各胡寇西河殺郡守邢
紀丁酉大赦天下二月有星孛于紫宮黃
巾餘賊郭大等起於西河白波谷寇太原
河東三月休屠各胡攻殺并州刺史張懿
遂與南匈奴左部胡合殺其單于夏四月
汝南葛陂黃巾攻沒郡縣〔新蔡縣西北太〕尉
曹嵩罷五月永樂少府樊陵為太尉〔字德雲胡陽人也〕六月丙寅大風太尉樊陵罷益州黃
巾馬相攻殺刺史郗儉自稱天子又寇巴
郡殺郡守趙部益州從事賈龍擊相斬之
郡國七大水秋七月射聲校尉馬日磾為
太尉八月初置西園八校尉〔宦曰小黃門蹇碩為上軍校尉虎賁中郎將袁紹為中軍校尉屯騎校尉鮑鴻為下軍校尉議郎曹操為典軍校尉趙融為助軍左校尉馮芳為助軍右校尉諫議大夫夏牟為左校尉淳于瓊為右校尉凡八校尉皆統於蹇碩〕
司徒許相罷司空丁宮為司徒光祿勳南

陽劉弘為司空（字子高安衆人）衞尉董重為驃騎將軍九月南單于叛與白波賊寇河東遣中郎將孟益率騎都尉公孫瓚討漁陽賊張純青徐黃巾復起寇郡縣甲子帝自稱無上將軍燿兵於平樂觀（平樂觀在洛陽城西）十一月涼州賊王國圍陳倉右將軍皇甫嵩救之遣下軍校尉鮑鴻討葛陂黃巾巴郡板楯蠻叛遣上軍別部司馬趙瑾討平之公孫瓚與張純戰於石門大破之（時烏桓反叛與賊張純等攻薊中故瓚追擊之石門山名也在今薊州西南）是歲改刺史新置牧六年春二月左將軍皇甫嵩大破王國於陳倉三月幽州牧劉虞購斬漁陽賊張純下軍校尉鮑鴻下獄死夏四月丙午朔日有食之太尉馬日磾免幽州牧劉虞為太尉丙辰帝崩于南宮嘉德殿年三十四戊午皇子辯即皇帝位年十七尊皇后曰皇太后太后臨朝大赦天下改元為光熹封

皇弟協為渤海王後將軍袁隗為太傅與大將軍何進參錄尚書事上軍校尉蹇碩下獄死（時蹇碩謀欲立勃海王協後覺）五月辛巳票騎將軍董重下獄死（董重董氏之弟子也）六月辛亥孝仁皇后董氏崩辛酉葬孝靈皇帝于文陵（文陵在洛陽西北二十里陵高十二丈周回三百步）雨水秋七月庚寅孝仁皇后歸葬河間愼陵徙渤海王協為陳留王司徒丁宮罷八月戊辰中常侍張讓段珪等殺大將軍何進於是虎賁中郎將袁術燒東西宮攻諸宦者庚午張讓段珪等劫少帝及陳留王幸北宮德陽殿何進部曲將吳匡與車騎將軍何苗戰於朱雀闕下苗敗斬之辛未司隸校尉袁紹勒兵收僞司隸校尉樊陵河南尹許相及諸閹人無少長皆斬之讓珪等復劫少帝陳留王走小平津（小平津在今鞏縣西北續漢志曰時京師童謠訛曰侯非侯王非王千乘萬騎上北芒公卿百官皆隨其後到河上乃得還）尚書盧植追讓珪等斬數人其餘投河而死

獻帝春秋曰河南中部掾閔貢見天子出率騎追
北到河上天子飢渴頁軍羊進之閔貢責讓等曰
以閹官之隷刀鋸之殘越從涛泥扶侍日月賣國
恩階賤爲貴劫迫帝主蕩覆王室假息漏刻遊魂
津自亡新以來姦臣賊子未有如吾等者今辭曰
射殺汝讓等慚怖义手再拜叩頭向天子辭曰臣吾
死投河而死帝與陳留王協夜步逐熒光行
數里得民家露車共乘之辛未還宮大赦
天下改光喜爲昭寧并州牧董卓殺執金
吾丁原司空劉弘免董卓自爲司空九月
甲戌董卓廢帝爲弘農王自六月雨至于
是月

論曰秦本紀說趙高謂二世指鹿爲馬　史記
曰趙高欲爲亂恐羣臣不聽乃先設驗持鹿獻胡亥
曰馬也胡亥曰丞相誤也以問羣臣左右或言馬或
言鹿者高皆陰法中之自此左右不敢言之也
不得登高臨觀
赦者同其致矣然則靈帝之爲靈也優哉　故知亡
乃使趙忠等諫曰君不當登高高則百姓皆離散自是諫不復登臺榭見宮室者傳
而趙忠張讓亦紿靈帝時官並起弟宅擬則宮室帝嘗登永安候臺官恐望見之
贊曰靈帝負乘委體宮寵至言帝以乘而致寇
棄亡備兆小雅盡缺則詩小雅日小雅廢之器四夷交侵中國微矢缺
徹亡麋鹿霜露遂棧宮衛諫史記曰伍子胥王吳王不胥
亦廢也

後漢帝紀卷第八

聽子胥曰臣今見麋鹿遊于姑蘇之臺宮中生荆棘
露沾衣也言帝爲政貪亂任寄不得其人尋以獻帝
遷播洛陽丘墟故麋鹿棧
宮衛也衛協顏音于別反

范曄　後漢書九

唐章懷太子賢注

〔後漢帝紀九〕王沖

孝獻皇帝諱協，靈帝中子也。〔諡法曰：聰明叡哲曰獻……智曰獻。協之字〕母王美人為何
皇后所害。中平六年四月少帝即位，帝
為勃海王，徙封陳留王。九月甲戌即皇帝〔董卓遷也。洛陽宮殿名曰〕
位，年九歲。遷皇太后於永安宮。〔永安宮周迴六百九十八……〕陽宮即皇帝
丈。故基在洛陽故城中。大赦天下，改昭寧為
永漢。丙子，董卓殺皇太后何氏。初令侍中為
給事黃門侍郎，員各六人。〔續漢志曰：侍中比二千石，無員。漢官儀……〕

給事黃門侍郎，員各六人。

賜公卿以下至

黃門侍郎家一人為郎。以補官官所領諸
署侍於殿上。〔靈帝建寧四年改平準為中準，使官……諸為令自是諸內署令丞悉以閹人〕

〔後漢帝紀九〕

士之故，今並令領之。乙酉，以太尉劉虞為大司馬。
董卓自為太尉，加鈇鉞、虎賁。〔禮記曰：諸侯賜……〕丙戌，太中大夫楊
彪為司空。甲午，豫州牧黃琬為司徒，遣使
弔祠太傅陳蕃、大將軍竇武。〔黃巾……〕
等起於西河白波〔谷時謂之白波賊……〕。董卓遣其將牛輔擊之。十
乙巳，葬靈思皇后。白波賊寇河東。
一月癸酉，董卓為相國。十二月戊戌，司徒
黃琬為太尉，司空楊彪為司徒，光祿勳荀
奭為司空，省扶風都尉，置漢安都護〔扶風都尉〕。
喜昭寧、永漢三號，還復中平六年。
初平元年春正月，山東州郡起兵以討董
卓。辛亥，大赦天下。癸酉，董卓殺弘農王。白
波賊寇東郡。二月乙亥，太尉黃琬、司徒楊
彪免。庚辰，董卓殺城門校尉伍瓊、督軍校
尉周珌〔珌音必。慎以光〕。
禄勳趙謙為太尉〔謝承書曰：謙字彥信，太尉趙戒之孫，蜀郡成都人也。太〕

儻王允爲司徒丁亥遷都長安董卓驅徙
京師百姓悉西入關自留屯畢圭苑壬辰
白虹貫日三月乙巳車駕入長安幸未央
宮（未央宮蕭何所造也張璠記曰大雨晝晦瞿瓁飛入長安宮／獻帝春秋記曰卓以山東兵起恐）己酉董
夏五月司空
太鴻臚韓融少府陰脩執金吾胡母班（胡母姓本陳胡公之後也公子宗奔齊遠本胡公近取母邑故曰胡母也氏也）
苟爽薨六月辛丑光祿大夫种拂爲司空
卓焚洛陽宮廟及人家戊午董卓殺太傅
袁隗太僕袁基其族
東後將軍吳脩越騎校尉王瓌安集關
將作大匠河內太守王匡各執而殺（英雄記曰匡字公節太山人也輕財好施以任俠聞爲袁紹河內太守）
之
冬十一月庚戌鎮星熒惑太白合於尾
免董卓壞五銖錢更鑄小錢（銖錢／光武中興除王莽貨泉更用五銖）
是歲有司奏和安順桓四帝無功德不宜
稱宗又恭懷敬隱恭愍三皇后並非正嫡（和帝號穆宗／安帝號恭宗／順帝號敬宗／桓帝號威宗）
不合稱后皆請除尊號制曰可

三　李秀

殺南陽太守張咨（孫堅殺荊州刺史王叡／王氏譜曰叡字通耀晉太保祥）
陵夏四月董卓入長安六月丙戌地震秋
二年春正月辛丑大赦天下二月丁丑董
卓自爲太師袁術遣將孫堅與董卓將胡
軫戰於陽人（梁縣西／河南郡故城在今洛州）
七月司空种拂免光祿大夫濟南淳于嘉
爲司空种拂免光祿大夫濟南淳于嘉
九月蚩尤旗見于角亢（天官書曰蚩尤之旗／後曲象旗熒惑之類也）
董卓殺衛尉張溫十一月青州黃巾寇太（精也呂氏春秋云其色黃上白下見／則王者征伐四方元蒼龍之星）
山太山太守應劭擊破之黃巾轉寇勃海
公孫瓚與戰於東光復大破之滄州縣是（東光今）
歲長沙有人死經月復活
三年春正月丁丑大赦天下袁術遣將孫

堅攻劉表於襄陽堅戰歿表紹及公孫瓚
戰于界橋〔今貝州宗城縣東有古界城瓚軍大近㯏漳水則界橋在此也〕
敗夏四月辛巳誅董卓夷三族司徒王允
丁酉大赦天下丁未征西將軍皇甫嵩為
郡太守曹操大破黃巾於壽張降之五月
青州黃巾擊殺兗州刺史劉岱於東平東
錄尚書軍撫朝政遣使者張种撫慰山東
車騎將軍董卓部曲將李傕郭汜樊稠張
濟等反攻京師六月戊午陷長安城太常〔王允〕
种拂太僕魯旭大鴻臚周奐〔三輔決錄注曰奐字文明茂陵人〕〔五〕
城門校尉崔烈越騎校尉王頎並戰歿
〔頎音所〕吏民死者萬餘人李傕等並自為將
軍己未大赦天下李傕殺司隸校尉黃琬
甲子殺司徒王允皆滅其族丙子前將軍
趙謙為司徒秋七月庚子太尉馬日磾為
太傅錄尚書事八月遣日磾及太僕趙岐
持節慰撫天下車騎將軍皇甫嵩為太尉
司徒趙謙罷九月李傕自為車騎將軍郭

汜後將軍樊稠右將軍張濟鎮東將軍濟
出屯弘農甲申司空淳于嘉為司徒光祿
大夫楊彪為司空並錄尚書事冬十二月
太尉皇甫嵩免光祿大夫周忠為太尉參
錄尚書事
四年春正月甲寅朔日有食之〔表宏紀日未晡八刻太史令王立奏曰晡過度無變也朝臣皆賀帝賈詡奏曰未晡一刻而食不朝變上下請奏立司候不明疑誤上下請奏詡奏曰立候不明詡奏奏曰天道遠事驗難明今災異屢見欲歸各史官驗明帝益重詡之德也〕丁卯大赦天下
三月袁術殺楊州刺史陳溫據淮南長安
宣平城門外屋自壞〔三輔黃圖曰長安也〕〔六〕夏三
月癸酉無雲而雷六月扶風大風雨雹華
山崩裂太尉周忠免大僕朱儁為太尉錄
尚書事下邳賊闕宣自稱天子〔姓也風俗通曰闕黨〕風雨通前書音義日有聲為
原輕轂六月壬辛丑天狗西北行御史裴茂訊詔
獄〔天狗無聲為枉矢〕九月甲午試儒生四十餘人上第
賜位郎中次太子舍人下第者罷之詔曰
孔子歎學之不講〔講習也論語之文〕不講則所識

日忌今者儒年踰六十去離本土營求糧
資不得專業結童入學白首空歸長委農
野永絕榮望朕甚愍焉其依科罷者聽為
太子舍人　冬十月太學行禮車駕幸
永福城門臨觀其儀賜博士以下各有差
辛丑京師地震有星孛于天市
空公孫瓚殺大司馬劉虞十二月辛丑地
震司空趙溫免乙巳衛尉張喜為司空
興平元年春正月辛酉大赦天下改元興
平甲子帝加元服二月壬午追尊諡皇妣
王氏為靈懷皇后甲申改葬于文昭陵丁
亥帝耕于藉田三月韓遂馬騰與郭汜樊
稠戰於長平觀遂敗績左中郎將劉範
前益州刺史种劭劻戰歿

是歲琅邪王容薨

司空楊彪免太常趙溫為司
空

聖主愍念悉用補郎
天子移都其後

表宏紀日李
于天市將從
舍是布衣被服皂黃

去長安五十里令涇水南原畦城是也袁宏紀日是時馬騰以李傕等專亂以益州刺史劉焉宗室大臣

遣使招引共誅催騰遺子範將兵乾騰故涼州刺史
种劭劻太常拂之子也拂為惟所害劭欲報仇遂為此
戰　夏六月丙子分涼州河西四郡為雍州
謂金城酒泉
徼煌張掖披　丁丑地震戊寅又震乙巳晦日
有食之帝避正殿寢兵不聽事五日大蝗
秋七月壬子太尉朱儁免戊午太常楊彪
為太尉錄尚書事三輔大旱自四月至于
是月帝避正殿請雨遣使者洗囚徒原輕
繫濊謂蕩也
二十萬人相食啖白骨委積帝使侍御史
疾汶出太倉米豆為飢人作糜粥經日而
死者無降帝疑賦邮有虛乃親於御坐前
量試作糜乃知非實　使侍中劉艾出
讓有司於是尚書令以下皆詣省閣謝奏
收屍沒考實詔曰未忍致汝于理可杖五
十自是之後多得全濟八月馮翊羌叛寇
屬縣郭汜樊稠擊破之九月桑復生椹人
得以食司徒淳于嘉罷冬十月長安市門

自壞以衞尉趙溫為司徒錄尙書事十二

月分安定扶風為新平郡是歲揚州刺史

劉繇與袁術將孫策戰于曲阿　策字伯符孫堅子也孫策遂據江東吳志曰孫策領會稽太守

縣軍敗績孫策遂據江東　兵逮會稽太守領會稽太守

太傅馬日磾薨于壽春　壽春縣名

屬九江郡今壽春縣也

〔後漢帝紀九〕

九

靜帝幸其營居於官室夏四月甲午立貴人

傕殺樊稠而與郭汜相攻三月丙寅李傕

二年春正月癸丑大赦天下二月乙亥李

伏氏為皇后丁酉郭汜攻李傕矢及御前

如雨及御所止高樓殿前帷廉也

山陽公載記曰弩並發矢下

帝幸北塢　山陽公載記服虔通俗文曰塢壁也一曰庳城也

時流矢中傕左耳乃迎帝幸此塢帝不肯從強之乃行

是日李傕移

大旱五月壬午李

傕自為大司馬六月庚午張濟自陝來和

傕汜秋七月甲子車駕東歸郭汜自為車

騎將軍揚定為後將軍揚奉為與義將軍

董承為安集將軍並侍送乘輿與張濟為驃

騎將軍還屯陝八月甲辰幸新豐冬十月

戊戌郭汜使其將伍習夜燒所幸學舍逼

脅乘輿揚定揚奉與郭汜戰破之壬寅幸

華陰露次道南是夜有赤氣貫紫宮　獻帝春秋

十一月庚午李傕郭汜等追乘輿戰於東　張濟復反與李傕郭汜合

澗王師敗績殺光祿勳鄧泉衞尉士孫瑞　東至寅西至戌地獻帝春秋赤氣廣六七尺

廷尉宣播大長秋苗祀　播帝作播也　步兵校尉

魏桀侍中朱展射聲校尉沮儁　風俗通沮姓也黃帝時姓也黃帝時

史官沮誦之後音側余反　壬申幸曹陽露次田中　在今陝州名　李昪

使迎與李傕等戰破之十二月庚辰車駕

胡才李樂韓暹及匈奴左賢王去甲辜師

人少府田芬大司農張義等皆戰歿進幸

乃進李傕等復來追戰王師大敗殺略宮

陝夜度河乙亥幸安邑是歲袁紹遣將麴

義與公孫瓚戰於鮑丘　鮑丘水名出此塞中南崔浩云自南山北通於河澗俗謂之七里澗西南七里俗謂之

城東是瓚之戰處見水經注　大愉河又東南經漁陽縣故瀆軍大敗

建安元年春正月癸酉郊祀上帝於安邑

大赦天下改元建安二月韓遷攻衛將軍

董承夏六月乙未幸聞喜秋七月甲子車

駕至洛陽幸故中常侍趙忠宅丁丑郊祀

上帝大赦天下己卯謁大廟八月辛丑幸

南宮楊安殿癸卯安國將軍楊奉為大司

馬韓遷為大將軍楊奉為車騎將軍是時

宮室燒盡百官披荊棘依牆壁間州郡各

擁彊兵而委輸不至羣僚飢乏尚書郎以

下自出採稆 或飢死牆壁

稆音呂埤蒼曰穭自生也稆與穭同

閒或為兵士所殺辛亥鎮東將軍曹操殺侍中臺崇

領司隸校尉錄尚書事曹操自

尚書馮碩等 後氏馬山陽公載記曰臺字作臺封

風俗通曰金天氏裔孫曰臺駘其

衛將軍董承伏完字等十三人

為列侯贈沮儁為弘農太守庚申遷都許

已巳幸曹操營九月太尉楊彪司空張喜

罷冬十一月丙戌曹操自為司空行車騎

將軍事百官總已以聽

二年春袁術自稱天子三月袁紹自為大

將軍夏五月蝗秋九月漢水溢是歲飢江

淮閒民相食袁術殺陳王寵孫策遣使奉

貢

三年夏四月遣謁者裴茂率中郎將段煨

獻帝起居注曰傳璽車京以自固故號易京其

討李傕夷三族 呂布

到許有詔高懸之也

叛冬十一月盜殺大司馬張楊十二月癸

酉曹操擊呂布於徐州斬之

四年春三月袁術死于易京獲之

公孫瓚失利乃臨易河築京以自固故號易京其

城三重周回六里今内城中有土京在幽州歸義縣

南爾雅曰絕高謂之京非人力為之之丘

軍夏六月袁術死是歲初置尚書左右僕

射武陵女子死十四日復活

續漢志曰女子李娥年六十餘死瘞於城外有行人聞家中有聲告家人出之

五年春正月車騎將軍董承偏將軍王服

越騎校尉种輯受密詔誅曹操事洩壬午

曹操殺董承等夷三族秋七月立皇子馮

為南陽王壬午南陽王馮薨九月庚午朔

日有食之詔三公舉至孝二人九卿校尉

郡國守相各一人皆上封事靡有所諱曹
操與袁紹戰於官度（裴松之北征記曰中牟臺曹操壘尚存焉今鄭州中牟縣北此）
亭于大梁（大梁之分）東海王祗薨是歲孫策死
為許貢客所射傷弟權襲其餘業（權字仲謀）
六年春三月丁卯朔日有食之
七年夏五月庚戌袁紹薨于冀國獻馴象
馴象謂隨是歲越巂男子化為女子
人意也
八年冬十月己巳公卿初迎冬於北郊
之置
初置司直官（司直比二千石武帝元狩五年置掌佐丞相舉不法也建武十一年省也今復之置）
督中都官
久慶故 總章始復備八佾舞（袁宏紀云古迎氣始用八佾舞北郊始迎氣眾僻）

後漢帝紀九　十三　袁宏紀

九年秋八月戊寅曹操大破袁尚平冀州
自領冀州牧冬十月有星孛于東井十二
月賜三公下金帛各有差自是三年一
賜以為常制
十年春正月曹操破袁譚於青州斬之（魏）

曰操攻譚不剋乃自執枹鼓應時破之
夏四月黑山賊張燕率
眾降（魏志曰燕本姓褚常山真定人也黃巾起燕合聚少年為群盜萬餘人博陵人張牛角為帥至百萬號曰黑山賊）
秋九月
破高幹於并州獲之（論曰上洛都尉王琰斬其首）
月武威太守張猛殺雍州刺史邯鄲商（漢紀曰雍州也作涼州也）
十一年春正月有星孛于北斗三月曹操
賜百官尤貧者金帛各有差
是歲立故琅邪王容子熙為琅
邪王齊北海阜陵下邳常山甘陵濟陰平
原八國皆除

後漢帝紀九　十四　王充氏

十二年秋八月曹操大破烏桓於柳城斬
其蹋頓（蹋頓匈奴王號柳城縣名屬遼西今營州縣）
有星孛于鶉尾（鶉尾楚之分也）冬十月辛卯
十一月遼東太守公孫康
南王斌（乙巳黃巾賊殺濟南王斌五代孫王號河間孝王）殺袁尚袁熙
十三年春正月司徒趙溫免夏六月罷三
公官置丞相御史大夫癸巳曹操自為丞
相秋七月曹操南征劉表八月丁未光祿

續漢書曰盧字海禦山陽高平人也少受學於

勳郗慮爲御史大夫

立壬子曹操殺太中大夫孔融夷其族是

月劉表卒少子琮立琮以荆州降操冬十

月癸未朔日有食之曹操以舟師伐孫

權將周瑜敗之於烏林赤壁

十四年冬十月荆州地震

十五年春二月乙巳朔日有食之

十六年秋九月庚戌曹操與韓遂馬超戰

於渭南遂等大敗關西平

曹瞞傳曰時婁子伯誑操曰今天寒可起沙爲城以水灌之可一夜而成公從之比明城立超遂數挑戰不利操縱虎騎夾擊大破之超遂走

州是歲趙王赦薨

十七年夏五月癸未誅衞尉馬騰夷三族

六月庚寅晦日有食之秋七月洧水潁水

溢頹八月馬超破涼州殺刺史韋康九月

庚戌立皇子熙爲濟陰王懿爲山陽王遐

山陽公載記曰時許靖欲歆之必姑張之將欲奪之必姑與之其孟德之謂乎

爲濟北王敦爲東海王（山陽公載記曰在巴郡閬立諸王日將）冬十二月星孛于

五諸侯（星名也）

十八年春正月庚寅復禹貢九州

獻帝春秋曰時省幽并州以其郡國并於冀州省司隸校尉及涼州以郡國并爲雍州於是有兗豫青徐荆楊益凉雍冀并九州益州本有梁州亦無益州然梁益亦一地也而禹貢

曹操自立爲魏公加九錫（錫謂一曰車馬二曰衣服三曰樂器四曰朱戶五曰納陛六曰虎賁士百人七曰斧鉞八曰弓矢九曰秬鬯）

夏五月丙申

水徒趙王珪爲博陵王是歲歲星鎮星熒

大雨

惑俱入大微（是年秋三星逆行入太微守帝坐五十餘日）彭城王和薨

十九年夏四月旱五月兩水劉備破劉璋

據益州冬十月曹操遣將夏侯淵討宋建

于枹罕獲之（枹罕縣屬金城郡今河州縣也魏志曰淵字妙才沛國譙人）十一

月丁卯曹操殺皇后伏氏滅其族及二皇

子（山陽公載記曰劉備在蜀聞之遂發喪）二十年春正月甲子立貴人曹氏爲皇后

賜天下男子爵人一級孝悌力田二級賜

諸王族公卿以下穀各有差秋七月曹操

破漢中張魯降

二十一年夏四月甲午曹操自進號魏王

五月己亥朔日有食之秋七月匈奴南單

于來朝是歲曹操殺琅邪王熙國除

坐謀欲渡江被誅

二十二年夏六月丞相軍師華歆為御史大夫冬有星孛于東北是歲大疫

二十三年春正月甲子少府耿紀丞相司直韋晃起兵誅曹操不克夷三族

杜預注左傳云劉備援耿紀事敗夷三族而孛星乃見故不言所在之次

二十四年春二月壬子晦日有食之夏五月劉備取漢中秋七月庚子劉備自稱漢中王八月漢水溢冬十一月孫權取荊州

有星孛于東方

三輔決錄有京錄三月

二十五年春正月庚子魏王曹操薨

魏志曰操字孟德諱時子丕襲位

魏王曹丕稱天子

相操之太子丕字子桓二月丁

未朝日有食之三月改元延康冬十月乙卯皇帝遜位魏王丕稱天子

遜讓也獻日秋日帝時召舉春

奉帝為山陽公

山陽縣名屬河內郡在今懷州脩武縣西北

萬戶位在諸侯王上表事不稱臣受詔不

臣鄉士告祠高廟詔太常張音持節奉皇帝璽綬于魏王乃為壇於繁陽魏王登壇受皇帝璽綬

邑一

拜以天子車服郊祀天地宗廟祖臘皆如漢制都山陽之濁鹿城

濁鹿一名清陽城在今懷州脩武東

北四皇子封王者皆降為列侯明年劉備稱帝于蜀孫權亦自王於是天下遂三分矣魏青龍二年三月庚寅山陽公薨

氏黃金四目蒙熊皮立表執戈揚楯立乘四

皇帝八月壬申以漢天子禮儀葬于禪陵自遜位至薨十有四年年五十四謚孝獻

續漢書曰天子葬大喪四輪輈為賓車大練為屋幬中門虎賁各二十人...

後漢帝紀九 十八 郭浩

天子駕駟長三萬六千旄頭...

先駆旄頭...

邑令丞太子早卒孫康立五十一年晉太康六年薨子瑾立四年太康十年薨子秋

立二十年永嘉中為胡賊所殺國除

論曰傳稱鼎之為器雖小而重故神之所

寶不可奪移　左氏傳王孫滿曰柒有昏德鼎遷於商商紂暴虐鼎遷於周德之休
明雖小重也其姦回昏亂雖大輕也故言神之所寶不可奪移　至今負而趨者

此亦窮運之歸乎　者斯亦窮盡之運而被人負而
謂之周矣而趨而藏者不知天厭趨走

漢德久矣山陽其何誅焉　和帝以後政敞陵
其何所誅責責乎左傳曰宋子魚曰天既厭
遷故言天厭漢德久矣非獨山陽之過商德孔子

贊曰獻生不辰身播國屯　辰時也播遷也言
獻帝生不逢時身　陳敗

既播遷國又屯難詩曰我
生不辰左傳曰震蕩播越
曰震蕩播越之際襄漢王以期
有名孔演圖曰劉四百歲之際襄漢王以當
春秋孔演圖曰劉四百歲之　終我四百永作虞賓
有名不就宋均注曰雖襄漢王以當
有應期名見攝錄者故　終我四百永作虞賓
丹朱為賓商書曰虞賓在位是也以
之賓　虞賓謂舜以竟子
　　朱為賓謂舜以竟子
以諭山陽公為魏賓

後漢帝紀卷第九

光武郭皇后　　唐章懷太子賢注
光烈陰皇后
明德馬皇后
章德竇皇后
和帝陰皇后
和熹鄧皇后

夏殷以上后妃之制其文略矣周禮王者立后〔鄭玄注禮記曰后之言後言在夫之後也〕三夫人九嬪二十七世婦八十一女御以備內職焉后正位宮闈同體天王夫人坐論婦禮〔鄭玄注周禮云夫人之於后猶……〕九嬪掌教四德〔九嬪比九卿周禮九嬪掌婦學之法以教九御婦德婦言婦容婦功……〕世婦主喪祭賓客〔世婦二十七……〕女御序于王之燕寢〔御謂進御……御于王之燕寢也〕

三公之於王坐而論婦禮也……而論婦禮也……士周禮曰女御序于王之燕寢大夫命婦喪臨于王……此八十一元士以歲時獻功事也

頒官分務各有典司女史彤管記書過〔凡后之事以禮從也鄭玄注云古者后夫人必有女史彤管之法……今凡后之事以禮從也……詩註云我形管注云……〕有典司女史彤管記功書過

居有保阿之訓動有環佩之響〔列女傳曰齊孝公孟姬華氏之女從孝公遊車奔馬立車載姬泣曰妾聞妃下堂必從傅母保阿進退則鳴玉……〕

必從傅母保阿進退則鳴玉佩環今立車無軿非敢受命〔詩序云關雎樂得淑女以配君子憂在進賢不……〕

進賢才以輔佐君子哀窈窕而不淫其色〔毛萇注云窈窕幽閒也……善之心毛萇注云窈窕幽閒也……〕所以能述宣陰化修成內則〔六宮以婦職之法教九御禮曰以陰禮教閨房〕

肅雍險謁不行也〔肅敬勤也雍和也謁請也言能謹敬勤事而不請私謁……故詩人難之然則王姬雖執婦道以成肅雍之德〕故康王晚朝關雎作諷〔周南詩首……後妃之德也……而傷之見是詩之所作……〕

詩序宣后晏起姜氏請愆〔列女傳曰周宣姜后賢而有德……晏起乃脫簪珥待罪於永巷使傅母通言於王曰妾不才……至使君王失禮而晏起以見君王樂色……〕

及周室東遷禮序凋缺〔幽王嬖褒姒殺太子宜臼而立伯服……平王遂微弱為戎狄所逼東遷洛邑以避犬戎……〕

諸侯僭縱軌制無章齊桓有如夫人者六人〔左傳曰相公多內寵有如夫人者六人……〕嬖夫人也……長衛姬少衛姬鄭姬葛嬴密姬宋華子也〔列女傳曰晉獻公伐驪戎得驪姬愛幸立以為夫人……六人生六子……〕晉獻升戎女為元妃〔元妃晉獻公驪戎之女驪姬也……於是公子皆無寵……〕終於五子作亂〔驪姬遂讒殺太子申生……是故亂也〕

爰逮戰國風德逾薄適情任欲顛倒

【上半】

衣裳〔上曰衣下曰裳詩曰綠兮衣兮綠衣黃裳鄭衣以黃為裏非其禮制諭妻妾〕

也僣以至破國亡身不可勝數斯固輕禮弛

防先色後德者也秦并天下多自驕大宮

備七國〔史記曰始皇破六國寫放其宮室所得諸侯美人以充入之并秦為七也〕

爵列八品之〔前書曰漢興因相造周閣相屬稱皇妃正嫡稱皇〕

無辯〔夫人每與皇后同坐是無辯也孝文幸鄭玄注周禮記曰枉枕卧席是無辯也〕

婦制莫釐理〔大戴禮曰夫婦正汙賤男〕漢興因循其號而

孝文袵席然而選〔陳仲〕

高祖惟薄不修〔民生污賤〕

納尚簡飾飭少華自武元之後世增淫費

至乃掖庭三千增級十四〔婕好一娙娥二容華三充衣四美人六良人七八子九長使十二順常十三無涓共和娛靈〕

妖孽毀政之符外姻亂

邦之迹前史載之詳矣及光武中興稱號唯

為朴彫琢鐫磨刻鏤也史記曰漢典六宮也夫人使者十四順常六宮夫人已下分居焉

皇后貴人鄭玄注周禮曰正寢一燕寢〔貴〕

宮人采女三等並無爵秩歲時賞賜充給

人金印紫綬奉不過數十斛又置美人

【下半】

而已漢法常因八月筭人〔漢儀注曰入月初〕

遣中大夫與掖庭丞及相工於洛陽鄉中

閱視良家童女年十三以上二十巳下姿〔後漢紀十上〕

色端麗合法相者載還後宮擇視可否乃

用登御所以明慎聘納詳求淑哲明帝毖

遵先百宮教頗修登建嬪后必先令德

無出閫之言〔閩闕限也禮記曰入言不出於閫外言不入於閫內也〕權無私

溺之授可謂矯其敝矣向使因設外戚之

禁編著甲令〔前書義曰甲令者前帝第一令也有甲本乙令丙令〕改正〔林〕

后妃之制貽厥方來豈不休哉雖御已有

度而防閑未篤故孝章以下漸用色授恩

隆好遂忘淄蠹〔淄黑也蠹食也謂敗以諭傾敗也〕自古雖主

幼時艱王家多釁必委成家宰簡求忠賢

未有專任婦人斷割重器唯秦芊大后始

攝政事〔芊音之〕故攘袂權重於昭王家富

於贏國〔太后昭王母也號宣太后自知事以同母弟魏冉為將軍任政封為穰侯太后攝政始於此也〕

皇統屢絕權歸女主外立者四帝〔謂安質臨〕

人仍其謬知患莫改東京〔漢舊儀曰昭王立〕

朝者六后（章帝竇太后 和熹鄧太后 安思閻太后 順烈梁太后 桓思竇太后 何太后）也，莫不定策惟帷，委事父兄，貪孩童以久其政，抑明賢以專其威。

悠利深禍速，身犯霧露於雲臺之上（霧露謂疾疫也……），家嬰縲紲於圖狴之下（狴，獄名也……）。任重道

湮滅連踵，傾軹繼路（踵，跡也……）。神實（神寝……陵寝猶頹替也），詩書所歎，略同一揆。故赴蹈不急，燋爛為期，終於陵夷大運淪亡而已。

考列行跡，以為皇后本紀。雖成敗事異，而同居正號者，並列于篇。其以私恩追尊，而當時所奉者，則隨它事附出（謂安帝母左姬……及祖母宋貴人之類，並見清親屬別事，各依列傳，其餘無所河孝王傳）。見則係之此紀（謂賈貴人之類是也），以繼西京外

戚云爾（繼繼也）。

後漢紀十上　六　李賢

光武郭皇后諱聖通，真定槀人也（漢縣名，今恒州槀城縣西……今恒州槀城縣西）。父昌，讓田宅貲產數百萬，與異母弟國義之。仕郡功曹，娶真定恭王女，號郭主（恭王名普景，恭王六代孫也，帝七代孫），生后及子況。

昌早卒。郭主雖王家女，而好禮節儉，有儀之德。更始二年春，光武擊王郎，至真定，因納后，有寵。及即位，以為貴人。建武元年拜生皇子彊。帝善況小心謹慎，年始十六，拜黃門侍郎。二年，貴人立為皇后，彊為皇太

子。封況綿蠻侯，以后弟貴重，賓客輻湊。況恭謙下士，頗得聲譽。十四年，遷城門校尉。其後后以寵稍衰，數懷怨懟。十七年，遂廢為中山王大后，進后中子右翊公輔為中山王，以常山郡益中山國。從封況大國，為陽安侯（陽安縣屬汝南郡，故城在今豫州朗山縣，故道國城是也）。后從兄以騎都尉從征伐有功，封為新郪侯（新郪縣屬汝南郡，故城在今穎州汝陰縣西……）東海相（隆慮縣屬……今博州堂邑縣東……音子廋反）。莊為發干侯（發干縣屬東郡，故城在西南。官至大）

中大夫后叔父梁早終無子其墳南陽陳茂以恩澤封南䜌侯〔普力反〕二十年中山王輔復徙封沛王后會為沛太后況遷大鴻臚帝數幸其第會公卿諸戚親家飲燕賞賜金錢縑帛豐盛莫比京師號況家為金穴

〈後漢紀十上〉　七

二十六年后母郭主薨帝親臨喪送葬百官大會遣使者迎昌喪柩與主合葬追贈昌陽安侯印綬謚曰思侯二十八年后薨葬于北芒帝憐郭氏詔況子璜尚清陽公〔陳茂〕主除璜為郎顯宗即位況與帝舅陰識陰就並為特進數授賞賜恩寵俱渥禮待陰郭每事必均永平二年況卒贈賜甚厚帝親自臨喪謚曰節侯璜嗣元和三年肅宗北巡狩過真定會諸郭朝見上壽引入倡飲甚歡〔說文曰倡樂也俳優也〕以大牢具上郭主冢賜粟萬斛錢五十萬永元初璜為長樂少府〔信宮曰長信少府長樂官曰長樂少府〕子舉為侍中兼射聲校尉又大將軍竇憲被誅

舉以憲女婿謀逆故父子俱下獄死家屬徙合浦〔郡名今廉州縣〕宗族為郎吏者悉免官新鄩族竟初為騎將〔屬光祿秩比千石〕從征伐有功拜東海相永平中卒子嵩嗣嵩卒追坐染楚王英事國廢建初二年章帝紹封嵩子勤為伊亭侯勤無子國除發干侯匡官至大中大夫建武三十年卒子勳嗣勳卒子駿嗣永平十三年亦坐楚王英事失國建初三年復封駿為觀都侯卒無子國

〈後漢紀十上〉

除郭氏侯者凡三人皆絕國〔陳仲〕論曰物之興衰情之起伏理有固然矣而崇替去來之甚者必唯寵惑乎當其接床第承恩色雖險情贄行莫不德焉〔說文曰贄脫也〕及至移意愛析嬿私雖惠心妍狀愈獻醜焉愛升則天下不足容其高歡隙故九服無所逃其命斯誠志士之所沉溺君人之所抑揚未或違之者也郭后以衰離見貶恚怨成尤

〔老子曰餘食贅行河上公注曰行之無……當為贅莊子曰附贅懸肬言醜惡也〕

而猶恩加別館寵黨戚至平東海遂巡
去就以禮使後世不見隆薄進退之際不
亦光於古乎

光烈陰皇后諱麗華 即
諡法曰執德遵業曰烈東觀記有陰子公者生子方

武適新野聞后美心悅之後至長安見執
金吾車騎甚盛因歎曰仕宦當作執金吾
后之父也今世本睢作陸

南陽新野人初光

娶妻當得陰麗華更始元年六月遂納后
於宛當成里時年十九及光武為司隸校
【後漢紀十上】 九

尉方西之洛陽令后歸新野及鄧奉起兵
陳俊

后兄識為之將后隨家屬徙淯陽止於
故城在今亳州谷陽縣西南

舍光武即位令侍中傅俊迎后與胡陽寧
屬淮陽

平主諸宮人俱到洛陽以后為貴人寧平
寧平

位后固辭以郭氏有子終不肯當故遂立
谷陽縣西南

郭皇后建武四年從征彭寵生顯宗於元
欣音 帝

氏九年有盜劫殺后母鄧氏及弟訢於
其傷之乃詔大司空曰吾微賤之時娶於

陰氏因將兵征伐遂各別離幸得安全俱
脫虎口
莊子曰孔子見盜跖謂柳下惠曰幾不免於虎口
以貴人有母

儀之美宜立為后而固辭弗敢當列於諸弟
妾
雅曰媵送也下惠曰媵孫炎曰送女曰媵
朕嘉其義謀許封諸弟

未及爵士而遭患逢母子同命愍傷于
懷小雅曰恐將懼惟子與汝將安將樂

汝轉弃予
谷風人之詩 風人之戒可不慎乎其追

恭疾諡貴人父陸為宣恩哀疾後及尸柩在堂使大
爵諡貴人父陸為宣義

中大夫拜授印綬如在國列疾禮塊而有
靈熹嘉其寵榮十七年廢皇后郭氏而立貴
人制詔三公曰皇后懷執怨懟數違教令
不能撫循它子訓長異室宮闈之內若見
鷹鸇
爾雅曰宮中謂之闈 既無關雎之德而有呂

霍之風豈可託以幼孤恭承明祀令道大
司徒涉
戴涉 宗正吉持節其上皇后璽綬

陰貴人鄉里良家歸自微賤
公羊傳曰婦人謂嫁曰歸自

我不見于今三年
詩豳風東山之詞也 宜奉宗廟為
【後漢紀十上】 十
陳俊

天下母主者詳案舊典時上尊號異常之
事非國休福不得上壽稱慶后在位恭儉
少嗜玩不喜笑謔性仁孝多矜慈七歲失
父雖已數十年言及未曾不流涕帝見常
歎息顯宗即位尊后為皇大后永平三年
冬帝從大后幸章陵置酒舊宅會陰鄧故
人諸家子孫並受賞賜七年崩在位二十
四年年六十合葬原陵明帝性孝愛追慕
無已十七年正月當謁原陵夜夢先帝大

▲後漢紀十上　十一　章帝

后如平生歡既寤悲不能寐即案歷明旦
日吉遂率百官及故客上陵其日降甘露
於陵樹帝令百官采取以薦會畢帝從席
前伏御牀視大后鏡奩中物產鏡匳也音廉感動悲
涕令易脂澤裝具左右皆泣莫能仰視焉
明德馬皇后諱某諱法曰忠和純叔曰德諱某某者史失其名下皆類此伏
波將軍援之小女也少喪父母兄客卿敏
惠早夫母藺夫人悲傷發疾惛惚后時年
十歲幹理家事勑制僮御僮御音使者也內

外諮稟事同成人初諸家莫知者後聞之
咸歎異焉為后嘗久疾大夫人令筮之筮者
曰此女雖有患狀而當大貴兆不可言也
後又呼相者使占諸女見后大驚曰我必
為此女稱臣然貴而少子若養它子者得
力乃當踰於所生初援征五溪蠻卒於師
虎賁中郎將梁松黃門侍郎竇固等因譖
之由是家益失埶又數為權貴所侵侮后
從兄嚴不勝憂憤白大夫人絕竇氏婚求

▲後漢紀十上　十二　王永從

進女掖庭乃上書曰臣叔父援孤恩不報
也而妻子特獲恩全戴仰陛下為天為
父人情既得不死便欲求福竊聞大子諸
王妃匹未備援有三女大者十五次者十
四小者十三儀狀敧膚上中以上東觀記曰明帝馬皇
后美鬚眉四起大舉但以讖成尚有餘然結三匝眉小數補之如粟常輝疾而終身得
意皆孝順小心婉靜有禮順願下相工簡
其可否如有萬一援不朽於黃泉矣又援
姑妹妹並為成帝婕好葬於延陵臣嚴幸

得蒙恩更生冀因緣先姑當充後宮由是
選入太子宮時年十三奉承陰后傍接
同列禮則修備上下安之遂見寵異常居
後堂顯宗即位以后為貴人時后前母姊
女賈氏亦以選入生肅宗帝以后無子命
令養之〔謂曰人未必當自生子但患愛養
不至耳后於是盡心撫育勞悴過於所生
肅宗亦孝性淳篤恩性天至母子慈愛始
終無纖介之間〔纖介猶細微也閒陳也〕后常以皇嗣
未廣每懷憂歎薦達左右若恐不及後宮
有進見者每加慰納若數所寵引輒增隆
遇永平三年春有司奏立長秋宮〔皇后所居宮也長者火也秋者萬物成就之初也故以宮稱之〕帝未有所言
皇太后曰馬貴人德冠後宮即其人也遂
立為皇后先是數日夢有小飛蟲無數赴
著身又入皮膚中而復飛出既正位宮闈
愈自謙肅身長七尺二寸方口美髮能誦
易好讀春秋楚辭尤善周官董仲舒書〔周官〕

十三 李業

周禮也仲舒書玉杯蕃露〔清明竹林之屬也蕃音繁〕常衣大練裙不加緣
姬主朝請〔朝請漢律春朝曰朝秋曰請〕望見后袍衣疎廬反以
為綺縠就視乃笑后辭曰此繒特宜染色
故用之耳六宮莫不歎息帝嘗幸苑囿離
宮后輒以風邪霧露為戒辭意款備多見
詳擇帝幸濯龍中〔續漢志曰濯龍圍名也近北宮〕並召諸才
人下邳王已下皆在側請呼皇后帝笑曰
是家志不好樂雖來無歡是以遊娛之事
希嘗從焉十五年帝案地圖將封皇子悉
半諸國后見而言曰諸子裁食數縣於制
不已儉乎帝曰我子豈宜與先帝子等乎
歲給二千萬足矣后廬其多濫乘閒言及
證引坐欹紊者甚衆后素楚獄連年不斷囚相
惻然帝感悟之夜起彷徨為思所納〔思后所納之言〕
卒多有所降宥時諸將奏事及公卿較議
難平者〔較明也廣雅曰較明也〕帝數以試后后輒分解趣
理各得其情每於侍執之際輒言及政事

古 王中

多所毗補而未嘗以家私干欲寵龂曰隆
始終無衰及帝崩蕭宗即位尊后皇大
后諸貴人當從居南宮大后感析別之懷
各賜王赤綬加安車駟馬白越三千端
布雜帛二千匹黃金十斤自撰顯宗起居
注削去兄防參醫藥事帝請曰黃門舅居
夕供養且一年既無襄異又不錄勤勞無
乃過乎大后曰吾不欲令後世聞先帝數
親後宮之家故不著也建初元年欲封爵
諸舅大后不聽明年夏大旱言事者以為
不封外戚之故有司因此上奏宜依舊典
漢制外戚以恩澤封侯故舊典也譯　大后詔曰凡言事者皆欲
媚朕以要福耳昔王氏五侯同日俱封
封太后弟王譚王商王立王根王逢時等同時為關內侯　其時黃霧四塞不
聞澍雨之應又田蚡竇嬰寵貴橫恣傾覆
田蚡景帝王皇后同母弟武安侯也為丞相貪驕與淮南王霸上私語後覺武帝使武安侯在者族矣竇嬰文帝后從兄子魏其侯也為丞相生與灌夫朋黨弃市也　之禍為世所傳也
故先帝防慎舅氏不令在樞機之位要之官近

也春秋運斗樞曰比斗第
淮陽諸國常謂我子未當與先帝子等今　諸子之封裁令半楚
有司柰何欲以馬氏比陰氏乎吾為天下
母而身服大練食不求甘左右但著帛布
無香薰之飾者欲身率下也以為外親見
之當傷心自勅但笑言大后素好儉前過
濯龍門上見外家問起居者車如流水馬
如游龍倉頭衣綠褠領袖正白　褠臂衣令之屬褠以縛左右手
於事也　顧視御者不及遠矣故不加譴怒但
憂國忘家之慮知臣莫若君況親屬乎吾
絕歲用而已異以黙愧其心而猶懈怠無
豈可上負先帝之旨下虧先人之德重襲
西京敗亡之禍哉固不許　西京外戚呂祿呂產父子
皆被誅帝省詔悲歎復重請曰漢興與舅氏
之封戾皇子之為王也大后誠存謙虛
柰何令臣獨不加恩三舅乎且衛尉年尊
兩校尉有大病　衛尉大后兄廖兩校尉兄防兄光也　如令不諱
使臣長抱刻骨之恨宜及吉時不可稽留

太后報曰吾反覆念之思令兩善豈徒欲
獲謙讓之名而使帝受不外施之嫌哉以
澤封爵外家爲外施也
苴竇太后欲封王皇后之兄
后文帝后也王皇后景帝
也兄即王信後封爲蓋侯
丞相條侯言受高
祖約無軍功非劉氏不侯
約無軍功非劉氏不王非有功不侯不如約天下共擊之
今馬氏無功於國豈
得與陰郭之后等邪常觀富貴之家
禄位重疊猶再實之木其根必傷
必傷掘臧之太子曰再實之木根
家後必殃也
食則蒙御府餘資斯豈不足而必當得一
且人所以願封侯者欲上奉祭
祀下求温飽耳今祭祀則受四方之珍衣
安親爲上令數遭變異穀價數倍憂惶晝
縣平吾計之孰矣勿有疑也夫至孝之行
夜不安坐卧而欲先營外封違慈母之拳
不安坐卧音權
舉平勤也吾素剛急有匈中氣不可
拳拳猶勤勤也吾音權
不順也若陰陽調和邊境清靜然後行子
之志吾但當含飴弄孫慇
方言曰飴餳也陳之間通語不能
復關政矣吾時新平主家御者失火延及此

〈後漢紀十七〉
十七
俞荛

閣後殿大后以爲已過起居不歡時當謁
原陵自引守備不憚懃見陵園遂不行初
大夫人葬起墳微高大后以爲言兄廖等
即時減削其外親有謙素義行者輒假借
温言賞以財位如有纖介則先見嚴恪之
色然後加譴其美車服不軌法度者便絕
屬籍遣歸田里廣平鉅鹿樂成王車騎朴
素無金銀之飾帝以白大后大后即賜錢
各五百萬於是內外從化被服如一諸家
〈舊漢紀十八〉
陳萊
惶恐倍於永平時乃置織室蠶於濯龍中
前書有東織西織屬
少府平帝改名織室
數往觀視以爲娛樂常
與帝旦夕言道政事及教授諸小王論議
經書述敘平生歡和終日四年天下豐稔
方垂無事帝遂封三舅廖防光爲列侯並
辭讓願就關內侯大后聞之曰聖人設教
各有其方知人情性莫能齊也
禮記王制曰凡居民材必
因天地寒煖燥濕廣谷大川異制人居其間異俗修
其教不易其俗齊其政不易其宜中國戎夷五方之
人皆有性也不可推移
吾少壯時但慕竹帛志不顧命

言少慕古人書名竹帛不顧命之長短

今雖已老而復戒之在得

論語孔子曰少之時戒之在色及其老也戒之在得得貪耆也言彌復吝音惜封爵親戚也不欲濫封親戚也故

居不求安食

日夜惕厲屬思自降損厲危也懼也

不念飽豈乘此道不負先帝所以化導兄弟共同斯志欲令瞑目之日無所復恨何意老志復不從哉萬年之日長恨矣廖等不得已受封爵而退位歸第焉大后其年寢疾不信巫祝小醫數勃絕禱祀至六月崩在位二十三年年四十餘合葬顯節陵

賈貴人南陽人建武末選入大子宮中元二年生肅宗以馬氏為外家故貴人帝既為大后所生畫宗以馬氏為外家故貴人不登極位賈氏親族無受寵榮者及大后崩乃策書加貴人王赤綬續漢書曰諸侯王赤綬也后人即官卿也為安車一駟御府雜巷宮人二百被庭永巷宮中署名也帛二萬匹大司農黃金千斤錢二千萬諸史並闕後事故不知所終

章德竇皇后諱其扶風平陵人大司徒融

之曾孫也祖穆父勳坐事死事在實融傳勳尚東海恭王彊女沘陽公主后其長女也家既廢壞數呼相工問息耗薛氏韓詩章句曰耗惡也句曰耗惡也息耗猶言善惡也見后者皆言當大尊貴之建初二年后貌容其盛肅宗先聞后有才色數以訊諸與女弟俱以選入見雅以為美馬大后亦異焉因入掖庭見於北宮章德殿后性敏給姬傳謂傳母也風傳傾心承接稱譽日聞明年遂立為皇后妹為貴人七年追爵謚后父勳為安成思侯安成縣屬汝南郡故城在今豫州吳房縣東南初宋貴人生皇大子慶梁貴人生和帝后既無子並疾忌之數間於帝漸致疎嫌因誣宋貴人挾邪媚道遂自殺廢慶為清河王語在慶傳梁貴人者襄親愍侯梁竦之女也少失母為伯母舞陰長公主所養梁松尚女主光武女年十六亦以建初二年與中姊俱

選入掖庭為貴人四年生和帝后養為已
子欲專名外家而忌梁氏八年乃作飛書
以陷竦匿名書也竦坐誅貴人姊妹以憂卒
自是宮房懍息后愛日
后崩和帝即位尊后為皇大后皇大
后臨朝尊母沘陽公主為長公主益湯沐
邑三千戶兄憲弟篤景並顯貴擅威權後
遂密謀不軌永元四年發覺被誅九年大
后崩未及葬而梁貴人姊媫上書陳
貴人枉殺之狀大尉張酺司徒劉方司空
張奮上奏依光武黜呂大后故事
與大后尊號不宜合葬先帝百官亦
多上言者帝手詔曰竇氏雖不導法度而
大后常自減損朕奉事十年深惟大義禮
臣子無咎尊上之文恩不忍離義不忍虧
寔前世上官大后亦無降黜
在位十八年帝以貴人酷殁斂葬禮闕乃

改殯於承光宮上尊謚曰恭懷皇后
追服喪制百官縞素與姊大貴
人俱葬西陵儀比敬園
和帝陰皇后諱某光烈皇后從兄女也
之曾孫也后自和熹鄧后入宮
入掖庭以先后近屬故得為貴人有殊寵
八年遂立為皇后后自和熹鄧后出入
宮掖十四年夏有言后與朱共挾巫蠱道
愛寵稍衰數有恚恨后外祖母鄧朱出入
事發覺帝遂使中常侍張
惲與尚書陳褒於掖庭雜考案之朱及
二子奉毅與后弟軼輔敞辭語相連及以
為祠祭祝詛大逆無道奉毅輔考死獄中
帝使司徒魯恭持節賜策上璽綬遷于
桐宮以憂死立七年葬臨平亭部
父特進綱自殺軼及朱家屬徙日南比
景縣宗親外內昆弟皆免官還田里永初
四年鄧大后詔赦陰氏諸徙者悉歸故郡

還其資賄五百餘萬

和熹鄧皇后諱綏〔續漢書曰謚法有〕太傅禹之

孫也父訓護羌校尉母陰氏光烈皇后從

弟女也后年五歲大傅夫人愛之自為翦

髮夫人年高目冥誤傷后額忍痛不言左

右見者怪而問之后曰非不痛也大夫人

哀憐為斷髮難傷老人意故忍之耳六歲

能史書〔五篇也前書曰教學童之書也〕十二

通詩論語諸兄每讀經傳輒下意難問

循出〔意也〕志在典籍不問居家之事母常非之

日汝不習女工以供衣服乃更務學寧當

舉博士邪后重違母言晝修婦業暮誦經

典家人號曰諸生〔父訓異之事無大小輒〕

與詳議永元四年當以選入會訓卒后晝

夜號泣終三年不食鹽菜憔悴毀容親人

不識之〔號曰漯漯正青若有〕

鍾乳狀乃仰嗽飲之以餔諸占夢言堯夢

攀天而上湯夢及天而咶之〔是咶音斯皆聖〕

二十三　王中

王之前占吉吉不可言又相者見后驤曰此

成湯之法也〔續漢書曰相者待詔相工 蘇大曰此成湯之骨法〕家人竊

喜而不敢宣言后常克己以下之雖宮人

子孫有封兄訓為謁者使修石曰河歲活

數千人天道可信家必蒙福初大傅禹歎

曰吾將百萬之眾未嘗妄殺一人其後世

必有興者七年后復與諸家子俱選入宮

后長七尺二寸姿顏姝麗〔姝美色也詩曰彼姝者子〕絕異

於眾左右皆驚八年冬入掖庭為貴人時

年十六恭肅小心動有法度承事陰后夙

夜戰競接撫同列常克己以下之雖宮人

隸役皆加恩借帝深嘉愛焉及后有疾特

令后母兄弟入視醫藥不限以日數后言

於帝曰宮禁至重而使外舍久在內省〔舍外也〕

上令陛下有幸私之譏下使賤妾獲不

知足之謗上下交損誠不願也帝曰人皆

以數入為榮貴人反以為憂深自抑損誠

難及也每有讌會諸姬貴人競自修整簪

二十四　林康

而后獨著素裝服其有與陰后同

色者即時解易若並時進見則不敢正坐

離立行則僂身自卑

所問常逡巡後對不敢先陰后言帝每有

勞心曲體歡曰修德之勞乃如是乎後陰

后漸疎每當御見輒辭以疾時帝數失皇

子后憂繼嗣不廣恐垂涕歎息數選進才

人以博帝意陰后見后德稱曰盛不知所

■後漢紀十上　二十五　卓文

為遂造祝詛欲以為害帝嘗寢病危甚陰

后密言我得意不令鄧氏復有遺類聞

乃對左右流涕言曰我竭誠盡心以事皇

后竟不為所祐而當獲罪於天婦人雖無

從死之義然周公身請武王之命

武王有疾周公為之請命於大王王季文王曰若爾

越姬心哲　周公哲之

必死之分

越姬楚昭王之姬越王句踐女也昭王

矢而不可久也王曰願與子生若此王病有赤雲夾日史

於間周史肱也不聽姬曰大哉君王之德妾請從王

死矣昔日遊樂是以不敢雖

君王死何況妾妾先雖狐狸於地下昔日口雖

遂自殺故曰心誓事見列女傳也

恩中以解宗族之禍下不令陰氏有人承

之議

高帝愛幸戚夫人帝崩呂大后斷夫人手即

欲歙藥宮人趙玉者固禁之因詐言屬有

使來上疾已愈后信以為然乃止明日帝

果瘳十四年夏陰后以巫蠱事發后請救

不能得帝便屬意焉后愈稱疾篤深自閉

絕會有司奏建長秋宮帝曰皇后之尊與

■後漢紀十上　二十六　朱安明

朕同體承宗廟母天下豈易哉唯鄧貴人

德冠後庭乃可當之至冬立為皇后辭讓

者三然後即位手書表謝深陳德薄不足

以充小君之選是時方國貢獻競求珍麗

之物自后即位悉令禁絕歲時但供紙墨

而已帝每欲官爵鄧氏后輒哀請謙讓故

兄騭終帝世不過虎賁中郎將元興元年

帝崩長子平原王有疾而諸皇子夭沒前

後十數後生者輒隱祕養於人間殤帝生

始百日后乃迎立之尊后爲皇太后大后
臨朝和帝葬後宮人並歸園大后賜周馮
貴人篋曰朕與貴人託後庭共歡等列
十有餘年不獲福祐先帝早弃天下孤心
煢煢靡所瞻仰凤夜永懷
（小註）煢煢孤特之貌也在疚也
感愴發中今當以舊典分歸外園慘結增
歎燕燕之詩曷能喻焉
（小註）詩邶鄘序曰衛莊姜送歸妾也其詩曰燕燕于飛差池其羽之子于歸遠送于野瞻望弗及泣涕如雨
車采飾輅駢馬各一駟黃金三十斤雜帛
其賜貴人王青蓋
三千四白越四千端又賜馮貴人王赤綬
以未有頭上步搖環珮加賜各一具
（小註）后首服 周禮王后首服
（小註）爲副所以副首爲飾若今步搖也釋名曰皇后首副其上有垂珠步則搖也
大憂法禁未設宮中亡大珠一篋大后念
是時新遭
欲考問必有不辜乃親閱宮人觀察顏色
即時首服又和帝幸人吉成御者共枉吉
成以巫蠱事遂下掖庭考訊辭證明白大
后以先帝左右待之有恩平日尚無惡言
今反若此不合人情更自呼見實覈果御

二十七　陳書　後漢紀十上

者所爲莫不歎服以爲聖明常以鬼神難
徵淫祀無福乃詔有司罷諸祠官不合典
禮者又詔救除建武以來諸犯妖惡及馬
竇家屬所被禁錮者皆復之爲平人減大
官導官尚方内者服御珍膳靡麗難成之
（小註）漢官儀曰大官主膳羞也前書音義曰導官主導擇米以供祭祀尚方掌工作刀劒諸物及刻玉屬也
物
自非供陵廟稻粱米不得導
擇朝夕一肉飯而已舊大官湯官經用歲
且二萬萬也
（小註）經常
大后勅止曰殺省珍費目
是裁數千萬及郡國所貢皆減其過半悉
斤賣上林鷹犬其蜀漢釦器九帶佩刀並
不復調
（小註）蜀蜀郡也漢廣漢郡也二郡主作供進之器元帝時貢禹上書蜀廣漢主金銀釦器各用五百萬也止畫工三十九種又御府
尚方織室錦繡撇金銀珠玉犀象
瑇瑁彫鏤翫弄之物皆絕不作離宮別館
儲峙米糒薪炭悉令省之
（小註）儲峙猶蓄積也備乾飯糗糧
又詔
諸園貴人其宮人有宗室同族若離老不
任使者令園監實覈上名自御北宮增喜

二十八　陳書　後漢紀十上

03-176

觀閱問之恣其去留即日免遣者五六百

人及殤帝崩大后定策立安帝猶臨朝政

以連遭大憂百姓苦役及諸工作事事減 (大憂謂和殤帝崩也)

方中祕藏 (方中悟中也帝殤之中故言祕也) 約十分居一詔告司隸校尉河南尹南陽

太守曰每覽前代外戚賓客假借威權輕

薄諧調 (諧七洞反調音洞也) 至有濁亂奉公為人

患苦各在執法怠懈不輒行其罰故也今

大姻戚不少賓客姦猾多干禁憲 (干犯也) 其

明加檢勒勿相容護自是親屬犯罪無所

假貸大后憨陰氏之罪廢赦其從者歸鄉

勅還資賦五百餘萬永初元年爵號大夫

人為新野君萬戶供湯沐邑 (湯沐者取其賦稅以供湯沐之)

也其二年夏京師旱親幸洛陽寺錄寃獄有

囚實不殺人而被考自誣羸困輿見畏吏

不敢言將去舉頭若欲自訴大后察視覺

之即呼還問狀其得枉實即時收洛陽令

下獄抵罪行未還宮澍雨大降三年秋太

后體不安左右憂惶禱請祝辭願得代命

太后聞之即譴怒切勅掖庭令以下但使

謝過祈福不得妄生不祥之言舊事歲終

當饗遣衛士 大儺逐疫

不和軍旅數與詔饗會曾勿設戲作樂遂

疫儌子之半賦

象橐駝之屬 甚年復故大后自入宮掖從

曹大家受經書兼天文筭數書省王政夜

則誦讀而患其謬誤懼乖典章乃博選諸

儒劉珍等及博士議郎四府掾史五十餘

人詣東觀讎校傳記

布各有差又詔中官近臣於東觀受讀經

傳以教授宮人左右習誦朝夕濟濟及新

野君薨大后自侍疾病至平終盡憂哀毀

損軍加於常贈以長公主赤綬東園祕器

玉衣繡衾〔東園署名屬少府主作凶器故言祕也〕又賜布三萬

四錢三千萬〔嘴等遂固讓布不受使司〕

空持節護喪事儀比東海恭王諡曰敬君〔信也陰默也言居憂信默不言〕

大后諒闇飯終〔諒闇居喪之廬也或爲諒陰諒諒〕

久旱太后比三日辛洛陽錄囚徒理出死〔庚戌謁宗廟率以命〕

罪三十六人耐罪八十八人其餘減罪死右

趾巳下至司寇七年正月初入大廟齋七

日賜公卿百僚各有差

婦羣妾交獻相禮儀〔相助也儀禮曰命夫者男子之妻也〕

與皇帝交獻親薦成禮而還〔周禮宗廟之祭〕

因下詔曰凡供薦新味多非其時或

鬱養強孰或穿掘萌牙味無所至而夭折

生長豈所以順時育物平傳曰非其時不

食〔論語曰不時不食言非其時物則不食之物有傷於人不宜以奉供養自〕

今當奉祠陵廟及給御者皆須時乃上凡

所省二十三種自大后臨朝水旱十載四

〔三十一〕〔慕蓮〕

夷外侵盜賊內起每聞人飢或達曰不寐

而躬自減徹以救災厄故天下復平歲還〔平望縣屬北海〕

豐穰元初五年平望侯劉毅〔縣西北平望臺是也一名望海臺也〕

以大后多德政欲令早有

注記上書安帝曰聞易載羲農而皇德〔易繫辭曰古者庖羲氏之王天下仰觀法於天俯觀法於地於是始畫八卦以通神明之德類萬物之情庖羲氏沒神農氏作斲木爲耜揉木爲耒耒耨之利以敎天下伏義神農爲三皇故言皇德〕

著〔俯觀法於地於是始畫八〕

於竹帛流音於管弦〔竹謂簡帛謂繊素黃帝以來皆然以章顯〕

書述唐虞而帝道崇故雖聖明必書功

之德〔易曰聖人與天地合其德〕

功德是流〔音於管弦〕

伏惟皇大后膺大聖之姿體乾坤

齊蹤虞妃比跡任姒〔虞舜妻娥皇女英也任文王母太姒武王母也〕

孝悌慈仁允恭節約杜

絕奢盈之源防抑逸欲之北正位內朝流〔易曰女正位乎內正家而天下定〕

化四海〔矢禮記曰家人卦平内正家〕

及元興延平之際下爲天下主永安漢室綏〔延平元年安帝初即位六年大帝〕

之人譽援立陛下爲天下定〔初即位六年安帝〕

靜四海又遭水潦東州飢荒〔延平元年安〕

水永初元年稟司隸兗東州貧人也〔初即位六年大帝〕

豫徐冀并六州貧人也〔垂恩元元冠蓋交路〕

〔三十二〕〔章帝〕

非薄衣食躬率羣下損膳解驂以贍黎苗

廣雅云惻隱之恩猶視赤子苗衆也（隱痛也尚書曰若保赤子惟人）其實

克己引愆顯揚仄陋崇晏晏之政（尚書曰敷在寬）興滅國

敷在寬之教（敷布也尚書曰五教在寬）興滅國

繼絕世錄功臣復宗室追還徙人蠲除禁

朝弘德洋溢充塞宇宙（洋溢言多）洪澤豐沛漫

衍八方華夏樂化戎狄混并丕功著於大

漢碩惠加於生人魏巍之業可聞而不可

【後漢紀十上】　三十三　盛人

及蕩蕩之勳可誦而不可名古之帝王左

右置史（禮記玉藻曰勳則左史書之言則右史書之）漢之舊典世

有注記夫道有夷崇治有進退若善政不

述細異輒書是爲堯湯負洪水大旱之責

而無咸熙假天之美（咸皆也熙廣也尚書曰庶績咸熙言堯之朝政）

高宗成王有雄迅風之變而無中興康（高宗殷王也小乙之子名武丁當祭）

寧之功也（成湯有飛雄升鼎耳而雊高宗修德殷道中興成王疑周公乃有雷電大風之變成王改過幾致刑措也）上考詩書有

虞二妃周室三母（尚書曰釐降二女于媯汭詩云大任大姒三母謂后稷母姜嫄太王母大姜王季母大任又曰太姒嗣徽音）

閨門限也（note）思不踰

修行佐德（詩云大姒嗣徽音斯男也則百斯男此文王又曰太姒嗣徽音）思不踰

外遇災害覽總大麓經營天物鎔萬機之政

史官著長樂宮注聖德頌以敷宣景耀勒

勳金石縣之日月（易曰縣象著明莫大於日月）之罔極

以崇陛下烝烝之孝帝從之（孔安國注尚書）

日烝烝猶進進也（note）六年太后詔徵和帝弟濟北河間

王子男女年五歲以上四十餘人又鄧氏

近親子孫三十餘人並爲開邸第（邸舍也）保朝

教學經書躬自監試尚幼者使置師保朝

夕入宮撫循詔導恩愛甚渥也（note）乃詔從

兄河南尹豹越騎校尉康等曰吾所以引

納羣子置之學官者實以方今承百王之

敝時俗淺薄巧僞滋生五經殘缺不有化

導將遂陵遲故欲襃崇聖道以匡失俗傳

不云乎飽食終日無所用心難矣哉[論語孔子]

[言也言人終日飽食不惜心於道義難矣哉言終無遠大也]今末世貴戚食

禄之家溫衣美飯乘堅驅良[車良馬不知貴也][堅閒好車良謂善馬也墨子謂]

聖王為衣服之法堅而面牆術學不識臧否[曰弗學][牆面也]

斯故禍敗所從來也永平中四姓[小戚皆令入學][見明紀小戚解]

之忠孝令公既以武功書之竹帛兼以文[所以矯俗屬薄反]

德教化子孫[先公謂竇禹禹有子十三人故能束][各使守一藝故曰文德也]誠令兒曹上述祖考[書尚]

脩不觸羅網[言能自約一藝修整也]故能束

譽其耆宿者皆稱中大人康所使者乃康家

后使內人問之時宦嬋出入多能有所毀

以大后臨朝政心懷畏懼託病不朝太

休烈下念詔書本意則足矣其勉之哉康

【後漢紀十上】　弓華　三十五

先嬋亦自通中大人康聞詬之曰汝我家

出爾敢爾邪嬋怒還說康詐疾而言不遜

太后遂免康官遣歸國絕屬籍永寧二年

二月寢病漸篤乃乘輦於前殿見侍中尚

書因比至太子新所繕宮還大赦天下賜

諸園貴人王主羣僚錢布各有差詔曰朕

以無德託天下而薄祐不天早離大憂

延平之際海內無主元凡運危於累卵[說范曰晉靈公驕奢造九層之臺國困人貧恥功不成令左右諫者斬也荀息乃求見公曰危哉息曰不敢臣能累十二博碁加九雞子其上公曰危哉臣復有危於此者公為九層之臺男女不得耕織社息復一滅君何所望君曰寡人之過乃壞臺焉][新野君]

心誠在濟度百姓以安劉氏自謂感徹天

地當蒙福祚而喪禍內外傷痛不絕[內外謂]

為樂上欲不欺天愧先帝下不違人負宿

勤勤苦心不敢以萬乘

無可奈何公卿百官其勉盡忠恪以輔朝

上原陵加姚逆唾血遂至不解存亡大分

薨及和殤二帝崩也頃以廢病沈滯久不得侍祠自力

廷三月崩在位二十年年四十一合葬順

陵

論曰鄧后稱制終身號令自出術謝前政[書前政謂周公也辟君也尚]之良身闕明辟之義[至使嗣主側目欽衽於虛]

器[器謂神器帝位也][論帝位也]直生懷藐懸書於象魏[象魏闕也]

直生杜根等上
書請大后還政
借之儀者殆其惑哉〔借猶假也殆近也言〕
太后不還政於〔安帝近可感也〕
然而建光之後王柄有歸〔太后歸政安帝及其女伯榮出入官掖通傳姦賂太尉楊震及鄧騭等皆被中官譖誅也〕
遂乃名賢戮辱便辟黨進〔帝罷用乳〕襃斂之
來茲焉有微〔戮敗也逾甚也安帝臨政襃斂自強者故知持權〕
引謗所幸者非已焦心卹患自強者唯國〔言執持朝權以招衆謗也唯憂國也所幸不爲已身也〕
是以班母一說闔門
辭事〔后不許以問班昭乃許之語見昭傳也〕愛
姪微衍愆剔謝罪〔太后兄鄧騭子鳳受遺事淺鳳以謝天下語見鳳妻及鳳以謝天下語見〕愛

〔六二百十年〕
將杜根逢誅未值其誠乎〔誠信也言未但〕
蹊田之牛奪之已甚〔左傳申叔時曰牽牛以蹊人之田而奪之牛罰已重矣此喻蹊田之牽牛以蹊〕
傳〔杜根上書雖曰有罪太后殺之爲過甚也〕

後漢皇后紀卷第十上

范曄　後漢書十

安思閻皇后　　唐姬懷太子賢注
順烈梁皇后
孝崇匽皇后
孝桓鄧皇后
桓帝懿獻梁皇后
孝仁董皇后
桓思竇皇后
靈思何皇后
孝靈宋皇后
獻穆曹皇后
獻帝伏皇后

安思閻皇后諱姬〔謚法曰謀慮不愆曰思〕河南滎陽人

大二百五十五▲後漢紀十下

祖父章永平中為尚書以二妹為貴人〔漢官儀二〕章帝生暢暢生后后有才色元〔千石堂中宿衛兵也屬北軍中候也〕後宮親屬莫克不用出為步兵校尉〔日比二〕初元年以選入掖庭甚見寵愛為貴人二年立為皇后后專房妬忌帝幸宮人李氏〔鴆毒鳥也食其羽畫酒中歡之立死其〕生皇子保遂鴆殺李氏〔三〕年以后父侍中暢為長水校尉封北宜春〔此如此春縣屬汝南郡以豫章故城在今豫州汝陽縣西也〕侯　食邑五

千戸四年暢卒謚曰文侯子顯嗣建光元年鄧太后崩帝始親政事顯及弟景耀晏〔續漢志曰顯景〕並為卿校典禁兵延光元年更封顯長社〔長社縣屬潁川郡前書音義曰其縣社中樹暴長故名長社今許州縣〕縣侯〔食邑萬〕三千五百戸追尊后母宗為滎陽君〔顯景續漢志曰〕諸子年皆童亂〔康而亂致齒也音初刃反並〕〔婦人封君儀比公主油壁車帶綬以紫組為銀帶各如其綬色黃金辟邪為首為帶絇〕〔戴禮曰男八歲而齔女七歲而齔晚也下不敢斥言帝崩猶言晏駕〕為黃門侍郎后寵既盛而兄弟頗與朝權〔陳傅〕后遂與大長秋江京中常侍樊豐等共譖〔後漢紀十下〕皇太子保廢為濟陰王〔二〕四年春后從帝幸〔後漢紀十下〕章陵帝道疾崩於葉縣后顯兄弟及江京〔斤言帝崩猶言晏〕樊豐等謀曰今晏駕道次〔晏晚也曰下〕濟陰王在內邇近公卿立之還為大〔駕而出〕害乃僞云帝疾甚其徙御卧車行四日驅馳還宮明日詐遣司徒劉憙詣郊廟社稷告天請命其夕乃發喪尊后曰皇太〔蔡邕獨斷曰少帝即位太后即代攝政臨前殿朝羣臣太后東面少帝西面羣臣奏〕后臨朝〔事上書皆為兩通一詣太后一詣少帝〕〔以顯為車騎將軍儀同三〕

司太后欲久專國政貪立幼年與顯等定

許禁中迎濟北惠王子北鄉族懿〔惠王名壽章帝子也〕位

立為皇帝顯忌大將軍耿寶〔耿弇之孫／舒之孫〕

尊權重威行前朝乃風有司奏寶及其黨

與中常侍樊豐虎賁中郎將謝惲弟子〔善文曰惲字伯周惲字仲周〕

侍中周廣阿母野王君王聖聖女永永婿

黃門侍郎樊嚴等更相阿黨互作威福探

刺禁省更為唱和皆大不道豐惲廣皆下

獄死家屬徙比景〔比景縣名屬日南郡前書音／義曰中於頭上景在已下〕〔後漢紀十下〕三 卓愛

宓嚴減死髡鉗毆竇為則亭族遣就〔故名宓…〕

之 國自殺王聖母子徙鴈門於是景為衛尉

耀城門校尉晏執金吾兄弟權要威福自

由少帝立二百餘日而疾篤顯兄弟及江

京等皆在左右京引顯屏語曰比鄉族病

不解國嗣宜時有定前不用濟陰王令若

立之後必當怨人何不早徼諸王子簡所

置平顯以為然及少帝薨京白太后徵濟

北河間王子未至而中黃門孫程合謀殺

江京等立濟陰王是為順帝顯景晏及黨

與皆伏誅遷太后於離宮家屬徙比景及

年太后崩在位十二年合葬恭陵帝母李

太后崩左右白之帝感悟發哀親到瘞所〔氏瘞在洛陽北城比初不知莫敢以聞及〕

為策書金匱藏于世祖廟〔更以禮殯上尊諡曰恭愍皇后葬恭北陵〕〔諡法曰執德尊業曰烈〕

〔後漢紀十下〕四〔在恭陵之比因以／為名漢官儀曰置〕〔六百石金匱緘之以金〕佳帝

順列梁皇后諱妠〔聲類曰妠女要也音納〕大將

軍商之女少善女工好史書九歲能誦論語〔景之祥〕

治韓詩〔韓嬰所／傳詩也〕大義略舉常以列女圖畫

置於左右以自監戒〔八篇圖畫其象父母深〕

異之竊謂諸弟曰我先人全濟河西所活

者不可勝數〔商曾祖統更始二年補中郎將酒／泉太守使安集涼州時西河擾亂〕雖大位不究而積德

必報若慶流子孫者儻與此女乎永建三〔眾議以統素有威信乃推／統與寶融共完全五郡〕

年與姑俱選入掖庭時年十三相工茅通
見后驚爲再拜賀曰此所謂日角偃月相之
極貴臣所未嘗見也此太史上兆得壽房又
筮得坤之比曰坤比之吉位正中也九五居其
上故吉 遂以爲貴人常特被引御從容辭
於帝曰夫陽以博施爲德陰以不專爲義
月以滿盈爲虧況於人乎竊不敢以貴人常
蚖斯則百福之所由興也若蚖斯不炳恩則子
孫衆多也詩大雅曰螽斯羽詵詵兮宜爾子
孫振振兮 使小妾得免罪謗之
累由是帝加敬焉陽嘉元年春有司奏立
長秋宮以秉氏族商先帝外戚
春秋之義娶先大國 梁小貴人宜配
天祚正位坤極 后既少聰惠深
貴人爲皇后 壽安是德陽
覽前世得失雖以德進不敢有驕專之心
每日月見適

識貫魚之次序
徐詠

於帝曰夫陽以博施爲德陰以不專爲義
顧陛下思雲雨之均澤

【後漢紀十一】

之食 軺脅服求愍建康元年帝崩后無子
美人虞氏子炳立是爲沖帝尊后爲皇太
后太后臨朝沖帝尋崩復立質帝猶秉朝
政時楊徐劉賊冠擾揚州郡西羌畔及日
南蠻夷攻城暴掠賦斂煩數官民困竭太
后夙夜勤勞推心杖賢委任太尉李固等
援用忠良務崇節儉其貪叨罪慝多見誅
廢 分兵討代羣寇消夷故海內肅
然宗廟以寧而兄大將軍冀殺質帝專

權暴濫巳害忠良數以邪說疑誤太后遂
立桓帝而誅李固太后又溺於宦官多所
封寵以此天下失望和平元年春歸政於
帝太后寢疾遂篤乃詔曰朕素有心下結
氣從間以來加以浮腫逆害飲食寖巳沈
困 比使内外勞心禱請私自忖度日
夜虛劣不能復與羣公卿士共相終竟以
立聖嗣恨不久育養見其終始今以皇帝

將軍兄弟委付股肱其各自勉焉後二日
而崩在位十九年年四十五合葬憲陵虞
美人者以良家子年十三選入掖庭 續漢志曰美人
父詩為郎中詩 父衡屯騎校尉 又生女舞陽長公主自漢典
母氏莫不尊寵順帝旣未加美人爵號而
沖帝早夭大將軍梁冀秉政忌惡佗族故
虞氏抑而不登但稱大家而已陳夫人者
家本魏郡少以聲伎入孝王宮得幸生質
帝亦以梁氏故榮寵不及焉熹平四年小

黃門趙祐 續漢志曰小黃門六百石宦者無貟掌侍左右受尚書事上在內宮關通中外及中宮以下眾事諸公主及王大妃等疾苦使問之
議郎呈整上言 俗風
春秋之義母以子貴 公羊傳曰桓公幼而貴隱公長而卑子以母貴母以子貴何以貴之隱長又賢
隆
漢盛典虞大家質帝母氏凡在外戚莫不加寵今
沖帝母虞大家質帝母陳夫人皆誕生聖
皇而未有稱號夫臣子雖賤尚有追贈之
典況二母見在不蒙崇顯之次無以述遵
先世垂示後世也帝感其言乃拜虞大家

為憲陵貴人陳夫人為渤海孝王妃 孝王名
遣太常以三牲告憲陵懷陵靜陵焉 懷陵沖帝靜陵
使中常侍持節授印綬

後漢紀下 八

崇皇后遣司徒持節奉策授璽綬乘輿
翼為孝崇匽皇后諱明 匽音 為蠡吾侯翼媵妾
孝崇匽皇后諱明
和平元年梁太后崩乃就博陵尊后為孝
王開子和帝孫生桓帝桓帝即位明年追尊
翼為孝崇匽皇陵曰博陵以后為孝崇園貴人
器服備法物宮曰永樂置太僕少府以下
皆如長樂宮故事 又置虎賁羽林衛士起宮
室分鉅鹿九縣為后湯沐邑在位三年元
嘉二年崩以帝弟平原王石為喪主 石蠡吾子
桓帝 斂以東園畫梓壽器玉匣飯含之具 東園署名屬少府掌
兄 禮儀制度比恭懷皇后
之棺壽器者欲其父長業猶如壽堂壽宮之類也漢舊儀曰梓棺長二丈崇廣四尺玉匣者胷已而為匣至足亦緘以黃金為
續飯含者以珠玉實口 使司徒持節大長秋

奉車祠賻錢四千萬(公羊傳曰賻贈財曰賻 貨財曰賻)布四萬四中

謁者僕射典護喪事侍御史護大駕鹵簿

漢官儀曰天子車駕次第謂之鹵簿有大駕法駕小駕乘輿千乘萬騎公卿奉引大將軍參乘太僕御屬車八十一乘備千乘萬騎公卿奉引御史在左駕馬詢問不法者今儀比車駕故以侍御史監護焉

詔安平

主豹河間王建勃海王悝(悝音 長社益陽)

二長公主(長社公主桓帝姊耿弇異弟霸玄孫援尚益陽公主桓帝妹侍中寇榮從兄子)

尚與諸國族三百里內者及中二千石二千石令長皆會葬將作大匠復土繕廟

馬 合葬博陵

【後漢紀十下】 九 陳

桓帝懿獻梁皇后諱女瑩(諡法曰溫和聖善曰獻 聰明叡知曰獻)

順烈皇后之女弟也帝初為蠡吾侯梁太后徵欲與后為婚未及嘉禮(嘉禮昏姻會賓帝)

崩因以立帝明年有司奏太后曰春秋迎王后于紀在塗則稱后(公羊傳曰紀在塗稱后何)

今大將軍舅女弟膺紹(公羊傳曰公來逆王后者何)

天子之三公稱嗣也紹成王矣(何王者無外其辭成矣詩云文母嗣也 云太監下先下有許結親也)

王者娶妻當也紹親也先聖善娶妻當也(謂母氏也聖善謂母也詩云母氏聖善)

有命既集

禮章時進徵幣(幣以成婚)

請下三公太常

宜備

寮禮儀奏可於是悉依孝惠皇帝納后故

事聘黃金二萬斤納采鴈璧乘馬束帛一

如舊典(漢書舊儀聘皇后黃金萬斤呂后為惠帝聘黃金萬斤也 異書曰納采鴈璧乘馬束帛一其禮物用玄纁玄纁束帛也鄭玄注周禮王者穀圭以聘女取其潔白也納徵用玄纁束帛加以穀圭諸侯加以大璋然則天子加以穀圭上公加以大璋也乘馬四匹也 建記曰納幣一束束五兩兩五尋然則每端二丈也)

入掖庭八月立為皇后時太后秉政而梁冀專朝故后獨得寵幸自下莫得進見

藉姊兄廕執恣極奢靡宮幃雕麗服御珍

稍衰后既無子潛懷怨忌每宮人孕育鮮

得全者帝雖迫畏梁冀不敢譴怒然恩愛

華巧飾制度兼倍前世及皇太后崩恩愛

轉稀至延熹三年后以憂恚崩在位十三

年葬懿陵其歲誅梁冀廢懿陵為貴人冢

【後漢紀十六 十 徐】

桓帝鄧皇后諱猛女(和熹皇后從兄子鄧)

香之女也母宣初適香生后改嫁梁紀紀

者大將軍梁冀妻孫壽之舅也后少孤隨

焉

母爲居因冒姓梁氏冀妻見后貌美永興

中進入掖庭爲采女絕幸 采擇也以因名 明年

封兄鄧演爲南頓侯位特進演卒子康嗣

及懿后崩梁冀異疾立后爲皇后帝惡梁

氏改姓爲薄封后母宣爲長安君四年有

司表奏本郡中鄧香之女不宜改易它姓

於是復爲鄧氏追封贈車騎將軍安陽

侯印綬更封宣康大縣宣爲昆陽君康爲

沘陽侯賞賜巨萬計 謂萬萬也 宣卒贈

《後漢紀卷十》十一

揚坡

侯禮皆依后母舊儀以康弟統襲封昆陽

疾位侍中統從兄會龍安陽侯爲虎賁中

郎將又封統弟秉爲淯陽侯宗族皆列校

郎將帝多內幸博採宮女至五六千人及

駈役從使復兼倍於此而后恃尊驕忌與

帝所幸郭貴人更相譖訴八年詔廢后送

暴室以憂死 漢官儀曰暴室在掖庭內丞一人主

亦就此室也

及父會皆下獄死統等亦繫暴室免官爵歸

本郡財物没入縣官

桓思竇皇后諱妙章德皇后從祖弟之孫

女也父諱武延熹八年鄧皇后廢后以選

入掖庭爲貴人其冬立爲皇后而御見甚

稀帝所寵唯采女田聖等永康元年冬帝

寢疾遂以聖等九女皆爲貴人及崩無嗣

后爲皇太后太后臨朝定策立解犢亭侯

宏是爲靈帝太后素忌積怒田聖又欲盡誅諸

帝梓宮尚在前殿遂殺田聖

《後漢紀卷十》十二

陳坡

貴人中常侍管霸蘇康苦諫乃止時太后

父大將軍武謀誅官官而中常侍曹節等

矯詔殺武遷太后於南宮雲臺家屬從比

景寶氏雖誅帝猶以太后有援立之功建

寧四年十月朝率羣臣朝于南宮親饋上

壽黃門令董萌 漢官儀曰黃門令秩六百石 因此數爲太后訴

怨竇氏深納之供養資奉有加於前中常侍

曹節王甫疾萌萌附太后 誣以謗訕永樂

官 也靈帝母所居 萌坐下獄死熹平元年太后母

03-187

卒於比景后感疾而崩立七年合葬宣陵

孝仁董皇后諱某河間人為解犢亭侯萇

夫人萇河間孝王開（孫淑之子也）生靈帝建寧元年帝即

位追尊萇為孝仁皇陵曰慎陵以后為慎

園貴人及竇氏誅明年帝使中常侍迎貴

人并徵貴人兄寵到京師上尊號曰孝仁

皇后居南宮嘉德殿（嘉德殿九龍門內在宮稱）永樂

拜寵執金吾后坐矯稱永樂后屬請下獄

死及竇大后崩始與朝政使帝賣官求貨

▆後漢紀十下　十三　李秀

自納金錢盈滿堂室中平五年以后兄子

衞尉脩疾重（脩令德州縣也城在南）為票騎將

軍領兵千餘人初后自養皇子協數勸帝

立為太子而何皇后恨之議未及定而帝

崩何太后臨朝重與太后兄大將軍進權

軼相害后每欲參干政事太后輒相禁塞

后忿恚言曰汝今輒張怙汝兄耶（輒張猶彊梁也）

當勑票騎斷何進頭來何太后聞以告進

進與三公及弟車騎將軍苗等奏孝仁皇

后使故中常侍夏惲永樂太僕封諝等交

通州郡（漢官儀曰永樂僕中人也）較在所珍寶貨賂悉入西省

不得留京師（蕃后解見靈帝紀即蕃后之司蕃后謂平帝母衞姬時王莽攝政恐其專權不得留京師故云蕃后故事）

輿服有章膰羞有品謂永樂后遷宮本（也）

國奏可何進遂舉兵圍驃騎府收重免官

自殺后憂怖疾病暴崩在位二十二年民

間歸咎何氏喪還河間合葬慎陵

靈帝宋皇后諱某扶風平陵人也肅宗宋　▆後漢紀十下　十四

貴人之從曾孫也建寧三年選入掖庭為

貴人明年立為皇后父酆執金吾封不其（大子少女四十）

鄉侯（不其縣屬琅邪郡故城在今萊州即墨縣西南蓋其縣也其音基決錄汪鄧字伯遇）

后無寵而居正位後宮幸姬衆共譖毀初

中常侍王甫枉誅勃海王悝及妃宋氏（平惠）妃即后之姑

也甫恐后怨之乃與太中大夫程阿共構

言皇后挾左道祝詛（禮記曰執左道以亂眾殺無赦鄭玄注云左道若巫蠱也）

也靈帝信之光和元年遂策收璽綬后自致

暴室以憂死在位八年父及兄弟並被誅
諸常侍小黃門在省闥者皆憐宋氏無辜
共合錢物收葬廢后及鄧父子歸宋氏舊
塋皇門亭許云通立皇門注云王之郭明日帝
後夢見桓帝怒曰宋皇后有何罪過而聽
用邪孽尊使絕其命勃海王悝既已自聚又
受誅斃今宋氏及悝自訴於天上帝震怒
書曰帝乃震怒也罪在難救夢珠明察帝既
覺而恐以事問於羽林左監許永續漢志曰羽林左監
十五 劇仲
永對曰宋皇后親與陛下共承宗廟
母臨萬國歷年已久海內蒙化過惡無聞
而虛聽讒妬之說以致無辜之罪身嬰極
誅禍及家族天下臣妾咸為怨痛勃海王
悝相帝母弟也處國奉藩末嘗有過陛下
曾不諟審遂伏其辜昔晉侯失刑亦夢大
擾謂驂右亦如之永或作詠除也
一人秩六百石主羽林左日此何祥其可禳乎
厲被髮屬地左傳曰晉侯夢大被髮及地搏
帝矢杜預注曰厲惡而踊曰殺余孫不義余得請于
也晉侯先殺趙同趙括故怒也 天道明察鬼神

難誣宜並改葬以安冤魂反宋后之徙家
復勃海之先封以消厭各帝弗能用尋亦
崩焉
靈思何皇后諱某南陽宛人家本屠者以
選入掖庭風俗通曰漢以八月算人后家長七
尺一寸生皇子辯養於史道人家號曰史
矦道人謂道術之人也獻帝春秋曰靈帝數失子拜
后為貴人甚有寵幸性彊忌後宮莫不震
懼光和三年立為皇后明年追號后父真
為車騎將軍舞陽宣德矦因封后母興為
舞陽君時王美人任娠左傳曰邑姜方娠杜揃
音身反畏后乃服藥欲除之而胎安不動又
數夢負日而行四年生皇子協后遂酖殺
美人帝大怒欲廢后諸宦官固請得止董
太后自養協號曰董矦王美人趙國人也
祖父苞五官中郎將美人豐姿色聰敏有
才明能書會計會計謂揔會以良家子應法
相選入掖庭帝愍協早失母又思美人作

追德賦令儀頌中平六年帝崩皇子辯即
位尊后爲皇太后太后臨朝后兄大將軍
進欲誅官官反爲所害舞陽君亦爲亂兵
所殺并州牧董卓被徵將兵入洛陽陵虐
朝庭遂廢少帝爲弘農王董卓爲獻
帝扶弘農王下殿北面稱臣太后鯁涕羣
臣舍悲莫敢言董卓又議太后蹴迫於永樂
宮至令憂死逆婦姑之禮乃遷於永安宮
因進酖弒而崩在位十年董卓令帝出奉

【後漢紀十下】 十七　李芳

常草舉哀　華延儁洛陽記曰　公卿皆白衣會
不成喪也　有凶事素服而朝謂之白衣　合葬文
昭陵初太后新立當謁二祖廟欲齋輒有
薨故如此者數音不克時有識之士心獨
怪之後遂因何氏傾没漢祚焉明年山東
義兵大起討董卓之亂卓乃置弘農王於
閣上使郎中令李儒進酖曰服此藥可以
辟惡王曰我無疾是欲殺我耳不肯飲強
飲之不得已乃與妻唐姬及宮人飲讌別

酒行王悲歌曰天道易兮我何艱棄萬乘
兮退守蕃逆臣見迫兮命不延逝將去汝
兮適幽玄因令唐姬起舞姬抗袖而歌曰
曰皇天崩兮后土穨齊威王曰天崩地坼也
身爲帝兮命夭摧死生路異兮從此乖奈
我煢獨兮心中哀因泣下嗚咽坐者皆歔
欷王謂姬曰卿王者妃執不復爲吏民妻
自愛從此長辭遂飲藥而死時年十八唐
姬潁川人也王薨歸鄉里父會稽太守瑁

【後漢紀十下】 十八　五宝

欲嫁之姬誓不許及李催破長安遣兵鈔
關東略得姬催因欲妻之固不聽而終不
自名　不自名少帝之姬也衰宏　尚書賈詡知之
帝聞感愴乃下詔迎姬置園中使侍中
持節拜爲弘農王妃初平元年二月葬弘
農王於故中常侍趙忠成壙中　趙忠先有成
謐曰懷王帝求母王美人兄斌斌將妻子
詣長安賜第宅田業拜奉車都尉興平元

年帝加元服有司奏立長秋宮詔曰朕禀
受不弘遭值禍亂未能紹先以光故典皇
母前薨未卜宅兆禮章有闕中心如結[詩心如結令]
有司乃奏追尊王美人爲靈懷皇后改葬[三歲之感蓋不言且須其後於是]
文昭陵儀比敬恭二陵[敬章帝陵 恭安帝陵]使光祿
大夫持節行司空事奉璽綬斌與河南尹
駱業復土斌還遷執金吾封都亭侯[凡言都亭 食邑五]
百戶病卒贈前將軍印綬謁者監護喪事
長子端襲爵

獻帝伏皇后諱壽琅邪東武人[東武今密州諸城縣大]
司徒湛之八世孫也父完沈深有大度襲
爵不其疾尚桓帝女陽安公主[陽安縣屬汝南郡故城在]
安后時入掖庭爲貴人興平二年立爲皇
后完遷執金吾帝尋而東歸李傕郭汜等
追敗乘輿於曹陽帝乃潛夜度河走[度所在 陝州]

後漢紀十下　十九

陝縣比水經曰銅翁仲所沒處也獻帝東遷潛度所之人率六宮之人鄭玄注曰六宮后之六宮者
六宮皆步行出營[周禮王后率六宮之人以下分居后之六宮者]后手持縑數
匹董承使者血濺后衣[濺音子見反]既至安邑御服穿敝
唯以棗栗爲糧建安元年拜完輔國將軍
儀比三司完以政在曹操自嫌尊戚乃上
印綬拜中散大夫尋遷屯騎校尉十四年
卒子典嗣自帝都許守位而已宿衛兵侍
莫非曹氏黨舊姻戚議郎趙彥嘗爲帝陳[徐永]
言時策曹操惡而殺之其餘內外多見誅
戮操後以事入見殿中帝不任其憤因曰
君若能相輔則厚不爾幸垂恩相捨操失
色俛仰求出舊儀三公領兵朝見令虎賁
執刃挾之操出顧左右汗流浹背[浹音徹也音子協反]
自後不敢復朝請董承女爲貴人操誅承
而求貴人殺之帝以貴人有娠[說文曰娠孕也音仁蓋反]
累爲請不能得后自是懷懼乃與父完書
言曹操殘逼之狀令密圖之完不敢發至

後漢紀十下　二十

假為策曰皇后壽得由卑賤登顯尊極自

處椒房之義也詩云皇后稱椒房取其蕃實并二紀

于茲既無任姙徽音之美武大任文王母徽音詩云大任文王母嗣徽音

又多謹身養己之福左傳曰人受天地之中而生謂之命能者養之以福不能者敗以取禍而陰懷妬害苞藏禍心弗可

以承天命奉祖宗令使御史大夫郗慮持

節策詔其上皇后璽綬蔡邕獨斷曰皇后赤綬玉璽纁漢志曰皇后赤綬黃赤綬四綵黃赤縹紺淳黃圭綬長二丈九尺九寸五百首太皇太后皇太后其綬皆與乘輿同退

慮副魏志曰華歆字子魚平原高唐人代荀彧為尚書令慮字鴻豫山陽高平人勒兵

入宮收后閉戶藏壁中歆就牽后出時帝

在外殿引慮於坐后被髮徒跣行泣過訣

曰不能復相活邪帝曰我亦不知命在何

時顧謂慮曰郗公天下寧有是邪遂將后

下暴室以幽崩所生二皇子皆酖殺之后

在位二十年兄弟及宗族死者百餘人母

〈後漢紀十下〉

盈等十九人徙涿郡

獻穆曹皇后諱節謚法曰布德曰穆魏公曹操執義曰穆

之中女也建安十八年操進三女憲節華

為夫人聘以束帛玄纁五萬匹小者待年

於國以待年長十九年並拜為貴人及伏

皇后被弒明年立節為皇后魏受禪遣使

求璽綬后怒不與如此數輩乃呼使者

入親數讓之以璽抵軒下關板也軒板也斬因涕泣

橫流曰天不祚爾左右皆莫能仰視后在

位七年魏氏既立以后為山陽公夫人自

後四十一年魏景初元年薨合葬禪陵車

服禮儀皆依漢制

論曰漢世皇后無謚皆因帝謚以為稱雖

呂氏專政上官臨制亦無殊號中興明帝始建光烈之稱其後並以德為配至

於賢愚優劣混同一貫故馬竇二后俱稱

德焉其餘唯帝之庶母及蕃王承統以追

尊之重特為其號如恭懷孝崇之比是也

〈後漢紀十下〉

初平中蔡邕始追正和熹之謚其安思順

蔡邕集謚議曰漢世母氏無謚至于明帝始建光烈之稱是後轉因帝號加之一連謚大名小行受大名小行亦宜同一體謚亦宜同大行皇太后謚宜為和熹蔡邕曰漢世母后謚宜為和熹

烈以下皆依而加焉

贊曰坤惟厚載陰正平内

女正位乎内男正位乎外平內言好逑婦人之德謂之婦女曰妃匹配君子好逑也

詩美好逑 述四也逑匹也

易稱歸妹

易曰坤厚載物又曰歸妹天之大義也女之嫁女之象也以六五為王妃故也言九二相應五為王妃故以九二為王妃

閨宣禮椒屋

后妃之室以蘭椒班固西都賦曰蘭林蕙草披香椒房越蘭林蕙草故言蘭閨椒房也后妃即椒房也

身當隆極族漸河潤

公羊傳曰河潤千里進德也鄧等謂馬也幸也

既云德外亦曰幸 鄧等也

孅言觀貞淑 諸后皆示其貞淑也曹榮

諸后多為示其貞淑亦悕也觀示也言孅亦佩也配皇后為儀紫宮

祁祁皇

媚茲良哲承我天祿班政蘭 曹榮

畫無孅字相傳音麗蕭該音雖媚茲良哲承我天祿班政蘭

景爭暉方山並峻乘剛多阻行地必順

易卦象曰六二之難乘剛也又坤卦曰牝馬地類行地無疆王弼注云地之所以得無疆者以卑順行之之類何謂闇昧屯

各集驕滿福協貞信慶延自已禍成誰

漢法大縣侯視

輿馬

漢制皇女皆封縣公主儀服同列侯

皇女中禮十五年封涅陽公主適顯親侯 松坐誹謗誅

為長慮公主

大鴻臚竇固

陰公主又鄧訓傳舞陰公主子梁
虎有罪訓與交通此云舞陽誤也

涅陽屬南陽郡顯親縣 屬漢陽郡固寶融子 蕭宗尊

皇女禮劉十七年封淯陽公主適陽安侯

尉韓光光坐與淮陽王延謀反誅

皇女紅夫十五年封館陶公主適駙馬都

皇女綬綬二十一年封酈邑公主適新陽

長樂少府郭璜子也 璜坐與竇憲謀反誅

世祖五女

汝南郡豐 陰就子也

矦世子陰豐豐害主誅死
酈縣屬南陽郡音擲亦反新陽縣屬

皇女姬永平二年封獲嘉長公主適楊邑

矦將作大匠馮柱
獲嘉縣屬河內郡楊邑桂馮魴子

皇女奴三年封平陽公主
平陽縣屬河東郡

臚馮順子也 子也馮勤

皇女迎或延三年封隆慮公主
隆慮縣屬河內郡 適大鴻

牟平矦耿襲
襲耿弇弟節之子

皇女迎作三年封隆慮公主 適

皇女次二年封平氏公主
平氏縣屬南陽縣 既不言所適不顯

始終蓋史闕之 也它皆做此

皇女致三年封沁水公主適高
沁水縣屬河內郡

皇女小姬十二年封平皐公主
平皐縣屬河內郡

密侯鄧乾 乾節霜之子 霜之孫

皇女仲十七年封浚儀公主適軚侯
適昌安侯中鄧番
昌安縣屬高密國番

皇女惠十七年封武安公主適征羌侯世
子黃門侍郎來棱 校
黃門侍郎王度

為長公主 征羌縣屬汝南郡安帝尊

皇女臣建初元年封曾陽公主
曾陽縣屬南陽郡

皇女小迎元年封樂平公主
樂平縣屬東郡章帝更名

皇女小民元年封成安公主
成安縣屬潁川郡

顯宗十一女

皇女男建初四年封武德長公主

皇女王四年封平邑公主
平邑縣屬代郡昌樂東

皇女王四年封武德長公主 適黃門侍郎馮由

此又有 平邑城

皇女吉永元五年封陰安公主〔陰安縣屬魏郡〕

肅宗三女

皇女保延平元年封脩武長公主〔脩武縣屬河内郡〕

皇女成元年封共邑公主〔共邑屬河内郡〕

皇女利元年封臨潁公主〔臨潁縣屬潁川郡〕

侍中賈建〔即墨縣屬膠東國建賈參之復之曾孫〕適即墨矦

皇女典元年封聞喜公主〔聞喜縣屬河東郡〕

和帝四女

皇女生永和三年封舞陽長公主〔胡昶〕

皇女成男三年封冠軍長公主〔冠軍縣屬南陽郡〕

皇女廣永和六年封汝陽長公主〔汝陽縣屬汝南郡〕

順帝三女

皇女華延熹元年封陽安長公主適不其

戾輔國將軍伏完〔完伏湛五世孫〕

皇女堅七年封潁陰長公主〔潁陰縣屬潁川郡〕

皇女脩九年封陽翟長公主〔陽翟縣屬潁川郡〕

桓帝三女

皇女某光和三年封萬年公主

後漢皇后紀卷第十

靈帝一女

范曄　後漢書十一

唐章懷太子賢注

劉玄
劉盆子

【後漢列傳】

劉玄字聖公光武族兄也　爾雅曰族父之子相謂為族昆弟帝王紀曰春陵戴侯熊渠生利利生子張納平林何氏女生更始

弟為人所殺聖公結客欲報之客犯法聖公避吏於平林吏繫聖公父子張聖公詐死使人持喪歸春陵吏乃出子張聖公因自逃匿

王莽末南方飢饉人庶群入野澤掘鳧茈而食之更相侵奪　鳧茈音胡了反鳧似龍頸而細根如指頭黑色可食芍音胡了反　新市人王匡王鳳為平理諍訟遂推為渠帥眾數百人於是諸亡命馬武王常成丹等往從之共攻離鄉聚藏於綠林中　離鄉聚謂諸鄉離散去城郭遠者離鄉置大城中郡其義也綠林山在今荊州當陽縣東北也　數月閒至七八千人

地皇二年　王莽年也　荊州牧某　史闕名也　發奔命二萬人攻之匡等相率迎擊於雲杜　屬江夏郡雲杜縣名也　大破牧軍殺數千人盡獲輜重　續漢書曰牧欲北歸武等復遮擊之故牧乘勝不敢殺牧也　遂攻拔竟陵　竟陵縣名屬江夏郡故城在今郢州長壽縣南　轉擊雲杜安陸　安陸縣屬江夏郡今安州安陸縣也　多略婦女還入綠林中至有五萬餘口州郡不能制　破城在今復州　沔陽縣在今復州沔陽縣西北

三年大疾疫死者且半乃各分散引去王常成丹西入南郡號下江兵王匡王鳳馬武及其支黨朱鮪張卬等北入南陽號新市兵皆自稱將軍　印作印續漢書印名　七月匡等進攻隨未能下　隨縣屬南陽郡　平林人陳牧廖湛　廖音力弔反　復聚眾千餘人號平林兵以應之聖公因往從牧等　今廬州縣　欲其安集軍眾故權以為官名　是時光武及兄伯升亦起春陵與諸部合兵而進四年正月破王莽前隊大夫甄阜屬正梁丘賜斬之號聖公為更始將軍眾雖多而無所統一諸將遂共議立更始為天子二月辛巳設壇場於淯水上沙中陳兵大會更始即帝位南面立朝群臣素懦弱羞愧流

汗舉手不能言於是大赦天下建元曰更
始元年悉拜置諸將以族父良為國三老
王匡為定國上公王鳳成國上公朱鮪大
司馬伯升大司徒陳牧大司空餘皆九卿
將軍五月伯升拔宛六月更始入都宛城
盡封宗室及諸將為列侯者百餘人更始
忌伯升威名遂誅之以光祿勳劉賜為大
司徒前鍾武侯劉望起兵略有汝南時王
莽納言將軍嚴尤秩宗將軍陳茂既敗於
昆陽俱歸之八月望遂自立為天子以尤
為大司馬茂為丞相王莽使太師王匡國（風俗通曰袞姓魯哀公之後因諡以為姓）
將哀章守洛陽 更始遣定
國上公王匡攻洛陽西屏大將軍申屠建（風俗通曰公之後新莽姓也魯大夫）
丞相司直李松攻武關三輔震動是時海
內豪桀翕然響應皆殺其牧守自稱將軍
用漢年號以待詔命旬月之閒徧於天下
長安中起兵攻未央宮九月東海人公賓（風俗通曰公賓姓也魯大夫）
就斬王莽於漸臺（公賓吏之後新臺太淮池中）

收璽綬傳首詣宛更始時在
便坐黃堂取視之喜曰莽不如是當與霍
光等寵姬韓夫人笑曰若不如是帝焉得
之平更始悅乃懸莽首於宛城市是月拔
洛陽生縛王匡哀章至皆斬之十月使奮
威大將軍劉信擊殺劉望於汝南并誅嚴
尤陳茂更始遂此都洛陽以劉賜為丞相

申屠建李松自長安傳送乘輿服御又遣
中黃門從官奉迎遷都二年二月更始自
洛陽而西初發李松奉引馬驚犇觸北宮
鐵柱三馬皆死（續漢書曰馬禍也時更始失道將亡之兆）初王莽敗
唯未央宮被焚而已其餘宮館一無所毀
宮女數千備列後庭自鍾鼓帷帳輿輦器
服太倉武庫官府市里不改於舊更始既
至居長樂宮外前殿郎吏以次列庭中更始
始羞怍俛首刮席不敢視（怍顏色變也俛俯也）諸將
後至者更始問虜掠得幾何左右侍官皆
宮省久吏各驚相視李松與棘陽人趙萌

說更始悉王諸功臣朱鮪爭之以為高
祖約非劉氏不王更始乃先封宗室太常
將軍劉祉為定陶王劉賜為宛王劉慶為
燕王劉歙為元氏王大將軍劉嘉為漢中
王劉信為汝陰王後遂立王臣為比陽王
王鳳為宜城王朱鮪為膠東王衛尉大將
軍張印為淮陽王廷尉大將王常為鄧
王戟金吾大將軍廖湛為穰王申屠建為
平氏王王尚書胡殷為隨王柱天大將軍李
通為西平王 西平縣屬汝南郡故城在今豫州郾城縣南也 五威中郎
將李軼為舞陰王水衡大將軍成丹為襄
邑王大司空陳牧為陰平王 陰平縣屬廣漢國 驃騎
大將軍宋佻為潁陰王尹尊為酈王朱
鮪辭曰臣非劉宗不敢千典遂讓不受乃
徒鮪為左大司馬劉賜為前大司馬與
李軼李通王常等鎮撫關東以李松為丞
相趙萌為右大司馬共秉內任更始納趙
萌女為夫人有寵遂委政於萌日夜與婦

人飲讌後庭羣臣欲言事輒醉不能見時
不得巳乃令侍中坐帷內與語諸將識非
更始聲出皆怨曰成敗未可知遽自縱放
若此韓夫人尤嗜酒每侍飲見常侍奏事
輒怒曰帝方對我飲正用此時持事來乎
起抵破書案 抵擲也 趙萌專權威福自己郎
吏有說萌放縱者更始怒拔劍擊之自是
無復敢言萌私忿侍中引下斬之更始救
請不從時李軼朱鮪擅命山東王臣張印
橫暴三輔其所授官爵者皆羣小賈豎或
有膳夫庖人多著繡面衣錦袴襜褕諸于 禮褕諸于見光武紀續漢志曰時智者見之以為服之不中身之災也乃
罵詈道中 者見之以為服妖 長安為之語曰竈下養 奔入邊郡避之赴服妖也其後為赤眉所殺也
中郎將爛羊胃騎都尉爛羊頭關內侯羊 傳曰炊爨者為養其後為養赤眉所殺也
今賊寇始誅王化未行百官有司宜慎其
軍帥將軍豫章李淑上書諫曰方
任夫三公上應台宿九卿下括河海 孿曰三公在天為三台九卿為此斗故三公象五岳 九卿法河海二十七大夫法山陵八十一元士法谷

阜合為帝佐
以匡綱紀 故天工人其代之陛下定業雖

因下江平林之執斯蓋臨時濟用不可施

之既安宜釐改制度更延英俊因才授爵

以匡王國今公卿大位莫非戎陳尚書顯

官皆出庸伍資亭長賊捕之用 漢法十里一亭亭置一長

捕賊緣專而當輔佐綱維之任唯名與器聖

人所重今以所重加非其人望其毗益萬

分興化致理譬猶緣木求魚升山採珠求之 海內望此有以 非所不可得也孟子對梁惠王曰 以若所為求若所欲猶緣木求魚 【後漢列傳】 七 毛

關度漢祚非有憎疾以求進也但為陛

下惜此舉厝敗杅傷錦所宜至慮 孟子謂王喜王曰為室則必使工師求大木工師得大木則王恐以為能勝其任也匠人斲而小之則王恐以為不勝其任矣左傳子產謂子皮曰子有美錦不使人學製焉大官大邑身之所庇也而使學者製焉其為美錦不亦多乎

惟割既往諛妄之失思隆 濟絕也詩大雅文王以寧 周文濟濟之美 割絕也 使之重乎未嘗聲刀而割其傷寶多也

淑詔獄自是關中離心四方怨叛諸將出

征各自專置牧守州郡交錯不知所從十

二月赤眉西入關三年正月平陵人方望

立前孺子劉嬰為天子初望見更始政亂

度其必敗謂安陵人弓林等曰前定安公

嬰平帝之嗣雖王莽篡奪而嘗為漢主今

皆云劉氏真人當更受命欲共定大功何

如林等然之乃於長安求得嬰將至臨涇 立之 今涇州縣也

聚黨數千人望為丞相林為大 司馬更始遣李松與討難將軍蘇茂等擊 破皆斬之又使蘇茂拒赤眉於弘農茂軍

敗死者千餘人三月遣李松會朱鮪與赤 【後漢列傳一】 八 時

眉戰於蓩鄉 蓩音莫老反字林云毒草也因以為地名續漢志弘農有蓩鄉也以此

記曰徐宣樊崇等入至弘農枯掘山下與 蘇茂戰蓋此至蓩鄉轉至溯湖即湖城縣之間

言其蓩蓋在今 州湖城縣之間 松等大敗弃軍走河東為鄧禹所破 死者三

萬餘人時王匡張卬守河東為鄧禹所破 還弃長安卬與諸將議曰赤眉近在鄭華

陰間旦暮且至今獨有長安見滅不久不

如勒兵掠城中以自富轉攻所在東歸南

陽收宛宛王等兵事若不集復入湖池中為

盜耳申屠建廖湛等皆以為然共入說更

始更始怒不應莫敢復言及赤眉立劉盆
子更始使王匡陳牧成丹趙萌屯新豐李
松軍撅以拒之撅音子厥反續漢志曰新
廖湛胡殷申屠建等與御史大夫隗以八月朝作飲食為撅其俗語曰撅臆杜伏隗音丑
謀欲以立秋日斬腰時共劫更始前書音義
告之更始託病不出召張卬等卬以反膝雅
將悉誅之唯隗躅躅不至更始狐疑使卬等
四人且待於外廬卬與湛殷疑有變遂突
出獨申屠建在更始前斬之卬與湛殷遂勤
兵掠東西市昏時燒門入戰於宮中更始
大敗明旦將妻子車騎百餘東奔趙萌於
同謀乃並召入牧丹先至即斬之王匡懼
新豐更始復疑王匡陳牧成丹與張卬等
將兵入長安與張卬合李松還從更始
與趙萌共攻匡卬於城內連戰月餘匡等
敗走更始徙居長信宮三輔黃圖曰從洛門至長信宮在其

九　家傳

中赤眉至高陵匡等迎降之遂共連兵而
進更始守城使李松出戰敗死者二千餘
人赤眉生得松時松弟汎為城門校尉赤
眉使使謂之曰開城門活汝兄汎即開門
九月赤眉入城更始單騎走從廚城門出三輔黃圖曰洛城門王莽改曰建子門其內有長安廚官俗名之為廚城門今長安故城北面之中門是也
諸婦女從後連呼曰陛下當下謝城更
始即下拜上馬去初侍中劉恭以赤眉
立其弟盆子自繫詔獄聞更始敗乃出步
從至高陵止傳舍右輔都尉嚴本本或作平或作玉
恐失更始為赤眉所誅將兵在外號為
屯衛而實囚之赤眉下書曰聖公降者封
長沙王過二十日勿受更始遣劉恭請降
赤眉使其將謝祿往受之十月更始遂隨
祿肉袒詣長樂宮上璽綬於盆子赤眉坐
更始置庭中將殺之劉恭謝祿為請不能
得遂引更始出劉恭追呼曰臣誠力極請
得先死拔劍欲自刎赤眉帥樊崇等遽共

〈後漢書傳一〉　十

救止之乃敕更始封為畏威侯劉恭復為
固請賣得封長沙王更始常依謝祿居劉
恭亦擁護之三輔苦赤眉暴虐皆憐更始
而張印等以為慮謂祿曰今諸營長多欲
篡聖公者一曰失之合兵共攻公自滅之道
也於是祿使從兵與更始共牧馬於郊下
因令纜殺之劉恭夜往收藏其屍光武聞
而傷焉詔大司徒鄧禹葬之於霸陵有三
子求歆鯉明年夏求兄弟與母東詣巡

帝封求為襄邑侯奉更始祀歆為穀孰侯
鯉為壽光侯求後從封成陽侯求卒子巡
嗣復徙封灌澤侯

論曰周武王觀兵孟津退而還師以為紂
未可伐斯時有未至者也
還合漢起驅輕黠烏合之衆
舉合不當天下萬分之一而旌旗之所撝

撝與塵同
書文之所通被莫不折戈頓顙爭
受職命非唯漢人餘思固亦幾運之會也
夫為權首鮮或不及
項且猶未與況庸庸者乎

劉盆子者太山式人
城陽景王章之後也
祖父憲元帝時封為式
侯父萌嗣琅邪海曲有呂母者子為縣吏犯

小罪宰論殺之
鳳元年琅邪海曲有呂母者子為縣吏犯
小罪宰論殺之
呂母怨宰密聚客規以報仇母家素豐
貲產數百萬乃益釀醇酒買刀劍衣裳
年來酤者皆賒與之視其乏者輒假衣裳
不問多少數年財用稍盡少年欲相與償
之呂母垂泣曰所以厚諸君者非欲求利
徒以縣宰不道枉殺吾子欲為報怨耳諸
君寧肯哀之乎少年壯其意又素受恩皆
許諾其中勇士自號猛虎遂相聚得數十
百人

因與呂母入海中招合亡命衆至數
千呂母自稱將軍引兵還攻破海曲執縣
宰諸吏叩頭爲宰請殺殺人當死吾子遂
斬之以其首祭子冢復還海中後數歲

邪人樊崇起兵於莒〔崇字細君 東觀記曰樊〕
人轉入太山自號三老時青徐大飢寇賊
餘人崇同郡人逢安東海人徐宣謝祿楊
蜂起羣盜以崇勇猛皆附之一歲間至萬

【後漢列傳】　十三

音東觀記曰逄音龐安字少子東莞人也徐〔李善〕
宣字驕稚謝祿字子奇皆東海臨沂人也〔各起〕
兵合數萬人復引從崇共還攻莒不能下
轉掠至姑幕〔姑幕縣名故城在今密之國因擊王〕
芬探湯侯田況大破之〔益縣曰探湯〕殺萬餘
人遂北入青州所過虜掠還至太山留屯
南城〔南城縣屬東海郡有初崇等以困窮爲〕
寇無攻城徇地之計衆既寖盛乃相與爲
約殺人者死傷人者償創以言辭爲約束
無文書旌旗部曲號令其中最尊者號三

老次從事次卒吏況相稱曰臣人王莽遣
平均公廉丹太師王匡擊之崇等欲戰恐
其衆與莽兵亂乃皆朱其眉以相識別由
是號曰赤眉赤眉遂大破丹匡軍殺萬餘〔無鹽縣名故城在 今鄆州須昌縣東〕
人追崇至無鹽〔廉丹戰死王〕
匡走崇又引其兵十餘萬復還圍莒數月〔王匡政東 海郡曰沂〕
或說崇曰莒父母之國奈何攻之乃解去
時呂母病死其衆分入赤眉青犢銅馬中

赤眉遂寇東海與王莽沂平大尹〔戰敗 死者數千人乃引去掠楚沛〕

【後漢列傳】　古

〔平以郡守 爲大尹〕

汝南潁川還入陳留攻拔魯城轉至濮陽
會更始都洛陽遣使降崇崇等聞漢室復
興即留其兵自將渠帥二十餘人隨使者
至洛陽降皆封爲列侯崇等既未有
國邑而留衆稍有離叛乃遂亡歸其營將
兵入潁川分其衆爲二部崇與逢安爲一
部徐宣謝祿楊音爲一部崇安攻拔長社
南擊宛斬縣令而宣祿等亦拔陽翟引之

梁〔今汝州梁縣也〕擊殺河南太守赤眉衆雖數戰勝而疲敝厭兵皆曰夜愁泣思欲東歸崇等計議慮衆東向必散不如西攻長安更始二年冬崇安自武關〔武關在今商州上洛縣東河圖括地象曰武關上爲天齊星前書曰陸渾縣有關在今洛州伊闕西南〕宣等從陸渾關兩道俱入三年正月俱至弘農與更始諸將連戰剋勝衆遂大集乃分萬人爲一營凡三十營營置三老從事各一人進至華陰軍中常有齊巫鼓舞祠城陽景王以求福助〔以其定諸呂安社稷故郡國象爲之巫〕巫狂言景王大怒曰當爲縣官何故爲賊〔官謂天子也〕有笑巫者輒病軍中驚動時方望弟陽怨更始殺其兄乃逆説崇等曰更始荒亂政令不行故使將軍得至於此今將軍擁百萬之衆西向帝城而無稱號名爲羣賊不可以久不如立宗室挾義誅伐以此號令誰敢不服崇等以爲然而巫言益甚前及鄭〔今華州縣〕乃

《後漢書列傳一》十五

相與議曰今迫近長安而鬼神如此當求劉氏共尊立之六月遂立盆子爲帝自號建世元年初赤眉過式掠盆子及二兄恭茂皆在軍中恭少習尚書略通大義及隨崇等降更始即封爲式侯以明經數言事拜侍中從事吏卒更始劉俠卿主芻牧牛號曰牛吏屬右校卒吏劉俠卿主芻牧牛及崇等欲立帝求軍中景王後者得七十餘人唯盆子與茂及前西安侯劉孝最爲近屬崇等議曰聞古天子將兵稱上將軍乃書札爲符曰上將軍又以兩空札置笥中〔札簡也笥篋也〕遂於鄭北設壇場祠城陽景王諸三老從事皆大會陛下列盆子等三人居中立以年次探札盆子最幼後探得符〔札〕諸將乃皆稱臣拜盆子時年十五被髮徒跣敝衣赭汗見衆拜恐畏欲啼茂謂曰善藏符〔盆子即齧折棄之〕後還依俠卿俠卿

《後漢書傳一》十六

為制絳單衣半頭赤幘

乘軒車大馬赤屏泥直葢覆

從牧兒遨遊崇雖起勇力而為眾所宗然不
知書數徐宣故縣獄吏能通易經遂安左大司馬謝
宣為丞相崇御史大夫逢安左大司馬謝
祿右大司馬自楊音以下皆為列卿軍及

高陵與更始叛將張卬等連和遂攻東都
門　　入長安城

更始來降盆子居長樂宮諸將日會論功
爭言讙呼按劍擊柱不能相一
輔郡縣營長遣使貢獻兵士輒剽奪之由是皆復固
也又數虜暴吏民百姓保壁
守至臘日崇等及設樂大會盆子坐正殿
中黃門持兵在後公卿皆列坐殿上酒未
行其中一人出刀筆書謁欲賀

其餘不知書者起請之各
各屯聚更相背向大司農楊音案劍罵曰諸
卿皆老傭也今日設君臣之禮反更殺
亂兒戲尚不如此皆可格殺之
更相辯鬭而兵眾遂各踰宮斬關入掠酒
肉互相殺傷衛尉諸葛穉聞之勒兵入格
殺百餘人乃定盆子惶恐日夜啼泣獨與
中黃門共臥起唯得上觀閣而不聞外事
時掠庭中宮女猶有數百千人自更始敗
後幽閉殿內掘庭中蘆菔根
或作捕池魚而食之死者因相埋於宮中
有故祠甘泉樂人尚共擊鼓歌舞衣服鮮
明使中黃門稟之米人數斗後盆子去皆自
子恐兄弟俱禍密教盆子歸璽綬習為辭讓
餓死不出劉恭見赤眉衆亂知其必敗先
之言建武二年正月朔崇等大會劉恭先
曰諸君共立恭弟為帝德誠深厚立且一

年者亂日甚誠不足以相成恐死而無所

益願得退為庶人更求賢知唯諸君省察

崇等謝曰此皆崇等罪也恭復固請或曰（劉恭為式侯言衆恭惶恐起）

此寧式侯事邪（立天子非恭所預）官而為賊如故吏人貢獻輒見剽劫流聞

去盆子乃下牀解璽綬叩頭曰今設置縣

所致願乞骸骨避賢聖必欲殺盆子以塞

四方莫不恨恨不復信向此皆立非其人

責者無所離死也（離避）誠異諸君肯哀憐之

耳因涕泣噓唏（唏唏典歔同）崇等及會者數百人

駕三馬（續漢志曰王車朱班輪青蓋左右騑駕三馬）從數百騎乃自

南山轉掠城邑與更始將軍嚴春戰於郿

破春殺之遂入安定北地至陽城番須中

逢大雪坑谷皆滿士多凍死乃復還發掘

諸陵取其寶貨遂汙辱呂后屍凡賊所發（漢儀注曰腰以下以玉為札長尺廣一寸半以下）

有玉匣殮者率皆如生（為匣下至足繼以黃金縷謂之為玉匣也）故赤眉得多行婬穢大司

徒鄧禹時在長安遣兵擊之於郁夷（郁夷縣屬右扶風也）反為所敗禹乃出之雲陽九月赤眉

復入長安止桂宮（長安記曰桂宮在未央宮北曰北宮）時漢中

賊延岑出散關屯杜陵逢安將十餘萬人

擊之鄧禹以逢安精兵在外唯盆子與嬴

弱居城中乃自往攻之會謝祿救至夜戰

豪街中（三輔舊事曰長安城中有豪街）禹兵敗走延岑及更

始將軍李寶合兵數萬人與逢安戰於杜

陵岑等大敗死者萬餘人寶遂降安而延

岑收散卒走寶乃密使人謂岑曰子努力

還戰吾當於內反之表裏合勢可大破也

岑即還挑戰，安等空營擊之，寶從後悉援
赤眉雖懷更立己幡旗，安等戰疲還營見
旗幟皆白，大驚亂。已幡安時三輔大飢，
人相食，城郭皆空，白骨蔽野，遺人往往聚
為營保，各堅守不下。赤眉虜掠無所得，十
二月乃引而東歸，眾尚二十餘萬，隨道復
散。光武乃遣破姦將軍侯進等屯新安，建
威大將軍耿弇等屯宜陽，分為二道以要
其還路。敕諸將曰：賊若東走，可引宜陽兵
會新安；賊若南走，可引新安兵會宜陽。明
年正月，鄧禹自河北度，擊赤眉於湖〔湖故城縣〕〔在今虢州湖城縣西南〕，
禹復敗走，赤眉遂出關南向征。
西大將軍馮異破之於崤底〔即崤坂也在今洛州永寧縣西北〕。
帝聞乃自將幸宜陽盛兵以邀其走路。赤
眉忽遇大軍，驚震不知所為，乃遣劉恭乞
降曰：盆子將百萬眾降陛下，何以待之。帝
曰：待汝以不死耳。樊崇乃將盆子及丞相

徐宣以下三十餘人肉袒降，上所得傳國
璽綬，更始七尺寶劍及玉璧各一，積兵甲
宜陽城西與熊耳山齊〔宜陽縣故城韓國城也在今洛州福昌縣東鄙〕〔熊耳山在宜陽西也〕。帝令縣廚賜食，
眾積困餒，十餘萬人皆得飽飫。明旦大陳
兵馬臨洛水，令盆子君臣列而觀之〔釋名曰盆子……〕。又謂盆
子曰：自知當死不？對曰：罪當應死，猶幸上
憐赦之耳。帝笑曰：兒大黠，宗室無蚩者〔蚩癡也〕。
又謂崇等曰：得無悔降乎？朕今遣卿
歸營勒兵，鳴鼓相攻，決其勝負，不欲強相
服也。徐宣等叩頭曰：臣等出長安東都門，
君臣計議歸命聖德。百姓可與樂成，難與
圖始，故不告眾耳。今日得降，猶去虎口歸
慈母，誠歡誠喜，無所恨也。帝曰：卿所謂
中錚錚、庸中佼佼者也〔說文曰錚錚金也鐵之利也錚言微有剛利也詩曰佼人僚兮佼好貌也佼佼之人稍為勝也……〕。
又曰：諸卿大為無道，所過皆夷滅老弱〔溺音奴弔反〕。然猶有三善：攻破城邑

周徧天下本故妻婦無所改易是一善也
立君能用宗室是二善也餘賊立君迫急
皆持其首降自以為功諸卿鄉獨完全以付
朕是三善也乃令各與妻子居洛陽賜宅
人一區田二頃其夏樊崇逄安謀反誅死
甚厚以為趙王郎中後病失明賜滎陽均
報殺謝祿自繫獄赦不誅帝憐盆子賞賜
侯與徐宣俱歸鄉里辛於家劉恭為更始
楊音在長安時遇趙王良有恩賜爵關內
人一區田二頃其夏樊崇逄安謀反誅死

二十九 ■ 【後漢書傳一】

輸官地以為列肆 均輸官名屬司農肆市列也桓
方物貢輸往來物多苦惡不償其費
故郡國置輸官以相紹運故曰均輸 使食其稅終

二十四 ■

身

贊曰聖公廉聞假我風雲 易曰雲從龍風從虎
借也言聖公初起無所聞 聖人作而萬物覩假假
知借我中興風雲之便 始順歸歷終然崩分
赤眉阻亂也 盆子探符雉盜皇器 皇器猶神器
位也 乃食均輸
器謂天

劉玄劉盆子列傳第一

范曄　後漢書十二

唐章懷太子賢註

王昌　劉永　龐萌　張步
　　李憲　彭寵　盧芳

王昌一名郎趙國邯鄲人也素為卜相工
明星歷常以為河北有天子氣時趙繆王
子林好奇數術　任俠於趙魏間多通
豪猾而郎與之親善初王莽篡位長安中
或自稱成帝子子輿者莽殺之
者嘗下殿辛僵須更有黃氣從上下半日
乃解遂姓身就館趙后欲害之
他人子以故得全
二諤命者郎中李曼卿
十七到丹陽　歸州梌歸縣東也　二十還長安
展轉中山來往燕趙以須天時
愈動疑惑乃與趙國大豪李育張參等通
謀規共立郎會人間傳赤眉將度河林等

因此宣言赤眉當立劉子輿以觀眾心百
姓多信之更始元年十二月林等遂率車
騎數百晨入邯鄲城止於王宮　故趙王之宮也
為天子林為丞相李育為大司馬張參為
大將軍分遣將帥徇下幽冀移檄州郡曰
制詔部刺史郡太守曰朕孝成皇帝子
興者也昔遭趙氏之禍因以王莽篡殺頼
知命者將護朕躬
削迹趙魏
佑漢故使東郡太守翟義嚴鄉侯劉信擁
兵征討出入胡漢普天率土知朕隱在人
間南嶽諸劉為其先驅
辰即位趙宮休氣熏蒸應時獲兩蓋聞為
國子之襲父古今不易劉聖公未知朕故
且持帝號諸興義兵咸以助朕聖公及翟太守丞與功臣
享祚子孫已詔聖公
詣行在所

所置未覩朕之沈滯或不親去就強者頁
力也〔負持〕弱者惶惑今元元創痍已過半矣
〔瘠傷也〕朕甚悼焉故遣使者班下詔書郎以
百姓思漢既多言罷義不死故詐稱之以
從人望於是趙國以北遼東以西皆從風
而靡明年光武自薊得郎檄南走信都〔趨走
也音子〕發兵徇旁縣遂攻柏人不下議者以
豆反為守柏人不如定鉅鹿光武乃引兵東北
圍鉅鹿郎太守王饒據城數十日連攻不

剋耿純說曰久守王饒士眾疲敝不如及
大兵精銳進攻邯鄲若王郎已誅王饒不
戰自服矣光武善其計乃留將軍鄧滿〔續漢
書滿〕守鉅鹿而進軍邯鄲屯其郭北門郎
數出戰不利乃使其諫議大夫杜威持節
請降威稱郎實成帝遺體光武曰設使
成帝復生天下不可得況詐子輿者乎威
請求萬戶侯光武曰顧得全身可乎〔念猶
也〕威曰邯鄲雖鄙并力固守尚曠日月終不

君臣相率但全身而已遂辭而去急攻
之二十餘日郎少傅李立為反間開門
內漢兵遂拔邯鄲郎夜亡走道死追斬之
劉永者梁郡睢陽人梁孝王八世孫也
傳國至父立始中立與平帝外家衛
氏交通〔衛氏平帝母家也中山靖王之女也〕為王莽所誅
更始即位永詣洛陽紹封為梁王都
睢陽永聞更始政亂遂據國起兵以弟
防為輔國大將軍防弟少公御史大夫

封魯王遂招諸豪傑沛人周建等並署
為將帥攻下濟陰山陽楚淮陽汝南
凡得二十八城又遣使拜西防賊帥山
陽佼彊為橫行將軍〔西防縣名故城在
今宋州單父縣此〕
佼音絞是時東海人董憲起兵據其郡而
張步亦定齊地永遣使拜憲翼漢大將
軍步輔漢大將軍與共連兵遂專據東
方及更始敗永自稱天子建武二年夏
光武遣虎牙大將軍蓋延等伐永初陳

留人蘇茂為更始討難將軍與朱鮪等守洛陽鮪既降漢茂亦歸命光武因使茂與蓋延俱攻永軍茂與延不相能茂反殺淮陽太守掠得數縣據廣樂而臣於永永以茂為大司馬淮陽王茂蓋延遂圍睢陽數月拔之永將家屬走虞〔虞縣名屬梁國故城在今宋州虞城縣〕人反殺其母及妻子永奔還廣樂彊建從永走保湖陵三年春永遣使立張步為齊王董憲為海西王於是遣大司馬吳漢等圍蘇茂於廣樂周建率衆救茂茂建戰敗弃城復還湖陵而睢陽人反城〔反音幡〕迎永吳漢與蓋延等合軍圍之城中食盡永與茂建走酇〔今亳州縣也酇音在何反〕諸將追急永將慶吾斬永首降封吾為列侯蘇茂周建奔垂惠共立永子紆為梁王佼彊還保西防四年秋遣捕虜將軍馬武都尉王霸圍紆建於垂惠蘇茂將五校兵

救之紆建亦出兵與武等戰不剋而建兄子誦反閉城門拒之建紆等皆走建於道死茂奔下邳與董憲合紆奔佼彊五年遣驃騎大將軍杜茂攻佼彊於西防彊與劉紆奔董憲時茂將軍龐萌反叛遂襲破蓋延引兵與董憲連和自號東平王屯桃鄉之北〔桃鄉故城在今兗州龔丘縣西北也〕龐萌山陽人初亡命在下江兵中更始以為冀州牧將兵屬尚書令謝躬共破王郎及躬敗萌乃歸降光武即位以為侍中萌為人遜順其見信愛帝常稱曰可以託六尺之孤寄百里之命者〔解見明紀〕龐萌是也拜為平狄將軍與蓋延共擊董憲時詔書獨下延而不及萌萌以為延譖己自疑遂反帝聞之大怒乃自將討萌與諸將書曰吾常以龐萌社稷之臣將軍得無笑其言乎老賊當族其各屬兵馬會睢陽憲聞帝自討龐萌乃與劉紆蘇茂佼彊去下邳還蘭陵使茂彊助

萌合兵三萬急圍挑城帝時幸蒙聞之乃
詔輜重自將輕騎三千步卒數萬晨夜馳
赴次任城去挑鄉六十里旦日諸將請進
賊亦勒兵挑戰帝不聽乃休士養銳以挫
其鋒城中聞車駕至衆心益固時吳漢等
在東郡馳使召之萌等乃悉兵攻城二十
餘日衆疲困而不能下及吳漢與諸將到
乃率衆軍進挑城而帝親自搏戰大破之
萌茂彊夜棄輜重逃奔董憲乃與劉紆悉

其兵數萬人屯昌慮自將銳辛拒新陽（新陽縣屬東海郡）
帝先遣吳漢擊破之憲走還昌慮漢
進守之憲恐乃招誘五校餘賊步騎數千
人屯建陽慮三十里（建陽縣屬東海郡故城在今沂州丞）
時諜反　帝至蕃又（蕃音皮去憲所百餘里諸）
壁以待其敝頃之五校糧盡果引去帝乃
將請進帝不聽知五校乏食當退勑各堅
親臨四面攻憲三日復大破之衆皆奔散
遣吳漢追擊之俊彊將其衆降蘇茂

奔張步憲及龐萌走入繒山（繒縣名故城在今沂州承縣東北繒山即其縣之山也）
數日吏士聞憲尚在復往往相聚
得數百騎迎憲入郯城吳漢等復攻拔郯
憲與龐萌走保朐（朐縣名屬東海郡今海州朐山有故朐城秦始皇立石）
劉紆不知所歸軍士高扈斬其
首降梁地悉平吳漢進圍朐明年城中穀
盡憲潛出襲取贛榆（贛榆縣名東海縣也贛音貢琅）
耶太守陳俊攻之憲走澤中會吳漢下
胸城進盡獲其妻子憲乃流涕謝其將士
曰妻子皆已得矣（所得也）嗟乎又苦諸卿
乃將數十騎夜去欲從間道歸降而吳漢
校尉韓湛追斬憲於方與（方與音防預方與人黔）
陵亦斬萌皆傳首洛陽封韓湛為列侯黔
陵關內侯

張步字文公琅邪不其人也漢兵之起步
亦聚衆數千轉攻傍縣下數城自為五威
將軍遂據本郡更始遣魏郡王閎為琅邪
太守步拒之不得進閎為檄曉喻吏人降

得贛榆等六縣收兵數千人與步戰不勝
時梁王劉永自以更始所立貪步兵彊承
制拜步輔漢大將軍忠節侯督青徐二州
使征不從命者步貪其爵號遂受之乃理〔以弟弘為衛將軍〕
弟弘玄武大將軍藍弟壽高密太守遣〔兵甲日盛王〕
將徇太山東萊城陽膠東北海濟南齊諸
郡皆下之步拓地濅廣也〔濅漸也〕
閎懼其衆散乃詣步相見欲誘以義方步
大陳兵引閎怒曰步有何過君前見攻之〔劇縣名在今青州壽光縣南也〕
其乎閎按劍曰太守奉朝命而文公擁兵
相距閎攻賊耳何謂甚邪步嘿然良久離
席跪謝乃陳樂飲酒待以上賓之禮令閎
關掌郡事也〔關通〕〔建武三年光武遣光祿大〕
夫伏隆持節使齊拜步為東萊太守劉永
聞隆至劇乃馳遣立步為齊王步即殺隆
故步得專集齊地據郡十二及劉永死步

等欲立永子紆為天子自為定漢公置百
官王閎諫曰梁王以奉本朝之故是以山
東頗能歸之今尊立其子將疑衆心且齊〔人多詐孫弘之詞〕
人多詐宜且詳之乃止五年帝〔汝黠曰公〕
步聞帝將攻之以其將費邑為濟南王屯〔今青州北海縣也〕
歷下冬建威大將軍耿弇破斬費邑進拔
臨淄步以弇兵少遠客可一舉而取乃悉
將其衆攻弇於臨淄弇大敗還奔劇帝
自幸劇步衆步退保平壽〔今青州北海縣也〕
餘人求救之茂讓步曰以南陽兵精延岑
善戰而耿弇走之大王奈何就攻其營既
呼茂不能待邪步曰負負無可言者也〔負慚之者再言之甚慚〕
為列侯步遂斬茂使使奉其首降步三弟
各自繫所在獄皆赦之封步為安丘侯後
與妻子逃奔臨淮與弟弘藍欲招其故衆
乘船入海琅邪太守陳俊追擊斬之王閎

者王莽叔父平阿侯譚之子也哀帝時為
中常侍時倖臣董賢為大司馬寵愛貴盛
閎屢諫忤旨哀帝臨崩以璽綬付賢曰無
妄以與人時國無嗣主內惟懼閎白元（三輔黃圖曰未央宮……宮中門也）
有宣德殿閎舉手叱賢曰宮車晏駕國嗣
未立公受恩深重當俯伏號泣何事久持
璽綬以待禍至邪賢知必死不敢拒之
乃跪授璽綬閎持上太后朝廷壯之及王（仇二反）
莽篡位閎忿閎乃出為東郡太守閎懼誅
常擊藥手內莽敗漢兵起閎獨完全東郡
三十餘萬戶歸降更始
李憲者潁川許昌人也王莽時為廬江屬
令（今職如都尉）莽末江賊王州公等起眾
十餘萬攻掠郡縣莽以憲為偏將軍廬江
連率擊破州公憲據郡自守更始元
年自稱淮南王建武三年遂自立為天子
置公卿百官擁九城眾十餘萬四年秋光

武幸壽春遣揚武將軍馬成等擊憲圍舒
至六年正月拔之憲亡走其軍士帛（舒縣名屬廬江郡灊縣故城今壽州也）
意之後韓非非子也追斬憲而降憲妻子皆（帛姓也宋帛產之後韓非子也）
伏誅封帛意漁浦侯後憲餘黨淳于臨等
猶聚眾數千人屯灊山攻殺安風令（揚州牧歐陽歙遣兵）
不能剋帝議欲討之廬江人陳眾為從事（飯音扶反）
白歆請往說而降之後憲餘黨……於是乘單車
駕白馬往說而降之灊山人共生為立祠
號白馬陳從事云
彭寵字伯通南陽宛人也父宏哀帝時為
漁陽太守寵少為郡吏容貌能飲飯（飯音扶）有威於
邊王莽居攝誅不附己者宏與何武鮑宣
並遇害寵少……皇中為大司空士（從王邑東拒漢軍）
到洛陽聞同產弟在漢兵中懼誅即與鄉（王莽時九卿分屬三公每一鄉置元士三人）
人吳漢亡至漁陽時吏抵父（抵歸也）更始立
使謁者韓鴻持節徇北州（并幽也）承制得專

拜二千石已下竉至薊以竉漢並鄕閭故
人相見歡甚即拜竉偏將軍行漁陽太守
事漢安樂令（安樂縣名屬漁陽郡故城在今幽州潞縣西北也）及
光武鎭慰河北至薊以書招竉竉具牛酒
將上谷調會王郎詐立傳檄燕趙遣將徇漁
陽上谷急發其兵北州衆多疑惑欲從之
吳漢說竉從光武語在漢傳會上谷太守
耿況亦使功曹寇恂詣竉結謀共歸光武
竉乃發步騎三千人以吳漢行長史及都　〔後漢書傳二　十三〕
尉嚴宣護軍蓋延狐奴令王梁（狐奴縣名屬漁陽郡）
與上谷軍合而南及光武於廣阿光武承
制封竉建忠侯賜大將軍遂圍邯鄲竉
轉糧食前後不絕及王郎死光武追銅馬
比至薊竉上謁自負其功意望甚焉（不能滿心故恃）
光武接之不能滿以此懷不平（意望不平故心不能滿）
平也光武知之以閒幽州牧朱浮浮對曰前
吳漢北發兵時大王遺竉以所服劍又倚
以爲北道主人竉謂至當迎閭握手交歡

並坐今旣不然所以失望浮因曰王莽爲
宰衡時甄豐旦夕入謀議時人語曰夜半
客甄長伯（長伯豐字也甄平時爲少傅豐爲更始將軍及）
莽篡位後意不平卒以誅死（光武及）
以爲不至於此及即位吳漢王梁竉之所
薦並爲三公而竉獨無所加愈愈不得
志歡曰我功當爲王但爾陞下忘我邪
是時北州破散而漁陽差完有舊鹽鐵官　〔後漢書傳二　十四〕
竉轉以貿穀（貿易也）積珍寶益富彊朱浮與
竉不相能浮數諧搆之建武二年春詔徵
竉竉意浮實已上疏願與浮俱徵又與吳
漢竉蓋延等書盛言浮枉狀（枉諂己）固求同
徵帝不許益以自疑而其妻素剛不堪抑
屈固勸無受召竉又與常所親信吏計議
皆懷怨於浮莫有勸行者帝遣竉從弟子
后蘭卿喻之竉因留子后蘭卿遂發兵反
拜署將帥自將二萬餘人攻朱浮於薊分
兵徇廣陽上谷右比平又自以與耿況俱

有重功而恩賞並薄數遣使要誘況況不
受輒斬其使秋帝使游擊將軍鄧隆救薊
隆軍潞南浮軍擁奴遣吏奏狀帝讀檄怒
謂使吏曰營相去百里其勢豈可得相及
比若還也北軍必敗矣寵果盛兵臨河
以拒隆又別發輕騎三千襲其後大破隆
軍浮遠遂不能救引而去明年春寵遂按
右北平上谷數縣遣使以美女繒綵賂遺
匈奴要結和親單于使左南將軍七八千

騎往來為游兵以助寵又南結張步及富
平獲索諸豪傑皆與交質連衡
按薊城自立為燕王其妻數惡夢又多見
佐變之東觀記曰夢臝袒冠幘跳梁寵堂上聞蟆聲在火鑪下
寵疑子后蘭卿質漢歸故不信之使將兵
居外無親於中五年春寵齋獨在便室
寵頭子密等三人因寵卧寐共縛其

蒼頭子密等三人因寵卧寐共縛

著紶告外吏云大王齋禁皆使吏休偽稱
寵命教收縛奴婢各置一處又以寵命呼
其妻妻入驚曰奴反
寵急呼曰趣為諸將軍辦裝
於是兩奴將妻入取寶物留一奴守寵
謂守奴曰若小兒我素愛也今為子密所
迫劫奴解我縛
皆若小奴意欲解之視戶外見子密聽其
語遂不敢解於是收金玉衣物至寵所裝

之被馬六疋使妻縫兩縑囊昏夜後解寵
手令作記告城門將軍云今遣子密等至
子后蘭卿所速開門出勿稽留之也
成即斬寵及妻頭置囊中便持記馳出城
因以詣闕封為不義侯明旦閤門不開官
屬踰牆而入見寵屍驚怖其尚書韓立等
共立寵子午為王以子后蘭卿為將軍國
師韓利斬午首詣征虜將軍祭遵降夷其

宗族

盧芳字君期安定三水人也居左谷中（續漢志曰三水縣有左右谷故城在今涇州安定縣南）王莽時天下咸思漢德芳由是詐自稱武帝曾孫劉文伯曾祖母匈奴谷蠡渾邪王之姊為武帝皇后生三子遭江充之亂太子誅皇后坐死中子次卿亡之長陵小子回卿逃於左谷生子孫卿孫卿生文伯常以是言誑惑安定間王莽末乃與三水屬國羌胡起兵（三十四）更始至長安徵芳為騎都尉使鎮撫安定以西更始敗三水豪傑共計議以芳劉氏子孫宜承宗廟乃共立芳為上將軍西平（西方）王使使與西羌匈奴結和親匈奴單于曰匈奴本與漢約為兄弟（高祖時與冒頓單于約為兄弟）後匈奴中衰呼韓邪單于歸漢漢為發兵擁護世世稱臣（呼韓邪單于歸國內遂朝宣帝稱臣）今漢亦中絕劉氏來歸我亦當立之令尊事我乃使句林王將數千騎迎芳（句古侯音）

及芳與兄禽弟程俱入匈奴單于遂立芳為漢帝以程為中郎將將胡騎還入安定初五原人李興隨昱朔方人田颯代郡人石鮪閔堪各起兵自稱將軍建武四年單于遣無樓且渠王入五原塞（塞屬五原郡因以為名）與李興等和親告興欲令芳還入漢地為帝五年李興閔堪引兵至單于庭迎芳與俱入塞都九原縣（九原縣名故城在勝州銀山縣也因以為名）掠有五原朔方雲中定襄鴈門五郡並置守令與胡通兵侵苦北邊六年芳將軍賈覽將胡騎擊殺代郡太守劉興芳後以事誅其五原太守李興而其弟朔方太守田颯雲中太守橋扈恐懼叛芳舉郡降光武令領職如故後大司馬吳漢驃騎大將軍杜茂數擊芳並不剋十二年芳與賈覽共攻雲中久不下其將隨昱留守九原欲脅芳降芳知羽翼外附心腹內離遂棄輜重與十餘騎亡入匈奴其眾盡歸隨昱昱乃隨使

者程恂，詣闕，拜昱為五原太守，封鎬胡侯。（鎬謂琢鑒之故以為名，下有鎬荒侯即其類。）昱弟憲武進侯。

十六年，芳復入居高柳（高柳縣名，故城在今雲州定襄縣，在），與閻堪兄林使使請降。乃立芳為代王，堪為代相，林為代太傅，賜繪二萬匹，因使和集匈奴。芳上號謝曰：臣芳過託先帝遺體，棄在邊陲，社稷之憂，所宜共誅，故遂西連羌戎，北懷匈奴單于，不忘舊德，權立救助。是時兵革並起，往往而在。臣非敢有所貪（觀望也）望，期於奉承宗廟，興立社稷。是以久僭號位，十有餘年，罪宜萬死。陛下聖德高明，躬率眾賢，海內賓服，惠及殊俗。以肺附之故，赦臣芳罪，加以仁恩，封為代王，使備北藩。無以報塞重責，異必欲和輯匈奴，不敢遺餘力，貪思效。謹奉天子玉璽，恩望闕庭，詔報芳，朝明年正月（昌平縣名，故城在今幽州昌平縣東）。其冬，芳入朝，南及昌平，

有詔止，令更朝明歲。芳自道還，憂恐乃復背叛。遂及與閔堪、閔林相攻，連月。匈奴遣數百萬騎迎芳及妻子出塞。芳留匈奴中十餘年，病死。初，安定屬國胡與芳為冠，及芳敗，胡人還鄉里，積苦縣官徭役。其中有駭馬少伯者，素剛壯。二十一年，遂率種人反叛，與匈奴連和，屯聚青山（青山有青），乃遣將兵長史陳訢（古欣字，今詵云新）率三千騎擊之。少伯乃降，徙於冀縣（冀縣屬天水，伏羌縣）。

論曰：傳稱盛德必百世祀（史：左傳晉侯問於亡子，對曰，杞鄫之後，必百代祀庿），夫能得眾心則百世不忘矣。觀更始之際，劉氏之遺恩餘烈，英雄豈能抗之哉。然則知高祖、孝文之寬仁，結於人心深矣。周人之思邵公，愛其甘棠（詩序曰甘棠美邵伯之聽訟也），又況其子孫哉。劉氏之再受命，蓋以此乎。若數子者，豈有國之遠圖

哉因時擾攘苟恣縱而已耳然猶以附假
宗室能掘強歲月之間觀其智略固無足奮
漢祖發其英靈者也
之也
掘強謂梁也前謂淮南王也
安曰掘強江淮之間苟延歲月之命
言此數子非漢祖之敵不足奮發英靈而憚畏之也

贊曰天地閉革野戰羣龍昌芳僭詐梁齊連鋒
寵賓強地憲榮深江
革故也易曰天地閉革而四時成人
湯武革命順乎人天而應乎人也其血玄黃又曰羣龍無首吉也
易曰龍戰于野
劉永梁王
昌芳僭詐
劉永
陽漁擾漁也
陽也
江起盧
江也
實惟

後漢書傳二
二十一

張步齊王
非律代委神邦反殺非用師之律故更代
之破滅委棄其神臯之國伏於光武也
易曰師出以律律法也言

後漢書列傳卷第二

隗囂〔高亞音五〕

公孫述

隗囂字季夏天水成紀人也〔成紀縣名故城在今泰州隴城縣西〕

少仕州郡王莽國師劉歆引囂為士〔王莽置國師位上公士其屬官也莽制九卿分屬三公每一卿置大夫三人一大夫置元士三人〕

歆死囂歸鄉里季父崔素豪俠能得眾聞

更始立而莽兵連敗於是乃與兄義及上

邽人楊廣輿人周宗謀起兵應漢囂上之

曰夫兵凶事也〔史記范蠡曰兵者逆德凶器戰者逆德也宗族何辜〕

崔不聽遂聚眾數千人攻平襄殺莽鎮戎

大尹〔平襄縣名屬天水郡故城在今泰州伏羌縣西北王莽改天水郡守曰大尹〕

崔廣等以為舉事宜立主以一眾心咸謂

囂素有名好經書遂共推為上將軍囂辭

讓不得已曰諸父必欲立小子必能用

囂言者乃敢從命眾皆曰諾囂既立遣使

聘請平陵人方望以為軍師〔平陵縣名屬右扶風也〕

至說囂曰足下欲承天順民輔漢而起今

立者乃在南陽王莽尚據長安雖欲以漢

為名其實無所受命將何以見信於眾乎

宜急立高廟稱臣奉祠所謂神道設教求〔助人神者也易觀卦曰聖人神道設教而天下服矣且禮有損〕

益質文無常削地開兆〔開兆域以祀神也〕

以致其肅敬雖未備物神明其舍諸〔祝史也壁謂圭璧也諸其也〕

其言遂立廟邑東祀高祖太宗世宗〔囂等〕

皆稱臣執事史奉璧而告〔周禮曰盟掌盟載之法也鄭玄注曰載盟辭也書其辭於策殺牲取血坎其牲〕

畢有司穿坎于庭

牲加書於上而瘞之〔章馬操刀奉盤錯鋹〕

遂割牲而盟〔臣賢按蕭該音引字詁鋹即題音〕

〔徒啟反方言曰宋楚之間謂盂為益謂水器為鋹此亦言鋹即題也反〕

曰凡我同盟三十一將十〔題云漢遣韓昌等與單于登諸水東山刑白〕

有六姓允承天道興輔劉宗如懷姦慝明

神殛之〔此亦言鋹即題也反〕　高祖文皇武皇褅隆命歆

宗受兵族類滅亡有司奉血鋹進護軍舉

手挹諸將軍曰鋹不濡血歃不入口是欺

神明也厭罰如盟既而瘞血加書一如古

禮事畢移撤告郡國曰漢復元年七月巳
酉朔巳巳上將軍隗囂白虎將軍隗崔在
將軍隗義右將軍隗茂明威將軍王遵雲
旗將軍周宗等告州牧部監郡卒正連率
大尹尉隊大夫屬正屬令

莽以周官王制之文置卒正連率大尹其文曰置卒正連率皆如太守屬令屬長職如令長莽以郡縣侯氏皆作牧侯氏率正伯氏連率子氏無爵者為尹置大夫職如太守屬正屬令皆如都尉莽置六隊郡置大夫職如太守都尉職如都尉公氏作牧侯氏率正伯氏連率子氏無爵者為尹率正位上大夫各主五郡部監二十五人見禮如三公監位上大夫

故新都侯王莽慢侮天地悖道逆理鴆

殺孝平皇帝篡奪其位矯託天命偽作符

書

莽道五威將軍王奇符班符命四

庶霆怒上帝反戾飾文以為祥瑞莽

王奇符班符命之意 三

戲弄神祇歌頌禍殃

戲弄神祇謂莽作告天策自陳功勞千餘言能誦策又歌能誦也公莽衣告天策自陳功勞人掌旁有白仙圖天子臨為太子閒仙圖天意立其名曰圓堂又拔其昭寧堂此東榆樹大立

楚越之竹不足以書其惡

南山之竹以盡我詞罄也楚越之竹不足以書以為言也十餘人為郎至五

見今略舉大端以喻吏民蓋天為父地為

母

地尚書曰惟天地萬物父母禍福之應各以事降莽明知

<後漢書傳三>

之而冥昧觸冒不顧大忌詭亂天術援引

史傳

侯崔發言於莽莽以文飾之前書說符之前書說符國有大說

昔秦始皇毀壞諡法以一二數欲至萬世

史記曰秦始皇初并天下制曰太古有號無諡中古有號死以行為諡如此則子議父臣議君也自今以來除諡法朕為始皇帝後世以計數二世三世至于萬世傳之無窮而莽下三萬六千

歲之歷言當盡此度

五百三

之大罪也分裂郡國斷截地絡

絡猶經絡也謂莽分析郡

四

元帝告天下

莽制名山大澤不得採取造起九

循亡秦之軌推無窮之數是其逆天

廟窮極土作

莽九廟一曰黃帝太初祖廟二曰虞帝始祖昭廟三曰陳胡王統祖穆廟四曰齊敬王世祖昭廟五曰濟南伯王尊禰昭廟八曰陽平頃王戚禰昭廟七曰新都顯王戚禰穆廟六曰元城孺王尊禰穆廟

買規錮山澤奪民本業

莽更名天下田為王田賣買不得賣

田為王田賣買不得

胡丘壟此其逆地之大罪也尊任殘賊信

用姦佞誅殺忠正覆按口語赤車奔馳

薄稅飲以金銅調文窮極百鉅萬徒死者以萬數太祖廟東西南北各四十丈高十七丈餘半之為銅屋重屋為功費數百鉅萬卒徒死者萬數

志曰小使車赤轂白蓋從騶騎四十人蓋法冠晨夜寬繫無辜

發冢河東攻

<漢續>

志曰法冠一曰柱後高五寸侍御史服之

妄族眾庶行炮格之刑除

順時之法不灌以醇醨裂以五毒

人此為不灌以醇醨裂以五毒　十七人莽又作不順時之令春夏斬二

毒藥白刃叢棘等刑

順時還復其故吏雖變更一坎而擭諸挾五銖錢者　無常而還復其故吏雖變更一郡至五

政令日變官名月易　官名改

易便安漢五銖錢以姓便安漢五銖錢以大小兩行難知

五銖錢市買莽忠於此書諸挾五銖錢者

田制投　吏民昏亂不知所從商旅窮窘號

四商　投

增重賦斂刻剝百姓厚自

泣市道設為六管　管主也莽設六管之令謂酤
酒賣鹽鐵器鑄錢名山大澤

增重賦斂刻剝百姓厚自

奉養苞苴流行財入公輔　禮記曰苞苴簞笥
　問人者莽令七公

六卿蕭號將軍分鎮　大郡分鎮諸官八十萬數到者易其夫婦愁
　莽姦於外貨賄為市侵漁百姓

上下貪賄莫相

撿考民坐挾涂炭沒入鍾官　蝗虫關女子步以
　人相坐沒入為官奴婢其男子檻車兒女子步以
鐵鎖其頸傳詣鍾官八十萬數到者易其夫婦愁

苦死者什六七鐘之官也　徒隸殺積數十萬人工匠

官主鑄錢之官也　徒隸殺積數十萬人工匠

飢死長安皆臭既亂諸夏狂心益悖比攻

強胡南擾劲越　莽令十二部將同時十道並出

王邯怨怒不附莽調粹柯大尹周欽殺歆　歆許教邯弟承起兵攻殺歆　莽令十二部將同時十道並出

摘滅貊　為西海郡也西羌龐恬傳播等怨莽奪其地
　又　王邯怨怒不附莽調粹柯大尹周欽殺歆
　為西海郡遂反攻西海太守陳求莽地又

發高句麗兵伐胡不欲行　郡強迫之皆亡出塞為冦

害緣邊之郡江海之瀕滌地無類　瀕涯也
　蕩地也無遺類也

使四境之外並入為

故攻戰苟法之所敗苟法之所陷饑饉

之所夭疾疫之所及以萬計其死者則

露屍不掩其逆人之大罪也是故上帝哀

離係虜此　莽殺其子宇臨等妻王氏以
莽數殺殺其子涕泣失明病辛

祆降罰于莽妻子　顛殞自誅刈
須蹈也顛絕也

成大司馬董忠國師劉歆衛將軍王涉
　莽置五威司命孔仁納言嚴尤
　降更始餘並見光武紀

秩宗陳茂舉眾外降　降莽更始餘並見光武紀

今山東之兵二百餘萬已平齊楚下蜀漢

定宛洛據敖倉守函谷威命四布宣風中
　中岳嵩高也謂與滅繼絕封定萬國尊高

岳

祖之舊制修孝文之遺德有不從命武軍
　侠單于曰今皆服其爵號
　下句麗今皆服其爵號西域臺改其王
　為侠然後還師振旅橐弓

平之馳使四夷復其爵號

卧鼓載戢干戈戢櫜弓矢櫜韜也卧猶息也申命百
　周禮曰出曰治兵入曰振旅詩周頌曰

姓各安其所庶無負子之責　百姓極敝流士／責在君上既安

其業則　囂乃勒兵十萬擊殺雍州牧陳慶
無責也

將攻安定安定大尹王向莽從弟平阿侯

譚之子也威風獨能行其邦內屬縣皆無

叛者囂乃遺書於向喻以天命及覆誨示

終不從於是進兵虜之以徇百姓然後行

戮安定悉降而長安中亦起兵誅王莽囂及

遂分遣諸將徇隴西武都金城武威張掖

酒泉敦煌皆下之更始二年遣使徵囂及

崔義等囂將行方望以為更始未可知固

止之囂不聽望以書辭謝而去曰足下將

建伊呂之業弘不世之功　不世者言非代也

大事草創　草創始也　英雄未集以望異域之

人疵瑕未露　別郡故言異域　欲先崇郭隗之

想望樂毅　新序云郭隗謂燕昭王曰上誠欲致士／郭衍自齎往築宮而師之樂毅自親往士爭赴燕　故欽承大

旨順風不讓將軍以至德尊賢廣其謀慮今俊

動有功發中權基業已定大勳方緝今俊

義並會羽翮並肩　管子曰桓公謂管仲曰寡人／之有仲父猶飛鴻之有羽翼

耳望無耆耇之德而猥託賓客之上　猥猶／濫也／介猶／分也

誠自愧也雖懷介然之節欲絜去就之分

句踐偏舟於五湖　偏舟特舟也收責謂取其／王辱故句踐所以不死此者／王稽之誅所以不死者／乘其輕寶珠玉自徒屬

誠終不肯其本貳其志也何則范蠡收責　吳其書辭句踐曰臣聞主憂臣勞主辱臣死昔者／君王辱於會稽臣所以不死此事也今既雪恥臣請從／會稽之誅乃裝其輕寶珠玉自與其私徒屬／乘舟浮海以行終不反

謝罪文公亦逡巡於河上　晉公子重耳反國及／河子犯以璧授公子曰臣負羈絏從君巡於天下臣／之罪多矣臣猶知之而況君乎請由此亡公子曰所　舅犯

削跡歸德請命乞身望之無勞蓋其宜也　夫以二子之賢勒銘兩國猶

望聞烏氏有龍池之山微徑南通與漢相

屬其傍時有奇人聊及閒暇廣求其真　氏烏／縣名屬安定郡故城在／今涇州安定縣東也

長安更始以為右將軍崔義勉即舊號至

冬崔義誅死更始感囂忠以為御史大夫明

崔義誅謀欲叛歸囂懼并禍即以事告之

年夏赤眉入關三輔擾亂流聞光武即位

河北，囂即說更始歸政於光武叔父國三老良，更始不聽。諸將欲劫更始東歸，囂亦與通謀。事發覺，更始使使者召囂，囂稱疾不入，因會客王遵、周宗等勒兵自守。更始使執金吾鄧曄（鄉人勁悍直爲名）將兵圍囂，囂閉門拒守。至昏時，遂潰圍，與數十騎夜斬平城門關（三輔黃圖曰長安城南面西頭門名），亡歸天水。復招聚其衆，據故地，自稱西州上將軍。及更始敗，三輔耆老士大夫皆奔歸囂。囂素謙恭愛士，傾身引接，爲布衣交。以前王莽平河大尹長安谷恭（恭改清河爲平河）爲掌野大夫，平陵范逡爲師友，趙秉、蘇衡、鄭興爲祭酒（酒必祭示有先也），申屠剛、杜林爲持書（持書即侍御史秩六百石本爲河陽者）、楊廣、王遵、周宗及平襄人行巡、阿陽人王捷、長陵人王元爲大將軍（東觀記曰元杜陵人阿陽縣名謂也），杜陵、金丹之屬爲賓客。由此名震西州，聞於山東。建武二年，大司徒鄧禹西擊赤眉屯雲陽，禹

禆將馮愔引兵叛，禹西向天水，囂逆擊破之於高平（高平縣名今原州高平縣今原），盡獲輜重。於是禹承制遣使持節命囂爲西州大將軍，得專制涼州朔方事。及赤眉去長安，欲東歸，囂遣將軍楊廣迎擊破之，又追敗之於烏氏、涇陽間（涇陽縣名屬安定郡今原州涇陽故城是也）。囂既有功，遣使於漢，又受鄧禹爵署，其腹心議者多勸通使京師。三年，囂乃上書詣闕，光武素聞其風聲，報以殊禮，言稱字，用敵國之儀，所以慰藉之良厚（慰安也籍薦也言安籍薦之良甚也）。時陳倉人呂鮪擁衆數萬，與公孫述通，寇三輔，囂復遣兵佐征西大將軍馮異擊之，走鮪，遣使上狀，帝報以手書曰：慕樂德義，思相結納。昔文王三分猶服事殷（孔子曰周之德其可謂至德三分天下有其二以服事殷），但駑馬鉛刀不可強扶（掌六馬駑人云鈆刀爲銛言不可強扶持而）。其二以服事殷（云鈆刀爲銛言不可強扶持而未見齊王先說淳于髡說齊）蒙伯樂一顧之價（戰國策曰蘇代爲燕說齊王先說淳于髡曰）。人有賣駿馬者，比三旦立市，市人莫之知，往見伯

言願子還而視之去而顧之臣請獻一
朝之賈伯樂乃如其言一旦而價十倍也
　　　　　　而蒼
飛不過數步即託驥尾得以絕羣
　　蠅之　　　　　　　　　　　日蒼蠅
之飛不過十步自託騏驥之尾乃騰千里
路然而無損於騏驥得使蒼蠅絕羣也見敝傳
　　　　　　　　　　　　　　隔於
盜賊聲聞不數將軍操執欲欲扶傾救危南
得以數千百人瀕躅三輔
　　　　　　　微將軍
距公孫之兵比禦羌胡之亂是以馮異西征
　　　　　　跰躅猶
之助則屯聚志務廣遠多所不暇未能觀兵
往往屯聚志務廣遠多所不暇未能禽矣今關東冠賊
成都與子陽角力
　　　　　角力也　　如令子陽到漢
中三輔願因將軍兵馬鼓旗相當儻肯如
　　　　　　　　　　　　　　　一秋
言蒙天之福即智士計功割地之秋也
歲中成功之時管仲曰生我者父母成我者
　　　　　　　　　事見
故寧以為言　　自今以後手書相聞勿用傍人
　　　　史記
鮑子
解構之言　　　　自是恩禮愈篤其後公
　　解構猶
孫述數出兵漢中遣使以大司空扶安王
印綬授囂囂自以與述敵國耻為所臣乃
斬其使出兵擊之連破述軍以故蜀兵不
復北出時關中將帥數上書言蜀可擊之

狀帝以示囂因使討蜀以效其信囂乃遣
長史上書盛言三輔單弱劉文伯在邊
　　　　　　　　　　　　　　　字芳
未宜謀蜀帝知囂欲持兩端不願天
　　盧芳
下統一於是稍黜其禮正君臣之儀初囂
與來歙馬援相善故帝數使歙援奉使往
來勸令入朝許以重爵囂不欲東遣使
深持謙辭言無功德須四方平定退伏闕
里五年復遣來歙說囂遣子入侍囂聞劉
永彭寵皆以破滅乃遣長子恂隨歙詣闕
　　　　　　　　　　胡騎校尉封鐫羌侯
以為胡騎校尉封鐫羌侯
　　　　　　　　秩二千石也鐫謂
　　鐫鑿
而囂將王元王捷常以為天下成敗
　　　　　　　　　　　　　　元遂
未可知不願專心內事元遂說囂曰昔更
始西都四方響應天下喁喁謂之太平
始西都四方響應天下喁喁謂之太平
　　　　　　　　　　上向曰喁喁
一旦敗壞大王幾無所厝今南有
　　　衆口
子陽比有文伯江湖海岱王公十數謂張步
　　　　　　　齊董憲起東海李憲守舒劉紆苦
　　　　　　　　　　　　　儒生謂馬援
之說棄千乘之基
　　　　　　垂惠佼彊周建秦豐等各擁州郡
　　　　　　　　　　　　　　囂歸光武
求萬全此循覆車之軌計之不可者也今
　　　　　　　　　　説囂而欲牽儒生以
　　　　　　　　　　　　　　囂旅危國以

天水完富士馬最強比收西河上郡東收三輔之地案秦舊迹表裏河山（素外山而內河左傳曰表河襄山）元請以一丸泥為大王東封函谷關此萬世一時也若計不及此且畜養士馬據隘自守曠日持久以待四方之變圖王不成其弊猶足以霸（前書徐樂曰圖王不成其弊足以霸也）魚不可脫於淵（老子曰魚不可脫於泉也）神龍失埶即還與蚯蚓同（慎子曰騰蛇游霧飛龍乘雲雲罷霧除與蚯蚓同所失也）要之故囂心然元計雖遺子入質猶負其險

阬欲專方面於是游士長者稍稍去之（記曰杜林先去餘稍稍相隨東詣京師）六年關東悉平帝積苦兵間以質子且當置此兩子於度外耳因數騰諸將曰且當置此兩子於度外擄乃謂書隴蜀（說文靈傳也）告示禍福囂賓客擄客擄史多文學生每所上事當世士大夫皆諷誦之故帝有所辭荅尤加意焉囂復遣使周游詣闕光到馮異營游為仇家所殺帝遣衛尉銚期持珍寶繒帛賜囂期至鄭被盜（今鄭）

華州縣是也亡失財物帝常稱囂為長者務欲招之間而戴曰吾與隗囂事欲不諧使來見殺得賜道亡會公孫述遣兵冠南郡（今荊州南郡也）州乃謂囂帝當從天水伐蜀因此欲以潰其心腹囂後上言白水險阻棧閣絕敗（囂屬廣漢郡棧閣者山路懸險棧木為閣道）又多設支閣知其終不為用匡欲討之遂西幸長安遣建威大將軍耿弇等七將軍從隴道伐蜀先使來歙奉璽書喻旨囂疑懼即勒

兵使王元據隴坻（坻坂也郭仲產秦州記曰隴山東西百八十里在隴州汧源縣）伐木塞道謀欲殺歙歙得士歸諸將與囂戰大敗各引退囂因使王元巡侵三輔征西大將軍馮異征虜將軍祭遵等擊破之囂乃上疏謝曰吏人聞大兵卒至驚恐自救臣囂不能禁止兵有大利不敢廢臣子之節親自追還昔虞舜事父大杖則走小杖則受（家語孔子謂曾子之詞也）臣雖不敏敢忘斯義今臣之事在於本朝賜死則死加刑則

刑如遂蒙恩更侍洗心死骨不朽有司以
囂言慢請誅其子恂帝不忍復使來歙至
汧故城水名因以爲縣屬右扶風賜囂書曰昔柴
汧水在今隴州汧源縣南
將軍與韓信書柴將軍柴武也韓信韓王信也信反入匈奴與漢戰故武與之
書也云陛下寬不誅也不遂略言則似不遜
復位號不誅也以囂文吏曉義理故復賜
書深言則似不遜言則事不決今若東
復遣恂弟歸闕諸庭者則爵祿獲全有亡叛而後歸
手復遣兵往來爲之援于孫述爲馮
寧王此遂也欲其窨靜遣兵往來爲之援秋囂將馮
遂遣使稱臣於公孫述以囂文明年述以囂爲朔
異率諸將拒之囂又令別將下隴攻祭遵
於汧兵並無利乃引還帝因令來歙攻囂以書
招王遵遵乃與家屬東詣京師拜爲太中
續漢書云遵降封上雒侯
大夫封向義侯遵字子春霸陵
人也父爲上郡太守遵少豪俠有才辯雖

大之福矣浩大地亦吾年垂四十在兵中十歲

與囂舉兵而常有歸漢意曾於天水私於
來歙曰吾所以戮力不避矢石者豈要爵
位哉徒以人恩舊主先君蒙漢厚恩思効
萬分耳又數勸囂遣子入侍前後辭諫切
其囂不從故去焉八年春來歙從山道襲
得略陽城囂出不意懼更有大兵乃使山
元拒隴坻雞頭山道也雞戍作笄行巡守番須口番須口與回中王
孟塞雞頭道雞頭山道也王元一牛邯軍
尨亭有兔亭川水在今原州南囂自悉其大衆
安定烏支縣有兔亭故關名
圍來歙公孫述亦遣其將李育田弇助囂
攻略陽連月不下帝乃率諸將西征之數
道上隴使王遵持節監大司馬吳漢留屯
於長安遵知囂必敗滅而與牛邯舊故知
其有歸義意以書喻之曰遵與隗嚻舊盟
爲漢自經歷虎口踐履死地已十數矣于
時周洛以西周洛都也謂無所統壹故爲王策
欲東收關中比取上郡進以奉夫人之用
退以懲外夷之亂數年之間冀聖漢復存

當犂河隴奉舊都以歸本朝生民以來臣
人之蟄未有便於此時者也而王之將吏
羣居宄處之徒兌抵掌而談也說文抵側也戰圖也
策曰蘇秦與李宄不遠言所欲爲不善之計遵與孺卿曰
夜所爭害幾及身豈一事哉前計仰絕識之職大夫在論以言也
後策不從所以吟嘯扼腕垂涕登車抆記云天下之士莫不挖腕以言
言今車駕大衆已在道路吳耿驍將雲集
四境而孺卿以奔離之卒拒要隘當軍衝
視其形埶何如哉夫智者觀危思變賢者
泥而不滓在泥滯之中是以功臣終申策畫
復得故夷吾束縛而相齊新序曰相公與管仲鮑叔審飲相起祝曰
去愚就義功名並著今孺卿當仲鮑奉酒而起祝使審何也
歸說布乃杖劍以歸漢王黔布爲楚淮南使遂何也
成敗之際遇嚴兵之鋒可爲怖慄宜斷之公謂鮑叔曰始爲寡人祝乎鮑叔奉酒而起祝曰使管子無忘其在魯也使牛於車下也
心胷參之有識邯得書沈吟十餘日乃謝之

士衆歸命洛陽拜爲太中大夫於是囂大
將十三人屬縣十六衆十餘萬皆降王元
入蜀求救囂將妻子奔西城從楊廣陽郡一名始昌城在今秦州上邽縣西南而田弇李育保上邽邽詔告西城縣名屬漢
皇帝云橫來大者王小者矦田橫爲齊三天下既定橫與漢客五百人居海島高祖使召之必不歸降使如黔布亦欲爲帝而任之也若遂欲爲黔布
囂曰若東手自詣父子相見保無佗也高者亦自任也云欲爲帝亦任之也囂終不降
於是誅其子恂使吳漢與征南大將軍岑
彭圍西城耿弇與虎牙大將軍蓋延圍上
邽車駕東歸潁川賊起故東歸月餘楊廣死囂窮
困其大將王捷別在戎丘登城呼漢軍曰
隗王城守者皆必死無二心願諸軍亟罷
邽王城守者皆必死無二心願諸軍亟罷請自殺以明之遂自刎頸死公羊傳云刎音紀反也割傳云別也
千餘人乘高卒未及成陳元等決圍殊死數月王元行巡周宗將蜀救兵五
方至漢軍大驚未及成陳元等決圍殊死千餘人乘高卒未至鼓譟大呼曰百萬之衆
戰遂得入城迎囂歸囂會吳漢等食盡退

年春囂病且餓出城餐糗糒
志憤而死
年來氣耗耿弇蓋延等將攻破落門
王元周宗立囂少子純為王明
快及諸隗分徙京師以束純與巡宇徙弘
農唯王元留為蜀將及輔威將軍臧宮破
去於是安定北地天水隴西復反為囂九

米也說文曰粘乾飯也
於寒人言欲上天令天可上
續漢志曰王莽末天水童謠曰出吳門望緹群緹群在於今秦州西伏羌縣西周宗行巡苟宇趙恢等將攻破落門有落門聚名也落門谷水也
在今秦州西有緹羣山名也異都縣名也天水後意稍廣欲為天子遂破滅囂少病寒吳初起兵

後漢書傳三　十九

延岑元舉眾詣宮降元宇惠孟初拜上蔡
令遷芩元平相坐墾田不實下獄死
才氣雄於邊垂及降大司空直杜林太
中大夫馬援並薦之以為護羌校尉與來
歙平隴右十八年純與賓客數十騎亡入
胡至武威囂捕得誅之
論曰隗囂援旗亂族
高祖孝文等迹夫創圖首事有以識其風矣
廟而祭之也

平陵決錄之
王惠孟鏘鏘激昂於東平也牛邯字孺卿狄道人有勇力置述困於東平

援引也紕收也假制明神謂立謂

──────────

終於孤立一隅介于大國
隴坻雖隘非有百二之阨
區區兩郡
藥堂堂之鋒
有足懷者所以棲有四方之桀
之士至投死絕元而不悔者矣
夫功全則譽顯業謝則釁生回成喪而為
其議者或未之聞焉
此議者竇故未之聞也

蜀東通於漢南拒於大國隴坻雖隘非有百二者以秦也地險隴西天水也
兵書云無藂堂堂之陣四方雄桀皆摟集而有之也王莽自劍自
在於天命不由人力能回為敗謂光武天所授也言不謝西伯也

若置囂命會符運敵非天力雖坐
論西伯豈多嗤乎
也堂笑

天力謂光武天所授也言不謝西伯也遇光武為敵則不謝西伯也

四二五後漢書傳三　二十

公孫述字子陽扶風茂陵人也
哀帝時以父任為郎
而述補清水長
仁以述年少遣門下掾隨之官
月餘掾辭歸白仁曰述

東觀記曰其先武帝時以父仁為河南都尉

任保任也東觀記曰成帝末述父仁為郎後父仁為河南都尉魴記曰成帝時以父任為郎

水清

常居門下故以為驗郡名秦州縣也
秦置郡尉典兵禁備盜賊景帝更名都尉秩比二千石也
末述父仁為郎太子舍人稍增侍御史任為郎無鹽徙焉二千石自

郡有掾皆自辟除之故以為驗

非待教者也後太守以其能使兼攝五縣

政事修理姦盜不發郡州謂有鬼神（言明察也）

王莽天鳳中為導江卒正居臨卭（導江太守曰卒正居臨卭今卭州縣也）（王莽改蜀郡二）復有能名及更始立豪傑

各起其縣以應漢南陽人王宗成自稱虎牙

將軍入略漢中又商人王岑亦起兵於雒

縣（屬廣漢郡今益州縣也）（王莽改益州為庸部其牧宋遵也）自稱定漢將軍殺

王莽庸部牧以應成（部其牧宋遵也）眾合

數萬人述聞之遣使迎成等至成都

虜掠暴橫述意惡之召縣中豪桀謂曰天

下同苦新室思劉氏久矣故聞漢將軍到

馳迎道路今百姓無辜而婦子係獲室屋

燒燔此冠賊非義兵也吾欲保郡自守以

待真主諸卿欲并力者即留不欲者便去

豪桀皆叩頭曰願效死述於是使人詐稱

漢使者自東方來假輔漢將軍蜀郡太

守兼益州牧印綬乃選精兵千餘人西擊

成等比至成都眾數千人遂攻成大破之

成將垣副殺成以其眾降（風俗通曰垣秦邑也因以為姓）二年

秋更始遣柱功侯李寶益州刺史張忠將

兵萬餘人徇蜀漢述恃其地險眾附有自

立志乃使其弟恢於綿竹擊寶忠（綿竹縣名屬廣漢郡今益州縣也故城今在縣東）由是

大破走之（州縣名也故城今在縣東）

威震益部功曹將軍李熊說述曰方今四海波

蕩四夫橫議將軍割據千里地什湯武若奮威德以投天際之間（天時乘之間）

霸王之業成矣宜改名號以鎮百姓述（陳也）

曰吾亦應之公言起我意於是自立為蜀

王都成都蜀地肥饒兵力精強遠方士（卭笮皆西南夷見西南夷傳也）

庶多往歸之卭笮君長（名笮音昨見西南夷傳）

皆來貢獻李熊復說述曰今山東飢饉（夷傳）

人庶相食兵所屠滅城邑丘墟蜀地沃

野千里土壤膏腴果實所生無穀而（左思蜀都賦曰户有橘柚之園又曰瓜疇芋區前志卓王系曰吾聞岷山之下沃野）

饒（左思蜀都賦曰户有橘柚之園又曰瓜疇芋區前志卓王系曰吾聞岷山之下）

沃至野死不飢　女工之業覆以天下（都賦曰蜀）

百室離房機杼相和（衣音於既反）名材竹幹器械之饒不可勝用（丙穴出嘉魚在漢中蜀有鹽井又有銅陵山其穴出嘉魚界出銀朱音上殊反提音上移反）又有魚鹽銅銀之利浮水轉漕之便北據漢中杜襄斜之險東守巴郡拒扞關之口（史記曰楚肅王為扞關以拒蜀故基在今硤州巴山縣也）地方數千里戰士不下百萬見利則出兵而略地無利則堅守而力農東下漢水以窺秦地南順江流以震荊揚所謂用天因地成功之資今君王之聲聞於天下而名號未定宜即大位使遠人有所依歸述曰帝王有命吾何足以當之（詩云天命靡常易曰天命無常百姓與能也）述夢有人語之曰八厶子系十二為期覺謂其妻曰雖貴而祚短若何妻對曰朝聞道夕死尚可況十二乎會有龍出其府殿中夜有光耀述以為符瑞因刻其掌文曰公孫帝建武元年四月遂自立為天子號成家（以起成都故號成家）色尚

白建元曰龍興元年以李熊為大司徒以其弟光為大司馬恢為大司空改益州為司隸校尉蜀郡為成都尹（漢以京師置司隸校尉蜀郡置京兆尹中興以洛陽為司隸校尉部置河南尹故述倣焉）越嶲任貴亦殺王莽大尹而據郡降述遂使將軍侯丹開白水關（在漢陽西縣有白水關梁州記曰白水關也）北守南鄭將軍任滿從閬中下江州（閬中在今梁州東北也故城在江州今縣也江州皆屬巴郡）東據扞關於是盡有益州之地自更始敗後光武方事山東未遑西伐關中豪傑呂鮪等往往擁眾以萬數莫知所屬多往歸述（時延岑攻田王歆攝下邽馮異傳各擁將軍擁兵事見馮異傳）皆拜為將軍遂大作營壘陳車騎肄習戰射會聚兵甲數十萬人積糧漢中築宮南鄭又造十層赤樓帛蘭船（蓋以帛飾其蘭也）多刻天下牧守印章備置公卿百官使將軍李育程烏將數萬眾出陳倉與呂鮪徇三輔三年征西將軍馮異擊鮪育於陳倉大敗之鮪育奔

【上欄】

漢中五年，延岑、田戎爲漢兵所敗，皆亡入蜀。岑字叔牙，南陽人（東觀記曰，岑始起攘漢中，又擁兵關西）（筑陽縣人）。關西所在破散，走至南陽，略有數縣。戎，汝南人，初起兵夷陵，轉寇郡縣，衆數萬人。岑、戎並與秦豐合，豐俱以女妻之。及豐敗，故二人皆降於述。述以岑爲大司馬，封汝寧王；戎翼江王。六年，述遣戎與將軍任滿出江關，下臨沮、夷陵間（華陽國志曰，巴楚相攻，置江關，後移在今縣西北。故城在今峽州宜都縣西北也。江州南岸對白帝城，故基在今夔州縣）招其故衆，因欲取荊州諸郡，竟不能克。

是時，述廢銅錢，置鐵官錢（當陽縣名，屬南郡，故城在今荊州當陽縣名，屬南郡，今陝州縣）以鑄錢，百姓貨幣不行。蜀中童謠言曰：「黃牛白腹，五銖當復。」漢貨也，言天下當并還劉氏。述（好事者竊言王莽稱黃，述自號白）五銖錢，漢貨也，言天下當并還劉氏。述亦好爲符命鬼神瑞應之事，妄引讖記，以爲孔子作春秋，爲赤制而斷十二公，象漢十二帝（言孔子作春秋，赤制故作春秋斷十二公，象赤者漢行也，言孔子作春秋，斷十二公，象漢十二帝也）

【下欄】

明漢至平帝十二代，歷數盡也（攘漢十二，帝言十二，數者并代者并，并數呂后并）。一姓不得再受命，又引《錄運法》曰：廢昌帝，立公孫。《括地象》曰：帝軒轅受命，公孫氏握（錄運法、括地象名也）。《援神契》曰：西太守，乙卯金（乙軋）。謂西方太守而乙絕卯金也（言西方太守能絕卯金也）。黃金擁西方爲白德，而代王氏得其正序。五德之運，黃承赤而白繼黃也。又自言手文有奇，及得龍興之瑞，數書曰中國，冀以感動衆心。帝患之，乃與述書曰：圖讖言公孫，即宣帝也。代漢者當塗高，君（東觀記曰，光武與述書曰，承赤者黃也，姓當塗其名高也，乃）豈高之身邪（赤者黃也，姓當塗高也）？乃復以掌文爲瑞，王莽何足效乎（王莽詐以鐵契石龜，文圭玄印等，瑞不足徵也）！君非吾賊臣亂子，倉卒時人皆欲爲君事耳，何足數也（君非吾賊臣亂子，倉卒數責君曰，數責君也）。君日月巳逝，妻子弱小，當早爲定計，可以無憂（老子云，天下神器，不可爲也）。天下神器，不可力爭（器不可爲也），宜留三思。署曰「公孫皇帝」。述不荅。明年，隗囂死，東方將（臣於述曰，騎都尉平陵人荊邯見東方將）

平兵且西向說述曰兵者帝王之大器古
今所不能發也（左傳宋子罕曰天生五材誰能去兵聖人所以興以興亂人之廢興存亡者也）
昔秦失其守豪桀並起漢祖無前人之迹立錐之地（言漢祖自布衣起於行陣之間衣無公劉太王之業王者之地以乘時）
陣之中躬自奮擊兵破身困者數矣然軍（軍敗謂戰於滎陽敗績謂得韓信軍復羽射傷漢王曾後漢王起兵下邳枚乘諫吳王曰有天下起於行）
成功踰於卻就於滅亡也隗囂遭遇運會（隗囂隴西天水皆隴西之地故）
敗復合創愈復戰（楚所破後遇更始政亂復）
割有雍州兵強士附威加山東（言割有也隗傳云名震西州流聞山東是威加山東）
失天下衆庶引領四方瓦解（淮南子曰左搤武王伐紂左操武）
以爭天命而退欲爲西伯之事尊師章句（黃鉞右秉白旄而麾之則兎解而走囂不及此時推危乘勝）
賓友處士（章句謂鄭興等也方望等也）
辭事漢唱然自以文王復出也令漢帝釋（以囂居外而無東伐之意故專精東）
開隴之憂（置之度外而不爲憂急）
伐四分天下而有其三使西州豪傑咸居

心於山東發間使招攜貳（間使謂來歙等也攜貳謂王遵鄭興杜林牛邯等相次而歸光武）則五分而有其四
舉兵天水必至沮潰天水旣定則九分而
有其八陛下以梁州之地內奉萬乘外給
三軍百姓愁困不堪上命將有王氏自潰
之變（王莽也王氏師王氏也）
未絕豪傑尚可招誘急以此時發國內精
兵令田戎攎江陵臨江南之會倚巫山之
固（巫山在今夔州巫山縣東也）
築壘堅守傳檄吳楚長
沙以南必隨風而靡令延岑出漢中定三
輔天水隴西拱手自服如此海內震搖翼
有大利述以問羣臣博士吳柱曰昔武王
伐殷先觀兵孟津八百諸侯不期同辭然
猶還師以待天命未聞無左右之助而欲
出師千里之外以廣封疆者也述曰今東
帝無尺土之柄驅烏合之衆跨（鄒陽云周用烏集而王）
馬陷敵所向輒平不亞乘時與之分功急
也而坐談武王之說是效隗囂欲爲西伯（也）

也述然邯言欲悉發此軍屯士及山東客
兵使延岑田戎分出兩道與漢中諸將合
兵弁埶蜀人及其弟光以為不宜空國千
里之外決成敗於一舉固爭之述不宜延
細察於小事數請兵立功終疑不聽好奇
岑田戎亦數請兵誅殺而不見大體述性奇
郡縣官名然少為郎皆漢家制度出入法
鑾旗旄騎之陳置陛戟然後輦出房
闥又立其兩子為王食犍為廣漢各數縣
羣臣多諫以為成敗未可知戎士暴露而
遽王皇子示無大志傷戰士心述不聽唯
公孫氏得任事由山大臣皆怨八年帝使
諸將攻隗囂述遣李育將萬餘人救囂囂
敗并沒其軍蜀地聞之恐動述懼欲安眾
心成都郭外有秦時舊倉述改名白帝倉
述以色尚白故改之自王莽以來常空倉
白帝倉出穀如山陵百姓空市里往觀之

法駕乘輿車三十六乘公卿不在鹵簿中侍中聵乘甲鳳皇闕戰皮軒
騎頭 前驅九游雲

後漢書傳三 二十九

述乃大會羣臣問曰白帝倉竟出穀乎皆
對言無述曰讖言不可信道隗王破者復
如此矣俄而囂將王元降述以為將軍明
年使元與領軍環安拒河池
遣田戎及大司徒任蒲南郡太守程汛將
兵下江關破虜將軍馮駿等拔巫及夷陵
夷道
彭攻之蒲等大敗述將王政斬蒲首降于
彭攻之
述書陳言禍福以明丹青之信
門降彭遂長驅至武陽
彭田戎走保江州城邑皆開
勳張隆隆少皆勸降述曰廢興命也豈有
降天子哉左右莫敢復言中郎將來歙急
攻王元環安使刺客殺歙復令刺殺
岑彭十二年述弟恢及子壻史興並為大
司馬其漢輔威將軍臧宮所破戰死自是

後漢書傳三 三十

將師恐懼日夜離叛述雖誅滅其家猶不
能禁帝必欲降之乃下詔喻述曰往年詔
書比下 開示恩信勿以
害自疑今以時自詣則家族完全若迷惑
不喻委肉虎口痛哉柰何將帥疲倦吏士
思歸不樂久相屯守當柰何詔書手記不可數得
朕不食言述終無降意九月吳漢又破斬
其大司徒謝豐執金吾袁吉漢兵遂守成
都述謂延岑曰男兒當死
中求生可坐窮乎財物易聚耳不宜有愛
述乃悉散金帛募敢死士五千餘人以配
岑於市橋
遣奇兵出吳漢軍後襲擊破漢漢懼水緣
偽建旗幟鳴鼓挑戰而潛
馬尾得出十一月臧宮軍至咸門
當之乃自將數萬人攻漢使延岑拒宮大
戰岑三合三勝自旦及日中軍士不得食

並疲漢因令壯士突之述兵大亂被刺洞
胷憤馬 左右輿入城述以兵
屬延岑明旦岑降吳漢乃夷述妻
子盡滅公孫氏幷族延岑遂放兵大掠焚
述宮室帝聞之怒以譴漢又讓漢副將劉
尚曰城降三日吏人從服孩兒老母口以
萬數一旦放兵縱火聞之可爲酸鼻尚宗
室子孫嘗更吏職何忍行此仰視天俯視
地觀放麑啜羹二者孰仁
其母隨而呼秦西巴不忍而與其母戰國策曰樂羊
為魏將而攻中山其子在中山中山君烹其子而遺
之羹樂羊啜之盡一杯而攻中山 良失斬將弔人之義也
初常少為太常隆為光祿勳
下詔追贈少府張隆勸述降不從並以憂死帝
莽之其忠節志義之士並蒙旌顯
行傳程烏李育以有才幹皆擢用之於是
西土咸悦莫不歸心焉
論曰昔趙佗自王番禺
公孫亦竊帝

蜀漢推其無他功能而至於後亡者將以

地邊處遠非王化之所先乎述雖爲漢吏

無所馮資徒以文俗自憙遂能集其志計

道未足而意有餘不能因隙立功以會時

變方乃坐飾邊幅　邊幅猶有邊緣以自矜持　以高深自安

昔吳起所以慙魏侯也　史記曰魏武侯浮西河而下中流顧曰美哉乎河山之固此魏之寶也吳起對曰在德不在險　及其謝臣屬審廢興

之命與夫泥首銜玉者異日談也　于寶晉記曰吳孫皓將其子瑾等泥首而縛降王濬左傳曰許男面縛銜璧以見楚子璧王也

方時天數有違江山難恃　違猶去也

贊曰公孫習吏隗王得士漢命已還二偶

隗囂公孫述列傳第三

齊武王縯

城陽恭王祉

安城孝侯賜

順陽懷侯嘉

趙孝王良

泗水王歙

成武孝侯順

後漢書傳四

齊武王縯字伯升縯音衍引也光武之長兄也性
剛毅慷慨有大節自王莽篡漢常憤憤懷
復社稷之慮不事家人居業傾身破產交
結天下雄俊莽末盜賊羣起南方尤甚伯
升召諸豪傑計議曰王莽暴虐百姓分崩
今枯旱連年兵革並起東觀記曰王莽末年盜賊羣起此亦天亡之時四方潰畔天下大旱蝗蟲蔽天後高祖之業定萬
世之秋也眾皆然之於是分遣親客使鄧
晨起新野光武與李通李軼起於宛伯升
自發舂陵子弟合七八千人部署賓客自
稱柱天都部柱天者若天之柱也都者都統其眾也使宗室劉
嘉往誘新市平林兵王匡陳牧等合軍而
進屠長聚及唐子鄉殺湖陽尉進拔棘陽

因欲攻宛至小長安與王莽前隊大夫甄
阜屬正梁丘賜戰時天密霧漢軍大敗姊
元弟仲皆遇害宗從死者數十人伯升復
收會兵眾還保棘陽阜賜乘勝留輜重於
藍鄉比陽縣有藍鄉引精兵十萬南渡黃淳水水經曰諸淯水又南流注合為黃水又南經棘陽縣之黃淳漢又謂之黃淳水在今唐州湖陽縣蕭誠音淳作譚
心新市平林見漢兵數敗阜賜軍大至各
欲解去伯升甚惠之會下江兵五千餘人
至宜秋乃往為說合從之埶下江宜秋聚名在淯陽縣
從之語在王常傳伯升於是大饗軍士設
盟約休卒三日分為六部潛師夜起襲取
藍鄉盡獲其輜重明旦漢軍自西南攻甄
阜下江兵自東南攻梁丘賜至食時賜陳
潰阜軍望見散走漢兵急追之卻迫黃淳
水斬首溺死者二萬餘人遂斬阜賜王莽
納言將軍嚴尤秩宗將軍陳茂聞阜賜軍
敗引欲攘宛伯升乃陳兵誓眾焚積聚破

沈船破釜甑 破釜甑示必死也孝行而前言無……史記曰項羽此救趙渡河

與尤茂遇育陽下戰大敗之斬首三千餘級尤茂棄軍走伯升遂進圍宛自號柱天大將軍王莽素聞其名大震懼購伯升邑五萬戶黃金十萬斤位上公使長安中官署及天下鄉亭皆畫伯升像於藝旦射之（蕭該音義亦作埶引字林埶門側堂也東觀記續漢書並作埻說文云射臬也廣雅埻的也埻音之允反）自阜陵死後百姓日有降者衆至十餘萬諸將會議立劉氏以從人望豪傑咸歸於伯升而新市平林將帥樂放縱憚伯升威明而貪聖公懦弱先共定策立之然後使騎召伯升示其議伯升曰諸將軍幸欲尊立宗室其德甚厚然愚鄙之見竊有未同今赤眉起青徐衆數十萬聞南陽立宗室恐赤眉後有所立如此必將內爭今王莽未滅而宗室相攻是疑天下而自損權非所以破莽也且首兵唱號鮮有能逐陳勝項籍即其事也春陵去宛三百里

耳未足為功遽自善立為天下準的使後人得承吾敝（前書宋義曰戰勝則兵罷我承其敝……）則兵疲我承其敝非計之善者也今且稱王以號令若赤眉所立者賢相率而往從之若無所立破莽降赤眉然後舉尊號亦未晚也願各詳思之諸將多曰善將軍張卬拔劍擊地曰疑事無功（王莽改令長為宰東觀記曰其宰潘臨也）今日之議不得有二衆皆從之聖公即位拜伯升為大司徒封漢信侯由是豪傑失望多不服平林後部攻新野不能下新野宰登城言曰得司徒劉公一信願先下及伯升軍至即開城門降五月伯升拔宛六月光武破王尋王邑自是兄弟威名益甚更始君臣不自安遂共謀誅伯升乃大會諸將以成其計更始以成其計之繡衣御史申屠建隨獻王玦（繡衣御史武帝置 繡者尊寵之也令早決斷也玦決也令早決斷）更始竟不能發及罷會伯升舅樊宏謂伯升曰昔鴻門之會范增

舉玦以示項羽

〔史記曰項王留沛公飲項伯東向坐范增南向坐者三項王沛公北向坐范增數目項王舉所佩玉玦以示之者三項王默然不應鴻門地名在新豐東七十里〕

今建此意得無不善乎伯升笑而不應初李軼謟事更始貴將〔貴將朱鮪等也〕光武深疑之常以戒伯升曰此人不可復信又不受伯升之宗人劉稷數陷陳潰圍勇冠三軍時將兵擊魯陽〔魯陽汝州魯山縣屬南郡今魯山縣也〕聞更始立怒曰起兵圖大事者伯升兄弟也今更始何為者邪更始君臣聞而心忌之以稷為抗威將軍稷不肯拜更始乃與諸將陳兵數千人先收稷將誅之伯升固爭李軼朱鮪因勸更始并執伯升即日害之有二子建武二年立長子章為太原王興為魯王十一年徙章為齊王十五年追諡伯升為齊武王章少孤光武感伯升功業不就撫育恩愛甚篤以其少貴欲令親吏事故使試守平陰令〔郡應劭云在平津南故曰平陰縣屬河南試守者稱職滿歲為真改為河陰故城在今洛陽縣東北濟州平陰縣東北五里亦有平陰故城〕遷涿郡太守

〔今宋州也〕立二十一年薨諡曰哀王子煬王石嗣建武二十七年石始就國三十年封石弟張為下博侯永平十四年薨子晃嗣下博侯張以善論議十四年封石二子為鄉侯石立二十四年薨子晃嗣下博侯張〔續漢志奉車都尉比二千石無員掌御乘輿車〕以善論議進者多害其能數被諸訴建初中卒肅宗下詔褒揚之後封張子佗人奉其祀晃及弟利侯剛與母太姬宗更相誣告章和元年有司奏請免晃剛爵為庶人帝不忍下詔曰朕聞人君正屏有所不聽〔白虎通曰設屏何以示自障也示不極臣下之敬也天子外屏諸侯內屏故云彼何人斯〕徙丹陽〔丹陽故郡城在今潤州江寧縣東南〕

六年與奉車都尉竇固等並出擊匈奴後進者多害其能

小君稱諸侯之妻曰小君〔小君諸侯之妻宮衛周備出有韜韥之飾〕

飾〔車輧有拂蔽謂蔽車之前後也列女傳曰妾聞妃后進退則鳴玉佩內則結綢繆所以正心一意自斂制玉佩也〕

華蓋軿幰有拂蔽〔華蓋軿幰有拂蔽則諸侯德之大故外屏〕

入有牖戶之固殆不至如諸者之言也

（右側小字注）何休注公羊傳曰如新加潔飾爲瀇汙也／莫大不孝不忍置之于理其／孚大倫曰瀇猶潔汙其身也倫理也／孔子甫刑之刑三千於戲小子不

晃剛很手至行瀇　其
胤大道控于法理以墮宗緒墮毀也其道
削剛戶三千於戲小子不
蕪湖疾（小字）見章紀蕪湖解
謁者收晃及太姬璽綬晃立十七年而降
後嗣罪廢心常愍之時北海亦絕無後及
爵晃卒子無忌嗣帝以伯升首創大業而
崩遺詔令復二國永元二年乃復封無忌

爲齊王是爲惠王立五十二年薨子頃王
喜嗣立五年薨子承嗣建安十一年國除
論曰大丈夫之敬勤拔起其志致蓋遠矣
若夫齊武王之破家厚士豈游俠下客之
爲哉馮客之徒也其慮將存乎配天之絕
業而痛明堂之不祀也王者以遠祖配天
堂復其祭祀及其發舉大謀在倉卒

（左側小字注）業復其祭祀及其絕／堂之不祀也以存其絕／王者以遠祖配天於明／以父配上帝於明／新野宰／請劉公擢一信而／信臨云／降諸／攘赦岑彭以顯義初欲誅之伯升盡降／今擧

（右側小字注）也頌／嫺閒反說文嫺雅也

其度矣志更始封之以
國蓋畏此也詩云敬之敬之命不易哉　周詩
蜂蠆爲戒君其無忌也左傳所藏文仲謂魯君況
於隱微而發相如曰禍多藏於隱微而發於人所忽也

北海靖王興建武二年封爲魯王嗣光武
兄仲初南頓君娶同郡樊童女字嫺都
嫺都性婉順自爲童女不正容

服不出於房宗族敬焉爲生三男三女長男
伯升次仲次光武長女黃次元次伯姬皇
姊以初起兵時病卒宗人樊巨公收歛焉
建武二年封黃爲湖陽長公主
平長公主元與仲俱歿於小長安追爵元
爲新野長公主十五年追謚仲爲魯哀王
與其歲試守緱氏令爲人有明略善聽訟
甚得名稱遷弘農太守亦有善政

（左側小字注）縣吏張申有伏罪／興收申案論郡／中震慄／時年早分遣文學／循行屬縣理冤獄／宥小慄

過應時甘視事四年上疏乞骸骨徵還京
師奉朝請二十七年始就國明年以魯國
益東海〔續漢書曰二郡二十一縣租入倍諸王也故徙興為〕
〔東海故城城在今濟州〕〔東亦名馬坊城也〕
北海王三十年薨子復為臨邑侯臨邑為
子為縣矦顯宗器重興每有異政輒乘驛
問焉立三十九年薨子敬王睦嗣睦少好
學博通書傳光武愛之數被延納顯宗之
在東宮尤見幸待入侍諷誦出則執轡乘〔輿〕
尊者居中執轡在左中興初禁網尚闊而睦性謙恭
好士千里交結自名儒宿德莫不造門由
是聲價益廣永平中法憲頗峻睦乃謝絕
賓客放心音樂然性好讀書常為愛歎歲
終遣中大夫奉辟朝賀〔中大夫王國官也〕〔續漢志中大夫王國官〕
〔正中大夫一人奉辟賀也〕
實客放心設問寡人廷朝設問寡人
辟王使者〔國本皆待辭雅曰朝〕
〔召而謂之曰朝廷設問寡人〕
此六百石無負掌奉王使京都奉辟雅曰肉
〔月及使諸國本皆持辭雅曰後去節爾〕
大夫將何辭以對使者曰大王忠孝
〔子謂天好孔謂之〕〔倍好好謂諸國本皆待〕
慈仁敬賢樂士臣雖螻蟻敢不以實睦
〔辟也〕

王明　（後漢列傳四　九）

曰吁子危哉哉〔吁音靈孔安周住尚書〕〔吁者疑怪之声也〕此乃孤
劫時進趣之行也〔東觀記續漢並云是〕〔吾幼時狂春之行云是〕大夫
其對以孤襲爵以來志意衰憒聲色是
娛犬馬是好使者受命而行其能屈申若
此初靖王薨悉推財產與諸弟雖王車服
珍寶非列侯制皆以為分然後隨以金帛
贖之睦能屬文作春秋旨義終始論及
賦頌數十篇又善史書當世以為楷則之
及寢病帝驛馬令作草書尺牘十首
〔云牘書版也蓋長一尺因取名焉〕〔後漢列傳四卷　十〕〔諡　文〕
平十八年薨子哀王基嗣永〔立十年薨子哀王基嗣永〕
建初二年又封基弟毅為縣侯基弟為鄉侯
四年和帝封睦庶子斟鄉侯威以非睦子又坐誹謗檻車
睦後立七年薨子肅宗憐之不除其國永元二
徵詣廷尉道自殺永初元年鄧太后復封
孫壽光侯普立為北海王是為頃王延光二年復
封睦少子為亭侯普立七年薨子恭王翼嗣

三二五七

立十四年薨子康王嗣無後建安十一年

國除初臨邑侯復好學能文章永平中每

有講學事輒令復典掌焉與班固賈逵共

述漢史傳毅等皆典掌之復子駟駿及從

毅及駟駿入東觀與謁者僕射劉珍興望

兄平望侯毅並有才學永寧中鄧太后召（平侯）

並著書中興以下名臣列士傳駟駿又（毅兗文苑傳）

自造賦頌書論凡四篇

趙孝王良字次伯光武之叔父也平帝時　後漢書傳四　土　正

舉孝廉為蕭令光武兄弟少孤良撫循甚（東觀記曰光武初起）

篤及光武起兵以事告良大怒

兵良搏手大呼曰我欲詣納言嚴將軍叱

閤令人視去前曰良欲謹呼上言不可謹（續漢書曰阜賜移書於良宗族單綈騎）

霜明旦軍所良意下曰我為詐汝耳當復何若于

伯升操不同今家欲危亡而反共謀如

是既而不得已從軍至小長安漢兵大敗

良妻及二子皆被害（何足賴哉）

更始立以良為國三老從入關更（牛哭且行）

始敗良聞光武即位乃亡奔洛陽建武二

三二五八

年封良為廣陽王五年從為趙王始就國

十三年降為趙公頻歲來朝十七年薨于

京師凡立十六年子節王栩嗣（栩羽又栩音況）建

武三十年封栩二子為鄉侯建初二年復

封栩十子為亭侯栩立四十年薨子頃王

商嗣永元三年封商三弟為亭侯元年封

商四子為亭侯商立二十三年薨子靖王

宏立十二年薨子惠王乾嗣元初五年封

乾二弟為亭侯是歲趙相奏乾居父喪私　後漢書傳四　十二　正

娉小妻（妾也小妻）又白衣出司馬門坐削中丘

縣（王宮門有兵衛亦司馬門東觀記曰乾私出國佐孟常言以乃蕩削縣奏詔書削中丘縣屬趙國故城在今刑州內丘縣西隨室諱忠故改為內）

時郎中南陽程堅素有

志行拜為乾傅堅輔以禮義乾改悔前過堅

列上復所削縣本初元年封乾一子為亭

侯乾立四十八年薨子懷王豫薨子獻

王赦嗣赦薨子珪嗣建安十八年徙封博

陵王立九年魏初以為崇德侯

城陽恭王祉字巨伯（東觀記初名祉終後改爲祉）光武族兄

春陵康侯敞之子也敞曾祖父節侯買以
長沙定王子封於零道之春陵鄉爲春陵
侯買卒子戴侯熊渠嗣熊渠卒子考侯仁
嗣仁以春陵地埶下溼山林毒氣上書求
減邑內徙（東觀記曰考侯仁於時見戶四百七十六上書願減戶徙南陽留子男昌守墳墓）元帝初元四年徙封南陽之白水
（元帝……許之）
鄉猶以春陵爲國名遂與從弟鉅鹿都尉
回及宗族徙家焉仁卒子敞嗣敞謙儉好
義盡推父時金寶財產與昆弟荊州刺史（後漢列傳四 十三）
上其義行拜廬江都尉（南陽郡是荊州所管故刺史上其行義也）歲餘會族兄
安衆族劉崇起兵（安衆康侯丹長沙定王之子玄孫之子崇即丹玄孫也）王莽
畏惡劉氏徙敞至長安免歸國（臨廬江歲餘敞應日……）先
是平帝時敞與崇俱朝京師助祭明堂（……遺旱行縣人持枯稻自言稻枯至太守所太守事也載枯稻至太守日無有敞以枯稻示之太守怒外日都尉邪敞敞怒外日太守曰鼠何敢爾剌史舉奏敞到長安免就國也）帝平
侯百二十人宗室子九百餘人徙助祭也（詩王恭輔政袷祭明堂諸侯二十八人列侯百二十人）崇見

莽將危漢室私謂敞曰安漢公擅國權羣
臣莫不回從（回曲也）社稷傾覆至矣太后以春秋
高天子幼弱（平帝元后也謂元后以春秋高也）高皇帝所以分封子
弟蓋爲此也敞心然之及崇事敗敞懼欲
結援相黨乃爲祉娶高陵侯翟宣女爲妻（宣承相方進之子也襲父侯爵東觀記曰敞爲高陵侯使嫡子姬送女入門二十餘日義起兵也）
會宣弟義起兵欲攻莽南陽捕殺
宣女祉坐繫獄敞因上書謝罪願慰安宗室故
宗族祉爲士卒先莽新居攝縱宗室故（後漢書傳四 古 金山 三丁五七）
子食孤鄉祿（孤者特也甲於公卿於卿特置之故曰孤禮記上農夫食九人諸侯下士視上農夫中士倍下士上士倍中士中士倍下士下士與庶人在官者同祿也）後皆奪爵及敞
不被刑誅及莽篡立劉氏爲侯者皆降稱
嫡子祉遂特見廢又不得官爲吏祉以故侯
子弟相率從軍前隊大夫甄阜盡收其家
屬繫宛獄及漢兵敗小長安祉挺身還保
棘陽甄阜盡殺其母弟妻子更始立以祉
爲太常將軍紹封春陵侯從西入關封

為定陶王別將擊破劉望於臨涇，及更始降於赤眉，祉乃間行亡奔洛陽。是時宗室唯祉先至，光武見之歡甚。〔東觀記曰：祉以建武二年三月見於懷宮〕建武二年封為城陽王，賜乘輿御物車馬衣服。祉追諡敞為康侯。祉十一年祉疾病，上城陽王璽綬，願以列侯奉先人祭祀。帝自臨葬於洛陽北芒。四十三，諡曰恭王。薨不之國。其疾薨，年四十三。年封祉嫡子平為蔡陽侯，以奉祉祀。平弟堅為高鄉侯。初建武二年，以皇祖皇考墓為昌陵，置陵令守視。後改為章陵，因以春陵為章陵縣。十八年，立考侯康侯廟，比園陵，置嗇夫〔舊制本鄉官主知賦役多少平其差品〕園陵置〔之知祭祀徵求諸事〕。詔零陵郡奉祠節侯戴侯廟，以四時及臘歲五祠為〔臘歲終祭神之名也〕。嗇夫佐更各一人。平後坐與諸王交通國除。永平五年，顯宗更封平為章陵侯。平卒子真嗣，真卒子禹嗣，禹卒子嘉嗣。

泗水王歙字經孫〔歙音詩及反〕，光武族父也。歙

子終與光武少相親愛。漢兵起，始及唐子終誘殺湖陽尉。更始立，歙從入關，封為元氏王，王終為侍中。更始敗，歙終東奔洛陽。建武二年，歙封為泗水王，終為淄川王〔今淄州縣也〕。十年歙薨，封小子燀為堂谿侯〔燀宇林云灼，燀音充善反〕〔續漢志汝南吳房縣有堂谿亭，輝或作輝〕。歙後終居喪，思慕哭泣，二十餘日亦薨。祀終子鳳曲陽侯〔曲陽縣故城在今……〕，以奉終祀。歙從父弟茂，年十八，漢〔縣屬東海郡故城在今……〕〔今海州胸山縣西南，胸山縣故城在〕兵之起，茂自號曰劉失職〔續漢志曰茂自號為劉先職〕，眾京密間〔京縣屬河南郡，鄭之京邑，故城在今鄭州榮陽縣東南；密縣屬河南郡，故城在今……〕，稱獻新將軍，攻下潁川汝南，眾十餘萬人。光武既至河內，茂率眾為中山王。十三年，宗室為王者皆降封為侯，茂為穰侯。茂弟匡，亦與漢兵俱起，建武二年封宜春侯。茂為人謙遜，永平中為宗正。子浮嗣封朝陽侯〔朝陽縣屬南郡，故城在今鄧州穰縣南，今謂之朝城〕。尚永元中為征西將軍，浮傳國至孫護，無

子封絕光中護從兄瓖與安帝乳母王
聖女伯榮私通遂取伯榮爲妻得紹護封
爲朝陽侯位侍中及王聖敗賬爵爲亭侯
安成孝侯賜字子琴光武族兄也祖父利
蒼梧太守〔梧州縣也〕賜少孤兄顯報怨殺人
吏捕顯殺之賜與顯子信賣田宅同拋
反財產結客報吏〔續漢書曰王莽時諸劉抑廢爲郡縣所侵紫陽國金亭侯長子報殺顯與顯客後十餘歲發覺州郡殺顯紫中賜賓客轉劫人陳欽等九人皆亡命逃伏〕皆亡命逃伏
遭赦歸會伯升起兵乃隨從攻擊諸縣更
始立以賜爲光祿勳封廣漢侯及伯升
被害代爲大司徒將兵討汝南未及平更
始又以信爲奮威大將軍賜汝南始
與更始俱到洛陽更始欲令親近大將徇
河北未知所使賜言諸家子獨有文叔可
用大司馬朱鮪等以爲不可更始狐疑賜
深勸之乃拜光武行大司馬持節過河是
日以賜爲丞相令先入關修宗廟宮室還

迎更始都長安賜爲宛王拜前大司馬
使持節鎮撫關東二年春賜就國於宛典
將六部兵〔伯升初起置六部之兵〕後赤眉破更始賜所
領六部亦稍散畔乃去宛保育陽間始賜
即位乃西之武關迎妻子將詣洛陽
帝嘉賜忠建武二年封爲慎侯〔潁州潁上慎縣屬汝南故城在今〕
奉朝請以賜有恩信故親厚之數蒙讌幸
幸其第恩賜特異賜輒販與故舊無有遺
積帝爲營冢堂起祠廟置吏卒如春陵孝
侯二十八年卒子閔嗣三十年帝復封閔
第嵩爲白牛侯〔白牛盖鄉亭之號也今在鄧州東也〕坐楚事
辭語相連國除閔初信卒子商嗣從封爲白
牛侯商卒子昌嗣初信爲更始討平汝南
因封爲汝陰王〔汝陰屬汝州南郡故城今潁川郡汝陰縣也〕信遂將
兵平定江南撫豫章光武即位桂陽太守
張隆擊破之信乃詣洛陽降以爲汝陰侯
永平十三年亦坐楚事國除

成武孝侯順字平仲光武族兄也父慶〔續漢
志〕慶字翁敎　春陵族敞同產弟順與光武同里
開門里少相厚更始即位以慶為燕王順
為虎牙將軍會更始降赤眉慶為亂兵所
叔順乃開行詣光武拜為南陽太守建武
二年封成武侯〔成武縣屬山陽郡今曹州縣也〕邑戶最大祖
入倍宗室諸家八年使帝破六安賊〔廬州也即〕
因拜為六安太守數年卒帝使使者迎喪親自臨
書請留十一年卒帝追念舊封
國除永平十年顯宗幸章陵追念恩封
弗子導嗣坐與諸王交通降為端氏侯〔氏端
縣屬河東郡故城在　澤州端氏縣西北〕遵卒子弇嗣弇卒無嗣
順弟子三人為鄉侯初順叔父弘〔東觀記曰弘字孺孫〕生二子
先起義娶於樊氏皇姑之從妹也
國與母隨更始在長安建武二年詣洛
兵起　敞光武封敞為甘里侯〔潁州潁上縣西北有甘城
陽侯城在今光州定城縣西北也故〕國為弋
陽侯城在今光州定城縣西北也故
行求平初官至越騎校尉弘弟梁以俠氣

〔後漢列傳四〕　九

更始元年起兵豫章欲徇江
東自晈就漢大將軍暴病卒〔東觀記曰
病筋攣卒〕　順陽懷侯嘉字孝孫光武族弟嘉少孤性仁厚
〔志曰翁君〕春陵侯敞同產弟嘉少孤性仁厚
南頓君養視如子後與伯升俱學長安習
尚書春秋及義兵起嘉隨更始征伐大將軍
之敗小長安也嘉妻子過害更始遷大將軍
為偏將軍及攻破宛封興德侯
擊延岑於冠軍軍降之更始既都長安以嘉
〔三〇三二〕〔後漢書傳四〕〔二十〕
為漢中王扶威大將軍持節就國都於南
鄭衆數十萬建武二年延岑復反攻漢中
圍南鄭嘉兵敗走延岑遂定漢中進兵武都
為更始撓功侯所破鄭嘉收散卒得數萬人
述遣將侯丹取南擊侯丹不利還軍河
以寶為相從武都南擊侯丹不利還軍河
池下辦〔河池縣屬武都郡一名仇池今成州同谷縣也下辦縣名〕復
與延岑連戰岑引北入散關〔散關故城在今鳳州
有散谷水因取名為〕至陳倉嘉追擊破之更始鄧王

廖湛將赤眉十八萬攻嘉嘉與戰於谷口

谷口縣故城今醴泉縣東北四十里酈元水經注曰涇水東經九嵕山東中山西謂之谷

大破之嘉手殺湛遂到雲陽就穀李
口

寶等聞鄧禹西征擁兵自守勸嘉且觀成
敗光武聞之告禹曰孝孫素謹善少且親
雯當是長安輕薄兒誤之耳禹即宣帝宣
嘉乃因來歙詣禹於雲陽三年到洛陽
征伐拜爲千乘太守六年病上書乞骸骨
徵詣京師十三年封爲順陽侯秋復封嘉

子廱爲黃李侯十五年嘉卒子參嗣有罪
削爲南鄉侯永平中參爲城門校尉參卒
子循嗣循卒子章嗣

贊曰齊武沈雄義戈乘風

以義舉兵乘風雲之會也倉

卒匪圖亡我天工城陽早協趙孝晚同泗
水三矦或恩或功

後漢書列傳卷第四

列傳第五

范曄　後漢書十五

李通　王常　鄧晨

　　　唐章懷太子賢注

李通字次元南陽宛人也世以貨殖著姓

父守身長九尺容貌絕異為人嚴毅居家

如官廷

星歷讖記為王莽宗卿師

通亦為五威將軍從事出補

巫丞有能名

恭末百姓愁怨通素聞守說

讖云劉氏復興李氏為輔私常懷之且居

家富逸為閭里雄以此不樂為吏乃自免

歸及下江新市兵起南陽騷動通從弟

軼亦素好事乃共計議曰今四方擾亂新

室且亡漢當更興南陽宗室獨劉伯升兄

弟汎愛容眾可與謀大事通笑曰吾意也

會光武避事在宛通聞之即遣軼往迎光

武

慕也故往往咨之及相見共語移日握手極

歡通因具言讖文事光武初殊不意未敢

當之時守在長安光武乃微觀通曰即如

此當如宗卿師何通曰已自有度矣

遂相約結定謀議期以材官都試騎士日

劫前隊大夫及屬正

因以號令大眾及使光武與軼歸舂陵舉

兵以相應遣從兄子季之長安以事報守

季於道病死守知之欲亡歸素與邑人

黃顯相善時顯為中郎將聞之謂守曰今

關門禁嚴君狀貌非九將以此安之不如

詣闕自歸事既未然脫可免禍守從其計

即上書歸死章未及報留闕下會事發覺

通得亡走恭聞之乃繫守於獄而黃顯爲
請曰守聞子無狀〔無狀謂橋也不可名誚其狀大不敢逃亡守〕可名誚其狀也
義自信歸命宮闕臣顯質守俱東曉說
其子如遂悖逆令守比向刌首以謝大恩
也〔刌剸也〕芬然其言會前隊復上通起兵之狀在
芬怒欲殺守顯復上通起兵
長安者盡殺之遂并被誅及守家在
十四人皆焚屍宛市時漢兵亦已大合
與光武李軼遇棘陽遂共破前隊殺甄

阜梁丘賜更始立以通爲柱國大將軍輔
漢侯從至長安更拜爲大將軍封西平王
軼爲舞陰王通從弟松爲丞相更始使通
持節還鎮荊州通因娶光武女弟伯姬是
爲寧平公主〔淮陽國也寧平縣屬〕光武即位徵通爲衛
尉建武二年封固始侯拜大司農帝每征
討四方常令通居守京師鎮撫百姓修宮
室起學官五年代王梁爲前將軍六年
夏領破姦將軍侯進捕虜將軍王霸等十

營擊漢中賊〔賊謂延本也〕公孫述遣兵赴救通等
與戰於西城破之〔西城縣屬漢中郡也〕還屯田順陽〔順陽縣名屬南〕
郡〔郡哀帝改爲博山故城在今鄧州穰縣西〕時天下略定通思欲避榮
寵以病上書乞身詔下公卿羣臣議大司
徒侯霸等曰王芬篡漢傾亂天下通懷伊
呂蕭曹之謀建造大策扶助神靈輔成聖
德破家爲國忘身奉主有扶危存亡之義
功德最高海內所聞通以天下平定謙讓
辭位夫安不忘危宜令通居職療疾欲就
事其夏引拜爲大司空通布衣唱義助成
諸侯不可聽於是詔通勉致醫藥以時視
大業重以寧平公主故特見親重然性謙
恭常欲避權執素有消疾〔消消中之疾也周禮天官職曰春有痟首疾郡玄注云痟酸削也〕
自爲宰相謝病不視事連年乞
骸骨帝每優寵之令以公位歸弟養疾
復固辭積二歲乃聽上大司空印綬以特
進奉朝請有司奏請封諸皇子帝感通首
創大謀即日封通少子雄爲召陵侯每幸

南陽常遣使者以太牢祠通父冢十八年
卒諡曰恭矦帝及皇后親臨弔送葬子音
音卒子定嗣定卒子黃嗣黃卒子壽嗣
東觀記曰黃字作軼是也
李軼後爲朱鮪所殺更始之敗李
松戰死唯通能以功名終永平中顯宗幸
宛詔諸李隨安衆宗室會見
安衆矦劉崇長沙定王五代孫崇與宗人
其室與宗人討軼有功隨光武河北破王郎
朝廷高
宗其忠壯策劉歆諸皆以其後鷹
宗室安衆諸劉皆以功名終永平中顯宗幸
並受賞賜恩寵篤焉

論曰子曰富與貴是人之所欲不以其道
得之不處也　論語之文
李通豈知夫所欲而未
識以道者乎夫天道性命聖人難言之況
乃億測微隱狷狂無妄之福
無望之禍又有無妄之禍
一切之功哉
蒙穀負書不狗楚難　吳師入郢國策
汙滅親宗以斂昔

後漢傳五　　四八六七

即墨用齊義卒燕心
史記曰燕昭王代齊湣
彼之趣舍所立其殆與通異乎
盡取齊城故曰即墨後齊田單以即墨擊破燕軍悉復所亡
王常字顏卿潁川舞陽人也
東觀記曰其先鄭人常父成
雲臺綠林中聚衆數萬人以常爲偏裨攻破
哀間轉客潁川因家焉王莽末爲弟報仇亡命江夏
王父之與王鳳王匡等起兵
傍縣後與成丹張印別入南郡藍口號下
舞陽
江兵　續漢志曰南郡有藍口聚王莽遣嚴尤陳茂擊破
續漢傳五　六
鍾龍間　今安州應山縣東北石龍山在
之常與丹印收散卒入藔谿　藔音力劫略
三山也　復振引軍與荆州牧戰於上唐大
山也上唐鄉名故城在今
破之衆復振　遂比至宜秋
隨州隨縣東北又南郡有宜
秋聚　是時漢兵與新市平林兵俱敗於小
長安各欲解去伯升聞下江軍在宜秋即
與光武及李通俱造常壁曰願見下江一
賢將議大事成丹張印共推遣常伯升見
常說以合從之利　以利合曰從也
常大悟曰王莽

篡弑殘虐天下百姓思漢故豪傑並起今劉氏復興即真王也誠思出身為輔成大功伯升曰如事成豈敢獨饗之哉遂與常深相結而去常還具為冊印言之冊印負其眾皆曰大丈夫既起當各自為王何故受人制乎常獨歸漢乃稍曉說其將帥曰往者成哀衰微無嗣故王莽得承間篡位既有天下而政令苛酷積失百姓心民之謳吟思漢非一日也故使吾屬因此得起夫民所怨者天所去也民所思者天所與也舉大事必當下順民心上合天意功乃可成若負強恃勇觸情恣欲雖得天下必復失之以秦項之執尚至夷覆況今布衣相聚草澤以此行之滅亡之道也今南陽諸劉舉宗起兵觀其來議事者皆有深計大慮王公之才與之并合必成大功此所以祐吾屬也下江諸將雖屈強少識然素敬常乃皆謝曰無王將軍吾屬

幾陷於不義願敬受教即引兵與漢軍及新市平林合於是諸部齊心同力銳氣益壯遂俱進破殺阜梁丘賜及諸將議立宗室唯常與南陽士大夫同意欲立伯升而朱鮪張印等不聽及更始立以常為延尉大將軍封知命侯徇波南沛郡還入長安以常行南太守事令專命誅賞昆陽與光武共擊破王尋王邑更始西都命封拜有功封為鄧王食八縣賜姓劉常性恭儉遵法度南方稱之更始敗建武二年夏常將妻子詣洛陽肉祖自歸光武見常甚歡勞之曰王廷尉良苦念往時共更艱㟄尼何日忘之常頓首謝曰臣蒙大命得以鞭策託身陛下秋後會昆陽幸賴靈武輒成斷金

更始不量愚臣任以南
州謂以廷尉行〔南陽陽太守〕赤眉之難衷心失望曰
心開目明今得見闕庭死無遺恨帝笑曰
吾與廷尉戲耳今得見闕庭不憂南方兵
以匹夫興義兵以下大會具為舉言為
乃召公卿將軍以下
知命侯與吾相遇兵中九相厚善特加賞
賜拜為左曹〔前書曰左右尚書事／曹平尚書事〕
封山桑侯〔沛山桑縣屬沛郡今庵〕

〔日斷金易繋辭曰二／人同心其利斷金〕

縣州後帝為大會中指常謂羣臣曰此家率
下江諸將輔翼漢室心如金石真忠臣也
是日遷常為
令諸將皆屬為漢忠將軍遣常擊鄧奉董訢
諸屯聚五年秋攻拔湖陵又與帝會任城
因從破蘇茂龐萌進攻下邳常部當城門
戰一日數合賊反走入城常追迫之城上
射矢雨下帝從百餘騎自城南高巔望常
戰力甚馳遣中黃門詔使引還賊遂降又

別率騎都尉王霸共平沛郡賊〔東觀記曰沛郡賊皆虛也〕
六年春徵還洛陽令常於舞陽歸
家上冢西屯長安位七年使使者持
重書即拜常為橫野大將軍位次與諸將
〔尚書令司隸校尉皆專席而坐號三獨坐〕
絕席
別擊破隗囂將高峻於朝那遣還烏〔朝那縣屬安定郡也〕
氏皆破之常要擊破之轉降保塞羌諸營
壁皆平之九年擊內黃賊破降之後比屯
故安平之十二年薨于〔故安縣屬涿郡故城在今易州易縣南也〕
屯所謚曰節侯子廣嗣三十年徙封石城
〔石城故城在今復州涿陽縣東南也〕〔永平十四年坐與楚事〕〔王明〕
相連國除

鄧晨字偉卿南陽新野人也世吏二千石
〔東觀記曰晨曾祖父隆揚州刺史父宏豫章都尉／州刺史祖父勳交阯刺史〕
娶光武姊元王莽末光武嘗與兄伯升及
晨俱之宛與穰人蔡少公等讌語少公頗
學圖讖言劉秀當為天子或曰是國師公
劉秀平光武戲曰何用知非僕邪坐者皆

大笑晨心獨喜 東觀記曰晨與上共載出逢使
者不下車使者怒欲加耻辱上
稱江夏卒史晨更名隶家避之
新野幸漸叔為請得免 又光武

與家屬避更始晨廬其相親愛晨因

謂光武曰王莽悖暴夏斬人此天之

往時會宛獨當應邪光武笑不荅及漢兵

時也者斬無須時於是春夏新人都市百姓震懼也

起晨將賓客會棘陽漢兵敗小長安諸將

多亡家屬光武單車馬遁走遇女弟伯姬與

野宰乃汙晨宅焚其家墓宗族皆患怒曰

至元及三女皆遇害漢兵退保棘陽而新

撮曰行矣不能相救無為兩没也會追兵

無恨色更始立以晨為偏將軍與光武略

家自富足何故隨婦家人入湯鑊中晨終

頴川俱夜出昆陽城擊破王尋王邑又

別徇陽翟以東至京宻皆下之 京宻二縣名屬河南郡京故城

地 在今鄭州滎陽東鄭之京邑也 更始比都洛陽以 滎陽東南也

晨為常山太守會王郎反光武自薊走信

都晨亦聞行會於鉅鹿下自請從擊邯鄲

光武曰偉卿以一身從我不如以一郡為

我北道主人乃遣晨歸郡光武追銅馬高

胡羣賊於冀州晨發積射士千人 古字通用 積興迹同

謂尋迹之又遣委輸給軍不絕光武即位封晨

而射之 帝又感悼姊沒於亂兵

房子矦 房子縣名今趙州縣也

西封晨長子汎為吳房矦 吳房縣名今豫州縣也

追封諡元為新野節義長公主立廟於縣

公主之祀建武三年徵晨還京師數見

說故舊平生為歡晨從容謂帝曰僕竟辯

之非僕于故晨有此言也帝大笑從幸章陵拜

光祿大夫使持節監執金吾賈復等擊平

邵陵新息賊 新息縣名今豫州 四年從幸章陵留

鎮九江晨好樂郡職由是復拜為中山太

守吏民稱之常為冀州高第 中山屬冀州於冀州所部郡課

常為第一也 十三年更封南孿矦 孿音力 入奉朝

請復為汝南太守十八年行幸章陵徵晨

行廷尉事從至新野置酒酺讌賞賜數百

十萬復遺歸郡晨與鄧郡陂數千頃田
陂名在今豫州汝陽縣東成帝時關東
水陂溢為害瞿方進為丞相奏罷之汝
魚稻之饒流衍它郡衍饒之繞罷之關東之汝
疾復徵奉朝請二十五年卒詔遣中謁者
備公主官屬禮儀漢官儀曰長公主官屬傳一人貴吏五人與僕射五人私
招迎新野主魂與晨合葬
於此芒乘興與中宮親臨愍送葬諡曰惠
族小子棠嗣後徙封武當棠卒子固嗣
固卒子國嗣國卒子福嗣永建元年卒無

子國除

來歙字君叔 歙音許及反　南陽新野人也六世祖
漢有才力武帝世以光祿大夫副樓船將
軍楊僕擊破南越朝鮮父仲東觀記作仲哀帝
時為諫大夫更始光武姑生歙光武甚親
敬之數共往來長安漢兵起王莽以歙劉
氏外屬乃收繫之賓客共篡奪得免更始
即位以歙為吏從入關數言事不用以病
去歙女弟為漢中王劉嘉妻嘉遣人迎歙

因南之漢中更始敗歙勸嘉歸光武遂與
嘉俱東詣洛陽帝見歙大歡即解衣以
以隴蜀為憂獨謂歙曰今西州未附西州謂隴蜀也
子陽稱帝道里阻遠諸將方務關東思西
州方略未知所任其人歙因自請曰
臣嘗與隗囂相遇長安其人始起以漢為
名今陛下聖德隆興臣願得奉威命開以
丹青之信之言明若丹青也
則述自亡之勢不足圖也帝然之建武三
年歙始使隗囂五年復持節送馬援因奉
璽書於隗囂既還復往說隗囂遂遣子恂隨
歙入質拜歙為中郎將時山東略定帝謀
西收囂兵與俱伐蜀復使歙喻旨囂將王
元說囂多設疑故久沉豫不決沉豫不定之
囂素剛殺遂發憤責
囂曰國家以君知臧否曉廢興故以手
書暢意足下推忠誠遣伯春委質字伯春

是臣主之交信也今反欲用使感之言為

族滅之計叛主負子違背忠信乎吉凶之

決在於今日欲前刺囂囂起入部勒兵將

殺歆歆徐杖節就車而去囂愈怒王元勸

囂殺使牛邯將兵圍守之囂將王遵諫

曰愚聞為國者慎器與名為家者畏怨重

禍名興器不可妄授也

命輕用怨禍則家受其殃今將軍遵子質

漢內懷亡志名器逆矣外人有議欲謀質漢

使輕怨禍矣古者列國兵交使在其間

而不任戰也何況承王命籍重質而犯之

哉楚叔蠑單車遠使而陛下之外兄也

執楚使遂有枅骸易子之禍害之無損於漢而隨以族滅昔宋

之姑子也

萬乘之主重以伯春之命哉歆為人有信

義言行不違反往來游說皆可案覆西州

士大夫皆信重之多為其言故得免陽遂

歸八年春歆與征虜將軍祭遵襲略陽遂

道病還分遣精兵隨歆合二千餘人伐山

開道從番須回中徑至略陽斬守

將金梁因保其城囂大驚曰何其神也

灌城歆與將士固死堅守矢盡乃發屋斷

木以為兵囂盡銳攻之自春至秋其士卒

疲弊帝乃大發關東兵自將上隴囂眾潰

走圍解於是置酒高會勞賜歆因上書曰公孫述以隴

安悉監護諸將歆妻縑千匹詔使留屯長

在諸將之右賜歆班坐絕席

西天水為藩蔽故得延命假息今二郡平

蕩則述智計窮矣宜益選兵馬儲積資糧

昔趙之將帥多賈人高帝縣之以重賞

十年陳倉反於趙代其將多
貢人帝多以金繒誘將皆降　今西州新破兵人
疲蹙若招以財穀則其衆可集臣知國家
所給非一用度不足然有不得已也帝然
之於是大轉糧運
歙率往征西大將軍馮異建威大將軍
虎牙大將軍蓋延揚武將軍馬成武威將
軍劉尚入天水擊破公孫述將軍楊武趙匡
明年攻拔落門
亡後五谿先零諸種數為寇掠皆營
守州郡不能討歙乃大修攻具率蓋延劉
尚及太中大夫馬援等進擊羌於金城大
破之斬首虜數千人獲牛羊萬餘頭穀數
十萬斛又擊破襄武賊傅栗卿等
隴西雖平而人飢流者相望
乃傾倉廩轉運諸縣以賑贍之於是隴右
遂安而涼州流通焉十一年歙與蓋延馬

成進攻公孫述將王元環安於河池下辯
陷之乘勝遂進蜀人大懼使剌客剌歙未
殊馳召蓋延延見歙因伏悲哀不能仰視
歙叱曰虎牙何敢然今使者中剌客無
以報國故呼巨卿欲相屬以軍事而反效
兒女子涕泣乎刃雖在身不能勤兵斬公
邪延收涙強起受所誡歙自書表曰臣夜
臣不敢自惜誠恨奉職不稱以為朝廷羞
人定後為何人所賊歙中臣要害
夫理國以得賢為本太中大夫段襄骨鯁
可任顧陛下裁察又
臣兄弟不肖終恐被罪
憐敕賜教督投筆抽刃而絕帝聞大驚
書覽涕泣乃賜策曰中郎將來歙攻戰連年
平定羌隴憂國忘家忠孝彰著遭命遇害
嗚呼哀哉使太中大夫贈歙中郎將征羌
簑印綬謚曰節侯遣者護喪事喪還洛陽
乘輿縞素臨弔送葬以歙有平羌隴之功

故改汝南之當鄉縣為征羌國焉〔征羌故城在今豳城縣東南也〕弟由為宜西庋〔東觀記曰〕襄子襄嗣十三年帝嘉歆忠節復封歆女武安公主稜早殁襄辛以稜子歷為嗣論曰世稱來君叔天下信士夫專使乎二國之間豈厭詐謀哉而能獨以信稱者良其誠心在乎使兩義俱安而已不私其功也

歷字伯珍少襲爵以公主子永元中為侍中監羽林右騎〔羽林騎武帝置宣帝令中郎將騎都尉監羽林見前書〕永初三年遷射聲校尉永寧元年代馮石為執金吾延光元年中尊歷母為長公主二年遷歷太僕明年中中常侍樊豐與大將軍震寶侍中周廣謝惲等共譖陷太尉楊震震遂自殺歷謂侍御史虞詡曰耿寶託元舅之親〔嬭母也〕而不念報國恩而傾側姦臣誣奏楊公傷害忠良其天稿亦將至矣遂絕周廣謝惲不

與交通時皇太子為病不安避幸安帝乳母野王君王聖舍太子乳母王男廚監邴吉等以為聖舍新繕修犯土禁不可御聖及其女永與大長秋江京及中常侍樊豐王男邴吉等互相是非聖永遂誣譖男吉皆幽囚死家屬徙比景妄造虛無構讒太子及東宮官屬帝怒召公卿以下會議廢立耿寶等承旨皆以為太子當廢歷與太常桓焉廷尉張皓議曰經說年未滿十五過惡不在其身且男吉之謀皇太子容有不知宜選忠良保傅以禮義廢之此誠聖恩所宜留帝不從是日遂廢太子為濟陰王歷時監太子家小黃門籍建中傅高梵等皆以無罪從朝方歷中要結光祿勳祋諷〔況音〕正劉瑋將作大匠薛皓侍中閭丘弘陳光趙代施延太中大夫朱倀弟五頡

中散大夫曹成諫議大夫李尤符節令
張敬　持書侍御史龍其調　城
門司馬徐崇衛尉守丞樂闛　長樂
未央廄令鄭安世等十餘人俱詣鴻都門證太子無過龔調
據法律明之以為男吉犯罪皇太子不當
坐帝與左右患之乃使中常侍奉詔脅龔為天
臣曰父子一體天性自然以義割恩為
下也歷諷等不識大典而與羣小共為謹
詳外見忠直而內希後福飾邪違義豈事
君之禮朝廷廣開言事之路故且一切假
色薛皓先頓首曰固如明詔歷怫然失
伐若懷迷不及當顯明刑書諫者莫不失
廷詰皓曰屬通諫何言而今復
背之　大臣乘朝車處國
事固得輒轉若此乎　乃各稍自引起歷獨守闕連日不肯

去帝大怒乃免歷兄弟官削國租黜公主
不得會見歷遂杜門不與親戚通時人為
之震慄及帝崩閻太后起歷為將作大匠
順帝即位朝廷咸稱社稷臣於是遷為衛
尉役諷劉瑋間立弘等先卒皆拜其子為
郎　朱俱　施延陳光趙代等並為公
卿任職徵王男邴吉家屬還京師厚加賞
賜籍建高朼等悉蒙顯擢永建元年拜歷
車騎將軍弟祉為步兵校尉超為黃門侍
郎三年母長公主薨歷稱病歸弟服闋復
為大鴻臚陽嘉二年卒官子定嗣定尚安
帝妹平氏長公主順帝時為虎賁中郎將
定卒子虎嗣桓帝時為屯騎校尉弟豔字
季德少好學下士開館養徒少歷顯位靈
帝時再遷司空
贊曰李鄧豪贍家從讖
少公雖孚宗卿未驗
王常知命功惟帝念

上緣其功封爲
列侯故曰帝念
款款君叔斯言無玷
玷也

獻三捷承墜一劍 小雅采薇詩曰豈
歆定居一月三捷

方

03-258

范曄　後漢書十六

唐章懷太子賢注

鄧禹　子訓　孫鷺

寇恂　曾孫榮

鄧禹字仲華南陽新野人也年十三能誦
詩受業長安時光武亦游學京師禹年雖
幼而見光武知非常人遂相親附數年歸
家及漢兵起光武爲始立豪桀多薦舉禹不
肯從及聞光武安集河北即杖策北渡追
及於鄴光武見之甚歡謂曰我得專封拜
生遠來寧欲仕乎禹曰不願也光武曰即
如是何欲爲禹曰但願明公威德加於四
海禹得効其尺寸垂功名於竹帛耳光武
笑因留宿閒語也（閒私）禹進說曰更始雖都
關西今山東未安赤眉青犢之屬動以萬
數三輔假號往往羣聚更始旣未有所挫
而不自聽斷諸將皆庸人屈起（屈首求 勿反）志在
財幣爭用威力朝夕自快而已非有忠良
明智深慮遠圖欲尊主安民者也四方分

（論語曰邦分崩離析）

崩離析　形埶可見明公跋建藩
輔之功猶恐無所成立於今之計莫如延
攬英雄務悅民心立高祖之業救萬民之
命以公而慮天下不足定也光武大悅因
令左右號禹曰鄧將軍常宿止於中與定
計議及王郎起兵光武自薊至信都使禹
發奔命得數千人令自將之別攻拔樂陽
（樂陽縣名屬常山郡　上過禹營禹進炙魚上饗哈勞勉吏士威戲甚驩衆皆竊言劉公眞天人也）
從至廣阿（東觀記曰上率禹等擊王郎橫野將軍劉奉大破之）
樓上披輿地圖指示禹曰天下郡國如是
今始乃得其一子前言以吾慮天下不足
定何也禹曰方今海內殽亂人思明君猶
赤子之慕慈母古之興者在德薄厚不以
大小（史記蘇秦說趙王曰堯無三夫之分舜無咫尺之地禹無百人之聚湯武之士不過三千立爲天子誠得其道也）之
光武悅時任使諸將多訪於禹
禹每有所舉者皆當其才于光武以爲知人
使別將騎與蓋延等擊銅馬於清陽延等
先至戰不利還保城爲賊所圍禹遂進輿

戰破之生獲其大將從光武追賊至滿陽
連大克獲北州略定及赤眉西入關更始
使定國上公王匡襄邑王成丹抗威將軍
劉均及諸將分據河東弘農以拒之赤眉
眾大集王匡等莫能當光武籌赤眉必破
長安欲乘豐并關中而方自事山東未知
所寄以禹沈深有大度故授以西討之略
乃拜為前將軍持節中分麾下精兵二萬
人遣西入關令自選偏裨以下可與俱者

於是以韓歆為軍師李文李春程慮為祭
酒〔愔字或〕馮愔為積弩將軍樊崇為驍騎
將軍宗歆為車騎將軍鄧尋為建威將軍
耿訢為赤眉將軍左于為軍師將軍引而
西建武元年正月禹自箕關將入河東關
〔在今王屋縣東〕河東都尉守關不開禹攻十日破之
獲輜重千餘乘進圍安邑數月未能下更
始大將軍樊參將數萬人度大陽欲攻禹
〔大陽縣屬河東郡前書音義曰大河之陽春秋泰伯伐晉自第津濟杜預云河東大陽縣也〕禹

遣諸將逆擊於解南大破之斬參首〔音〕
〔解縣屬河東郡故城在今蒲州桑泉縣東南是也〕於是王匡成丹劉均等合軍
十餘萬復共擊禹禹不利樊崇戰死會
日暮戰罷軍帥韓歆及諸將見兵執已摧
皆勸禹夜去禹不聽明日癸亥匡等以六
甲窮日不出禹因得更理兵勒衆明旦匡
悉軍出攻禹禹令軍中無得妄動既至營
下因傳發諸將鼓而並進大破之匡等皆
棄軍亡走禹率輕騎急追獲劉均及河東

太守楊寶持節中郎將弴彊皆斬之收得
節六印綬五百兵器不可勝數遂定河東
承制拜李文為河東太守悉更置屬縣令
長以鎮撫之是月光武即位於鄗使使者
持節拜禹為大司徒策曰制詔前將軍禹
深執忠孝與朕謀謨帷幄決勝千里〔高祖曰運籌策
帷幄之中決勝千里吾不如子房〕孔子曰自吾有回門人益
〔史記曰顏回年二十九髮白早死孔子哭之慟曰自吾有回門人益親也〕親也
平定山西功効尤著百姓不親五品不訓

03-260

汝作司徒敬敷五教在寬（五品五常也父義母慈兄友弟恭子孝言五教務在寬）為鄧侯食邑萬戶敬之哉（今遣奉車都尉授印綬封鄧縣今屬南陽郡故城在襄州穀城縣東北）禹時年二十四遂渡汾陰河入夏陽更始中郎將左輔都尉公乘歙引兵（左輔即左馮翊也三輔皆有都尉衙縣名屬左馮翊）其眾十萬與左馮翊兵共拒禹於衙是時（翊解見禹復破走之而赤眉遂入長安）

〔後漢列傳六〕

三輔連覆敗赤眉所過殘賊百姓不知所歸聞禹乘勝獨剋而師行有紀（紀綱紀也言有條貫而不暴）皆望風相攜負以迎軍降者日以千數（垂髮童子也白父老也）眾號百萬禹所止輒停車住節以勞來之父老童稚垂髮戴白滿其車下莫不感悅於是名震關西禹（車下莫不感悅於是名震關西禹）賜書褒美諸將豪傑皆勸禹徑攻長安禹曰不然今吾眾雖多能戰者少前無可仰之積（仰猶恃也）後無轉饋之資赤眉新拔長安財富充實鋒銳未可當也夫盜賊羣居無終日之計財穀雖多變故萬端寧能

堅守者也上郡北地安定三郡土廣人稀饒穀多畜吾且休兵北道就糧養士以觀其弊乃可圖也於是引軍北至栒邑（栒邑縣名屬右扶風）諸營保郡邑皆開門歸附禹所到擊破赤眉別將諸（風故城在分幽州水縣東北栒音荀）子奉檄降禹遣諸京師（京師謂洛陽也公羊傳曰天子所居曰京師）帝以關中未定而禹久不進禹乃下救曰司徒堯也而禹入關久矣不能有所歸宜以時進討鎮慰西京繫百姓之心禹猶執前意乃分遣將軍別攻上郡諸縣更徵兵引穀歸至大要（大要縣名屬北地郡）守栒邑二人爭權相攻惜所親歙因反擊禹遣使以聞帝問使人惜逐殺歙因反擊（禹遣使以聞帝問使人惜逐殺歙）誰對曰護軍黃防帝度惜防不能久和執必相忤因報禹曰縛馮惜者必黃防也乃遣尚書宗廣持節降之後月餘果執惜將其眾歸罪更始諸將王匡胡殷等皆詣廣降與共東歸至安邑道欲亡廣恣

斬之悟至洛陽赦不誅二年春遣使者更
封禹為梁侯食四縣時赤眉西走扶風禹
乃南至長安軍昆明池大饗士卒率諸將
齋戒擇吉日修禮謁祠高廟收十一帝神
主遣使奉詣洛陽因循行園陵為置吏士
奉守焉禹引兵與延岑戰於藍田不克復
就穀雲陽漢中王劉嘉詣禹降嘉相李寶
倨慢無禮禹斬之寶弟收寶部曲擊禹殺
將軍耿訢自馮愔反後禹威稍損又乏食
歸附者離散而赤眉復還入長安禹與戰
敗走至高陵軍士飢餓者皆食棗菜帝乃
徵禹還勅曰赤眉無穀自當來東吾折捶
笞之非諸將憂也無得復妄進兵禹慙於
受任而功不遂數以飢卒徼戰輒不利三
年春與車騎將軍鄧弘擊赤眉遂為所敗
眾皆死散事在馮異傳獨與二十四騎還
詣宜陽謝上大司徒梁侯印綬有詔歸侯
印綬數月拜右將軍延岑自敗於東陽遂

與秦豐合四年春復冦順陽閒遣遣禹護復
漢將軍鄧曅輔漢將軍于匡擊破岑於鄧
追至武當復破之岑奔漢中餘黨悉降十
三年天下平定諸功臣皆增戶邑定封禹
為高密侯食高密昌安夷安淳于四縣高密
國名今密州縣也昌安夷安並屬高密國在今密州安丘縣外城也夷安故城在今密州高密縣北也淳于故城在今密州安丘縣東北也
帝以禹功高封
弟寬為明親侯其後左右將軍官罷以
前後左右將軍皆王莽所置光武建武七年省征伐事範皆罷也
以特進奉朝請禹內文明
篤行淳備事母至孝天下既定常欲遠名
執有子十三人各使守一藝修整閨門教
養子孫皆可以為後世法資用國邑不修
產利帝益重之中元元年復行司徒事從
東巡狩封岱宗即位以禹先帝元功
拜為大傅進見東向甚見尊寵
居歲餘寢疾帝數自臨問以子男二人
為郎永平元年五十七薨諡曰元侯帝
分禹封為三國長子震為高密侯襲為昌

安侯珍爲夷安侯禹少子鴻好籌策求平
中以爲小侯引入與議邊事帝以爲能拜
將兵長史率五營七屯鴈門肅宗時爲度
遼將軍永元中與大將軍竇憲俱出擊匈
奴有功徵行車騎將軍出塞追畔胡逢侯
坐逗留下獄死高密侯震卒子乾嗣乾尚
顯宗女沁水公主永元十四年陰皇后巫
蠱事發乾從兄奉以后舅被誅乾從坐國
除元興元年和帝復封乾本國拜侍中乾

卒子成嗣成卒子襄嗣襄尚安帝妹舞陰
長公主桓帝時爲少府襄卒長子某嗣少
子昌襲母爵爲舞陰侯拜黃門侍郎昌安
侯襲嗣子藩亦尚顯宗女平皐長公主〔平皐縣名屬河內郡故城在今懷州武德縣西〕
子康少有操行兄襲封無後永初六年
紹封康爲夷安侯時諸紹封者皆食故國
半租康以皇太后戚屬獨三分食二以侍
祠侯〔漢官儀曰諸侯功德優盛朝廷所敬者位特進在三公下其次朝侯在九卿下其次侍祠〕

侯其次下土小國侯以肺腑親公主子孫奉墳墓於
京師亦隨時朝見是爲隙侯也康太后從兄以親
〔紹封也〕得爲越騎校尉康以太后久臨朝政宗
門盛滿數上書長樂宮諫爭宜崇公室自
損私權言甚切至太后不從康心懷畏懼
永寧元年遂謝病不朝太后使內侍者問
之時宮人出入多能有所毀譽其中耆宿
皆稱中大人所使者乃康家先婢亦自通
中大人康聞詬之〔詬罵也音許遘反〕曰汝我家出亦
敢爾邪婢怨恚還說康詐疾而言不遜太

后大怒遂免康官遣歸國絕屬籍及從兄
騰誅〔騰音質〕安帝徵康爲侍中順帝立爲大
僕有方正稱名重朝廷以病免加位特進
陽嘉三年卒諡曰義侯
論曰夫竇通之世君臣相擇〔家語孔子曰君擇臣而事之臣亦擇君而事之〕
斯最作事謀始之幾也〔擇臣而任之也幾者事之微也君子以作事謀始〕
鄧公赢糧徒步觸紛亂而赴光武
可謂識所從會矣於是中分麾下之
軍以臨山西之陳至使關河響動懷赴如

歸功雖不遂而道亦弘矣及其威損摘邑

兵散宜陽穮龍章於終朝就度服以卒歲

藏音直紙反又載紙反龍章袞服之服也謂禹赤舄
眉所敗上同徒印綬也易卦曰或錫之鞶帶終朝三

子之致焉乎

猜情使君臣之美後世莫闚其閒不亦君

施下士士大夫多歸　東觀記曰訓謙恕下士

學禹常非之顯宗即位初以爲郎中訓樂

訓字平叔禹第六子也少有大志不好文

子性來門內視之如子有過加鞭扑之敎大醫皮巡
從獵上林還幕宿殿門下寒病發時訓直事聞巡

永平中理虖沱石臼河從都慮至羊

腸倉　酈元水經注云汾陽故城積粟所在謂之羊
腸倉在晉陽西北石隆縈委若羊腸焉故以

人苦役連年無成轉運所經三百八十九

隘　隘音乙責反　前後沒溺死者不可勝筭建初

三年拜訓謁者使監領其事訓考量隱括

隱審量括之也孫卿子曰枸木必待隱栝
括蒸揉然後直也枸音鉤謂曲者也　知大功難

立具以上言蕭宗從之遂罷其役更用驢

輦歲省費億萬計全活徒士數千人會上

谷太守任興欲誅赤沙烏桓怨恨謀反詔

訓將黎陽營兵屯狐奴以防其變

鮮卑聞其威恩皆不敢南

爲幽部所歸六年遷護烏桓校尉黎陽故

人多攜將老幼樂隨訓徙邊

近塞下　後漢列傳六　十二

八年舞陰公主子梁扈有罪訓坐私與

扈通書徵免歸閭里　元和

三年盧水胡反畔以訓爲謁者乘傳到武

威拜張掖太守章和二年護羌校尉張紆

誘誅燒當種羌迷吾等由是諸羌大怒謀

欲報怨朝廷憂之公卿舉訓代紆爲校尉

諸羌激忿遂相與解仇結婚交質盟詛

衆四萬餘人期冰合度河攻

訓先是小月氏胡分居塞內勝兵者二三千騎皆勇健富彊每與羌戰常以少制多雖首施兩端〔首施猶首鼠也〕漢亦時收其用時迷吾子迷唐別與武威種羌合兵萬騎來至塞下未敢攻訓先欲脅月氏胡擁衛稽故令不得戰〔稽故謂稽留事故也〕議者咸以羌胡相攻縣官之利以夷伐夷不宜禁屯訓曰不然今張紆失信衆羌大動經常屯兵不下二萬轉運之費空竭府帑〔說文曰帑金帛所藏〕〔音奴郎反〕涼州吏人命縣絲髮原諸胡所以難得意者皆恩信不厚百今因其迫急以德懷之庶能有用遂令開城及所居園門悉驅羣胡妻子內之嚴兵守衛羌掠無所得〔掠劫奪也〕又不敢過諸胡因即解去由是湟中諸胡〔湟中月氏胡所居今鄯州湟水縣也〕皆言漢家常欲關我乃今鄧使君待我以恩信開門內我妻子曹今母感歡喜叩頭曰唯使君所命訓遂撫養其中少年勇者數百人以爲義從

羌胡俗恥病死每病臨困輒以刃自剌訓聞有困疾病者輒拘持縛束不與兵刃使醫藥療之愈者非一小大莫不感悅於是賞賂諸羌種使相招誘迷唐伯父號吾乃將湟中秦胡羌兵八百戶自塞外來降訓因發其母及種人〔斬首虜六百餘人得馬牛〕羊萬餘頭迷唐乃去大小榆〔兩谷名也見西羌傳〕寫谷〔東觀記曰寫作鴈〕居頰嚴谷衆悉破散其春復欲歸故地就田業訓乃發湟中六千人令長史任尚將之縫〔帳之逢反〕革爲船置於箄上以度河〔箄步佳反〕掩擊迷唐廬落大豪多所斬獲復追逐奔北會尚等夜爲羌所攻於是義從羌胡并力破之斬首前後一千八百餘級獲生口二千人馬牛羊三萬餘頭一種殆盡〔迷唐也〕遂收其餘部遠徙廬落西行千餘里諸附落小種皆畔之燒當豪帥東號稽顙歸疪羌號〔東號羌名〕餘皆款塞納質於是綏接歸附威

信大行遂罷屯兵各令歸郡唯置弛刑徒

二千餘人分以屯田為貧人耕種修理城

郭塢壁而已求元二年大將軍竇憲將兵

鎮武威憲以訓曉羌胡方略上求俱行訓

初厚於馬氏不為諸竇所親及憲誅故不

離其禍也訓雖寬中容衆而於閨門甚

嚴兄弟莫不敬憚諸子進見未嘗賜席接

以溫色四年冬病卒官時年五十三吏人

羌胡愛惜旦夕臨者日數千人戎俗父母

死耻悲泣皆騎馬歌呼至聞訓卒莫不吼

號或以刀自割又剌殺其犬馬牛羊曰鄧

使君已死我曹亦俱死耳前烏桓吏士皆奔

走道路[訓前任烏桓校尉也尉士也]至空城郭吏吏執不

聽以狀句校尉徐儁儁歎息曰此義也[儁音反]

於建乃釋之遂家家為訓立祠每有疾病

輒此請禱求福元興元年和帝以訓皇后

之父使謁者持節至訓墓賜策追封諡曰

平壽敬侯[平壽縣屬北海郡故城在今青州北海縣故]

中宮自臨

十五

百官大會訓五子隲悝弘閶弘[悝音口反曰隲]

宇昭伯[東觀記作阞]少辟大將軍竇府及女

弟為貴人隲兄弟皆除郎中及貴人立是

為和熹皇后隲三遷虎賁中郎將京悝弘

閶皆黃門侍郎卒於官延平元年拜隲

車騎將軍儀同三司始自隲也悝虎賁中

即將弘閶皆侍中殤帝崩太后與隲等定

策立安帝隲遷城門校尉弘虎賁中郎將

自和帝崩後隲兄弟常居禁中隲謙遜不

欲久在內連求還第歲餘太后乃許之求

初元年封隲上蔡侯悝葉侯弘西平侯[西平縣屬汝南郡也]

[縣屬汝南郡故城在今豫州郾城縣南]閶西華侯[汝南郡也]

食邑各萬戶隲以定策功增邑三千戶隲

等辭讓不獲遂逃避使者間關詣闕[間關猶崎嶇也]

上疏自陳曰臣兄弟汙穢無分可採[無言也收采分寸之可採也]過以外戚遭值明時[過誤也]

之末光被雲兩之渥澤[易曰天地合其德日月]

施天下又云雲行[並統列位光昭當世不]

十六

三四九

能宣贊風美補助清化誠懇懼無以處
心陛下躬天然之恣仁聖之德遭國不
造仍離大憂憂和帝崩大開日月之
明運獨斷之應援立曰統奉承大宗聖策
定於神心休烈垂於不朽本非臣等所能
萬一而很推嘉美並享大封也伏聞詔書驚惶
惟念不寒而慄臣自
憋怖追觀前世傾覆之誠退自
子兄弟內相勅屬其以端愨畏慎一心奉
戴上全天恩下完性命刻骨定分有死無
二終不敢橫受爵土以增罪累惶窘營征
昧死陳乞太后不聽騭頻上疏至於五六
乃許之其夏涼部畔羌搖蕩西州朝廷憂
之於是詔騭將左右羽林北軍五校士
及諸部兵擊之車駕辛平樂觀餞送騭
駐屯漢陽使征西校尉任尚從事中郎
司馬鈞與羌戰之敗賻以轉輸疲弊百

姓苦役冬徵騭班師還朝廷以太后故遣
五官中郎將迎拜騭為大將軍軍到河南
使大鴻臚親迎中常侍齎牛酒郊勞王主
以下候望於道既至大會羣臣賜束帛乘
馬曰騭乘寵靈顯赫光震都鄙時遭元二之
災人士荒飢死者相望盜賊羣起四夷侵
畔騭等崇節儉罷力役推進天下賢士何
熙祝諷李郃陶敦等列
於朝廷辟楊震朱寵陳禪置之幕府故天
下復安四年母新野君寢病騭兄弟並上
書求還侍養太后以閭最少孝行尤著特
聽之賜安車駟馬及新野君薨騭等復乞
身行服章連上太后許之騭等既還里弟
並居冢次闔門當時及服闋
詔喻騭還輔朝政更授前封騭等叩頭固
讓乃止於是並奉朝請位次在三公下特

進爵上〔在特進及列侯之上〕其有大議乃詣朝堂與公
卿參謀元初二年弘卒太后服齊衰帝緦
麻並宿幸其弟弘少治歐陽尚書授帝禁
中〔鳳陽生字和伯千秉武帝時人〕諸儒多歸附之初疾病
遺言悉以常服不得用錦衣玉匣有司奏
贈弘驃騎將軍位特進封西平矦太后追
思弘意不加贈位衣服但賜錢千萬布萬
匹隲等復辭不受詔大鴻臚持節即弘殯
封子廣德爲西平矦將葬有司復奏發五
營輕車騎士禮儀如霍光故事〔霍光薨宣帝遣太中大夫……〕
侍御史特節護喪事中二千石帵莫府冢上賜玉衣……
梓宮便房黃腸題湊輜輬輕車黃屋左纛輕車柎官……
送葬也〕太后皆不聽但白蓋雙騎門生輓
送車也〕後以帝師之重分西平之都鄉封
廣德弟甫德爲都鄉矦四年又封京子黃
門侍郎珍爲陽安矦邑三千五百戶五年
悝閻相繼並卒皆遺言薄葬不受贈太
后並從之乃封悝子廣宗爲葉矦閶子忠
爲西華矦自祖父禹教訓子孫皆遵法度

深戒寶氏〔章帝寶后勳女主穆及叔父俱尚……
並坐怨望謀不軌被誅……
故鄧氏深引爲誡也
隲子侍中鳳嘗與尚書郎張龕書屬郎
也〔……〕檢勅宗族閉門靜居
中馬後尚坐中鳳當在臺閣又中郎將任尚嘗遺鳳
馬融後坐斷盜軍糧檻車徵詣廷尉以檻車謂四
〔同爲檻無所見〕鳳懼事泄先自首於隲隲畏太后
遂髠妻及鳳以謝天下稱之建光元年太
后崩未及大斂帝復申前命封隲爲上蔡
矦位特進帝少號聰敏及長多不德而乳
母王聖見太后久不歸政慮有廢置常與
中黃門李閏矦伺左右及太后崩宮人先
有受罰者懷怨憲因誣告悝弘閻先從尚
書鄧訪取廢帝故事西平矦廣宗葉矦廣
德西華矦忠陽安矦珍都鄉矦甫德皆爲
庶人隲以不與謀但免特進遣就國宗族
皆免官歸故郡没入隲等貲財田宅徙鄧

訪及家屬於遠郡郡縣邏迫廣宗及忠皆
自殺又徙封隲爲羅侯長沙國隲與子鳳
並不食而死隲從弟河南尹豹度遼將軍
舞陽侯遵將作大匠暢皆自殺唯廣德兄
第以母閻后戚屬得留京師大司農朱寵
同心憂國宗廟有主王室是賴爲漢文母
痛隲無罪遇乃肉袒輿櫬親身上䟽追訟
隲曰伏惟和熹皇后聖善之德上爲漢文
傾險反亂國家罪無申證
與爲比當享積善履謙之祐
帝故曰 功成身退讓國遜位歷世外戚無
是賴也
不以命 遂令隲等羅此酷濫一門十人並
訊鞫問也
離怨魂不反逆天感人率土喪氣宜收還
家次寵樹遺孤奉承血祀
牲取血以 寵知其言切自致廷尉詔免官歸
告神也

二十一

田里衆庶多爲隲稱枉帝意頗悟乃譴讓
州郡 還葬洛陽北芒舊塋公卿皆
會喪莫不悲傷之詔遣使者祠以中牢諸
從昆弟皆歸京師及順帝即位追感太后
恩訓愍隲無辜乃詔宗正復故大將軍鄧
隲宗親內外朝見皆如故事復除隲兄弟子
及門從十二人悉爲郎中
録尚書事寵字仲威京北人初辟隲府稍
遷潁川太守治理有聲及拜太尉封安鄉

矦其加優禮廣德早卒甫德更召徵爲開
封令學傳父業喪母遂不仕閻妻耿氏有
節操痛鄧氏誅廢子忠早卒乃養河南尹
豹子嗣爲闔後耿氏教之書學遂以通博
稱永壽中與伏無忌延篤著書東觀至
屯騎校尉禹曾孫香子萬世爲桓帝后帝又
紹封度遼將軍遵子萬世爲南鄉矦拜河
南尹及后廢萬世下獄死其餘宗親皆復
歸故郡鄧氏自中興後累世寵貴凡矦者

二十九人公二人大將軍以下十三人中
二千石十四人列校二十二人州牧郡守
四十八人其餘侍中將大夫郎謁者不可
勝數東京莫與為比

論曰漢世外戚自東西京十有餘族（高帝呂后／昭帝／成帝趙后／平帝王后／章帝竇后／和帝／順帝梁后／桓帝竇后／靈帝何后等）非徒豪橫盈極自取
災故必於貼釁寡後主以至顛敗者其數有
可言焉（後主謂嗣君也言外戚握權者當先帝府／位或以貴盛驕奢或以攝位權重皆以盈極被誅或以攝罪釁於嗣君以至傾覆數）
（或容免禍必貼罪釁寡於嗣君以至傾覆）
何則恩非已結而權已先之（後主謂嗣君也言外戚）
情疏禮重而（言外戚之家承隆寵於先帝不結於後主故權勢先在其身也）
枉性圖之（故後主枉其本性與之圖謀也）
來寵方授地既害之（所好者圖謀政事非一要職而寵者方欲授之權臣見）
隙開執謝讒亦勝之（居其地必須除舊方得新是地既害之也有隙上下離心則權寵之人形勢漸謝於是讒人構會尋亦勝之）
弟委遠時柄忠勞王室而終莫之（免斯樂）悲哉嗟隳悝兄
生所以泣而辭燕也（樂毅忠於燕昭王立而疑樂毅懼而奔趙王謂樂毅曰燕王信讒國人不）
附其可圖乎毅伏而垂涕曰臣事昭王猶事大王也

臣若獲戾於亡國沒身不忍謀趙（徒隸況其後嗣平事見古史考）
寇恂字子翼上谷昌平人也世為著姓恂
初為郡功曹太守耿況甚重之王莽敗更
始立使使者徇郡國曰先降者復爵位恂
從耿況迎使者於界上況上印綬使者納
之一宿無還意恂勒兵入見使者就請之
使者不與曰天王使者功曹欲脅之邪恂
曰非敢脅使君（君者尊之稱也）竊傷計之不詳也今
天下初定國信未宣使君建節衝命以臨

四方郡國莫不延頸傾耳望風歸命今始（鹽嗅沮向化之心生）
至上谷而先墮大信（也）
離畔之隙將復何以號令它郡平且耿府
君在上谷父為吏人所親今易之得賢則
造次未安不賢則聚更生亂為使君計莫
若復之以安百姓使者不應恂叱左右以
使者命召況況至恂進取印綬帶況使者
不得已乃承制詔之況受而歸及王郎起
遣將徇上谷急況發兵恂與門下掾閔業

共說況曰邯鄲拔起難可信向也 拔卒 昔王

恭時所難獨有劉伯升耳今聞大司馬劉

公伯升弟弟方算賢下士士多歸之可舉附

也況曰邯鄲方盛力不能獨拒如何恂對

曰今上谷完實控弦萬騎舉大郡之資可

以詳擇去就恂請東約漁陽齊心合眾邯

鄲不足圖也況然之乃遣恂到漁陽結謀

彭寵恂還至昌平襲擊邯鄲使者殺之奪

其軍遂與況子弇等俱南及光武於廣阿 萬春

拜恂為偏將軍號承義侯從破群賊數與 非其人不可故難之

鄧禹謀議禹奇之因奉牛酒共交歡光武

南定河內而更始大司馬朱鮪等盛兵據

洛陽又并州未安光武難其守 可使守

於鄧禹曰諸將誰可使守河內者禹曰昔

高祖任蕭何於關中無復西顧之憂所以

得專精山東終成大業今河內帶河為固

戶口殷實北通上黨南迫洛陽寇恂文武

備足有牧人御眾之才非此子莫可使也

後漢列傳六　二五

乃拜恂河內太守行大將軍事光武謂恂

曰河內完富吾將因是而起昔高祖留蕭恂

何鎮關中吾今委公以河內堅守轉運給

足軍糧率厲士馬防遏它兵勿令北度而

已光武於是復北征燕代恂移書屬縣講 代馬二千四收租四百萬書前

兵肄射 音義曰淇園衛之苑多竹篠也 伐淇園之竹為矢百餘萬

斛轉以給軍朱鮪聞光武北而河內孤使

討難將軍蘇茂副將賈彊將兵三萬餘人

度鞏河攻溫 鞏溫並今洛州縣也臨黃河故曰鞏河也 檄書至恂

即勒軍馳出並移告屬縣發兵會於溫下

軍吏皆諫曰今洛陽兵度河前後不絕宜

待眾軍畢集乃可出也恂曰溫郡之藩蔽

失溫則郡不可守遂馳赴之旦日合戰而

偏將軍馮異遣救及諸縣兵適至士馬四

集幡旗蔽野恂乃令士卒乘城鼓噪大呼

言曰劉公兵到蘇茂軍聞之陳動恂因奔

擊大破之追至洛陽遂斬賈彊茂兵自投

後漢列傳六　二六

河死者數千，生獲萬餘人，恂與馮異過河
而還。自是洛陽震恐，城門晝閉。時光武傳
聞朱鮪破河內，有頃恂檄至，大喜曰：吾知
寇子翼可任也。諸將軍賀，因上尊號，於是
即位。時軍食急乏，恂以輦車驪駕轉輸，前〔前書音義曰輦車人挽行也〕
後不絕。尚書數以軍事責讓恂。
〔百官帝數策書勞問〕恂同門生茂陵董崇
說恂曰：上新即位，四方未定，而君以此
時據大郡，內得人心，外破蘇茂，威震鄰敵，
功名發聞，此讒人側目怨禍之時也。昔蕭
何守關中，悟鮑生之言而高祖悅。〔漢王與項羽相距京索蕭何留守中關中上數使使勞苦何鮑生謂何曰今君王暴衣露蓋數勞苦君者有疑君心為君計者遣諸君子孫昆弟能勝兵苦甚君悉詣軍何從其計高祖大悅〕今君所將皆宗族昆
弟也，無乃當以前人為鏡戒。恂然其言，稱
疾不視事。帝將攻洛陽，先至河內，〔求從軍〕
軍。帝未可離也，數固請不聽，乃遣
兄子寇張、姊子谷崇將突騎，願為軍鋒。帝
善之，皆以為偏將軍。建武二年，恂坐繫考

陳昌碣

上書者免。是時潁川人嚴終、趙敦聚眾萬
餘，與密人賈期連兵為寇。恂免數月，復拜
潁川太守，與破姦將軍侯進俱擊之。數月，
斬期首，郡中悉平定。封恂雍奴侯，邑萬戶。〔小將也〕
執金吾賈復在汝南，部將殺人於潁川，恂捕得繫獄。時尚草創，軍營犯法，率
多相容，恂乃戮之於市。復以為恥，歎
為其所陷，大丈夫豈有懷侵怨而不決之
〔恂捕得繫獄〕〔潁川謂左右曰吾與寇恂並列將帥而今〕
者乎？今見恂必手劍之。恂知其謀，不欲與
相見。谷崇曰：崇，將也，得帶劍侍側，卒有變，
足以相當。恂曰：不然。昔藺相如不畏秦王
而屈於廉頗者，為國也。〔史記曰秦王與趙王會澠池秦王飲酒酣曰〕
王鼓瑟。秦御史書曰：某年某月秦王與趙
王會飲令趙王鼓瑟。相如前，請秦王擊缶。秦王怒，不許。相如曰：五步之內，
相如請得以頸血濺大王矣。秦王不懌，為一擊缶。相如顧
召趙御史書曰：某年某月秦王為趙王擊缶。
既罷歸國，以相如功大，拜為上卿。
廉頗曰：我為趙將，有攻城野戰之大功，而藺相如徒以
口舌為勞，而位居我上。我見相如必辱之。相如聞不肯與
會。相如每朝時常稱病，不欲與廉頗爭列。已而相如出望見
廉頗，相如引車避匿。相如曰：夫以秦王之威，而相如
廷叱之，辱其群臣，相如雖駑，獨畏廉將軍哉？吾念強
秦不敢加兵於趙者

陳明

區區之趙尚

有此義吾安可以忘之乎乃勑屬縣盛供
具儲酒醴〔說文曰醴酒一宿熟也〕兼汁滓酒執金吾軍入界一人皆
兼二人之饌〔饌具也〕恂乃出迎於道稱疾而
還賈復勒兵欲追之而吏士皆醉遂過去
恂遣穀崇以狀聞帝乃徵恂恂至引見時
復先在坐欲起相避帝曰天下未定兩虎
安得私鬭今日朕分之〔分猶解也〕於是並坐極
歡遂共車同出結友而去恂歸潁川〔東觀記曰郡中

〈後漢列傳六〉 二十九 〔毛仙〕

政理盜賊不入〔三年遣使者即拜爲汝南太守〕〔恂即
也又使驃騎將軍杜茂將兵助恂討盜賊
盜賊清靜郡中無事恂素好學乃修鄉校
教生徒聘能爲左氏春秋者親受學焉七
年代朱浮爲執金吾明年從車駕擊隗囂
而潁川盜賊羣起帝乃引軍還謂恂曰潁
川迫近京師當以時定惟念獨卿能平之
耳從九卿復出以憂國可知也恂對曰潁
川剽輕聞陛下遠踰阻險有車隴蜀故狂

南向賊必惶怖歸死曰願執銳前驅即日
車駕南征賊恂從至潁川盜賊悉降而音不
拜郡百姓遮道曰願從陛下復借寇君一
年〔恂前爲潁川太守故曰復借也〕乃留恂長社鎮撫吏人受
納餘降隗囂〔乃留恂續漢〕將安定高峻擁兵萬人據
高平第一〔志曰高平有第一城也〕帝使待詔
馬援招降隗囂由是河西道開中郎將來歙
承制拜峻通路將軍封關內侯後屬大司
馬吳漢共圍隗囂於冀及漢軍退峻亡歸故

〈後漢列傳六〉 三十

營復助囂拒隴氐及囂死峻據高平畏誅
堅守建威太守耿弇率太中大夫竇士
武威太守梁統等圍之〔從洛陽至高 平長安爲中〕時帝自征之恂
入關將自征之恂時從駕諫曰長安道里
居中應接近便〔平長安爲中〕安定道里
震懼此從容一處可以制四方也今士馬
疲倦方履險阻非萬乘之固前年潁川可
爲至戒帝不從進軍及汧〔汧縣屬扶風故城在 汧源縣南也〕〔今隴川汧源縣南也〕

峻猶不下，帝議遣使降之，乃謂恂曰：「卿前止吾此舉，今為吾行也。若峻不即降，引耿弇等五營擊之。」恂奉璽書至第一，峻遣軍師皇甫文出謁，辭禮不屈。恂怒，誅文。諸將諫曰：「高峻精兵萬人，率多彊弩，西遮隴道，連年不下。今欲降之而反戮其使，無乃不可乎？」恂不應，遂斬之。遣其副歸告峻曰：「軍師無禮，已戮之矣。欲降，急降；不欲，固守。」峻惶恐，即日開城門降。諸將皆賀，因曰：「敢

問殺其使而降其城，何也？」恂曰：「皇甫文，峻之腹心，其所取計者也。今來辭意不屈，必無降心。全之則文得其計，殺之則峻亡其膽，是以降耳。」諸將皆曰：「非所及也。」遂傳峻還洛陽。恂經明行修，名重朝廷，所得秩奉厚施朋友、故人及從吏士。常曰：「吾因士大夫以致此，其可獨享之乎！」時人歸其長者，以為有宰相器。十二年卒，諡曰威侯。子損嗣。恂同產弟及兄子、姊子以軍功封列侯

者凡八人，終其身不傳於後。所與謀閉業者，恂數為帝言其忠，賜爵關內侯，官至遼西太守。十三年，復封損庶兄壽為洨侯〔洨縣屬沛郡洨音交反〕。後徙封損扶柳侯〔扶柳縣屬信都郡故城在今異州信都縣是也〕。卒，子鼇嗣，徙封高鄉侯。鼇卒，子龑嗣。恂女孫為大將軍鄧夫人，由是寇氏得志於永初間〔安帝永初元年鄧太后臨朝故傳志〕也。恂曾孫榮。

論曰：傳稱「喜怒以類者鮮矣」〔左傳曰晉范武子會將老召其子文子曰吾聞之言之喜怒以類者鮮矣夫喜而易者鮮矣而易者實多〕。夫喜而不比，怒而思難者，其唯君子乎！子曰「伯夷、叔齊不念舊惡，怨是用希」〔孔子之言〕，於寇公而見之矣。

榮少知名，桓帝時為侍中，性矜絜自貴，於人少所與〔與黨也〕，以此見害於權寵。而榮兄子尚帝妹益陽長公主，又聘其從孫女於後宮。左右益陽長公主，延熹中，遂陷以罪辟，與宗族免歸故郡。更承望風旨，持之浸急。榮恐不免，奔闕自訟，未至，刺史張敬追劾

榮以擅去邊有詔捕之榮逃竄數年會赦

今不得除積郭困乃自云命中上書曰（自出）

也臣聞天地之於萬物也好生帝王之於（出）

萬人也慈愛後威武先寬容後刑辟自

人父母也慈愛後威陛下統天理物為萬國覆作

生齒以上咸蒙德澤（太戴禮曰男子八月生齒女子七月生齒也）

臣兄弟獨以無辜為專權之臣所見慈

臣婚姻王室謂臣將撫其背奪其位退其（青蠅之人所共見）

身受其執於是遂作飛章以被於臣欲使（詩小雅曰營營青蠅止于樊愷悌君子無信讒言又青蠅能污白使黑污黑使白喻佞人變亂善惡）

隊萬仞之阬踐必死之地今陛下忽慈母

之仁發投杼之怒（史記曰昔曾參之處費魯人有與曾參同姓名者殺人人告其母曰曾參殺人其母織自若也又一人告之曰曾參殺人其母尚織自若也又一人告曰曾參殺人其母投杼踰牆而走夫以曾參之賢與其母信也而三告之則慈母疑焉）

不復質確其過實於嚴棘之下（說文曰抵側擊也批音必結反抵音之氏反）

勁繩墨謂（法律也）質正也確實也說文云確音胡角反此若角反嚴棘用讒墨實干叢棘也

棘謂獄也易坎上六曰繫用徽墨置于叢棘也

奏正臣罪司隸校尉馮羨使邪承百僚於 便

王命驅逐臣等不得旋踵臣奔走還郡沒

齒無怨臣誠恐卒為豺狼橫見噬食故冒

死欲詣闕披肝膽布腹心刺史張敬好為

諂諛張設機網復令陛下興雷電之怒司

隸校尉應奉河南尹何豹洛陽令袁騰並

驅爭先赴敲罰及死沒剔墳墓但（齒謂骨之尚有餘齒也令曰掩骼埋胔）

未掘壙出尸剖棺露齒耳（解見月令順也音才賜反又在修反）

昔文王葬枯骨（紀見順也）

行葦世稱其仁（大雅行葦之詩曰敦彼行葦牛羊勿踐履言公劉之時仁及草木敬也）

公劉敦

然道傍之草牧牛羊者無使踐履（折傷之況於人乎故榮以自衛榮為之）

吏無折中戮平之心不顧無辜之害而興

虛誣之誹使嚴朝必加濫罰是以不敢

觸突天威而自竄山林以俟陛下發神聖

之聽啓獨觀之明拒讒慝之謗絕邪巧之

言救可濟之人援沒溺之命不意滯怒不

為春夏息（春夏長春萬物淹恚不為順時故不宜怒矣）

急遂馳使郵驛布告遠近嚴文刻剝痛

於霜雪張羅海內設置萬里逐臣者窮人

迹追臣者極車軌雖楚購伍員 史記曰楚人伍奢為平王太子建太傅費無忌諧殺奢子貪字子胥奔吳楚購之得伍員者賜粟五萬石爵執圭 漢求季布無以過也

臣遇罰以來三赦再贖無驗之罪足以族蠲除 無驗謂無罪可察驗也 而陛下疾臣愈深有司臣甫力力甚始末也誅高祖購求布千金敢舍匿罪族

生則為窮人極死則為冤鬼天廣而無以止則見埽滅行則為亡虜苟自覆地厚而無以自載蹈陸土而有沈淪而陛下當班布臣之所坐以之憂遠巖牆而有鎮壓之患精誠足以感

於陛下而哲王未肯悟如臣犯元惡大憝 元惡之足以陳於原野備刀鋸 刑人大為之所惡也國語曰刑有五大者陳諸原野矢陛下當班布臣之所坐以

解眾論之疑臣思入國門坐於肺石之上使三槐九棘平臣之罪 周禮秋官云左九棘孤卿大夫位焉右九棘公左嘉石平罷人右肺石達窮人 陷穽步設 穽阱也阱陷人也 舉趾觸罘置而閭闔九重 閭闔天門也罘置兔網也置亦兔網也音浮唑

動行絓羅網無緣至萬乘之前永無見信之期矣國君不可離四夫讎

之則一國盡懼 左傳曰晉侯之豎頭須曰國君而讎匹夫懼者甚眾也臣奔走以來三離寒暑 陰陽易位當煖反寒常春淒風 傳曰春無淒風歷夏降霜雹風寒風也左

德企成傷避遠讒夫之誠 劉向說苑曰陽大旱川祝曰政不節邪包苴行邪讒夫昌邪女謁盛邪使人疾邪何不雨之極也 號令 之號令所以譴告人疾邪令前書翼奉曰凡風天冬行則霜夏行則殺春行則榮願陛下思帝堯五教在寬之

風旱以弭災兵臣聞勇者不逃死智者不重困 惜也重猶惜也固不為明朝惜惜盡之命願赴湘沅之波從屈原之悲 史記曰屈原事楚懷王受讒流屈原於江南遂投湘流而死王受讒流屈原於江中矣臣

功臣苗緒生長王國懼獨含恨以葬江魚之腹無以自別於世 屈原沈江赴湘之腹也 孤死首丘之情營魂識路之懷 不勝 古人有言曰狐死正首丘仁也楚詞曰鳥飛反故鄉狐死必首丘禮檀弓引此曰誑識路之榮熒老子曰載營魄猶營魂也犯冒王

怒觸突帝禁伏於兩觀陳許毒痛〔兩觀闕也孔子攝司寇誅少正卯於兩觀之下〕然後登金鑊入沸湯糜爛於熾爨之下九死而未悔〔楚詞曰雖九死猶未悔也〕悲夫夫生亦復何聊蓋忠臣殺身以解君怒孝子殞命以寧親怨故大舜不避塗廩浚井之難〔舜塗廩浚從下焚廩舜乃以兩笠自扞而下後又使穿井舜為匿空旁出舜既入深父乃與象共下土實之舜從旁空出去〕氏讒邪之謗〔申生晉獻公太子驪姬之讒而殺申生事見左氏傳也〕申生不辭姬氏讒邪之謗敢忘斯議不自斃以解明朝之忿哉乞以身塞重責願陛下勾兄弟死命〔勾乞也〕使臣一門頗有遺類以崇陛下寬饒之惠先死陳情臨章涕泣泣血連如〔易曰乘馬班如泣涕漣如言居困閭兄無所委仰者〕帝省章愈怒遂誅榮

寇氏由是衰廢

贊曰元侯淵謨乃作司徒明啓帝略肇定秦都勳戚智隱靜其如愚〔論語孔子曰吾與回言終日不違如愚也〕集鴻列誅文屈賈有剛有折〔誅皇甫文屈於賈復也〕係兵轉食以子翼守溫蕭邠是埒〔埒等也〕

馮異　岑彭　賈復

唐章懷太子賢注

周清

馮異字公孫穎川父城人也〔父城縣名故城在今許州葉縣西〕好讀書通左氏春秋孫子兵〔孫子名武善用兵吳王闔廬之將也作兵法十三篇見史記〕法漢兵起異以郡掾監五縣與父城長苗萌共城守為王莽拒漢光武略地穎川攻父城不下屯兵巾車鄉〔巾車鄉名也在父城界〕異間出行屬縣〔間出猶微行也音下反〕反為漢兵所執時異從兄孝及同郡丁綝〔綝字幼春定陵人也伉健有武略綝音丑心反〕呂晏〔也東觀記曰綝字幼春定陵人也音丑心反〕並從光武因共薦異得召見異曰異一夫之用不足為彊弱有老母在城中願歸據五城以效功報德光武曰善異歸謂苗萌曰今諸將皆壯士屈起多暴橫獨有劉將軍所到不虜掠觀其言語舉止非庸人也可以歸身苗萌曰死生同命敬從子計光武南還宛更始諸將攻父城者前後十餘輩異堅守不

〔後漢列傳七　一〕

下及光武為司隸校尉道經父城異等即開門奉牛酒迎光武署異為主簿苗萌為〔東觀記及續漢書並作胊字〕從事異因薦邑子銚期〔銚音姚〕叔壽段建左隆等〔東觀記及續漢字並作胊字〕光武皆以為掾史從至洛陽更始數欲遣光武徇河北諸將皆以為不可是時左丞相曹竟子詡用事異勸光武〔詡音況羽反〕〔山陽人也後死於赤眉之難見前書〕厚結納之及度河北詡有力焉自伯升之敗光武不敢顯其悲戚每獨居輒不御酒肉枕席有涕泣處異獨叩頭寬辟哀情光武止之曰鄉勿妄言異復因間進說曰天下同苦王氏思漢久矣今更始諸將從橫暴虐〔橫音胡孟反〕所至虜掠百姓失望無所依戴今公專命方面施行恩德夫有桀紂之亂乃見湯武之功人久飢渇易為充飽〔猶言凋殘之民易說德澤〕宜急分遣官屬徇行郡縣理冤結布惠澤光武納之至邯鄲遣異與銚期乘傳撫循屬縣錄囚徒存鰥寡亡命自詣

〔周清　後漢列傳七　二〕

者除其罪陰條二千石長吏同心及不附
者上之及王郎起光武自薊東南馳晨夜
草舍（舍止也）至饒陽無蔞亭（無蔞亭名在今饒陽縣東北蔞音力）
于時天寒眾皆飢疲異上豆粥明旦光
武謂諸將曰昨得公孫豆粥飢寒俱解及
至南宮（南宮縣名屬信都國今冀州縣也）遇大風雨光武引
車入道傍空舍燎火（燎音悅反而）異復進麥飯菟肩因
光武對竈燎衣（燎炙也）異抱薪鄧禹爇火
復度虖沱河至信都（博城西見白衣老父曰信都為光武紀云度虖沱河南有餘里又似自南是傳非紀傳兩文相乖而北紀傳兩文相乖迹其地理紀是傳非諸家之書並然亦未詳其故 毛仙）使異別收

三

河間兵還拜偏將軍從破王郎封應疾（國名周武王子所封也杜預注春秋曰應國在襄城父城縣西南）侯
名周武王子所封也杜預注春秋曰應國在襄城父城縣西南 異為人謙退不
伐行與諸將相逢輒引車避道（書云東觀記續漢秋曰周應國在襄城父城縣西南）異為人謙退不
士非交戰受敵常行諸營之後相逢
識（言其進退有常處也）軍中號為整齊每所止舍諸
將並坐論功異常獨屏樹下軍中號曰大
樹將軍及破邯鄲乃更部分諸將各有配

隸（隸屬也袁山松書曰先時諸州郡同營吏辛多犯法）軍士皆言願屬大
樹將軍光武以此多之（也多重之也）別擊破鐵脛
芃北平（北平縣名屬中山國故城在今易州永樂縣北）又降匈奴于
林闟頓王（匈奴王號山陽公載記曰匈奴王號山陽公載記曰頓字彈頓音雉因從）因從
平河北時更始遣舞陰王李軼盧丘王田
立大司馬朱鮪白虎公陳僑（東觀記僑字作矯）將
兵號三十萬與河南太守武勃共守洛陽
光武將比徇燕趙以魏郡河內獨不逢兵
而城邑完倉廩實乃拜寇恂為河內太守
異為孟津將軍（孟地名古今以為津）統二郡軍河上
與恂合執以拒朱鮪等異乃遺李軼書曰
愚聞明鏡所以照形往事所以知今（家語孔子曰）
象謂微子曰（孔子觀明堂四門之牆有堯舜桀紂之象謂從者曰明鏡所以察形古事所以知今）昔微
子去殷而入周項伯畔楚而歸漢（史記微子名啟紂之庶兄周武王乃釋其縛復其位項伯名纏漢以結婚良與伯約為婚姻之籍乃歸漢）周勃迎
子（啟紂之庶兄周武王伐紂以微子乃持祭器肉袒面縛造于軍門武王乃釋其縛復其位項伯名纏漢良與伯結婚姻之籍乃歸漢）昔微
孝惠後宮之子名弘惠帝崩無嗣霍光乃迎立武帝孫
代王去而黜少帝霍光尊孝宣而廢昌邑帝少

四

昌邑王賀無道，光廢之而立宣帝，彼皆畏天知命，親存亡之符，見廢興之事，故能成功於一時，垂業於萬世也。苟令長安尚可扶助，延期歲月，疏不聞親，遠不踰近，季文豈能居一隅哉（謂更始。季文，軼字。言軼與更始疏遠，獨居一隅，理難支久，欲其早圖去就）。今長安亂，赤眉臨郊，王庚挾難，大臣乖離，綱紀已絕（時更始大臣張卬、申屠建、廳嚻等以赤眉入關，謀劫始始歸南陽，是大臣乘離也）。分崩異姓並起，是故蕭王跋涉霜雪，經營四方，河北方今英俊雲集，百姓風靡，鄰岐慕

▲俊漢列傳七
五

周不足以喻（史記曰：古公亶父俗后稷之業，積之不德，行義，國人皆戴之。戎狄攻之，不忍戰其人，刀與其私屬止於岐下。邠人舉國扶老攜弱，盡復歸古公於岐山）。誠能覺悟成敗，砥定大計，論功古人，頊微子，轉禍為福，在此時矣。如猛將長驅，嚴兵圍城，雖有悔恨，亦無及已。初軼與光武首結謀約，加相親愛，及更始立，反共陷伯升。雖知長安已危，欲降又不自安，乃報異書曰，軼本與蕭王首謀造漢，結死生之約，同榮枯之計。今軼守洛陽，將軍鎮孟津

季文
章敢
季文

▲後漢列傳七
六

俱據機軸（機，臂牙也；軸，車軸也，皆在物之要，故取論焉），千載一會。思成斷金（易曰：二人同心，其義斷金），唯深達蕭王，願進愚策，以佐國安人。軼自通書之後，不復與異爭鋒，故異因此得北攻天井關，拔上黨兩城（天井關在太行山下，解見章紀），又南下河南成皋已東十三縣，及諸屯聚，皆平之，降者十餘萬。武勃將萬餘人攻諸畔者，異引軍度河，與武勃戰於士鄉（亭名，屬河南郡），大破斬勃，獲首五千餘級。軼又閉門不救，異見其信效，具以奏聞。光武故宣露軼書（東觀記曰：上報異曰：軼多詐，不信人，不能……），令朱鮪知之。鮪怒，遂使人刺殺軼，由是城中乖離，多有降者。鮪自將數萬人攻溫（得其書／今移其書），護軍將軍蘇茂將兵與寇恂合擊，茂破之。異因度河擊鮪，鮪自將數萬人攻平陰以綴異（平陰縣名，屬河南郡，緻謂連緻也）。將軍蘇茂將兵與寇恂合擊，茂破之。異度河擊鮪，鮪走，異追至洛陽，環城一市而歸，移檄上狀。諸將皆入賀，井勸光武即帝位，光武乃召異詣鄗，問四方動靜。異曰：三

楊俊

三王謂張卬爲淮陽王廖湛
爲穰王胡殷爲隨王更始欲

被卬等遂勒兵掠東西市
入戰於宮中更始大敗

天下無主宗廟之憂

光武曰我昨夜夢乘赤龍上天覺悟心中
動悸大王宜從衆議上爲社稷下爲百姓

神周易乾卦九五曰飛龍在天大人造也莊
子曰其夢也神交故言天命發於精神

動悸異因下席再拜賀曰此天命發於精

引擊陽翟賊嚴終趙根破之詔異歸家上

上算號建武二年春定封異陽夏侯

家會焉時赤眉延岑暴亂三輔郡縣大姓各

使太中大夫齎牛酒
續漢志曰太中大夫
秩千石掌顧問應議

令二百里内太守都尉已下及宗族

【後漢列傳七】

擁兵衆大司徒鄧禹不能定乃遣異代禹
討之車駕送至河南賜以乘輿七尺具劍
東觀記作玉具劍

之車駕送至河南賜以乘輿七尺具劍

重以赤眉延岑之酷元元塗炭無所
之亂重以赤眉延岑之酷元元塗炭無所

依訴令之征伐非必略地屠城要在平定

安集之耳諸將非不健鬭然好虜掠鄉本

能御吏士念自修勑無爲郡縣所苦異頓
首受命引而西所至皆布威信弘農羣盜

稱將軍者十餘輩皆率衆降異
等稱將軍者皆降

異與赤眉遇於華陰相

拒六十餘日戰數十合降其將劉始王宣
等爲征西大將軍會鄧禹率車騎將軍鄧

弘等引歸與異相遇禹要異共攻赤眉

異曰異與賊相拒且數十日雖屢獲雄將

餘衆尚多可稍以恩信傾誘難卒用兵破
也上今使諸將屯澠池要其東而異擊其

西一舉取之此萬成計也禹不從弘遂
大戰移日赤眉陽敗棄輜重走車皆載土

以豆覆其上兵士飢爭取之赤眉引還擊
弘弘軍潰亂異與禹合兵救之赤眉小郤

異以士辛飢倦可且休禹不聽復戰大爲
所敗死傷者三千餘人禹得脫歸宜陽異

棄馬步走上回谿阪
回谿今俗所謂回阬在今
洛州永寧縣東比其谿長

【後漢列傳八】

與麾下數人歸營復堅壁收

其散卒招集諸營保數萬人與賊約期會

戰使壯士變服與赤眉同伏於道側旦日

赤眉使萬人攻異前部異裁出兵以救之　裁小出兵所以示弱也

賊見執弱遂悉衆攻異異乃縱

兵大戰日昃賊氣衰伏兵卒起衣服相亂

赤眉不復識別衆遂驚潰追擊大破於崤

底降男女八萬人餘衆尚十餘萬東走宜

陽降璽書勞異曰赤眉破平主吏勞苦始

雖垂翅回谿終能奮翼黽池　為鰌以鳥可謂失

之東隅收之桑榆　淮南子曰至於衡陽是謂隅中又前書谷子雲曰太白出西方六十日法當參天今已過期尚在桑榆間桑榆謂晚也

方論功賞以荅

大勳時赤眉雖降衆寇猶盛延岑據藍田

王歆據下邽　芳丹據

新豐　芳作茅續漢書　蔣震據霸陵　霸陵文帝陵因以為縣名故泰芒陽

張邯據長安公孫守據長陵楊周據

縣　谷口縣名屬左馮翊故城在今醴泉縣東北　張邯據陳倉呂鮪據槐廻

汧駱菟延據盩厔任良據鄠章據槐廻

各稱將軍擁兵多者萬餘少者數千人轉

相攻擊異且戰且行屯軍上林苑中延岑

既破赤眉自稱武安王拜置牧守欲據關

中引張邯任良共攻異異擊破之斬首千

餘級諸營保附岑者皆來降異斬岑走　異遣復漢將軍鄧

畢輔漢將軍于匡要擊大破之降其將　析縣名楚之白羽邑也即今鄧州內鄉縣

蘇臣等八千餘人本遂自武關走南陽時

百姓飢餓人相食黃金一斤易豆五升道

路斷隔委輸不至軍士悉以果實為糧詔

拜南陽趙匡為右扶風將兵助異并送練

穀軍中皆稱萬歲異兵食漸盛乃稍誅擊

豪傑不從令者襄賞降附有功勞者悉遣

其渠帥詣京師散其衆歸本業威行關中

唯呂鮪張邯蔣震遣使降蜀其餘悉平明

年公孫述遣將程焉將數萬人就呂鮪出

屯陳倉異與趙匡迎擊大破之就焉退走漢

川異追戰於箕谷復破之還擊破呂鮪營

保降者其衆其後蜀復數遣將間出異輒

摧挫之〔賈逵注國語曰折其鋒曰挫〕

出三歲上林成都〔東觀記曰成都言歸附之多也史記曰一年成邑三年成都〕

異自以久在外不自安上書思慕闕廷願

親惟帷帳帝不許後人有章言異專制關中

斬長安令威權至重百姓歸心號為咸陽

王帝使以章示異〔西上因以章示異〕

懼上書謝曰臣本諸生遭遇受命之〔會充〕異惶

備行伍過蒙恩私位大將爵通族〔通族即徹族避武帝〕

▲後漢列傳十　十一

譁改受任方面以立微功〔謂西方一面以妻之〕皆自

國家謀慮愚臣無所能及臣伏自思惟以

詔勅戰攻每輒如意時以私心斷決未嘗

不有悔國家獨見之明久而益速乃知性

與天道不可得而聞也〔論語子貢曰夫子之文章可得而聞也夫子之言性與天道不可得而聞也〕

言性與天道當兵革始起擾攘之時豪傑競

逐〔逐走也〕迷惑千數臣以遭遇託身聖明在

傾危涸毀之中尚不敢過差而況天下平

定上尊下卑而臣爵位所蒙魏魏不測乎

誠冀以謹勅遂自終始見所示臣章戰慄

怖懼伏念明主知臣愚性固敢因緣自陳

詔報曰將軍之於國家義為君臣恩猶父

子何嫌何疑而有懼意六年春異朝京師

引見帝謂公卿曰是我起兵時主簿也為

吾披荊棘定關中〔謂以階險紛亂之〕既罷使中黃

門賜以珍寶衣服錢帛詔曰倉卒無蔞亭

豆粥虖沱河麥飯厚意久不報異稽首謝

曰目聞管仲謂桓公曰願君無忘射鉤臣

▲後漢列傳七

無忘檻車〔史記曰管仲將兵遮莒道〕齊國賴之

國家無忘河北之難小臣不敢忘巾車之

恩〔謂光武獲異於巾車而赦之〕後數引讌見定議圖蜀留

十餘日令異妻子隨異還西夏遣諸將上

隴爲隗囂所敗乃詔異軍枸邑未及至隗

囂乘勝使其將王元行巡將二萬餘人下

隴因分遣巡取枸邑異即馳兵欲先據之

李怦

十二

諸將皆曰虜兵盛而新乘勝不可與爭宜
止軍便地徐思方略異曰虜兵臨境怵怵
小利〔怵音弶曰怵快猶慣習也謂慣習於事而復之爾雅曰怵復也郭景純曰謂慣快復為之也怵音〕
遂欲深入若得枸邑三輔動搖是吾〔尼丑反枸音迤孫子兵法之文〕今先
憂也夫攻者不足守者有餘今
潛往開城偃
旗建旗而出〔不知馳赴之〕軍驚亂奔走追擊數十里
大破之祭遵亦破王元於汧於是北地諸
豪長耿定等悉畔隗囂降異上書言狀不
敢自伐〔孔安國注尚書曰自孫曰伐〕諸將或欲分其功帝
患之乃下璽書曰制詔大司馬虎牙建威〔大司馬吳漢也虎牙蓋延也建威耿弇也漢中王常也捕虜馬武也武威劉尚也雅曰很眾也〕
漢中捕虜武威將軍虜兵很下三輔驚恐
邑危亡在於旦夕北地營保按兵觀望令
偏城獲全虜兵挫折使耿定之屬復念君
臣之義征西功若丘山猶自以為不足
之反奔而殿亦何異哉〔孟之反魯大夫魯與齊戰魯師敗之反殿〕

陳彥

十三

是其功也將入魯門刃篡其馬曰吾
非敢後馬不進是謙而不自伐也
夫賜征西吏士死傷者醫藥棺斂〔今遣大中大〕
已下親弔死問疾以崇謙讓於是使異進
軍義渠并領北地太守事〔義渠縣名屬北地郡界青山中〕青山
胡率眾降異〔青山在北地郡屬續漢書曰安定屬〕異又擊盧芳將賈
覽匈奴奧鞬日逐王破之〔奧音於六反〕上郡安
定皆降異復領安定太守事九年春祭遵
卒詔異守征虜將軍并將其營及隗囂死
其將王元周宗等復立囂子純猶總兵據
冀公孫述遣將趙匡等救之帝復令異行〔東觀記曰〕
天水太守事攻匡等且一年皆斬之〔東觀記曰〕諸將共
攻冀不能拔欲且還休兵異固持不動常
為眾軍鋒明年夏與諸將攻落門未拔〔落門有聚名在冀縣東落門〕
病發薨于軍諡曰節侯長子
彰嗣明年帝思異功復封彰弟訢為析鄉〔東觀記曰祈鄉〕
矦十三年更封彰東緡矦食三縣〔東緡縣名東觀記曰東緡縣名〕

▲後漢列傳七

章懷

十四

永平中，徙封平
鄉矦。東觀記曰：永平五年封
平東鄉矦，食鬱林潭中
游徼，會赦國除。
屬山陽郡，左傳曰齊矦伐宋圍
緡，即此地也，在今兗州金鄉縣。

彰卒，子普嗣。有
罪，國除。永初六年，安帝下
詔曰：夫仁不遺親，義不忘勞，興滅絕善，
善及子孫，古之典也。昔我光武受命中興，恢弘聖緒，橫被
四表，昭假上下。昭明也，假至也。下天地假音格。
追惟勳烈，垂於罔極，子末小子夙夜永思，
祉祚流衍，披圖案籍，建武元功二十八將，光耀萬世。
佐命虎臣，讖記有徵。蓋蕭曹紹封，傳繼於
今。和帝永元三年詔紹封，蕭曹之後以彰勳功也。
況此未遠，而或至
之杞，犯罪及景風章敘舊德顯茲遺功焉。二十八將無嗣絕至
若上將及景風章敘舊德顯茲遺功焉。秋
狀上將及景風章敘舊德顯茲遺功焉。考異郵曰夏至四十五日景風至
宋均注曰景風至則封有功也。於是紹封普
子晨為平鄉矦。明年，二十八將絕國者皆
紹封焉。
王恭

本彭字君然，南陽棘陽人也。棘音紀力反。

時守本縣長。漢兵起，攻拔棘陽，彭將家屬
奔前隊大夫甄阜。阜怒彭不能固守，拘彭
母妻子，令效功自補。彭將賓客戰鬥甚力。及
甄阜死，彭被創，亡歸宛，與前隊貳嚴說共
前隊大夫甄阜之副也，姓嚴名說。東觀記云與貳師嚴尤共城守，計嚴尤為大司馬，又
城守。此非二師。與漢兵攻之數月，城中糧盡，人相
食，彭乃與說舉城降。諸將欲誅之。大司徒
伯升曰：彭，郡之大吏，執心堅守，是其節也。
今舉大事，當表義士，不如封之，以勸其後。
更始乃封彭為歸德矦。歸德，縣名，屬北地郡。令屬伯升
外又伯升遇害，彭復為大司馬朱鮪校尉，
從鮪擊王莽揚州牧李聖，殺之，定淮陽城。
鮪薦彭為淮陽都尉。風俗通曰：東越王徭勾踐，其後以徭為姓。東觀記作淫
與將軍徭偉鎮淮陽。記曰徭偉作淫偉。更始遣立威王張卬
潁川太守。會舂陵劉茂起兵略下潁川，彭偉反，擊走卬，彭引兵攻偉，破之，遷
不得之官，乃與麾下數百人從河內太守
邑人韓歆。會光武徇河內，歆議欲城守，彭

止不聽既而光武至懷歆迫急迎降光武
知其謀大怒收歆歆置鼓下將斬之（鼓若置營則立旗以為軍門弁設鼓歆人必於其下）
今赤眉入關更始危殆權臣放縱矯稱詔（召見彭彭因進說曰）
制道路阻塞四方蜂起羣雄競逐百姓無
所歸命竊聞大王平河北開王業此誠皇
天祐漢士人之福也彭幸蒙司徒公所見
遭遇願出身自效光武深接納之彭因言
全濟未有報德旋被禍難永恨於心今復
韓歆南陽大人（大人謂大家豪右）可以為用乃貰歆
也（貰寬）以為鄧禹軍師更始大將軍呂植將
兵屯淇園彭說之於是拜彭為刺姦大（續漢書曰時更始尚書令謝躬將六將軍屯洛）
將軍使督察衆營授以常所持節從
平河北光武即位拜彭廷尉歸德侯如故（收之故拜彭為刺姦將軍為）
行大將軍事（續漢書曰彭鎮河內馮異先攻洛陽朱鮪大出軍欲擊彭時天霸為攓泰乃進擊大破之）
王梁建義大將軍朱祐右將軍萬脩執金（以為彭巳去令其兵皆）

吾賈復驍騎將軍劉植揚化將軍堅鐔積
射將軍偏將軍馮異祭遵王霸等圍
洛陽數月朱鮪等堅守不肯下帝以彭嘗
為鮪校尉令往說之（鮪音嬰）鮪在城上彭在城下
相勞苦歡語如平生彭因曰彭往者得執
鞭侍從蒙薦舉拔擢常思有以報恩今赤
眉已得長安更始為三王所反皇帝（解見上文）
受命平定燕趙盡有幽冀之地百姓歸心
賢俊雲集親率大兵來攻洛陽天下之事（嬰繞）

斷其去矣公雖嬰城固守將何待乎（嬰謂以城自嬰繞而守之）
鮪曰大司徒被害時鮪與其謀
又諫更始無遣蕭王北伐誠自知罪深
彭還具言於帝帝曰大丈夫事者不忘小
怨鮪今若降官爵可保況誅罰乎河水在（指河以為信故曰河水在此明白也）
此吾不食言（言其明白可信）
城上下索曰必信可乘此上彭趣索欲上
也（趣向）
詔彭顧敕諸部將曰堅守待我我若不還

諸君徑將大兵上轘轅歸鄧王乃（更始傳尹尊爲鄧王）自縛與彭俱詣河陽（在所河津亭）帝即解其縛召見之復令彭夜送鮪歸城明旦悉其衆出降拜鮪爲平狄將軍封扶溝矦鮪淮陽人後爲少府（前書曰少府秦官秩二千石　續漢書曰少府掌中服御諸物方版寶貨珍膳之屬）傳封累代建武二年使彭擊荊州下犨葉等十餘城（犨縣名屬南陽郡故城在今汝州魯山縣　葉城在今汝州葉縣）是時南方尤亂南郡人秦豐據黎丘自（黎丘聚名在今襄州率道縣）稱楚黎王略十有二縣（東觀記曰豐字宰公邸鄉人也少學長安受律令歸爲縣吏更始元年起兵攻得邔宜城若編臨沮中廬襄陽湖陽蔡陽邔音己反）董訢起堵鄉許邯起杏（南陽復陽縣有杏聚）又更始諸將各擁兵據南陽諸城帝遣吳漢伐之漢軍所過多侵暴時破虜將軍鄧奉謁歸新野怒吳漢掠其鄉里遂反擊破漢軍獲其輜重屯據淯陽與諸賊合從其秋彭破杏降許邯遷征南大將軍復遣朱祐賈復及建威大將軍耿弇漢中將軍王常武威將

軍郭守越騎將軍劉宏偏將軍劉嘉耿植等與彭并力討鄧奉先擊堵鄉而奉將萬餘人救董訢皆南陽精兵彭等攻之連月不剋三年夏帝自將南征至葉董訢別將將數千人遮道彭奮擊大破之帝至堵陽鄧奉逃歸淯陽董訢降彭復與耿弇賈復及積弩將軍傅俊驍騎都尉臧宮等（續漢書曰奉令候伏道旁見車騎奉遂夜通）從追鄧奉於小長安（小長安見光武紀）帝率諸將親戰大破之奉迫急乃降帝憐奉舊功臣且衰絰之親欲全宥之彭與耿弇諫曰鄧奉背恩反逆暴師經年致賈復傷瘡朱祐見獲陛下既至不知悔善而親在行陳兵敗乃降若不誅奉無以懲惡於是斬之（鄧奉晨之兄子也）車駕引還令彭率傅俊臧宮劉宏等三萬餘人南擊秦豐拔黃郵（黃郵聚名也在南陽新都縣）豐與其大將蔡宏拒彭等於鄧數月不得進帝怪以讓彭彭懼於

是夜勒兵馬申令軍中使明旦西擊山都

山都縣名屬南陽郡傳南陽之赤鄉秦以爲縣故城在今襄州義清縣東北 乃緩所獲

虜令得逃亡歸以告豐豐即悉其軍西邀乃緩所獲

彭彭乃潛兵度沔水擊其將張楊於阿頭即漢從川

山大破之

沔水源出武都狼谷中即漢水之上源阿頭山在襄陽也

谷間伐木開道直襲黎丘擊破諸屯兵豐聞大驚馳歸救之彭與諸將依東山爲營豐與蔡宏夜攻彭彭豫爲之備出兵逆擊之豐敗走追斬蔡宏更封彭爲舞陰侯秦

毛陰

豐相趙京舉宜城降拜爲成漢將軍與彭共圍豐於黎丘時田戎擁衆夷陵

東觀記曰田戎西平人自稱掃地大將軍

人與同郡人陳義客夷陵爲羣盜更始元年義戎附義自稱黎丘大將軍戎自稱掃地大將軍

周成王義稱舊記曰戎號

臨江王

聞秦豐被圍懼大兵方至欲降而妻兄辛臣諫戎曰今四方豪傑各據郡國洛陽地如掌耳

寵張步董憲公孫述等所得郡國云洛陽所得如掌耳

不如按甲以觀其變戎曰以秦王之彊猶爲征南所圍豈況吾邪降計决矣四年春戎乃留辛臣守夷

陵自將兵泝江泝沔止黎丘刻期日當降而辛臣於後盜戎珍寶從間道先降於彭而以書招戎戎疑必賣已遂不敢降

東觀記曰戎至期日灼龜卜降兆中拆遂止不降

戎數月大破之其大將伍公詣彭降戎亡

而反與秦豐合彭出兵攻

歸夷陵帝幸黎丘勞軍封彭吏士有功者百餘人彭攻秦豐三歲斬首九萬餘級豐餘兵裁千人又城中食且盡彭與傅俊南擊田戎

田戎轉弱令朱祐代彭守之使彭與傅俊南擊田戎

大破之遂拔夷陵追至秭歸

秭歸縣名今歸州解見和紀

戎與數十騎亡入蜀盡獲其妻子士衆數萬人彭以將伐蜀漢將軍馮駿軍江州

都尉田鴻軍夷陵江州渝州巴縣也

陵領軍李玄軍夷道自引兵還屯津鄉當荊州要會

東觀記曰長沙中尉馮駿將兵詣彭重書拜駿爲威虜將軍

津鄉縣名所謂江津也東觀記曰津鄉當荊楊之咽喉

遣諸蠻夷降者奏封其君長初彭與交阯牧鄧讓厚善與讓書陳國家威德

光烈皇后姊人

又遣偏將軍屈充稜擽江南班行詔命

也 姊 於是讓與江夏太守侯登武陵太守王常

長沙相韓福桂陽太守張隆零陵太守田

翁蒼梧太守杜穆交阯太守錫光等相率

遣使貢獻悉封為列侯或遣子將兵助彭

征伐 續漢書曰張隆遣子暴將兵詣彭助征伐上以暴為率義侯故言或

是江南之珍始流通焉六年冬徵彭詣京

師數召讌見厚加賞賜復南還津鄉有詔

過家上冢大長秋以朔望問太夫人起居

大長秋皇后屬官漢法列侯之母方攝太夫人也 八年彭引兵從車駕

破天水與吳漢圍隗囂於西城時公孫述

將李育將兵救隗囂守上邽帝留蓋延耿

弇圍之而車駕東歸勅書曰兩城若下便

可將兵南擊蜀虜人苦不知足既平隴復

望蜀每一發兵頭鬚為白彭遂壅谷水灌

西城城未沒丈餘 東觀記曰時以縑囊盛土為堤灌西城谷水從地中數丈 隗囂將行巡周宗將蜀救

兵到嚻得出還冀莫漢軍食盡燒輜重引兵

二十三

下隴延岑亦相隨而退嚻出兵尾擊諸營

彭殿為後拒 尾謂尋其後而擊之凡軍在前曰啓在後曰殿 故諸將能全師東

百姓持酒肉迎軍 志曰巴楚相攻故置江關在今巫州魚復縣反 為後拒全子弟得生還也

歸彭還津鄉九年公孫述遣其將任滿田

戎程況將數萬人乘枋箄下江關 枋箄以木竹為之浮於水也 橫江水起浮橋關樓立橫

馮駿及田鴻李玄等遂拔夷道夷陵據荊

門虎牙 武紀 解在光 橫江水起浮橋關樓立橫

柱絕水道結營山上以拒漢兵彭數攻之

不利於是襲直進樓船冒突露橈數千艘

並船名樓船船上施樓橈小橈也兩雅曰橈謂之橈露橈謂露橈撥在外也在船中冒突取其觸冒而唐突音鏡也

十一年春彭與吳漢及誅虜將軍劉

隆輔威將軍臧宮驍騎將軍劉歆發南陽

武陵南郡兵又發桂陽零陵長沙委輸棹

卒凡六萬餘人 棹卒持棹行船也東觀記作棹鄭郎棹音直教反 騎五千匹皆會荊門吳漢以三郡棹卒

多費糧穀欲罷之彭以為蜀兵盛不可遣

二十四

上書言狀，帝報彭曰：大司馬習用步騎，不曉水戰，荊門之事，一由征南公為重而已。彭乃令軍中募攻浮橋，先登者上賞。於是偏將軍魯奇應募而前，時天風狂急，奇船近流而上，直衝浮橋，而橫柱鉤奇（續漢書曰時天東風其橫柱有反把鉤奇船不得去）船不得去。奇等乘勢殊死戰，因飛炬焚之，風怒火盛，橋樓崩燒。彭復悉軍順風並進，所向無前。蜀兵大亂，溺死者數千人。斬任滿，生獲程汎，而田戎亡保江州。

彭上劉隆為南郡太守，自率臧宮、劉歆（李棠）等長驅入江關，令軍中無得虜掠。所過百姓皆奉牛酒迎勞。彭見諸耆老，為言大漢哀愍巴蜀，久見虜役，故興師遠伐，以討有罪，為人除害譴。不受其牛酒，百姓皆大喜悅，爭開門降。詔彭守益州牧，所下郡輒行太守事。（東觀記曰彭若出界即以太守號付後將軍選官屬守州中長史）

後漢列傳七　二五

彭到江州，以田戎食多，難卒拔，留馮駿守之，自引兵乘利直指墊江，攻破平曲（墊江縣名屬巴郡今忠州墊江縣也墊音），收其米數十萬石。公孫述使其將延岑、呂鮪、王元及其弟恢悉兵拒廣漢及資中（資中縣名屬犍為郡其地在今資州資陽縣），又遣將侯丹率二萬餘人拒黃石。彭乃多張疑兵，使護軍楊翕與臧宮拒延岑，自分兵浮江下還江州，溯都江（都江也）而上，襲擊侯丹，大破之。因晨夜倍道兼行二千餘里，徑拔武陽（武陽廣都縣名屬蜀郡故城在今益州成都縣東南見光武紀），使精騎馳擊廣都，去成都數十里，勢若風雨，所至皆奔散。初，述聞漢兵在平曲，故遣大兵逆之，及彭至武陽，繞出延岑軍後，蜀地震駭，述大驚，以杖擊地曰：是何神也。彭所營地名彭亡，聞而惡之，欲徙，會日暮，蜀刺客詐為亡奴降，夜刺殺彭。彭首破荊門，長驅武陽，持軍整齊，秋豪無犯（豪毛也秋毛喻細也高祖曰吾入關秋豪無所取前書音義曰秋豪喻小）。貴聞彭威信，數千里遣使迎降（殺太守枝根自立為邛穀王任貴越巂夷立為邛穀王）。會彭已薨，帝盡以任貴所獻賜彭妻子，謚曰壯侯。蜀人憐之，為立廟武

後漢列傳七　二六

陽歲時祠焉子遵嗣從封細陽侯

故城在今頴　細陽縣名
川汝陰縣西　屬汝南郡

十三年帝思彭功復封遵弟淮

為穀陽侯　屬沛郡
尉遵卒子伉嗣　遵永平中為屯騎校
事免　元初三年坐事失國建光元年安帝
初中坐　伉卒子杞嗣東觀記曰杞作起元
尉遵卒子伉嗣音口　伉音口葬反

復封杞細陽侯順帝時為光祿勳杞卒子
熙嗣尚安帝妹涅陽長公主少為侍中虎
貫中郎將朝廷多稱其能遷魏郡太守魏
　相州安陽縣東北　招聘隱逸與參政事無為
　秦持置故城在今
而化視事二年輿人歌之曰我有枳棘岑

君伐之　枳棘多榛梗以　我有蟊賊岑君遏之
　蟊賊食禾稼蟲也　狗吠不驚足下生氂氂
　以喻姦吏侵漁也　　　　毛也
　　犬無追吠故　氂　足下生氂
　　　　足下生氂

　喜我生獨丁斯時　當也　美矣岑君於戲休
　於戲歎美之詞見爾雅　　熙卒子福嗣為黃
　兹於音烏戲音許宜反

門侍郎

賈復字君文南陽冠軍人也少好學習尚
書事舞陰李生李生奇之謂門人曰賈君

之容貌志氣如此而勤於學將相之器也
王莽末為縣掾迎鹽河東會遇盜賊等比
十餘人皆放散其鹽復宇以還縣縣中
稱其能時下江新市兵起復亦聚眾數百
人於羽山自號將軍更始立乃將其眾歸
漢中王劉嘉以為校尉復見更始政亂諸
將放縱乃說嘉曰臣聞圖堯舜之事而不
能至者湯武是也武王誅紂故言不能至
湯武之事而不能至者　齊鑷公小
　堯禪舜舜禪禹湯乃放桀　白晉文公
圖相　文事而不能至者六

國是也　六國謂韓趙魏燕齊楚分列
　　　　　中夏各自跨據又不逮相文定六國之
規欲安守之而不能至者亡六國是也今
漢室中興大王以親戚為藩輔天下未定
而安守所保所保得無不可保平嘉曰鄉
言大非吾任也大司馬劉公在河北必能
相施弟持我書往　施用也　復遂辭嘉受書
　　　　　　　　弟但也
此度河及光武於柏人因鄧禹得召見光
武奇之為亦稱有將帥節於是署復破虜

將軍校督盜賊復馬驚以
光武解左驂以
賜之
好陵折等輩詔補郎尉光武曰賈督有折
衝千里之威方任以職勿得擅除
不聽上調官屬復與段孝共坐孝謂復曰我
以復為都尉
復為偏將軍及拔邯鄲遷都護將軍從擊
青犢於射犬大戰至日中賊陳堅不郤光
武傳召復曰吏士皆飢可且朝飯復曰先
破之然後食耳於是被羽先登
所向皆靡賊乃敗諸將咸服
其勇又此與五校戰於真定大破之復傷
創其勇光武大驚曰我所以不令賈復別將
者為其輕敵也果然失吾名將聞其復有
孕生女邪我子娶之生男邪我女嫁之不
令其憂妻子也復病愈尋追及光武於薊
相見甚歡大饗士卒令復居前擊鄴賊破
之光武即位拜為執金吾封冠軍矦先度

<后汉列传七>

二十九

河攻朱鮪於洛陽與白虎公陳僑戰連破
降之建武二年益封穰朝陽二縣更始
王尹尊及諸大將在南方未降者尚多帝
召諸將議兵事未有言沈吟久之乃以撽
叩地曰鄧禹最彊宛
對曰臣請擊鄧帝笑曰誰當擊之復率然
何憂大司馬當擊之復與騎都尉陰
識驃騎將軍劉植南度五社津擊鄧連破
之月餘尹尊降盡定其地引東擊更始
陽太守暴汜汜降屬縣悉定其秋南擊召
陵新息平定之
春遷左將軍別擊赤眉於新城澠池開連
破之與帝會宜陽降赤眉復從征
伐未嘗喪敗數與諸將潰圍解急身被十
二創帝常自以復敢深入希令遠征而壯其勇
節常自從之故復少方面之勳
上書請復自助上不遺諸將每論功自伐復未嘗有言
帝輒曰賈君之功我自知之十三年定封

▲後漢列傳七 三十

膠東侯食郁秩壯武下密即墨挺胡觀陽

凡六縣〔六縣皆屬膠東國墨縣在今萊州即墨縣西密在今青州北海縣東北即墨昌陽縣西北觀陽在昌陽縣東挺一音廷〕

帝欲偃干戈修文德不欲功臣擁眾京師

乃與高密鄧禹並剽甲兵敦儒學〔廣雅曰剽削也謂削除甲兵東觀記曰復〕

闔門養威重授易經起大義

左右將軍復以列侯就第不復加位特進〔東觀記曰〕

削也謂削除甲兵東觀記曰復〔記曰東觀〕

今以吏藏威爲過故皆以列侯就弟也〔復爲人剛〕

毅方直多大節旣還私第闔門養威重朱

祐等薦復宜爲宰相帝方以吏事責三公

故功臣並不用是時列侯唯高密固始膠

東三侯與公卿參議國家大事恩遇甚厚

高密侯鄧禹固始侯李通〔三十一年卒謚曰剛侯子忠嗣〕

忠卒子敏嗣建初元年坐誣告母殺人國

除蕭宗更封復小子邯爲膠東侯邯弟宗

爲即墨侯各一縣邯卒子育嗣育卒子長

嗣宗字武孺少有操行多智略初拜郎中

稍遷建初中爲朝方太守蒞內郡從人在

〔後漢列傳七〕　三王

邊者率多貧弱爲居人所僕役不得爲吏

宗權用其任職者與邊吏參選轉相監司

以摘發其姦或以功次補長吏故各願盡〔東觀記曰匈奴常犯塞得生口問太中爲誰曰〕

死匈奴畏之不敢入塞〔徵爲長水校尉宗〕

議於削章和二年卒朝廷惜焉子參嗣

參卒子建嗣元初元年尚和帝女臨潁長

兼通儒術每讌見常使與少府丁鴻等論

公主主兼食潁陰許合三縣數萬戶鄧

太后臨朝光寵最盛以建爲侍中順帝時

爲光祿勳

論曰中興將帥立功名者衆矣唯岑彭馮

異建方面之號自函谷以西方城以南城〔方〕

唐州方城縣東北也〔山名一名黃城山在今〕

兩將之功實爲大焉若

馮賈之不伐岑公之義信〔信謂朱鮪知其誠而降義謂荊人奉〕

牛酒讓乃足以感三軍而懷敵人故能剋〔不受〕

成遠業終全其慶也昔高祖忌柏人之名

達之以全福征南惡彭亡之地留之以生

〔後漢列傳七〕　三十二　王素

災<small>柏人縣名也高祖嘗欲宿於柏人曰柏人者迫於人也不宿而去後竟有貫高之事</small>山豈幾

慮自有明惑將期數使之然平

贊曰陽夏師克實在和德膠東臨吏征南

宛賊奇鋒震敵遠圖謀國

後漢列傳卷第七

吳漢　陳俊

蓋延　臧宮

范曄　後漢書十八

唐章懷太子賢注

吳漢字子顏南陽宛人也世家貧給事縣爲
亭長王莽末以賓客犯法乃亡命至漁陽
資用乏以販馬自業往來燕
薊閒所至皆交結豪傑更始立使使者韓
鴻徇河北〔續漢書曰雉縣人韓鴻爲謁者或謂
使持節降河北拜除二千石〕
鴻曰吳子顏奇士也可與計事鴻召見漢
甚悅之遂承制拜爲安樂令〔安樂縣名屬漁
陽郡故城在今幽州潞縣西北〕
會王郎起北州擾惑漢素聞光武
長者獨欲歸心乃說太守彭寵曰漁陽上
谷突騎天下所聞也君何不合二郡精銳
附劉公擊邯鄲此一時之功也〔一時言不可再遇也〕寵
以爲然而官屬皆欲附王郎寵不能奪漢
乃辭出止外亭念所以〔計以詐之〕望見道中有一人似儒生者漢
也未知欲出

使人召之爲具食〔續漢書曰時道路多飢人來
食者似諸生漢召故先爲
具問以所聞生因言劉公所過爲郡縣所
歸邯鄲僭尊號者實非劉氏漢大喜即詐
爲光武書移檄漁陽使生齎以詣寵令具〕
以所聞說之漢復隨後入寵軍甚然之於是
遣漢將兵與上谷諸將并軍而南所至擊
斬王郎將帥〔續漢書曰攻薊誅王郎
大將趙閎等〕
阿拜漢爲偏將軍既拔邯鄲〔續漢書曰時上
使漢等將突騎〕
賜號建策侯漢爲人質厚〔揚兵戲馬立騎馳
環邯鄲城乃圍之〕
少文造次不能以辭自達鄧禹及諸將多
知之數相薦舉及得召見遂見親信常居
門下光武將發幽州兵夜召鄧禹問可使
行者禹曰間數與吳漢言其人勇鷙有智〔廣雅曰鷙執也凡鳥
銳歡之猛悍者皆名鷙也〕
謀諸將鮮能及者即
拜漢大將軍持節北發十郡突騎〔音調
發〕
州牧苗曾聞之陰勒兵敕諸郡不肯應調
漢乃將二十騎先馳至無終〔終山名因爲國號漢爲縣名右
北平故城在今幽州漁陽縣名屬右
也〕曾以漢無備

出迎於路漢即擁兵騎收曾斬之而奪其

軍北州震駭城邑莫不望風弭從〔弭猶服也遂〕

悉發其兵引而南與光武會清陽諸將望

見漢還士馬甚盛皆與光武會

邪及漢至莫府上兵簿〔莫大也兵簿軍士之名帳近也〕諸將

人人多請之光武曰屬者〔恐不與人屬也今〕

所請又何多也諸將皆懟初更始遣尚書

令謝躬率六將軍攻王郎不能下會光武

至共定邯鄲而躬裨將虜掠不相承稟光

武深忌之雖俱在邯鄲遂分城而處然毎

有以慰安之躬勤於職軍光武常稱曰謝

尚書真吏也故不自疑躬既而率其兵數

萬還屯於鄴時光武南擊青犢謂躬曰我

追賊於射犬必破之尤來在山陽者執必

當驚走若以君威力擊此散虜必成禽也

躬曰善及青犢破而尤來果北走隆慮山

躬乃留大將軍劉慶魏郡太守陳康守鄴

自率諸將軍擊之窮寇死戰其鋒不可當

躬遂大敗死者數千人光武因躬在外乃

使漢與岑彭襲其城漢先令辯士說陳康

曰蓋聞上智不處危以徼倖〔徼倖求也中智能〕

因危以為功下愚安於危亡以自亡〔危亡之〕

至在人所由不可不察今京師敗亂四方

雲擾公所聞也蕭王兵彊士附河北歸命

公今據孤危之城待滅亡之禍義無〔所〕

知也公所見也謝躬內背蕭王外失眾心公所

所立節無所成不若開門內軍轉禍為福

免愚下之敗收中智之功此計之至者也

康然之於是康收劉慶及躬妻子開門內

漢等及躬從隆慮歸鄴漢至躬在彭前伏〔續漢書曰時本彭已在城中將躬詣〕

其眾悉降〔傳舍馳白漢曰〕躬字子張南陽人初其妻知光武

與數百騎輕入城漢伏兵收之手擊殺躬〔何故與見語遂殺之〕

不平之常戒躬曰君與劉公積不相能而

信其虛談不為之備終受制矣躬不納故

及於難光武北擊群賊〔續漢書曰從擊銅馬〕

漢常將突騎五千爲軍鋒，數先登陷陳。及河北平，漢與諸將奉圖書上尊號。光武即位，拜爲大司馬，更封舞陽矦。建武二年春，漢率大司空王梁、建義大將軍朱祐、大將軍杜茂、執金吾賈復、揚化將軍堅鐔、偏將軍王霸、騎都尉劉隆、馬武、陰識，共擊檀鄉賊於鄴東漳水上，大破之（水經曰：漳水源出上黨長子縣西發鳩山，東北至昌亭，與庫沱河合）。降者十餘萬人。帝使使者璽書定封漢爲廣平矦，食廣平、斥漳、曲周、南和，凡四縣（四縣皆屬廣平郡。廣平故城在今洺州永年縣東北。斥漳在今洺州曲周縣西南。廣平縣。曲周故城在今洺州曲周縣西北）。

復率諸將擊鄴西山賊黎伯卿等，及河內脩武，悉破諸屯聚。車駕親幸撫勞。復遣漢進兵南陽，擊宛、涅陽、酈、穰、新野諸城，皆下之。引兵又與秦豐戰黃郵水上，破之（南陽新野縣有黃郵水、黃郵聚也）。又與偏將軍馮異擊昌城五樓賊張文等。又攻銅馬、五幡於新安，皆破之。明年春，率建威大將軍耿弇、虎牙大將軍蓋延擊

青犢於軹西，大破降之。又率驃騎大將軍杜茂、彊弩將軍陳俊等圍蘇茂於廣樂。劉永將周建別招聚收集得十餘萬人，救廣樂。漢將輕騎迎與之戰，不利，墮馬傷膝，還營。建等遂連兵入城。諸將謂漢曰：「大敵在前而公傷臥，眾心懼矣。」漢乃勃然裹創而起，椎牛饗士，令軍中曰：「賊衆雖多，皆劫掠群盜，勝不相讓，敗不相救（此上兩句在左傳，鄭大夫公子突之詞也），非有仗節死義者也。今日封矦之秋，諸君

勉之。」於是軍士激怒，人倍其氣。旦日，建、茂出兵圍漢。漢選四部精兵黃頭吳河等（前書：鄧通爲黃頭郎，音善曰：上幸水故，刺船郎著黃帽，號黃頭也），及烏桓突騎三（續漢書曰：漢躬被甲戟，令士聞鼓聲皆大呼俱大進，後至者斬，遂皷而進之）千餘人，齊鼓而進。建軍大潰，反還奔城。漢長驅追擊，爭門並入，大破之。茂、建突走。漢留杜茂、陳俊等守廣樂，自將兵助蓋延圍劉永於雎陽。永既死，二城皆降。明年，又率陳俊及前將軍王梁擊破五校賊於臨平，追至

東郡箕山大破之比擊清河長直及平原

五里賊皆平之（東觀記及續漢書長直並作長垣縣名在河南不得言此擊）

賊號或因地以為名（兩縣屬平原郡故城在今德州西北諸）時甫縣五姓共逐守長

將爭欲攻之漢不聽曰使萬反者皆守長（五姓蓋上彊宗豪右也南音華）

罪也敢輕冒進兵者斬乃移檄告郡使收

守長而使人謝城中五姓大喜即相率歸

降諸將乃服曰不戰而下城非眾所及也

冬漢率建威大將軍耿弇漢中將軍王常

等擊富平獲索二賊於平原（七）明年春賊率

五萬餘人夜攻漢營軍中驚亂漢堅臥不

動有頃乃定即夜發精兵出營突擊大破

其眾因追討餘黨遂至無鹽（無鹽縣名屬東平國故城在今）

郓州進擊勃海皆平之又從征董憲（東）

城明年春拔胸（胸縣名解見光武紀）斬憲事以見劉

永傳東方悉定振旅還京師會胸畔夏

復遣漢西屯長安八年從車駕上隴逐

隗囂於西城帝勑漢曰諸郡甲卒但坐費

糧食若有逃亡則沮敗眾心宜悉罷之漢

等貪并力攻囂遂不能遣糧食日少吏士

疲役逃亡者多及公孫述救至漢遂退敗

十一年春率征南大將軍岑彭等伐公孫

述及彭破荊門長驅入江關漢留夷陵裝

露橈船（橈刊也橈音人遙反）將南陽兵及弛刑募士

三萬人泝江而上會岑彭為刺客所殺漢

并將其軍十二年春與公孫述將魏黨公

孫永戰於魚涪津（八）大破之（續漢書曰犍為郡南安縣有魚涪津在縣）

遂圍武陽（武陽公孫述遣子壻史）

興將五千人救之漢迎擊興盡殄其眾因

入犍為界諸縣皆城守漢乃進軍廣都

拔之遣輕騎燒成都市橋（橋名也解見武陽公孫述傳）

以東諸小城皆降帝戒漢曰成都十餘萬

眾不可輕也但堅據廣都待其來攻勿與

爭鋒若不敢來公轉營迫之須其力疲乃

可擊也漢乘利遂自將步騎二萬餘人進

逼成都去城十餘里阻江北為營作浮橋

使副將武威將軍劉尚^{東觀記續漢書
尚字並作禹}將萬

餘人屯於江南相去二十餘里帝聞大驚

譙漢曰比勑公千條萬端何意臨事勃亂

既輕敵深入又與尚別營事有緩急不復

相及賊若出兵綴公以大眾攻尚尚破公

即敗矣幸無它者急引兵還廣都詔書未

到述果使其將謝豐袁吉將眾十許萬分

為二十餘營并出攻漢與使別將萬餘人劫

劉尚令不得相救漢與大戰一日兵敗走 【後漢列傳八】 九 章駒

拒水比自將攻江南漢悉兵迎戰自旦至

晡遂大破之斬謝豐袁吉獲甲首五千餘

級於是引還廣都留劉尚拒述具以狀上

而深自譴責帝報曰公遠廣都甚得其宜

述必不敢略尚而移擊公也若先攻尚

公從廣都五十里悉步騎赴之適當值其^{略猶過也}

危困破之必矣自是漢與述戰於廣都成

都之間八戰八剋遂軍于其郭中述自將

數萬人出城大戰漢使護軍高午唐邯將 【後漢列傳八】 十

數萬銳卒擊之述兵敗走高午奔陳剌述

殺之事已見述傳曰日城降斬述首傳送

洛陽明年正月漢振旅浮江而下至宛詔

今過家上冢賜穀二萬斛十五年復率揚

武將軍馬成捕虜將軍馬武北擊匈奴徙

鴈門代郡上谷吏人六萬餘口置居庸常

關以東十八年蜀郡守將史歆反於成都

自稱大司馬攻太守張穆穆踰城走廣都

歆遂移檄郡縣而宕渠楊偉朐䏰徐容等

起兵各數千人以應之帝以歆昔為岑彭
護軍曉習兵事故遣漢率劉尚及太中大
夫臧宮將萬餘人討之漢入武都乃發廣
漢巴蜀三郡兵圍成都百餘日城破誅歆
等漢乘桴汎江下巴郡楊偉徐容等惶恐
解散漢誅其黨帥二百餘人從其黨與數
百家於南郡長沙而還漢性彊力每從征

伐帝未安恒側足而立諸將見戰陳不利
或多惶懼失其常度漢意氣自若方整厲
器械激揚士吏帝時遣人觀大司馬何為
還言方脩戰攻之具乃歎曰吳公差彊人
意隱若一敵國矣

每當出師朝受詔夕即引道初無
辨嚴之日帝謹
故能常任職以功

名終及在朝廷斤斤謹質形於體貌
漢當出征

〔後漢列傳八〕（十一）

妻子在後買田業漢還譴之曰軍師在外
吏士不足何多買田宅乎遂盡以分與昆
弟外家年漢病篤車駕親臨問所欲言對曰臣愚
無所知識唯願陛下慎無赦而已及薨有
詔悼惜賜諡曰忠矦
發北軍五校輕車介士送葬如大將軍霍
光故事
贏軍陳至茂陵子哀矦成嗣

為奴所殺二十八年分漢封為三國成子
旦為濯陽矦
以奉漢嗣旦弟盱為筑陽矦成弟
國為新蔡矦
除建初八年徙封盱為平春矦
奉漢後盱卒子勝嗣初漢兄尉為將軍從
征戰死封尉子彤為安陽矦
帝以漢功大復封弟翕為褒

〔後漢列傳八〕（十二）

親族吳氏族者凡五國初漁陽都尉嚴宣
與漢俱會光武於廣阿光武以為偏將軍
封建信侯　建信縣名屬千乘國
論曰吳漢自建武世常居上公之位終始
倚愛之親　差疆人意是倚之也遂見親信是愛之也
彊力也子曰剛毅木訥近仁　論語文剛毅謂而能斷木朴謂彊而難獨任是
昔陳平智有餘以見疑周勃資朴忠
而見信　高祖謂呂后曰陳平智有餘然難獨任劉氏者必
　▌後漢列傳八　十三
勃是見夫仁義不足以相懷則智者以有
餘為疑而朴者以不足以取信矣
氣聞歷郡列椽州從事所在職辦
長八尺彎弓三百斤邊俗尚勇力而延以
蓋延字巨卿漁陽要陽人也　要陽縣名光武時省　身
召延署營尉行護軍及王郎起延與吳漢

同謀歸光武　續漢書曰卄與似奴令王梁同勤寵　延至廣阿拜
偏將軍號建功疾從平河北光武即位以
延為虎牙將軍建武二年更封安平疾遣
南擊敖倉轉攻酸棗封丘皆拔
馬武騎都尉劉隆護軍都尉馬成偏將軍
王霸等南代劉永先攻拔襄邑
圍永於睢陽數月盡收野麥夜梯其城入　遂
永驚懼引兵走出東門
追擊大破之永棄軍走譙延進攻拔薛斬
其曾郡太守
而彭城扶陽杼秋皆降　又破永沛郡太守斬之
人　永將蘇茂佼彊周建等三萬餘
西大破之永軍亂遁没溺死者太半永棄
城走湖陵蘇茂奔廣樂延遂定沛楚臨淮

修高祖廟，置嗇夫、祝宰、樂人。（楚即今彭城縣也，臨淮郡名，今泗州下邳縣。高祖廟在今徐州沛縣東故泗水亭中，蓋即高祖爲亭長之所也。嗇夫主知廟事。東觀記曰：時祠高祖廟。）

復率諸將圍之百日，收其野穀，爲其所殺。永弟防舉城降。四年春，（復走酂，諸將圍之。三年睢陽復反，城迎劉永。反音翻。時祠高祖廟。）

走延追擊，盡得輜重。永爲其將所殺，永弟防舉城降。（城故城在今宋州單父縣北。）

進與董憲戰留下，皆破之。因率平敵將軍龐萌攻（斬縣名，屬沛郡。有大澤鄉，斬音機。留縣名，屬楚國故城在今徐州沛縣東南。斬縣名有進與董憲戰。）

西防拔之。【後漢列傳八】 十五

周建、蘇茂於彭城，茂、建亡奔董憲。將賈休（前書有賈赫，音肥。此姓賈音奔。憲聞之自郯。）

舉蘭陵城降。（今有此姓。）

圍休時，延又龐萌在楚，請往救之，帝敕曰（明日憲大出兵。）

可直往擣郯，則蘭陵必自解。（擣擊也。東觀記作擊字。）

等以賈休城危，遂先赴之。憲逆戰而陽敗，延（記作擊也。東觀。）

延等遂逐退，因拔圍入城。明日憲大出兵（因往攻郯，帝讓之。）

合圍延等，懼遠出突走，因往攻郯，帝讓之（以其不意，故且令郯。）

曰間欲先赴圍者，以其不意，故且令郯果不（郯果。）

走賊計已立，圍豈可解，平延等至，郯果不

能克而董憲遂拔蘭陵，殺賈休。延等往來（東觀記曰載延上疏諫口云戰延與戰破之詔書屢勞。）

要擊憲別將於彭城、郯之間，戰或日數（記續漢書皆云憲別將於彭城郯。）

合頗有剋獲，帝以延輕敵深入，數以書誡（之東觀記載延上疏辭口…）

之（續漢書載延與戰破之詔書屢勞，延曰龐萌一夜反叛相去不遠鶩駭不堅殊於人齒欲相擊而將軍不可動之節每事循法戒備具而得免之…此傳言僅而得免彼此不同。）

又龐萌反攻殺楚郡太守，引軍襲敗延（觀東。）

走北度泗水破舟橧壞津梁僅而得免（帝自將而東徵。）

之此傳言 【後漢列傳八】 十六

延與大司馬吳漢、漢忠將軍王常、前將軍（記續漢書皆云載延與。）

王梁捕虜將軍馬武、討虜將軍王霸等會（記續漢書皆並從征董憲於昌。）

任城討龐萌於桃鄉，又並從征董憲於昌（記續漢書皆破平之。）

慮皆破平之。六年春，遣屯長安。九年，隗囂（慮皆破平之。）

死延西擊街泉略陽清水諸屯聚皆定（泉略陽清水二縣皆屬天水郡。）

池未剋以病引還拜爲左馮翊將軍如故（略陽清水二縣皆屬天水郡。）

五年薨於位，子扶嗣，扶卒，子側嗣，永平十（續漢書曰視事四十三年增封定食萬戶十年人稱其威信。）

三年坐與舅王平謀反伏誅國除永初七
年鄧太后紹封延曾孫恢為蘆亭侯〔記作東觀〕
盧卒子遂嗣

陳俊字子昭南陽西鄂人也〔江夏郡有鄂故城也〕〔此加西也故城在今鄧州向城縣南也〕少為郡吏更始立以宗室劉嘉為太常將軍俊為長史光武徇河北嘉遣〔與君為左右小縣何足貪乎〕〔偏將軍賜綬末〕書薦俊光武以為安集掾〔東觀記曰俊初調補曲陽長上曰欲〕〔華嶠書曰拜為疆〕從擊銅馬於清陽進至滿陽拜疆弩將軍〔弓〕與五校戰於安次俊下馬手接〔九百頜以衣中堅同心士〕短兵所向必破追奔二十餘里斬其渠帥而還光武望而歎曰戰將盡如是豈有憂哉五校引退入漁陽所過虜掠俊言於光武曰宜令輕騎出賊前使百姓各自堅壁以絕其食可不戰而殄也光武然之遣俊將輕騎馳出賊前視人保壁堅守者因令固守放散在野者因掠取之賊至無所得遂散敗及軍還光武謂俊曰困此虜者將

軍策也及即位封俊為列侯建武二年春攻匡賊下四縣〔匡賊即匡城縣賊也東觀記作〕〔匡城賊匡邑也故城在今滑州匡城縣南〕更封新處侯〔新處侯屬中山國〕〔縣名屬東郡故城在今貝州清陽縣北也是也〕引擊頓丘降三城〔頓丘縣名屬〕〔魏州頓丘縣〕其秋大司馬吳漢承制拜俊為疆弩大將軍別擊金門白馬賊於河內皆破之〔金門白馬並山名在今洛州福昌縣西〕四年轉徇汝陽及項又拔南武陽〔南武陽縣屬太山郡西南有金門白馬二山因以名〕〔蓋賊起於二山城在今沂州費縣西〕是時太山豪傑多擁眾與張步連兵吳漢言於帝曰〔十八〕非陳俊莫能定此郡於是拜俊太山太守行大將軍事張步聞之遣其將擊俊戰於嬴下〔屬太山郡嬴音盈〕〔續漢書曰嬴縣名〕俊大破之追至濟南收得印綬九十餘〔步時擬私封爵人之印綬〕稍攻下諸縣遂定太山五年與建威大將軍耿弇共破張步事在弇傳時琅邪未平乃徙俊為琅邪太守領將軍如故齊地素聞俊名入界盜賊皆解散俊將兵擊董憲於贛榆〔贛榆縣名〕〔赣音貢〕〔屬東海郡〕進破胊賊孫陽平之八年張步

專征青徐著威震青徐兩州有警得專征之

華嶠書曰賜俊璽書曰將軍元勳大俊

撫貧弱表有義檢制軍吏不得與郡縣相

報曰東州新平大將軍之功也負海猾夏詔

千百姓歌之數上書自請願奮擊隴蜀

盜賊之處國家以為重憂且勉鎮撫之十

祝阿縣名屬平原郡　明年徵

三年增邑定封祝阿俟　浮卒子專

斬春令斬州縣也東觀記曰詔書以祝
阿益濟南國故徙浮封斬春俟斬音祈
浮卒子專

■後漢列傳八

諸嗣專諸將卒子篤嗣

十九

臧宮字君翁潁川郟人也　少為

郟縣名今波
州郟城縣也

縣亭長游徼　後率賓客入下江兵中為校尉因從光

續漢書曰每十里一亭亭有長以
禁盜賊每鄉有游徼掌循禁姦盜

武征戰諸將多稱其勇光武察宮勤力少

言甚親納之及至河北以為偏將軍從破

羣賊數陷陳卻敵光即位以為侍中騎

都尉建武二年封成安矦　明年將

屬潁川郡
成安縣名

突騎與征虜將軍祭遵擊更始將左防章

顏　字章於沮陽麗悉降之五年將兵

華嶠書作韓

徇江夏擊代鄉鐘武竹里皆下之　持

鐘武縣名
屬江夏郡
華嶠書曰
鐘山縣在今申州
帝使太中大夫
使張明也

節拜宮為輔威將軍十年更封期思矦　擊梁郡濟陰皆平之十

期思
縣名
屬
襄州
襄陽縣

一年將兵至中盧屯駱越　是時公孫述將田戎

中盧縣名屬
今光州固始縣西北

征南大將軍岑彭相拒於荊門彭等戰數

南蓋略越人徙
於此因以為名

不利越人謀畔從蜀宮兵少力不能制

■後漢列傳八

二十

屬縣送委輸車數百乘至宮夜使鋸斷城

門限令車聲回轉出入至旦越人候伺者

聞車聲不絕而門限斷相告以漢兵大至

其渠帥乃奉牛酒以勞軍宮陳兵大會

醼音所宜反
說文曰下酒
也詩注曰以筐曰饙

擊牛醼酒饗賜慰納之越人由是遂安宮與岑彭等破荊門別至

醼之也

垂鵲山通道出秭歸至江州岑彭下巴郡

使宮將降卒五萬從涪水上平曲公孫述

將延岑盛兵於沅水　時宮眾多

沅水出廣漢
解見光武紀

食少轉輸不至而降者皆欲散畔郡邑復
更保聚觀成敗岑彭引還恐為所反〔反音翻〕
會帝遣謁者將兵詣宮欲引還恐為所
矯制取以自益晨夜進兵多張旗幟登山
鼓噪右步左騎挾船而引呼聲動山谷
不意漢軍卒至登山望之大震恐宮因從
擊大破之斬首溺死者萬餘人水為之濁
流延岑奔成都其眾悉降盡復其兵馬珍
寶賜吏士〔華嶠書曰上璽書勞宮〕自是乘勝追比降

者以十萬數〔敗人好陽而惡陰比方幽陰之地故軍敗人皆謂之比史記樂書曰比者敗也而近代音此為背失其指矣〕軍至平陽鄉蜀將王元舉眾
降進拔繁縣竹破涪城斬公孫述弟恢復攻
拔繁郫〔繁縣名屬蜀郡繁江名因以為縣名郫縣名屬蜀郡故城在今益州新繁縣比郫縣名屬蜀郡故城在今益州郫縣音皮〕
時大司馬吳漢亦乘勝進營逼成都宮連
屠大城兵馬旌旗甚盛乃乘兵入小雒郭
門歷成都下〔張載注蜀都賦云漢武帝元鼎三年立成都郭十八門小雒郭〕
門蓋其城至吳漢營飲酒高會漢見之甚歡語

宮曰將軍向者經虜城下震揚威靈風行
電照然窮寇難量還營願從它道矣宮不〔成都〕
從復路而歸賊亦不敢近之進軍咸門〔小都〕
與吳漢並滅公孫述以蜀地新定〔北面東頭門此〕
拜宮為廣漢太守十三年增邑更封鄳侯
十五年徵還京師以列侯奉朝請十八年拜大中
大夫十九年妖巫維氾弟子單臣傅鎮等〔維或作縑〕
陵侯〔朗陵縣名屬汝南郡故城在今豫州朗山縣西南〕復妖言相聚入原武城〔劫吏人自稱〕

將軍於是遣宮將北軍及黎陽營數千人
圍之賊穀食多數攻不下士卒死傷帝召
公卿諸侯王問方略皆曰宜重其購賞時
顯宗為東海王獨對曰妖巫相劫勢無久
立其中必有悔欲亡者但外圍急不得走
宜小挺緩令得逃亡則一亭〔挺解也〕
長足以禽矣〔也〕帝然之即勅宮徹圍緩賊賊
眾分散遂斬臣鎮等宮還遷城門校尉復
轉左中郎將擊武谿賊至江陵降之〔武谿水名在今〕

宮以護信質樸故常見任用後匈奴

飢疫自相分爭帝以問宮宮曰願得五千

騎以立功帝笑曰常勝之家難與慮敵吾

方自思之二十七年宮乃與揚虛侯馬武

上書曰匈奴貪利無有禮信窮則稽首安

則侵盜緣邊被其毒痛中國憂其抵突

虜今人畜疫死旱蝗赤地皆盡疾疫之

縣在陛下福不再來時或易失（左傳曰大福不再疆通）

豈宜固守文德而墮武事乎今命

將臨塞厚縣賞諭告高句驪烏桓鮮卑

攻其左發河西四郡天水隴西

羌胡擊其右如此北虜之滅不過數年臣

恐陛下仁恩不忍謀臣狐疑令萬世刻石

之功不立於聖世詔報曰黃石公記曰柔

能制剛弱能制彊柔者

德也剛者賊也弱者仁之助也彊者怨之

歸也故曰有德之君以所樂樂人無德之

〈後漢列傳〉 二十三

君以所樂樂身樂人者其樂長樂身者不

久而亡舍近謀遠者勞而無功舍遠謀近

者逸而有終逸政多忠臣勞政多亂人故

曰務廣地者荒務廣德者彊有其有者安

貪人有者殘殘滅之政雖成必敗今國無

善政災變不息百姓驚

惶人不自保而復欲遠事邊外乎孔子曰

吾恐季孫之憂不在顓臾

且北狄尚彊而屯

田驚備傳聞之事恛多失實

至願苟非其時不如息人自是諸將莫敢

復言兵事者宮永平元年卒諡曰愍侯子

信嗣信卒子震嗣震卒子松嗣元初四年

與母別居國除永寧元年鄧太后紹封松

弟由為朗陵侯

論曰中興之業誠艱難也然敵無秦項之

〈後漢列傳〉 二十四

疆人資附漢之思雖懷疆紆綏跨陵州縣

疆解見光武紀白虎通曰天子朱紱諸矦赤紱上廣一尺下廣二尺法天一地二也長三尺法天地人也賤也輿服志古者以緞通諱興以緞非兵服於是去緞也

詭號千隊爲羣尚未足以爲比功上烈也

至於山西既定威臨天下 公孫述 戎羯喪 殊名

其精膽羣帥賈其餘壯者羯本匈奴別部分散居上黨武鄉羯室因號

馬武之徒撫鳴劒而抵掌志馳於伊吾之

之幾先志歡兵之日 幾會也歡習之志先也 臧宮

斯誠雄心尚武

北矣屈原曰撫長劒兮玉珥曹植結交篇 光武審

黃石存包桑 周易否卦九五曰其亡其亡繫于苞桑言聖人居天位不可以安常 開玉門以謝西域

之質甲詞幣以禮匈奴之使

傷黥王之陳平

其意防蓋巳弘深豈其顓沛平城之圍忍

二十五

二十一年西域傳曰建武二十八年匈奴遣使詣闕貢馬及橐駞裁以通禮何

黃石存包桑 自危懼乃是繫於苞桑也苞桑本也繫於桑本言其固也

之質甲詞幣以禮匈奴之使 十八國俱遣子弟入侍天子以中國初定皆還其侍子厚加賞賜報曰單于國內虛耗貢物裁以通禮幣物馬

傷黥王之陳平 平城縣名今雲州定襄縣高祖七年擊韓王信至平城被匈奴圍七日乃解十二年高祖擊淮南王黥布所中顯沛狼狽也顯音丁干反

賛曰吳公鷙彊實貫爲龍驤 戰國策曰廉頗爲人勇鷙而愛士白起視瞻不輔者執志彊也驤舉也若龍之舉言言電其威盛鄧陽曰神龍驤首奮翼則浮雲出流耿弇鄧陽曰神龍驤首奮翼則浮雲出流

埽羣孽孼風行巳梁虎牙猛力功立雖陽宮

俊休休是亦鷹揚 詩曰良士休休又曰惟師尚父時惟鷹揚

後漢列傳卷第八

二六

耿弇　唐章懷太子賢注

弟國　國子秉　秉弟夔
國弟子恭

耿弇字伯昭扶風茂陵人也其先武帝時（武帝時徙吏二千石高貲冨人及豪傑并兼之家於諸陵也）以吏二千石自鉅鹿徙焉　父況字俠游以明經為郎與王（安丘望之字仲都京兆長陵人少持老子經恬淨不求進官號曰安丘丈人成帝聞欲見之望之辭不肯見　嵇康聖賢高士傳曰高士傳曰　把）

恭從弟及共學老子於安丘先生

後為朔調連率（王莽改上谷郡曰朔調守曰連率袁山松書曰弇少學詩禮明銳有權謀）

少好學習父業　常見郡（及王莽敗更）尉試騎士建旗鼓肄馳射由是好將帥之事　勒兵因以校纜簡其材力也（漢官儀曰歲終郡試之時講武勒兵因以校纜簡其材力也）

始立諸將略地者則多擅威權輒改易守令況自以茅之所置懷不自安時弇年二十一乃辭況奉奏詣更始因齋貢獻以求自固之宜及至宋子會王郎詐稱成帝子子興起兵邯鄲弇從吏孫倉儒包於冨

共謀曰劉子興成帝正統捨此不歸遠行安之弇按劒曰子興弊賊辛為降虜耳我至長安與國家陳漁陽上谷兵馬之用還出太原代郡反覆數十日歸發突騎以轔（轔轔也音力刀反）烏合之衆　如摧枯折腐耳觀公等不識去就族滅不久也倉卒不從遂亡降王郎弇道聞光武在盧奴乃馳北上謁光武留署門下吏弇因說護軍朱祐求歸（續漢書曰弇還檄與況　二）發兵以定邯鄲光武笑曰小兒曹乃有大（芦）意哉因數召見加恩慰（陳上功德自嫌年少恐不見信宜自來況得檄立發至昌平見上也）邯鄲兵方到光武將欲南歸召官屬計議弇曰今兵從南來不可南行漁陽太守彭（宛人也上谷太守即弇父也發）寵公之邑人（寵南陽宛人也）此兩郡控弦萬騎邯鄲不足慮也光武官屬腹心皆不肯曰死尚南首奈何北行入（漁陽上谷北接塞垣如入囊也）囊中（至彼路窮如入囊也）　光武指弇此至薊聞北道主人也會薊中亂（續漢書曰弇歸主人　食未已薊中擾亂上）

馳出南城門頗逐絕輜重城中相失以馬與城門亭長乃得出也　光武遂
南馳官屬各分散奔走昌平就況況屬上谷郡
　今幽州縣故城在縣東也
因說況使寇恂東約彭寵各發
突騎二千匹步兵千人弇與景丹寇恂及
　城在縣東也
漁陽兵合軍而南所過擊斬王郎大將九
卿校尉以下四百餘級得印綬百二十五
節二斬首三萬級定涿郡中山鉅鹿清河
河閒凡二十二縣遂及光武兵於廣阿是時
光武方攻王郎傳言二郡兵爲邯鄲來衆
皆恐既而悉詣營上謁光武見弇等說曰
當與漁陽上谷士大夫共此大功乃皆以
爲偏將軍使領其兵加況大將軍興義
疾得自置偏裨令等遂從況拔邯鄲時更始
徵代郡太守趙永而況勸永不應召詣
于光武光武遣永復郡永北還而代令張
曄據城反畔乃招迎匈奴烏桓以爲援助
光武以弇弟舒爲復胡將軍使擊曄破之
永乃得復郡時五校賊二十餘萬北寇上

谷況與舒連擊破之賊皆退走更始見光
武威聲日盛君臣疑慮乃遣使立光武爲
蕭王令罷兵與諸將有功者還長安苗
曾爲幽州牧韋順爲上谷太守蔡充爲漁
陽太守並北之部時光武居邯鄲宮晝臥
溫明殿
　漢趙王如意之殿也故基在今洺州之部 邯鄲縣內
閒因說曰今更始失政君臣淫亂諸將擅
命於畿內貴戚縱橫於都內
　王莽張印橫暴三輔 更始傳曰李軼朱鮪擅命山東
自遷易百姓不知所從士人莫敢自安虜
掠財物劫掠婦女懷金玉者至不生歸元
叩心更思莽朝又銅馬赤眉之屬數十
輩輩數十百萬聖公不能辦也辦猶成也其
比比據天府之地
　前書曰開中所謂金城天府弆以河北富饒故以翰焉
敗不父公首事南陽破百萬之軍平定河
義征伐發號響應天下可傳檄而定天下
至重不可令它姓得之聞使者從西方來
欲罷兵不可從也今吏士死亡者多弇願

嶺漢書曰光武初見弇言起坐曰卿失言我斬卿耳
曰戲我王哀厚弇如父子故披赤心為大王陳事上曰
我戲耳

乃拜弇為大將軍與吳漢北發幽州
十郡兵弇到上谷收韋順蔡充斬之漢亦
誅苗曾於是悉發幽州兵引而南從光武
擊破銅馬高湖赤眉青犢又追大槍
五幡於元氏弇常將精騎為軍鋒輒破走時
之光武乘勝戰惧水上虜危急殊死戰
軍士疲獎遂大敗奔還壁范陽數日乃
振

壁謂築壘壁也

賊亦退去從追至容城小廣陽安

容城縣名屬涿郡故城在今易州道也廣陽國有廣陽縣故曰小廣陽

次連戰破之

及安次縣名並在今幽州也

光武還遣弇與吳漢景
丹延朱祐邸肜耿純劉植岑彭祭遵堅
鐔王霸陳俊馬武十三將軍追賊至潞東
及平谷

光武紀光武解見再戰斬首萬三千餘級遂

平谷縣名在今漁陽縣西南垠音銀

窮追於右北平無終土垠之閒

平郡無終故城在今平州西南垠音銀

至浚靡而還

縣名屬右北

今縣名屬漁陽縣此靡音麻

賊散入遼西遼東或為

▲後漢列傳九

五

李秀

建威大將軍與驃騎大將軍景丹彊弩將
軍陳俊攻厭新賊於敖倉皆破降之建武
二年更封好時侯食好時美陽二縣三年
延岑自武關出攻南陽下數城穰人杜弘
率其眾以從岑弇與岑等戰於穰大破之
斬首三千餘級生獲其將士五千餘人得
印綬三百杜弘降岑弇與數騎遁走東陽弇
從幸春陵因見自請北收上谷兵未發者

定彭寵於漁陽取張豐於涿郡還收富平
獲索東攻張步以平齊地帝壯其意乃許
之四年詔弇進攻漁陽弇以父據上谷本
敢獨進上書求詣洛陽詔報曰將軍出身
與彭寵同功又兄弟無在京師者自疑不
舉宗為國所向陷敵功尤著何嫌何疑
而欲求徵且與王常共北渡郡勉思方略
況聞弇求徵亦不自安遣舒弟國入侍帝
善之進封況為隃麋侯

隃麋縣名屬右扶風故城在今隴州汧陽

▲後漢列傳九

六

楊城

縣東南　踰音踰

乃命弇與建義大將軍朱祐、漢忠將軍王常等擊望都、故安西山賊十餘營,皆破之〔望都縣名,屬中山國,堯母慶都在,今定州唐縣東北故城在;名故城在今易州〕。時征虜將軍祭遵屯良鄉,驍騎將軍劉喜屯陽鄉〔陽鄉,涿郡縣名,屬涿郡,故城在安縣西北故〕,以拒彭寵。寵遣弟純將匈奴二千餘騎,寵自引兵數萬〔軍都縣屬廣陽郡,有軍都山在西北,今幽州昌平縣界〕,分為兩道以擊遵、喜。破其衆,斬匈奴兩王,寵乃退走〔舒襲〕。況復與舒攻寵,取軍都。五年,寵死,天子嘉況功,使光祿大夫持節迎況〔袁山松書曰:使光祿大夫樊宏詔況曰:惟況功大,不宜監〕。悉收集降卒,結部曲,置將吏,率騎都尉劉破之,降者四萬餘人,因詔弇進討張步。弇疾遣弇與吳漢擊富平、獲索賊於平原,大察從事邊郡寒苦不〔…〕足久居,其詣行在所,賜甲第,奉朝請,封年平。歆、太山太守陳俊引兵而東,從朝陽橋濟河以度〔在朝陽縣名,屬濟南郡,在朝水之陽,今朝城縣東〕。張步聞之,乃使其大將軍費邑軍歷下〔歷下…〕

城在今齊州歷城縣是也。又分兵屯祝阿〔祝阿今齊州縣也,故城在今山荏縣歷城縣也〕,別於太山鐘城列營數十以待弇。度河先擊祝阿,自旦攻城,未中而拔之,故開圍一角,令其衆得奔歸鐘城。鐘城人聞祝阿已潰,大恐懼,遂空壁亡去〔在今齊州全節縣東南也〕。弇進兵先脅巨里〔巨里聚名也,一名臼城…今齊州全節縣東南也〕,使多伐樹木,以填塞阬塹。數日,有降者言邑聞弇欲攻巨里,謀來救之。弇乃嚴令軍中趣修攻具,宣勅諸部後三日當悉力攻巨里城,陰緩生口令得亡歸。歸者以弇期告邑,邑至日果自將精兵三萬餘人來救之。弇喜,謂諸將曰:吾所以修攻具者,欲誘致邑耳,今來適其所求也。即分三千人守巨里,自引精兵上岡阪〔岡坡者…曰阪,爾雅曰山脊曰岡〕,乘高合戰,大破之,臨陳斬邑。既而收首級以示巨里城中,城中兇懼〔兇,恐懼聲,音呼勇反〕,費敢悉衆亡歸張步。弇復收其積聚,縱兵擊諸未下者,平四十餘營,遂定濟南。時張

步都劇使其弟藍將精兵二萬守西安

臨淄相去四十里弇進軍畫中

諸郡太守合萬餘人守

居二城之間弇視西安城

小而堅且藍兵又精臨淄名雖大而實易

攻乃勅諸校會後五日攻西安藍聞

之晨夜儆守至期夜半弇勅諸將皆蓐食

會明至臨淄城護軍荀梁

等爭之以為宜速攻西安

聞吾欲攻之日夜為備臨淄出不意而至

必驚擾吾攻之一日必拔拔臨淄即西安

孤張藍與步隔絕必復亡去所謂擊一而

得二者也若先攻西安不卒下頓兵堅城

死傷必多縱能拔之藍引軍還奔臨淄并

兵合執觀人虛實吾深入敵地後無轉輸

旬月之間不戰而困諸君之言未見其宜

遂攻臨淄半日拔之入據其城張藍聞懼

遂將其眾亡歸劇弇乃令軍中無得妄掠

劇下須張步至乃取之以激怒步步聞大

笑曰以尤來大彤十餘萬眾吾皆即其營

而破之今大耿兵少於彼又皆

疲勞何足懼乎乃與三弟藍弘壽及故大

形渠帥重異等兵

弇先出淄水上與重異遇突騎欲

縱弇恐挫其鋒令步不敢進故示弱以盛

大城東將攻弇

戰精銳百倍以逸待勞擊虛即首可

疲勞飢渴欲進誘而攻之欲去隨而擊之

王宮壞臺望之

步氣乃引歸小城陳兵於內

其氣乃盛直攻弇營與劉歆等合戰弇升

歆等鋒交乃自引精兵以橫突步陳於東

城下大破之飛矢中弇股以佩刀截之左

右無知者至暮罷弇明旦復勒兵出是時

帝在魯聞弇為步所攻自往救之未至陳

俊謂弇曰劇虜兵盛可且閉營休士以須

上來弇曰乘輿且到臣子當擊牛釃酒以

上欄

待百官反欲以賊虜遺君父邪乃出兵大

戰自旦及昏復大破之殺傷無數城中溝

漸皆滿弇知步兵困將退豫置左右翼為伏

以待之（兩旁伏兵）人定時步果引去伏兵起

縱擊追（小註）至鉅昧水上（鉅昧水名一名巨洋水在今青州壽光縣西）

九十里僵尸相屬收得輜重二千餘兩步

歷下以開基（前書曰齊屯兵於歷下以備漢信擊破之）今將軍攻

淄自勞軍羣臣大會帝謂弇曰昔韓信破

還劇兄弟各分兵散去後數日車駕至臨（十一　章）

祝阿以發迹此皆齊之西界功足相方而

韓信襲擊已降（前書曰酈食其說齊王田廣既破橫走居海島高帝召之橫曰恐懼不敢奉詔酈商即至敢動者族之）將軍獨拔勍敵其功

乃難於信也又田橫（前書曰齊既破橫走居海島高帝召之橫曰恐懼不敢奉詔）生及田橫降高　張

帝詔衛尉不聽為仇（前書曰酈商為衛尉高帝召酈生弟商通說降即至敢動者族之）命吾當詔大司

步前亦殺伏隆若步來歸（大司徒伏湛即隆之父）又事尤相類也將軍

徒釋其怨　上谷兵定彭寵取張豐平

前在南陽建此大策（謂弇從帝幸舂陵時請收）

下欄

張步（常以弇為落落難合　落落猶疏闊也有志者事竟）

成也弇因復追步奔平壽（平壽縣名屬北海郡故城在今青州北海郡）

弇乃肉袒負斧鑕於軍門（鑕音質　鑕斧也示必死　鑕音竹林反）

弇傳步詣行在所而勒兵入據其城樹十

二郡旗鼓（東觀記曰弇凡平城陽琅邪高密膠東東萊北海齊千乘濟南平原泰山臨菑）令步兵各以郡人詣旗下眾向十餘萬

等（十二）

輜重七千餘兩皆罷遣歸鄉里弇復引兵

至城陽降五校餘黨（祝阿餘黨也）齊地悉平振

旅還京師六年西拒隗囂屯兵於漆（漆縣名屬右扶風　故城在今幽州新平縣也　漆水在西）

將來歙分部徇安定此地諸營保皆下之

弇凡所平郡四十六屠城三百未嘗挫折（八年從上隴明年與中郎）

十二年況疾病乘輿數自臨幸復以國弟

廣舉並為中郎將弇兄弟六人皆垂青紫

省侍醫藥當代以為榮及況卒諡烈侯少

子霸襲況爵十三年增弇戶邑上大將軍

印綬罷（上音府掌反）以列侯奉朝請每有四方

異議輒召入問籌策年五十六永平元年

卒諡曰愍矦子忠嗣忠以騎都尉擊匈奴
於天山有功惠卒子馮嗣馮卒子良嗣良
名無禁延光中尚安帝妹濮陽長公主一
至侍中良卒子協嗣隃糜矦霸卒子支金
嗣文金卒子喜嗣喜卒子顯嗣顯爲羽林
監顯卒子援嗣援尚桓帝妹長社公主爲河
陽太守後曹操誅耿氏唯援孫弘存焉
宗女隆慮公主襲卒子寶嗣寶女弟爲清

河孝王妃及安帝立尊孝王母爲孝德皇
后以妃爲甘園大貴人帝以寶元舅之重
使監羽林左車騎位至大將軍而附事內
寵與中常侍樊豐帝乳母王聖等譖廢皇
太子爲濟陰王及排陷太尉楊震議者怨
之寶弟子承襲公主爵爲林慮矦
等阿附壁倖共爲不道策免寶及承皆服
爵爲亭矦遣就國寶於道自殺國除

君大貴人數爲耿氏請陽嘉三年順帝遂
詔封寶子箕年平矦爲侍中以恂爲陽亭
矦承爲羽林中郎將其後貴人薨大將軍
梁冀從求其封貴人珍玩不能得冀怒風有
司奏奪其封承惶恐逐亡匿於穰數年冀
推迹得之乃开族其家十餘人

論曰淮陰延論項王審料成敗則知高祖
之廟勝矣
漢王舉兵定三秦廟而勝敵
陽亦見光武之業成矣然弁自剄拔全齊
而無尺寸功夫豈不懷
忌
其用兵欲以殺止殺乎何其獨能隆也
其殺代多也
後受其不祥
國字叔慮建武四年初入侍光武
拜爲黃門侍郎應對左右帝以爲能遷射

聲校尉七年射聲官罷拜駙馬都尉父況
卒國於次當嗣上疏以先疾愛少子霸固
自陳謙有詔許焉後歷頓丘陽翟上蔡令
所在更人稱之徵為五官中郎將是時烏
桓鮮卑屢寇外境國素有籌策數言邊事
帝器之及匈奴薁鞬日逐王比自立為呼
韓邪單于款塞稱藩願扞禦北虜事下公
卿議者皆以為天下初定中國空虛夷狄
情偽難知不可許國獨曰臣以為宜如孝
宣故事受之（宣帝甘露二年呼韓邪單于款塞請朝帝發所過郡二千騎迎之寵以殊禮）
位在諸侯王上（贊謁稱臣而不名）今東扞鮮卑北拒匈奴率
屬四夷宇復邊郡使塞下無晏開之警（萬世有安寧之策也帝從其議）邊
遂立比為南單于由是烏桓鮮卑保塞自（也有警急則關門晚也）
守北虜遠遁中國少事二十七年代馮勤
為大司馬又上言宜置度遼將軍左右校
尉屯五原以防逃亡永平元年卒官顯宗
追思國言後遂置度遼將軍左右校尉如

其議為國二子秉嬰
秉字伯初有偉體賢帶八圍博通書記能
說司馬兵法尤好將師之略以父任為郎
數上言兵事常以中國虛費邊陲不寧其
患專在匈奴以戰去戰盛王之道顯宗既
有志北伐陰然其言永平中召詣省闥問
前後所上便宜方略拜上殿訪以邊事多
幸每公卿會議常引秉上殿射遂見親
簡帝心十五年拜駙馬都尉十六年以騎
都尉秦彭為副與奉車都尉竇固等俱代
北匈奴虜皆奔走不戰而還十七年夏詔
秉與固合兵萬四千騎復出白山擊車師
軍師有後王前王即後王之子其廷
相去五百餘里固以後王道遠山谷深士
卒寒苦欲攻前王秉議先赴後王以為并
力根本則前王自服固計未決秉奮身而
起曰請行前乃上馬引兵北入衆軍不得
已遂進並縱兵抄掠斬首數千級收馬牛

十餘萬頭。後王安得震怖，從數百騎出迎秉。而固司馬蘇安欲全功歸固，即馳謂安得曰：「漢貴將獨有奉車都尉，天子姊壻（光武女涅陽公主，明帝姊婿也），尊貴用事，降之足以為封侯，不如降彼。」安得信之，遂出迎固。秉聞之，大怒，被甲上馬，麾其精騎徑造固壁，言曰：「車師王降，訖今不至，請往梟其首。」固大驚曰：「且止，將敗事！」秉厲聲曰：「受降如受敵。」遂馳赴之。安得惶恐，走出門，脫帽抱馬足降（東觀記曰脫帽趨抱馬足也）。

秉將以詣固，其前王亦歸命，遂定車師而還。明年秋，肅宗即位，拜秉征西將軍，遣案行涼州邊境，勞賜保塞羌胡，進屯酒泉，行戊己校尉。建初元年，拜度遼將軍。視事七年，匈奴懷其恩信，徵為執金吾，甚見親重。帝每巡郡國及幸宮觀，秉常領禁兵宿衛左右。除三子為郎。章和二年，復拜征西將軍，副車騎將軍竇憲擊北匈奴，大破之，事并見憲傳。封秉美陽侯，食邑三千戶。秉性勇壯，

而簡易於事，軍行常自被甲在前，休止不結營部，然遠斥候，明要誓，有警，軍陳立成，士卒皆樂為死。永元二年，代桓虞為光祿勳。明年夏卒，時年五十餘。賜以朱棺玉衣，將作大匠穿冢，假鼓吹五營騎士三百餘人送葬。諡曰桓侯。匈奴聞秉卒，舉國號哭，或至黎面流血（黎即犁字，古通用也。剺，割也，音力私反）。長子沖嗣。及竇憲敗，秉宗族坐免官。

……至漢陽太守。曾孫紀，少有美名，辟公府……（帝）敬異之，稍遷少府。紀以操將篡漢，建安二十三年，與大醫令吉丕（至威作平）、丞相司直韋晃暴謀起兵誅操，不克，夷三族。于時衣冠盛門坐紀罹禍滅者眾矣。

夔字定公，少有氣決。永元初，為車騎將軍竇憲假司馬，北擊匈奴，轉車騎都尉。三年，憲復出河西，以夔為大將軍左校尉，將精騎八百，出居延塞，直奔北單于廷，於金微山斬閼氏、名王巳下五千餘級，單于與數

騎脫亡盡獲其匈奴珍寶財畜去塞五千
餘里而還自漢出師所未嘗至也乃封夔
粟邑侯〔粟邑縣名屬左馮翊故城在今同州白水縣西北〕會北單于弟
左鹿蠡王於除鞬自立為單于衆八部二
萬餘人來居蒲類海上遣使款塞以夔為
中郎將持節衛護之及竇憲敗夔亦免官
奪爵土後復為長水校尉拜五原太守遷
遼東太守元興元年貊人寇郡界夔追擊
斬其渠帥永初三年南單于檀反畔使夔

〔後漢列傳九〕 十九 〔某某堂〕

率鮮甲及諸郡兵屯鴈門與車騎將軍何
熙共擊之熙薨夔為先鋒而遣其司馬耿
溥劉祉將二千人與夔俱進到屬國故城
單于遣奠鞬日逐王三千餘人遮漢兵遂
自擊其左令鮮甲攻其右虜遂敗走追畔
千餘級殺其名王六人獲弓盧車重千餘
兩馬畜生口甚衆鮮甲馬多羸病遂畔出
塞夔不能獨進以不窮追左轉雲中太守
後遷行度遼將軍夔勇而有氣數得便

匈奴中郎將鄭戩〔音翦〕元初元年坐徵下獄
以減死論笞二百建光中復拜度遼將軍
時鮮甲攻殺雲中太守成嚴圍烏桓校尉
徐常於馬城〔馬城縣名屬代郡故城在今雲州定襄縣秦始皇初築城甄崩壞其後有
馬周章馳走因以名馬城故也〕夔與幽州刺史龐參救
之追虜出塞而還後坐法克卒於家

恭字伯宗國弟廣之子也少孤慷慨多大
略有將帥才永平十七年冬騎都尉劉張
出擊車師請恭為司馬與奉車都尉竇固

〔後漢列傳九〕 二十 〔郭恭〕

及從弟駙馬都尉秉破降之始置西域都
護戩已校尉乃以恭為戊已校尉屯後王
部金蒲城〔今庭州蒲昌縣柳城是也〕謁者關寵
為戊已校尉屯前王柳中城〔西州縣令柳中城在西州縣也〕
數百人恭至部移檄烏孫示漢威德大昆
彌已下皆歡喜遣使獻名馬及奉宣帝時
所賜公主博具〔武帝封江都王建女細君為公主嫁與烏孫與烏孫昆莫賜乘
輿服御官屬侍御數目〔君為公主嫁與烏孫昆莫賜乘輿服御官屬侍御數百人〕
甚盛蓋後宣帝賜以博具也願遣子入侍恭
乃發使齎金帛迎其侍子明年三月北單

千遣左鹿蠡王二萬騎擊車師恭遂司馬

將兵三百人救之道逢（匈奴騎多皆為所）
殺匈奴遂破殺後王安得而攻金蒲城恭
乘城搏戰以毒藥傅矢傳語匈奴曰漢家
笄刜神其中瘡者必有異因發彊弩射之虜
中矢者視創皆沸遂大驚會天暴風雨隨
雨擊之殺傷其衆匈奴震怖相謂曰漢兵
神真可畏也遂解去恭以疏勒城傍有澗
水可固五月乃引兵據之七月匈奴復來
攻恭恭募先登數千人直馳之胡騎散走
匈奴遂於城下擁絕澗水恭於城中穿井
十五丈不得水吏士渴乏笮馬糞汁而飲
之（笮謂歷）恭仰歎曰聞昔貳師將軍拔佩
刀刺山飛泉涌出（貳師大宛中城名昔武帝時使李廣利伐大宛期至貳師城因以為號也）
井再拜為吏士禱有頃水泉奔出衆皆稱
萬歲乃令吏士揚水以示虜（東觀記曰恭親自挑籠於是令）
士且勿飲先和泥
塗城井揚示之　虜出不意以為神明遂引

去時焉耆龜茲攻歿都護陳睦北虜亦圍
關寵於柳中會顯宗崩救兵不至車師復
畔與匈奴共攻恭恭厲士衆擊走之後王
夫人先世漢人常私以虜情告恭恭又給以
糧餉數月食盡窮困乃煑鎧弩食其筋革
恭與士推誠同死生故皆無二心而稍稍
死亡餘數十人單于知恭已困欲必降之
復遣使招降恭若降者當封為白屋王妻
以女子恭乃誘其使上城手擊殺之炙諸
城上虜官屬望見號哭而去單于大怒更
益兵圍恭不能下初關寵上書求救時肅
宗新即位乃詔公卿會議司空第五倫以
為不宜救司徒鮑昱議曰今使人於危難
之地急而棄之外則縱蠻夷之暴內則傷
死難之臣誠令權時後無邊事可也匈奴
如復犯塞為寇將何以使將又匈奴圍之
兵人裁各數十（二部寵及恭也）匈奴圍之歷旬
不下是其寡弱盡力之効也可令敦煌酒

泉太守各將精騎二千多其幡幟倍道兼
行以赴其急匈奴疲極之兵必不敢當四
十日開足還入塞帝然之乃遣征西將軍
耿秉屯酒泉行太守事遣秦彭與謁者王
蒙皇甫援發張掖酒泉敦煌三郡及鄯善
兵合七千餘人建初元年正月會柳中擊
車師攻交河城（前書曰車師前王居交河城河水分流繞城下故號交河去長安八千一百五十里故交河縣也城在今西州交河縣也）斬首三千八百級獲生
口三千餘人駝驢馬牛羊三萬七千頭北（太子比持瞀降 壬三 會關寵已 吳仕）
虜驚走車師復降（東觀記曰車師）
殺蒙等聞之便欲引兵還先是恭遣軍吏
范羌至敦煌迎兵士寒服羌因隨王蒙軍
俱出塞羌固請迎恭諸將不敢前乃分兵
二千人與羌從山北迎恭遇大雪丈餘軍
僅能至城中夜聞兵馬聲以為虜來大驚
羌乃遙呼曰我范羌也漢遣軍迎校尉耳
城中皆稱萬歲開門共相持涕泣明日遂
相隨俱歸虜兵追之且戰且行吏士素飢

困發疏勒時尚有二十六人隨路死沒三
月至玉門（玉門關名屬敦煌郡在今沙州臣賢案酒泉郡又有玉門縣據東觀記曰至敦煌明即玉門關門關也）唯餘十三人衣屨穿決形容枯
槁中郎將鄭眾為恭已下洗沐易衣冠上
疏曰耿恭以單兵固守孤城當匈奴之衝
對數萬之衆連月踰年心力困盡鑿山為
井煮弩為糧出於萬死無一生之望前後
殺傷醜虜數千百計卒全忠勇不為大漢
恥恭之節義古今未有宜蒙顯爵以厲將
帥及恭至雒陽鮑昱奏恭節過蘇武宜蒙
爵賞於是拜為騎都尉以恭司馬石修為
雒陽市丞張封為雒營司馬軍吏范羌為
共丞（共今衛州共城縣）餘九人皆補羽林中郎將恭母先卒
及還追行喪制有詔使五官中郎將（據東觀記曰馬嚴）齋牛酒釋服奪情不明年遷長水校尉其秋
金城隴西羌反恭上疏言方略詔召入問
狀乃遣恭將五校士三千人副車騎將軍
馬防討西羌恭屯枹罕數與羌接戰明年

秋燒當煎羌降防還京師恭留擊諸未服者

首虜千餘人獲牛羊四萬餘頭勒姐〔姐音若又子也〕

反燒何羌等十三種數萬人皆詣恭降初

恭出隴西上言故安豐侯竇融昔在西州

其得羌胡腹心令大鴻臚固即其子孫前

擊白山功冠三軍宜奉大使鎮撫涼令

車騎將軍防屯軍漢陽以為威重由是大

忤於防固奉其權及防還監營謁者李譚承

旨奏恭不憂軍事被詔怨望坐徵下獄免

〔後漢列傳九〕 〔壬玉〕 〔李業〕

二年擊畔羌於丁奚城軍敗遂歿詔拜烏桓

官歸本郡卒於家子溥為京兆虎牙都尉〔胡音普漢官儀曰京兆虎牙都尉扶風郡比二千石以涼州近羌數犯三輔將兵護園陵〕〔元初〕

子宏畢並為郎畢字季遇順帝初為烏桓

校尉為過或時鮮甲寇緣邊殺代郡太守

卒烏桓及諸郡卒出塞討擊大破之鮮甲

震怖數萬人詣遼遼東降

威振北方遷度遼將軍耿氏自中興已後

近建安之末大將軍二人將軍九人卿十

三人尚公主三人列侯十九人中郎將護

羌校尉及刺史二千石數十百人遂與漢

興衰云

論曰余初讀蘇武傳感其茹毛窮海不為

大漢羞〔蘇武武帝時使匈奴匈奴乃幽武北海上無人處二十年乃還鑿并〕

疏勒之事喟然不覺涕之無從嗟哉義重

於生以至是乎〔孟子曰生者我所欲義亦我所欲二者不可俱捨生而取義〕

昔曹子抗賀於柯盟〔曹子魯大夫曹劌也一曰曹沫史記曰齊〕

相如申威於河表〔相如藺相如見寇恂傳〕

蓋以決一旦之負異乎百死之地也以

為二漢當疏高爵宥十世〔左傳曰晉范宣子之殺叔向〕

而蘇君恩不及嗣恭亦終填牢戶追誦龍

蛇之章以為歎息〔史記曰晉文公返國賞從亡〕

贊曰好時經武能畫能兵往收燕卒來集

枯泉飛液

秉洽胡情憂單虜迹慊慊伯宗 保塞自守此虜遠遁也

有成國圖久策分此凶狄 謂耿國議立日逐王 爲南單于由是鮮卑

漢嘗請閉趙殿醴酒齊城況舒率從亦飢

03-321

銚期　王霸　祭遵〈從弟肜〉　唐章懷太子賢注

〈後漢列傳十〉

銚期字次況，潁川郟人也。長八尺二寸，容貌絕異，矜嚴有威。父猛，爲桂陽太守，卒。期服喪三年，鄉里稱之。光武略地潁川，聞期志義，召署賊曹掾〈漢官儀曰東西曹掾比三百石餘掾比四百石賊曹掾主盜賊之事〉，從徇薊。時王郎檄書到薊，薊中起兵應郎。光武趣駕出，百姓聚觀，諠呼滿道，遮路不得行。期騎馬奮戟，瞋目大呼左右曰：蹕〈同禮隸僕掌趨官中之事鄉來曰止若今警蹕說文趨與蹕同行清道也〉。眾皆披靡〈披芳彼反〉。及至城門，門已閉，攻之得出。行至信都，以期爲裨將，與傅寬俱徇〈寬晏各數百人還言其狀〉傍縣。又發房子兵，禹以期爲能，獨拜偏將軍，授兵二千人，期別徇宋子，攻拔樂陽、槀、肥累〈樂陽縣名屬常山郡今恒州豪城縣也故城在縣西屬肥纍故肥子國也漢以爲縣〉。光武甚善之，使期別徇真定國〈景音力追反〉。從擊王郎將兒宏、劉

奉於鉅鹿下〈兒肯五反〉，期先登陷陳，手殺五十餘人，被創中額，攝幘復戰〈攝猶正也〉，遂大破之。王郎滅，拜期虎牙大將軍。乃因說光武曰：河北之地，界接邊塞，人習兵戰，號爲精勇。今更始失政，大統危殆，海內無所歸往。明公據河山之固，擁精銳之眾，以順萬人思漢之心，則天下誰敢不從。光武笑曰：卿欲遂之前趨邪。時銅馬數十萬眾入清陽、博平〈博平縣名屬東郡在今博州博平縣也〉，期與諸將迎擊之。連戰不利，期乃更背水而戰，所殺傷甚多。會光武救至，遂大破之，追至館陶皆降之。從擊青犢、赤眉於射犬，賊襲期輜重，期還擊之，手殺傷數十人，身被三創，而戰方力戰苦，遂破走之。光武即位，封安成陽〈安成縣名屬汝南郡故城在今豫州汝陽縣東南也〉侯，食邑五千戶。時檀鄉、五樓賊入繁陽、內黃〈繁陽縣名故城在今相州內黃縣西北內黃故城在今相州西北〉。又魏郡大姓數反覆，而更始將卓京謀欲相率反鄴城。帝以期爲魏郡太守，行

〈後漢列傳十〉

大將軍事期發郡兵擊卓京破之斬首六
百餘級京亡入山追斬其將校數十人獲
清平督盜賊李熊鄉中之豪而熊弟陸謀
欲反城迎檀鄉〔翻反音〕或以告期期不應告
者三四期乃召問熊熊叩頭首服願與老
母俱就死期曰為吏僮不若為賊樂者可〔必以在城中為吏不如為賊之樂即任將母往就弟〕
歸與老母往就陸也
使吏送出城熊行求得陸將詣鄴城西門
陸不勝慙感自殺以謝期期嗟歎以禮葬
之而還熊故職於是郡中服其威信建武
五年行幸魯郡以期為太中大夫從還洛
陽又拜衛尉期重於信義自為將有所降
下未嘗虜掠及在朝廷憂國愛主其有不
得於心必犯顏諫諍帝嘗輕與期門近出
期頓首車前曰〔前書武帝將出必與北地良家子期於殿門故曰期門〕
聞古今之戒變生不意誠不願陛下微行
數出帝為之戒慎生而還十年卒〔東觀記曰期疾病使使者〕

存問加賜醫藥甚厚其母問期當封何子期言愛國
家恩深常慮貪死不當封期何以報國何宜封子也
上甚傷之
帝親臨祿斂贈以衛尉安成侯印綬〔諡曰忠侯子丹嗣復封丹弟統為建平侯　後從封丹葛陵侯　丹卒子舒嗣舒卒子羽嗣〕〔建平縣名屬沛郡故城在今亳州鄭縣西北一名馬頭城　汝南故銅陽縣也〕
羽卒子蔡嗣

王霸字元伯潁川潁陽人也世好文法
為獄吏常慷慨不樂吏職其父奇之遣西〔記曰祖父充為郡決曹掾　漢舊儀決曹主罪法事父為詔獄丞〕
學長安漢兵起光武過潁陽霸率賓客上
謁曰將軍興義兵竊不自知量貪慕威德
願充行光武曰夢想賢士共成功業豈
有二哉遂從擊破王尋王邑於昆陽霸還休
鄉里及光武為司隸校尉道過潁陽霸請
其父願從至洛陽及光武為大司馬以霸為
之霸從至洛陽曰吾老矣不任軍旅汝往勉
功曹令史從度河北賓客從霸者數十人
稍稍引去光武謂霸曰潁川從我者皆逝

而子獨留努力疾風知勁草及王郎起光
武在薊郎移檄購光武光武令霸至市中
募人將以擊郎市人皆大笑舉手邪揄之
說文曰獻麻手相笑也揄音弋支反及麻
音踰或音由此云邪揄語輕重不同霸慙憮而
還也音踰光武即南馳至下曲陽傳聞王郎
兵在後從者皆恐及至虖沱河候吏還白
河水流澌澌音斯無船不可濟官屬大懼光
武令霸往視之霸恐驚眾欲且前阻水還
即詭曰冰堅可度官屬皆喜光武笑曰候
吏果妄語也遂前比至河河冰亦合乃令
霸護度度監護也未畢數騎而冰解光武謂霸
曰安吾眾得濟卿之力也霸謝曰此皆
明公至德神靈之祐雖武王白魚之應無
以加此今文尚書曰武王渡孟津白魚躍入王舟
霸權以濟事殆天瑞也光武即位以為軍正爵關內
侯既至信都發兵攻拔邯鄲霸追斬王郎
得其璽綬封王鄉侯從平河北常與臧宮
傅俊共營霸獨善撫士卒死者脫衣以斂

之傷者躬親以養之光武即位以霸曉兵
愛士可獨任拜為偏將軍并將臧宮傅俊
兵而以官俊為騎都尉建武二年更封富
波侯富波縣名屬汝南郡在今豫州四年秋帝幸章陵使霸與
捕虜將軍馬武東討周建於垂惠蘇茂將
馬武軍糧武往救之建從城中出兵夾擊
武武恃霸之援戰不甚力為茂建所敗武
軍奔過霸營大呼求救霸曰賊兵盛出必
五校兵四千餘人救建而先遣精騎遮擊
兩敗努力而已乃閉營堅壁軍吏皆爭之
霸曰茂兵精銳其眾又多吾吏士心恐而
捕虜與吾相恃兩軍不一此敗道也今閉
營固守示不相援賊必乘勝輕進捕虜無
救其戰自倍如此茂衆疲勞吾承其弊乃
可剋也茂建果悉出攻武合戰良久霸軍
中壯士路潤等數十人斷髮請戰霸知士
心銳乃開營後出精騎襲其背茂建前後
受敵驚亂敗走霸武各歸營賊復聚衆挑

戰霸堅臥不出方饗士作倡樂茂雨射營
中中霸前酒樽霸安坐不動軍吏皆曰茂
前日巳破今易擊也霸曰不然蘇茂客兵
遠來糧食不足故數挑戰以傲一切之勝（傲要也一切猶權時也）
今閉營休士所謂不戰而屈人
之兵善之善者也茂建既不得戰乃引還
營其夜建兄子誦反開城拒之茂建遁去
誦以城降五年春帝使太中大夫持節拜
霸為討虜將軍六年屯田新安八年屯田

谷關擊滎陽中牟盜賊皆平之九年霸與
吳漢及橫野大將軍王常建義大將軍朱
祐破蒋將軍茂五萬餘人擊盧芳將
賈覽閔堪於高柳匈奴遣騎助芳漢軍遇
雨戰不利吳漢還洛陽令朱祐屯常山王
常屯涿郡疾進屯漁陽璽書拜霸上谷太
守領屯兵如故捕擊胡虜無拘郡界（拘猶限也）
明年霸復與吳漢等四將軍六萬人出高
柳擊賈覽詔霸與漁陽太守陳訢將兵為

諸軍鋒匈奴左南將軍數千騎救覽霸
等連戰於平城下破之追出塞斬首數百
級霸及諸將還入鴈門與驃騎大將軍杜
茂會攻盧芳將尹由於繁畤時不剋（繁畤縣名屬鴈門郡並今代州崞縣也有崞山焉音郭時皆繁）
十三年增邑戶更封向（向案縣名今沛郡有向縣左傳曰昔人入向縣南又有向城今密州菖縣南又有向城）是時盧芳與匈
奴烏桓相連兵寇盜尤數緣邊愁苦詔霸將
弛刑徒六千餘人與杜茂治飛狐道（飛狐道在蔚州飛狐縣北通嬀州懷戎縣即古之飛狐口也）
堆石布土築起亭障
自代至平城三百餘里凡與匈奴烏桓大
小數十百戰頗識邊事凡與（上谷居庸關東又東過軍都縣北益通以還漕也）
奴結和親又陳委輸可從溫水漕（水經注曰溫餘水出溫餘水也）
之勞事皆施行後南單于烏桓降服北邊
無事霸在上谷二十餘歲三十年定封淮
陵侯（臨淮縣屬臨淮郡）永平二年以病免後數月
卒子符嗣嗣徙封軑侯（軑縣屬江夏軑音大）符卒子度
嗣度尚嗣顯宗女浚儀長公主為黄門郎慶

卒子歆嗣

祭遵字弟孫〔祭音側界反〕潁川潁陽人也少好
經書家富給而遵恭儉惡衣服喪母貧土
起墳營爲部吏所侵結客殺之初縣中以
其柔也既而皆憚焉及光武破王尋等還
過潁陽遵以縣吏數進見光武愛其容儀
署爲門下史從徵河北爲軍市令舍中兒
犯法遵格殺之光武怒命收遵時主簿陳
副諫曰明公常欲衆軍整齊今遵奉法不
避是教令所行也光武乃貰之〔貰者以爲赦也〕
刺姦將軍謂諸將曰當備祭遵吾舍中兒
犯法尚殺之必不私諸卿也尋拜爲偏將
軍從平河北以功封列侯建武二年春拜
征虜將軍定封潁陽侯與驃騎大將軍景
丹建義大將軍朱祐漢忠將軍王常騎都
尉王梁臧宮等入箕關〔箕關解在鄧禹傳〕南擊弘農
厭新柏華蠻中賊〔東觀記曰柏華聚也〕弩中遵口洞
出流血衆見遵傷稍引退遵呼叱止之士

卒戰皆自倍遂大破之時新城蠻中山賊
張滿〔新城縣名屬河南郡今伊闕縣也〕屯結險隘爲人害詔
遵攻之遵絕其糧道滿數挑戰遵堅壁不
出而厭新柏華餘賊復與滿合遂攻得霍
陽聚〔有霍陽山故名焉俗謂之張爽城在今汝州西南〕遵乃分兵擊之初滿破
降之明年春張滿飢困城拔生獲之初滿〔時涿郡〕
祭祀天地自云當王既執歎曰讖文誤我
乃斬之夷其妻子遵引兵南擊鄧奉弟終
於杜衍破之〔杜衍縣名屬南陽郡故城在今鄧州南陽縣西南〕
太守張豐執使者舉兵反自稱無上大將
軍與彭寵連兵四年遵與朱祐及建威大
將軍耿弇驍騎將軍劉喜俱擊之遵兵先
至急攻豐豐功曹孟玄執豐降〔引〕
初豐好方術有道士言豐當爲天子以〔說文曰玄辟上也玄音公〕
五綵囊裹石繫豐肘云石中有玉璽豐信
之遂反既執當斬猶曰肘石有玉璽遵爲
椎破之豐乃知被詐仰天歎曰當死無所
恨諸將皆引還遵受詔留屯良鄉拒彭寵

因遣護軍傅玄襲擊寵將李豪於潞大破
之斬首千餘級相拒歲餘數挫其鋒黨與
多降者及寵死遵進定其地六年春詔遵
與建威大將軍耿弇虎牙大將軍蓋延漢
忠將軍王常捕虜將軍馬武驍騎將軍劉
歆武威將軍劉尚等從天水伐公孫述
書曰上幸廣陽城門設祖道閣過
諸將以遵新破漁陽最在前
駕亦至而隗囂不欲漢兵上隴辭說解故
謂解脫事帝召諸將議皆曰可且延
故以為辭說

日月之期益封其將帥以消散之遵曰隴
挾奸久矣今若按甲引時則使其詐謀益
深而蜀警增備固不如遂進帝從之乃遣
遵為前行隃糜使其將王元拒隴抵遵並
擊破之追至新關及諸將到與囂戰並敗
引退下隴乃詔遵軍汧耿弇軍漆征西大
將軍馮異軍拘邑大司馬吳漢等還屯長
安自是後遵數挫隃糜事已見馮異傳八
年秋復從車駕上隴及囂破帝東歸過汧

幸遵營勞饗士卒作黃門武樂良夜乃罷
疾詔賜重茵覆以御蓋復令進屯隴下及
公孫述遺兵救囂吳漢耿弇等悲奔還遵
年春卒於軍遵為人廉約小心克己奉公
賞賜輒盡與士卒家無私財身衣韋絝布
被夫人裳不加緣帝以是重焉及卒

愍悼之尤甚遵喪至河南縣詔遣百官先
會喪所設車駕臨之望哭哀慟還幸城
門過其車騎門涕泣不能
已喪禮成復親祠以大牢如宣帝臨霍光
故事
詔大長秋謁者河南
尹護喪事大司農給費博士范升上疏追
稱遵曰臣聞先王崇政尊美屏惡
昔高祖大聖深見遠慮班爵割地與下

分功著錄勳曰頌其德美生則寵以殊禮

奏事不名入門不趨〔前書曰蕭何奏事不名入門不趨〕死則

疇其爵邑世世無絶嗣〔前書曰言功曰死後子丹〕

書鐵券傳於無窮〔前書鐵契金匱石室藏之宗…孫纂封世世與先人等〕丹

復興絶而復續者也〔漢興至此二百餘年言廢而…數百者謂以百數之〕

明漢道襄序輔佐封賞功曰同符祖宗征

虜將軍頴陽侯違不幸早薨陛下仁恩為

之感傷遠迎河南惻怛之慟形於聖躬喪

事用度仰給縣官重賜妻子不可勝數送

死有以加生厚亡有以過存矯俗厲化卓

如日月也〔卓高古者曰疾君視之無數死則往弔哭之臨其小斂大斂可…〕

久矣及至陛下復興斯禮羣下感動莫不

自勵目竊見遵修行積善竭忠於國北平

漁陽西拒隴蜀先登坻上〔坻上即隴〕深取略陽

衆兵既退獨守衝難〔衝兵衝也謂吳漢歌弈等恐奔還唯遵獨留不郤〕

制御士心不越法度所在吏人不知有軍

〔言不〕俊擾清名聞於海內廉白著於當世所得

賞賜輒盡與吏士身無奇衣家無私積同

之計臨死遺誡牛車載喪薄葬洛陽問以

家事終無所言任重道遠死而後已〔論語子曰仁以為己任不亦重乎死而後已不亦遠乎〕遵為將軍取士皆用儒

而不受自以身任於國不敢圖生慮死使人逆

產兄午以遵無子娶妾送之遵乃使逆

術對酒設樂必雅歌投壺〔雅歌謂歌雅詩也禮記投壺經曰壺頸脩七寸腹脩五寸口徑二寸半容斗五升壺中實小豆焉為其矢之躍而出也矢以柘若棘長二尺八寸無去其皮取其堅而重投之勝者飲不勝者以為優劣也〕又建為孔子立後

奏置五經大夫雖在軍旅不忘俎豆可為

好禮悅樂守死善道者也禮生有爵死有

諡爵以殊尊甲諡以明善惡臣愚以為宜

因導薨論叙衆功詳案諡法以禮成之〔諡法〕

周書之篇顯章國家篤古之制為後嗣法〔周公制為〕

帝乃下升章以示公卿至葬車駕復臨贈

以將軍疾印綬朱輪容車介士軍陳送葬（容車飾之車象生時也介士甲士也東觀記曰遣校尉發騎士四百人被玄甲兜鍪兵車軍陳送葬）謚曰成矦既葬車駕復臨其墳存見夫人室家其後會朝帝每歎曰安得憂國奉公之目如祭征虜者乎遵之見思若此（東觀記曰上數嗟歎衛尉銚期見上感慟對曰陛下至仁哀念祭遵不已羣臣各懷慙懼也）兄午官至酒泉太守從弟彤（無子國除）彤字次孫早孤以至孝見稱遇天下亂野無煙火而獨在家側每賊過見其尚幼而有志即皆奇而哀之光武初以遵故拜彤為黃門侍郎常在左右又遵卒無子帝追傷之彤有權略視事五歲縣無盜賊課為第一遷襄賁令（襄賁縣名屬東海郡故城在今沂州臨沂縣南賁音肥）時天下郡國尚未悉平襄賁盜賊白日公行彤至誅破姦猾殄其支黨數年襄賁政清璽書勉勵增秩一等賜縑百匹當是時匈奴鮮卑及赤山烏桓連和彊盛數入塞殺

略吏人朝廷以為憂益增緣邊兵郡有數千人又遣諸將分屯障塞帝以彤為能建武十七年拜遼東太守至則勵兵馬廣斥矦肜有勇力能貫三百斤弓虜每犯塞常為士卒鋒數破走之二十一年秋鮮卑萬餘騎寇遼東彤率數千人迎擊之自被甲陷陳虜大奔投水死者過半遂窮追出塞虜急皆棄兵裸身散走斬首三千餘級獲馬數千匹自是後鮮卑震怖畏彤不敢復近關塞彤以三虜連和卒為邊害（辛終也三虜謂匈奴鮮卑及赤山烏桓烏桓名也）二十五年乃使招呼鮮卑（鮮甲名也）示以財利其大都護偏何遣使奉獻願得歸化彤慰納賞賜稍復親附其異種滿離高句驪之屬遂駱驛款塞上貂裘好馬帝輒倍其賞賜其後偏何邑落諸豪並歸義願自效彤曰審欲立功當歸擊匈奴斬送頭首乃信耳偏何等皆仰天指心曰必自效即擊匈奴左伊袟訾部斬首二千餘級持頭

詣郡其後歲歲相攻輒送首級受賞賜自

是匈奴衰弱邊無寇警鮮卑烏桓並入朝

貢肜為人質厚重毅體貌絕眾撫夷狄以

恩信皆畏而愛之故得其死力初赤山烏

桓數犯上谷為邊害詔書設賞賜功責州

郡不能禁肜乃率厲偏何討之永平

元年偏何擊破赤山斬其魁帥持首詣肜

塞外震讋（音讋涉反）肜之威聲暢於北方西自

武威東盡玄菟及樂浪胡夷皆來內附野

無風塵乃悉罷緣邊屯兵十二年徵為大

僕肜在遼東幾三十年衣無兼副顯宗既

嘉其功又美肜清約拜日賜錢百萬馬三

匹衣被刀劍下至居室什物大小無不悉

備每見肜常歎息以為可屬以重任後

從東巡狩過魯坐孔子講堂顧指子路室

謂左右曰此太僕之室太僕吾之禦侮也

尚書大傳曰孔子曰吾有四友焉自吾得回也門人加親是非胥附邪自吾得賜也遠方之士日至是非奔走邪自吾得師也前有光後有輝是非先後邪自吾得由也惡言不至門是非禦侮邪

十六

年使肜以大僕將萬餘騎與南單于左賢

王信伐北匈奴期至涿邪山信初有嫌於

肜行出高闕塞九百餘里得小山乃妄言

以為涿邪山肜到不見虜而還坐逗留畏

懦下獄肜性沈毅內重自恨無功

出獄數日歐血死臨終謂其子曰吾蒙國

厚恩奉使不稱微績不立身死誠慚恨義

不可以無功受賞死後若悉簿上所得賜

物（若汝也皆為）（文簿而上之）身自詣兵屯死前行以副

吾心既卒其子逢上疏具陳遺言帝雅重

肜方更任用聞之大驚召問逢疾狀嗟歎

者良父焉為烏桓鮮卑追思肜無已每朝

賀京師常過冢拜謁仰天號泣乃去遼東吏

人為立祠四時奉祭焉肜既葬子參坐遼

奉車都尉竇固從軍擊車師有功稍遷遼

東太守永元中鮮卑入郡界參坐沮敗下

獄死肜子孫多為邊吏者皆有名稱

論曰祭肜武節剛方動用安重雖條疾穰

苴之倫不能過也

絛侯周亞夫也爲將軍於細柳文帝幸其營亞夫持兵揖曰介冑之士不拜請以軍禮見文帝使壯賈往至軍門穰苴齊人田穰苴也穰苴與約曰旦日日中會於軍門穰苴先至於是遂斬莊賈以徇三軍士皆振慄且臨

守偏海政移獷俗

獷音古猛反　徼音義永反　徼人請符以　徼人謂徼外人偏何等　也符驗也爲偏何請選

至乃卧鼓邊亭滅

自劾以驗内屬之信數級謂偏何斬匈奴送首級受賞賜

立信胡貊數級於郊下

烽幽障者將三十年古所謂必世而後仁

三十年爲一世言承化必世而後仁論語孔子曰如有王者必世而後仁

豈不然哉

而

一眚之故以致感憤

眚過也左傳曰不以一眚掩大德眚音所景反　惜

哉畏法之敝也

畏法猶嚴法也

〈後漢列傳十〉　　　十九

贊曰期啓燕門霸水虖河祭遵好禮臨戎

雅歌彤抗遼左邊廷懷和

後漢列傳卷第十

毛仙

列傳卷第十一　范曄　後漢書二十一

任光　子凡

李忠　萬脩

邳彤　劉植

耿純

唐章懷太子賢注

後漢列傳十一

任光字伯卿南陽宛人也少忠厚為鄉里
所愛初為鄉嗇夫郡縣吏　續漢志曰三老游
徼郡所署也秩百石掌一鄉人其鄉小者縣署嗇夫一人主
知人善惡為役先後知人貧富為賦多少
之會光祿勳劉賜適至視光容貌長者乃
救全之光因率黨與從賜為安集掾拜偏
將軍與世祖破王尋王邑更始至洛陽以
光為信都太守及王郎起郡國皆降之光
獨不肯遂與都尉李忠令萬脩　信都令也　功曹
阮況五官掾郭唐等　續漢志曰五官掾署諸曹事　同心固
守廷掾持王郎檄　東觀記狀掾　柳縣廷掾　詣府白光光
斬之於市以徇百姓發精兵四千人城守

更始二年春世祖自薊還狼狽不知所向
傳聞信都獨為漢拒邯鄲即馳赴之光等
孤城獨守恐不能全　故恐之　聞世祖至大
喜吏民皆稱萬歲即時開門與李忠萬脩
率官屬迎謁世祖入傳舍謂光曰伯卿今
執力虛弱欲俱入城頭子路力子都兵中　李賢
何如邪光曰不可世祖曰卿兵少如何光　陳仲
曰可募發奔命出攻傍縣若不降者恣聽
掠之人貪財物則兵可招而致也世祖從
之拜光為左大將軍封武成侯留南陽宗
廣領信都太守使光將兵從光乃多作
檄文曰大司馬劉公將城頭子路力子都
兵百萬眾從東方來擊諸反虜遣騎馳至
鉅鹿界中吏民得檄傳相告語世祖遂與
光等投暮入堂陽界　投至也堂陽令冀州縣也
炬火彌滿澤中光炎燭天地舉城莫不
驚惶怖其夜即降旬日之間兵眾大盛因
攻城邑遂屠邯鄲遣光歸郡城頭子路

者東平人姓爰名曾字子路與肥城劉詡

起兵盧城頭〔盧縣名屬太山 今濟州縣〕故號其兵為城

頭子路曾自稱都從事詡稱校三老寇掠

河濟間眾至二十餘萬更始遣使降

拜曾東萊郡太守〔萊郡今州〕詡濟南太守皆行

大將軍事是歲曾為其將所殺眾推詡為

主更始封詡助國侯令罷兵歸本郡力子為

都者東海人也起兵鄉里鈔擊徐兗界眾

有六七萬更始遣使降拜子都徐州牧

為其部曲所殺餘黨復相聚與諸賊會於

檀鄉〔今兗州瑕丘縣東北有檀鄉〕因號為檀鄉渠帥

董次仲始起茌平〔在平縣名屬東郡故城在今博州聊城縣東音仕疑反〕

遂渡河入魏郡清河與五校合眾十餘萬

建武元年世祖入洛陽遣大司馬吳漢等

擊檀鄉明年春大破降之是歲更封光阿

陵侯〔阿陵屬涿郡也〕食邑萬戶五年徵詣京師奉

朝請其冬卒子隉嗣後阮況為南陽太守

郭唐至河南尹皆有能名

隉字仲少好黃老清靜寡欲所得奉秩

常以賑郇宗族收養孤寡顯宗聞之擢奉

朝請遷羽林左監〔續漢志曰羽林有左右監人各六百石主左右羽林騎〕

虎賁中郎將又遷長水校尉蕭宗即位雅

相敬愛數稱其行以為將〔官也景帝更名將作大匠秩二千石〕作大匠自建武以來常

謁者兼之至隉遂置員焉建初五年遷太

僕八年代寶固為光祿勳所歷皆有稱章

和元年拜司空隉義行內修不求名譽而

以沈正見重於世和帝即位大將軍竇憲

秉權專作威福內外朝臣莫不震憚時憲

擊匈奴國用勞費隉奏議徵憲還前後十

上獨與司徒袁安同心畢力持重處正顧

言直議無所回隱〔持重謂守正正也執議語在袁安傳〕語在表

安傳永元四年薨子屯嗣帝追思隉忠擢

屯為步兵校尉徙封西陽侯〔西陽縣名屬山陽郡也〕

卒子勝嗣〔東觀記曰勝字作騰〕勝卒子世嗣徙封北

鄉侯〔北鄉縣名屬齊郡〕

李忠字仲都東萊黃人也（黃今萊州縣也故城在縣東南）父
為高密都尉（賢案東觀記續漢書並云中尉續漢書皇子封者誤）忠元始
中以父任為郎署中數十人而忠獨以好（如郡傳相各一人中尉一人比二千石職郡尉主盜賊高密非郡為都尉者誤）
禮修整稱王恭時為新博屬長（園曰王莽政信都園曰新博都尉曰屬）
郡國即拜忠都尉官忠遂與任光同奉世（郡中咸敬信之更始使使者行）
祖以為右大將軍封武固侯時世祖自解
所佩綬以帶忠（服坵薄使忠解瀚長儒忠更作　章懷）

【後漢列傳十一】　五
因從攻下屬縣至苦陘（苦陘縣名　章懷）（東觀記曰上初至不脫衣帶）世祖會諸
將曰我欲問所得財物唯忠獨無所掠世祖曰我欲即以所乘大驪（馬色黑而）
馬及繡被衣物賜之（青曰驪）進圍鉅鹿未
特賜李忠諸卿得無望平即以所掠世下王郎遣將攻信都大姓馬寵等開
城內之收太守宗廣及忠母妻而令親屬
招呼忠時寵弟從忠為校尉忠即時召見
責數以背恩反城因格殺之諸將皆驚曰

家屬在人手中殺其弟何猛也忠曰若縱
賊不誅則二心也世祖聞而美之謂忠曰
今吾兵已成矣將軍可歸救老母妻子宜
自募吏民能得家屬者賜錢千萬來從我
取忠曰蒙明公大恩思得效命誠不敢內
顧宗親世祖迺使任光將兵救信都都尉光兵
於道散降世祖無功而還遣將攻
破信都郡忠家屬得全世祖因使忠還行太
守事收郡中大姓附邯鄲者誅殺數百人

【後漢列傳十一】　六（王梁）
及任光歸郡忠還復都尉建武二年更
封中水侯（中水縣屬涿郡前書音義曰此縣在兩河之間故曰中水故城在今瀛州樂壽縣西北）
食邑三千戶其年徵拜五官中郎將
從平龐萌董憲等六年遷丹陽太守是時
海內新定南方海濱江淮多擁兵據土忠
到郡招懷降附其不服者悉誅之旬月皆
平忠以丹陽越俗不好學嫁娶禮儀衰於
中國乃起學校習禮容春秋鄉飲（校亦學也）（禮記曰鄉飲酒之義主人拜迎賓於庠門之外三揖而後至階三讓而後升所以致尊讓也六十者坐五）

十者立侍以聽政役所以明尊長也合諸鄉射教之
鄉飲酒之禮而孝悌之行立鄭立注曰春秋以禮會
民於州序也

選用明經郡中向慕之懇田增多
三歲間流民占著者五萬餘口略反十四
年三公奏課為天下第一遷豫章太守病
去官東觀記曰徵詣京師十九年卒子威嗣病涅卿免威
威卒子純嗣永平九年坐母殺純叔父國
除坐純母禮殺威弟季
封純琴亭矦純卒子廣嗣

萬脩字君游扶風茂陵人也更始時為信
都令與太守任光都尉李忠共城守迎世
祖拜為偏將軍封造義矦及破邯鄲拜右
將軍從平河北建武二年更封槐里矦與
揚化將軍堅鐔俱擊南陽未剋而病卒于
軍子普嗣徙封泫氏矦法氏縣名屬上黨郡西有泫谷水故以為名今澤州高平縣也普卒子親嗣徙封扶柳矦扶柳縣名故城在今冀州信都縣西親卒無子國除永初七年鄧
太后紹封脩曾孫豐為曲平亭矦豐卒子
熾嗣永建元年熾卒無子國除延熹二年

桓帝紹封脩玄孫恭為門德亭矦
邴彤字偉君信都人也父吉為遼西太守
彤初為王莽和成卒正東觀記曰王莽分鉅鹿為和成郡居下曲陽以彤為和成郡下曲陽以彤為卒正也
世祖徇河北至下曲陽彤舉城降
復以彤為太守留止數日世祖北至薊會王
郎兵起使其將徇地所到縣莫不奉迎唯
和成信都堅守不下彤聞世祖從薊還失
軍欲至信都乃先使五官掾張萬督郵尹
綏選精騎二千餘匹緣路迎世祖軍彤尋

與世祖會信都世祖雖得二郡之助而兵
眾未合議者多言可因信都兵自送西還
長安彤廷對曰議者之言皆非也吏民歌
吟思漢久矣故更始舉號而天下嚮應
三輔清宮除道以迎之一夫荷戟大呼則
千里之將無不捐城遁逃虜伏請降自上
古以來亦未有感物動民其如此者也又
卜者王郎假名因執驅集烏合之眾遂震
燕趙之地況明公奮二郡之兵揚鄉嚮應之

威以攻則何城不克以戰則何軍不服今
釋此而歸豈徒空失河北必更驚動三輔
隨損威重非計之得者也若明公無復征
伐之意則雖信都之兵猶難會也何者明
公既西則邯鄲城民不肯捐父母背城主
而千里送公其離散亡逃可必也世祖善
其言而止即日拜彤為後大將軍和成太
守如故使將兵居前比至堂陽堂陽已反

屬王郎彤使張萬尹綏先曉譬吏民世祖
夜至即開門出迎引兵擊破白奢賊於中
山自此常從戰攻信都復反為王郎所
置信都王捕擊彤父弟及妻子使為手書
呼彤曰降者封爵不降族滅彤涕泣報曰
事君者不得顧家彤親屬所以至今得安
於信都者劉公之恩也公方爭國事彤不
得復念私也會更始所遣將攻拔信都郎
兵敗走彤家屬得免及拔邯鄲封武義侯
建武元年更封靈壽侯 靈壽縣名故城在今恒州靈壽縣西北

行大司空事帝入洛陽拜彤太常月餘日 前書曰侍中有左右曹入
轉少府是年免復為左曹侍中 侍天子故曰侍中
九年徙封樂陵侯 樂陵縣名屬平原郡故城在今滄州樂陵縣東也
常從征伐六年就國彤卒子湯嗣 史闕名也
九年湯卒子某嗣無子國除元初元
年鄧太后紹封彤孫音為平亭侯音卒子
柴嗣初張萬尹綏與彤俱迎世祖皆拜偏
將軍亦從征伐萬封重平侯綏封平臺侯 重平縣名屬勃海郡故城在今安德縣西北臣賢案平臺縣屬常山郡諸本多云平臺者誤也

論曰凡言成事者以功著易顯謀幾初者 數者事之先見者也
以理隱難昭 先見者也
推察者也若迺議者欲因二郡之眾建入
關之策委成業臨不測而世主未悟謀夫
景同邵彤之廷對其為幾乎語曰一言可 論語曰魯定公謂孔子之言
以興邦 謂孔子之言
劉植字伯先鉅鹿昌城人也王郎起植與 論語曰東觀記曰昌作嘉字仲歆字細君也
弟喜從兄歆共率宗族賓
客聚兵數千人據昌城聞世祖從薊還迺

開門迎世祖以植為驍騎將軍喜歆偏將
軍皆為列矦時真定王劉揚起兵以附王
郎眾十餘萬世祖遣植說揚揚迺降世祖
因留其定郭郭后即揚之甥也故以此（即郭后所居之里名也）
結之迺與揚及諸將置酒郭氏漆里舍（漆里舍名也）
（揚擊筑為歡因得進兵拔邯鄲）
密縣賊戰歿子向嗣帝使喜代將植復
為驍騎將軍封觀津矦（觀津縣名故城在今德州蓚縣西北）

卒復以歆為驍騎將軍封浮陽矦（浮陽縣名屬勃海郡）
喜歆從征伐皆傳國于後向
徙封東武陽矦（東武陽縣屬東郡在武水之陽敬城在今魏州華陽南）
述嗣永平十五年坐與楚王英謀反國除
耿純字伯山鉅鹿宋子人也父艾為王莽
濟平尹（王莽改定陶曰濟平也）
言士（王莽法古置納言之官即尚書也故曰納言士）
純學於長安因除為納
始立使舞陰王李軼降諸郡國純父艾
還為濟南太守時李軼兄弟用事專制方

面賓客游說者甚眾純連求謁不得通父
之迺得見因說軼曰大王以龍虎之姿遭
風雲之時（從遭龍風從曰雲易曰雲從龍風從虎）奮迅拔起期月之
開兄弟稱王（故酒卒也少康反期音基）而德信不聞於
士民功勞未施於百姓寵祿暴盛此智者
之所忌也（前書廣雯曰暴得富貴者不祥也故云智者之所忌也）兢兢
者危猶懼不終而況沛然自足可以成功
者乎（公羊傳曰力沛若有餘何休注曰沛有餘優饒貌）軼奇之且以其
鉅鹿大姓迺承制拜為騎都尉授以節令

安集趙魏會世祖度河至邯鄲純即謁見
世祖深接之純退見官屬將兵法度不與
它將同遂求自結納獻馬及縑帛數百四
世祖北至中山留邯鄲會王郎反世祖自
薊東南馳（敺號讀曰驅牧純銜持勒輿使夜遯出城柾節道中軼所在盧奴言詩上所反之狀）（東觀記王郎所反之狀）純與從昆
弟訢宿植共率宗族賓客二千餘人（漢續）
老病者皆載木自隨奏迎於育（昆弟）
拜純

書曰皆衣襘襓絲衣也老病者恐死故載以從軍育縣名故城在其州

為前將軍封耿鄉侯（注：水經曰，郎水北有耿鄉，光武封耿純為侯國。俗謂之宜安城，其故城在今恒州稾城縣西南也）

訢宿植皆偏將軍使
與純居前降宋子，從攻下曲陽及中山。是
時郡國多降邯鄲者，純恐宗家懷異心，迺
使訢宿歸，燒其廬舍。合世祖問純故，對曰：
見明公單車臨河北，非有府藏之蓄、重賞
甘餌可以聚人者也（注：黃石公記曰，芳餌之下必有死魚，重賞之下必有死夫）。徒以恩德懷之，是故士眾
樂附。今邯鄲自立，北州疑惑，純雖舉族歸
命，老弱在行，猶恐宗人賓客半有不同心
者，故燔燒屋室，絕其反顧之望。世祖歎息。

及至鄗，世祖止傳舍。鄗大姓蘇公反城開
門內王郎將李惲。純先覺知，將兵逆與惲
戰，大破斬之。從平邯鄲，又破銅馬時赤眉
青犢上江大肜鐵脛五幡十餘萬眾並在
射犬。世祖引兵將擊之，純軍在前去營
數里，賊忽夜攻純，兩射營中（注：矢下如雨也），士多死
傷。純勒部曲堅守不動，選敢死二千人俱

持彊弩，各傳三矢，使衝枚閒行（注：傳著繞出也）。
賊後齊聲呼，彊弩並發，賊眾驚走，追擊
遂破之。馳騎白世祖曰：昨夜困乏，賴明公威德
至營勞純。世祖明旦與諸將俱
幸而獲全。世祖屬純居馬
救耳。軍營進退無常，卿宗族不可悉居軍
中，迺以純族人耿伋為蒲吾長（注：蒲吾縣名屬常山郡，故城在今恒州靈壽縣南）。

高陽矦擊劉永於濟陰，下定陶。初，純從攻
王郎，憚馬折肩，時疾發，迺還詣懷宮（注：懷河內縣名，有離宮）。
於是使植將純營，純猶以前將軍從弟植
名有離。帝問卿兄弟誰可使者，純舉從弟植（注：官馬）
眾與綿曼賊交通（注：綿曼縣名屬真定國，故城在今恒州石邑縣西北，俗音訛謂之人文故城也）。
為主（注：漢以火德，故云赤也。光武於高祖九代孫，故云九）。揚病瘳，欲以惑
定王劉揚，復造作讖記云：赤九之後瘳揚
將軍鄧隆徵揚，揚閉城門不內副等，乃復
遣純持節，行赦令於幽冀，所過並使勞慰

王戾密勑純曰劉揚若見因而收之純從
吏士百餘騎與副隆會元氏俱至真定止
傳舍揚稱病不謁以純真定宗室之出[謂姊妹子為出也]
子為出也遣使與純書欲相見純報曰奉使
見王戾牧守不得先詔如欲面會宜出傳
舍時揚弟林邑戾讓及從兄細書觀記續漢[東觀記續漢書細並作細]
各擁兵萬餘人揚自恃衆強而純意安靜
即從官屬詣之兄弟並將輕兵在門外揚
入見純純接以禮敬因延請其兄弟皆入

遒閉閤悉誅之因勒兵而出真定震怖無
敢動者帝憐揚謀未發並封其子復故
國純還京師因自請曰臣本吏家子孫幸
遭大漢復興聖帝受命位列將爵為通
戾天下略定臣無所用志願試治一郡盡
力自效帝笑曰卿既治武復欲修文邪迺
拜純為東郡太守時東郡未平純視事數
月盜賊清寧四年詔純將兵擊更始東平
大守范荊荊降進擊太山濟南及平原賊

皆平之居東郡四歲時發干長有罪純案
奏圍守之奏未下長自殺純坐免以列戾
奉朝請從擊董憲道過東郡百姓老小數
千隨車駕涕泣云願復得耿君帝謂公卿
曰純年少被甲冑為軍吏耳治郡迺能見
思若是平六年定封為東光戾[東光今滄州縣也續漢書也]
純辭就國帝曰文帝謂

周勃丞相吾所重君為我率諸戾就國今
亦然也純受詔而去至鄴賜穀萬斛到國
弔死問病民愛敬之八年東郡濟陰盜賊
羣起遣大司空李通橫野大將軍王常擊
之帝以純威信著於衛地[衛地東郡舊地也]遣使拜
太中大夫與大兵會東郡太守吏民聞純入
界盜賊九千餘人皆詣純降大兵不戰而
還璽書復以為東郡太守吏民悅服十三
年卒官謚曰成戾子阜嗣後為輔威將

軍封武邑侯[武邑縣名屬信都今冀州縣也]宿至代郡太守

封遂鄉侯訢為赤眉將軍封著武侯從鄧

禹西征戰死雲陽凡宗族封列侯者四人

關内侯者三人為二千石者九人阜徙封

莒鄉侯永平十四年坐同族耿歙與楚人

顏忠辭語相連國除建初二年肅宗追思

純功紹封卓子旴為高亭侯旴卒無嗣帝

復封旴弟騰[騰高亭侯也]卒子忠嗣忠卒孫

緒嗣

植義發奉兵佐威

贊曰任邳識幾嚴城解扉[解猶開也]委佗還旅[委佗音於危反佗音移行貌也旅眾也]

二守焉依[太守邳彤為和成太守也左傳日平王東遷晉鄭焉依言光失軍而南還依任邳以成功]純[續漢書云封旴為高亭侯也]

唐章懷太子賢注

朱祐　景丹
王梁　杜茂
馬成　劉隆
傅俊　堅鐔
馬武

朱祐字仲先，南陽宛人也〔東觀記曰祐作少〕。孤，歸外家復陽劉氏〔復陽縣名屬南陽郡，福避安帝諱，故城今隨州隨縣〕，往來舂陵〔卓茂〕。世祖與伯升皆親愛之。伯升拜大司徒，以祐為護軍〔前書曰護軍都尉秦官平，帝元始元年更名護軍也〕。及世祖為大司馬，討河北，復以祐為護軍，常見親幸，舍止於中，祐侍讌，從容曰：「長安政亂，公有日角之相，此天命也〔日角解在光武紀也〕。」世祖曰：「召刺姦收護軍〔王莽置左右刺姦使督姦猾，猾賊所傷上親候視之以〕！」祐乃不敢復言，從征河北，常力戰陷陣〔續漢書曰祐至南鄜為〕，為偏將軍，封安陽侯。世祖即位，拜為建義〔南陽縣名屬〕大將軍，建武二年，更封堵陽侯〔南陽郡故城〕，今唐州方城縣堵陽音者，冬，與諸將擊鄧奉於淯陽，祐軍敗，為奉所獲。明年，奉破，乃肉袒因祐降。帝復祐位，而厚加慰賜。遣擊新野、隨，皆平之〔隨縣名屬南陽郡也，故城今隨州隨縣〕。延岑自敗於穰，遂與秦豐將張成合。祐率征虜將軍祭遵與戰於東陽〔東陽聚名在南陽〕，大破之，臨陣斬成。歸豐，祐收得印綬九十七〔東觀記曰收得所盜茂陵武帝廟衣印綬〕。進擊黃郵，降之。賜祐黃金三十斤。四年，率破姦將軍侯進、輔威將軍耿植，代征南大將軍岑彭圍秦豐於黎丘，破其將張康於蔡陽，斬之。帝自至黎丘，使御史中丞李由持璽書招豐，豐出惡言不肯降，車駕引還。勅祐方略，祐盡力攻之。明年夏，城中窮困，豐乃將其母妻子九人肉袒降。祐檻車傳豐送洛陽，斬之。大司馬吳漢劾奏祐廢詔受降遣將之任，帝不加罪。祐還，與騎都尉臧宮會擊延岑餘黨陰鄷、筑陽三縣賊〔毛仙〕，悉平之。祐為人質直，尚儒學，將兵率眾多

受降以克定城邑為本不存首級之功又
禁制士卒不得虜掠百姓軍人樂放縱多
以此怨之九年屯南行唐拒匈奴
十三年增邑定封鄝侯 食邑七千
三百戶願受南陽五百戶足矣上不許 十五年朝
京師上大將軍印綬因留奉朝請祐奏宜令三公並去大名以法經
即施行又奏宜令三公並去大名以法經
者人民受封不加王爵可改諸王為公
典後遂從其議祐初學長安帝往候之祐

〈後漢列傳十二〉 三

不時相勞苦而先外講舍後車駕幸其第
帝因笑曰主人得無捨我講平乎有舊恩
數蒙賞賚
子演嗣永元十四年卒子商嗣商卒
皇后巫蠱事免為庶人 永
初七年鄧太后紹封演子沖為鄝侯
景丹字孫卿馮翊櫟陽人也少學長安王
莽時舉四科能言語通政事明文學之士丹以

陳從

言語為固德侯相有幹事稱遷朔調連率
副貳
與連率耿況復為上谷長史王郎起丹
與況共謀拒之況使丹與子弇及寇恂等
將兵南歸世祖世祖引見丹等笑曰邯鄲
將帥數言我發漁陽上谷兵吾聊應言然
郡良為吾來 何意二

〈後漢列傳十二〉 四

大夫共此功名耳拜丹為偏將軍號奉義
矦從擊王郎將兒宏等於南䜌
迎戰漢軍退卻 丹等
縱突騎擊大破之追奔十餘里死傷者從
橫丹還世祖謂曰吾聞突騎天下精兵今
乃見其戰樂可言邪遂從征河北世祖即
位以讖文用平狄將軍孫咸行大司馬眾
咸不悅詔舉可為大司馬者
羣臣所推唯吳漢及丹帝曰景將軍北
也

州大將軍是其人也然吳將軍有建大策之

勳謂發漁陽兵也又誅苗幽州謝尚書其功大

舊制驃騎將軍官與大司馬相兼也

爲驃騎大將軍建武二年定封丹櫟陽矦

帝謂丹曰今關東故鄉國雖數縣不過櫟

陽萬戶邑夫富貴不歸故鄉如衣繡夜行

故以封卿耳丹頓首謝秋與吳

漢建威大將軍耿弇建義大將軍朱祐與吳

金吾賈復偏將軍馮異強弩將軍陳俊於

曹王常騎都尉臧宮等從擊破五校於茀

陽見衆五萬人會陝賊蘇況

攻破弘農生獲郡守丹時病

帝以其舊將起領郡事乃夜召

入謂曰賊迫近京師但得將軍威重臥以

鎮之足矣丹不敢辭乃力疾拜命將營到

郡十餘日薨子尚嗣從封余

吾矦尚卒子苞嗣苞卒

子臨嗣無子國絕永初七年鄧太后紹封

苞弟遽爲監亭矦

王梁字君嚴漁陽安陽人也爲郡吏太守

彭寵以梁守狐奴令與蓋延吳漢俱將兵

南及世祖於廣阿拜偏將軍旣拔邯鄲賜

爵關內矦從平河北拜野王令與河內太

守寇恂悃南拒洛陽北守天井關朱鮪等不

敢出兵世祖以爲梁功及即位議選大司

空而赤伏符曰王梁主衛作玄武

合帝以野王衛之所徙

水神之名司空水土之官也於是擢拜梁

爲大司空封武強矦建武二年與大司馬

吳漢等俱擊檀鄉有詔軍事一屬大司馬

而梁輒發野王兵帝以其不奉詔勑令止

在所縣而梁復以便宜進軍宗廣持節軍中斬梁廣

違命大怒遣尚書宗廣持節軍中斬梁廣

不忍乃檻車送京師旣至赦之月餘以爲

後漢列傳十二

五

六

李賢

中郎將行執金吾事北守箕關擊赤眉別
校降之三年春轉擊五校追至信都趙國
破之悉平諸屯聚冬遣使者持節拜梁前
將軍四年春擊肥城文陽拔之（肥城縣名屬太山郡故城在今濟州平陰縣東南文陽故城在今兗州泗水縣西）進與驃騎大將軍
杜茂擊佼彊蘇茂於楚沛開拔大梁齧桑（前書音義曰齧桑縣名或曰城名史記張儀與齊楚會戰齧桑）一而捕虜將軍馬
武偏將軍王霸亦分道並進歲餘悉平之
五年從救桃城破龐萌等梁戰尤力拜山

陽太守鎮撫新附將兵如故數月徵入代
歐陽歙為河南尹梁穿渠引穀水注洛陽
城下東寫鞏川及渠成而水不流七年有
司劾奏之梁慚懼上書乞骸骨乃下詔曰
梁前將兵征代衆人稱賢故擢典京師建
議開渠為人興利旅力既愆（愆過也言衆力已過而功不成）迄無成功
百姓怨讟談者讙譁雖（讟謗也）
蒙寬宥猶執謙退君子成人之美（論語載孔子之言也）
其以梁為濟南太守十三年增邑定封封

阜成矦阜（成屬勃海今冀州縣）十四年卒官子禹嗣禹
卒子堅嗣堅坐父禹及弟平與楚
王英謀反弃市國除
杜茂字諸公南陽冠軍人也初歸光武於
河北為中堅將軍常從征伐世祖即位拜
大將軍封樂鄉矦（樂鄉屬信都國）北擊五校於真
定進降廣平建武二年更封苦陘矦與中
郎將王梁擊五校賊於魏郡清河東郡悉
平諸營保降其持節大將三十餘人

年遣使持節拜茂為驃騎大將軍擊沛郡（三郡清靜道路流通明）
拔芒（芒縣名也郡國志曰臨雒屬沛國）時西防復反迎佼彊
五年春茂率捕虜將軍馬武進攻西防數
月拔之彊奔董憲東方既平七年詔茂引
兵北屯田晉陽廣武以備胡寇（廣武縣名屬太原郡）
年與鴈門太守郭涼擊盧芳將尹由於繁（繁時縣名今代州縣也）
峙繁（代州縣名）芳將賈覽率胡騎萬餘救之
茂戰軍敗引入樓煩城（樓煩縣名屬鴈門郡故城在今代州崞縣東也）

03-344

時盧芳據高柳與匈奴連兵數寇邊
民帝患之十二年遣謁者段忠將眾郡弛
刑配茂鎮守北邊因發邊卒築亭候修烽
火又發委輸金帛繒絮供給軍士并賜邊
民冠蓋相望茂亦建屯田驢車轉運先是
鴈門人賈丹霍匡解勝等為盧所略由
以為將帥與共守平城丹等聞芳敗遂共
殺由詣郭涼涼上狀皆封為尹由
輸金帛賜茂涼軍吏及平城降民自是盧

【後漢列傳十二】　九　李芳

芳城邑稍稍來降涼誅其豪右郁氏之屬
鎮撫羸弱旬月閒鴈門且平芳遂亡入匈
奴帝擢涼子為中郎宿衞左右涼字公文
右北平人也身長八尺氣力壯猛雖武將
然通經書多智略尤曉邊事有名北方初
幽州牧朱浮辟為兵曹掾擊寵有功封
廣武族十三年增茂邑更封脩族[儵縣名屬信都國也]使軍吏殺
十五年坐斷兵馬稟練[斷猶割也]
人免官削戶邑定封脩族遼鄉族十九年卒

子元嗣永平十四年坐與東平王等謀反
減死一等國除永初七年鄧太后紹封茂
孫奉為安樂亭族
馬成字君遷南陽棘陽人也少為縣吏世[郯縣名今汝州郯城]
祖徇潁川以成為安集掾調守郟令[郟縣]
祖及世祖討河北成即棄官步負追及於[郟縣]
滿陽以成為期門從征伐世祖即位再遷
護軍都尉建武四年拜揚武將軍督誅虜
將軍劉隆振威將軍宋登射聲校尉王賞

【後漢列傳十二】　十　吳佐

發會稽丹陽九江六安四郡兵擊李憲時
帝幸壽春設壇場祖禮道之[應劭風俗通曰謹按禮傳共工氏之子曰脩好遠游舟車所至足跡所達靡不窮覽故祀以為祖神祖道也][進圍憲於]
不出守之歲餘至六年春城中食盡乃攻
舒令諸軍各深溝高壘憲數挑戰成堅壁
之遂屠舒斬李憲追擊其黨與盡平江淮
地七年夏封平舒族[平舒屬代郡]八年從征破
隗囂以成為天水太守將軍如故冬徵還
京師九年代來歙守中郎將率武威將軍

劉尚等破河池遂平武都〔河池縣一名仇池屬武都郡今鳳州也〕

明年大［1］至李通罷以成行大司空事

居府如真數月復拜揚武將軍十四年屯

常山中山以備北邊并領建義大將軍朱

祐營又代驃騎大將軍杜茂繕治障塞自

西河至渭橋〔西河今勝州富昌縣也渭橋在今咸陽縣東南〕河上

築保壁起烽燧十里一候在事五六年帝

至井陘〔太原今并州也井陘今恒州也〕中山至鄴皆 太原

至安邑〔前書曰河上地名故秦内史高帝二改爲河上郡武帝分屬左馮翊〕

爲中山太守印綬上將軍印綬領屯兵如故〔二〕

十四年南擊武谿蠻賊無功〔武谿水在今辰州盧溪縣西〕

復遣成還屯及南單于保塞北方無事拜

上太守印綬二十七年定封全椒侯〔全椒縣名今屬州縣〕

就國三十二年卒子衛嗣豐卒子香〔也州縣〕

嗣徙封棘陵侯香卒子豐嗣豐卒子玄

立卒子邑嗣邑卒子醴嗣桓帝時以罪失

國延熹二年帝復封成玄孫昌爲益陽亭

劉隆字元伯南陽安衆侯宗室也王莽居

攝中隆父禮與安衆侯崇起兵誅莽事泄

隆以年未七歲故得免及壯學於長安更

始拜爲騎都尉謁歸〔謁請也謂請假歸也〕迎妻子置洛

陽聞世祖在河内即追及於射犬以爲騎

都尉與馮異共拒朱鮪李軼等軼遂殺隆

妻子建武二年封元父族〔九父縣名屬東平國故城在今兗州〕

縣南〔任城縣南〕四年拜誅虜將軍討李憲憲平遣隆

屯田武當〔武當今均州縣也〕十一年守南郡太守歲

餘上將軍印綬十三年增邑更封竟陵族

是時天下墾田多不以實又戶口年紀互

有增減十五年詔下州郡檢覈其事而刺

史太守多不平均或優饒豪右侵刻羸弱

百姓嗟怨遮道號呼時諸郡各遣使奏事

帝見陳留吏牘上有書視之云潁川弘農

可問河南南陽不可問〔抵欺也〕帝怒時

肯服抵言於長壽街上得之〔也〕帝怒時

顯宗爲東海公年十二在幄後言曰吏受

郡劾當欲以墾田相方耳帝曰即如此何

故言河南南陽不可問對曰河南帝城多

近臣南陽帝鄉多近親田宅踰制不可爲

準帝令虎賁將詰問吏吏乃實首服如顯

宗對於是遣謁者考實具知姦狀明年隆

坐徵下獄其疇輩十餘人皆死帝以隆功

臣特免爲庶人明年復封爲扶樂鄉侯＜交阯蠻夷＞

中郎將副伏波將軍馬援擊交阯蠻夷

側等隆別於禁谿口破之＜交阯郡麓泠縣有金谿亦相傳音訛＞

謂之禁谿則徵側等所敗奧也其地＜今峯州新昌縣也麓音鹿泠音零＞

斬首千餘級降者二萬餘人還更封＜獲其帥徵貳＞＜章懷 十三＞

大國爲長平侯＜長平縣屬汝南郡＞及大司馬吳漢

羨隆爲驃騎將軍行大司馬事隆奉法自

守視事八歲上將軍印綬罷賜養牛上樽

酒十斛＜前書音義曰稻米一斛爲中樽粟米一斛得酒一斗爲下樽也＞

以列族奉朝請三十年定封慎侯＜慎縣名屬汝南郡也＞

中元二年卒諡曰靖侯子安嗣

傅俊字子衛潁川襄城人也世祖徇襄城

俊以縣亭長迎軍拜爲校尉襄城收其母＜東觀記曰傅俊＞

弟宗族皆滅之從破王尋等＜等於陽關漢兵反走逃水上上以手飲水澡鹽積眉塵垢謂俊曰今日罷倦甚諸卿寧邪以爲＞

偏將軍別擊京密破之遣歸潁川收葬家

屬及於郟鄲上謁世祖俊與賓客十餘人追

及世祖即位以俊爲侍中建武二年封昆

陽侯三年拜俊積弩將軍與征南大將軍＜李壽＞

伐世祖即討河北世祖使將軍潁川兵常征

岑彭擊破秦豐因將兵徇江東揚州悉定

七年卒諡曰威侯子昌嗣徙封無湖侯＜縣名屬丹陽郡＞＜漢無湖侯＞

願之封乞錢五十萬爲關內侯蕭宗怒貶＜建初中遭母憂因上書以國貧不＞

爲關內侯音不賜錢永初七年鄧太后復

封昌子鐵爲高置亭侯

堅鐔字子伋＜東觀記伋作皮＞潁川襄城人也爲郡縣

吏世祖討河北或薦鐔者因得召見以其

吏能署主簿又拜偏將軍從平河北別擊

破大槍於盧奴世祖即位拜鐔揚化將軍封濦強侯〔濦強縣名屬汝南郡濦音於靳反〕與諸將攻洛陽而朱鮪別將守東城者為反開私約鐔晨開上東門〔上東門洛陽故城東面北頭第一門也〕鐔與建義大將軍朱祐乘朝而入與鮪大戰武庫下〔洛陽記曰建始殿東有太倉倉東有武庫藏兵之所〕殺傷其衆至旦食乃罷朱鮪由是遂降又別擊內黃平之建武二年與右將軍萬脩徇南陽諸縣而堵鄉人董訢反宛城獲南陽太守劉驎鐔乃引軍赴〔張宗〕宛選敢死士夜自登城斬關而入訢遂棄城走還堵鄉鄧奉復反新野攻破吳漢時萬脩病卒鐔獨孤絕南拒鄧奉北當董訢一年閒道路隔塞糧饋不至鐔食蔬菜與士卒共勞苦每急輒先當矢石〔石謂礮石以投人也墨子曰備城者積石百枚重十鈞已上者〕身被三創以此能全其衆及帝征南陽擊破訢奉以鐔爲左曹常從征伐六年定封合肥侯二十六年卒子鴻嗣鴻卒子浮嗣浮卒子雅嗣

馬武字子張南陽湖陽人也少時避讎客居江夏王莽末竟陵西陽三老起兵於郡界武往從之後入綠林中遂與漢軍合更始立以武爲侍郎與世祖破王尋等拜爲振威將軍與尚書令謝躬共攻王郎及世祖拔邯鄲請躬及武等置酒高會因欲圖躬不剋既罷獨與武登叢臺〔故趙王臺也在今洺州邯鄲城中〕從容謂武曰吾得漁陽上谷突騎欲令將軍將之何如武曰駑怯無方略世祖曰將軍久將習兵豈與我椽史同哉武由是歸心及謝躬誅死武馳至射犬降世祖見之甚悅引置左右每勞饗諸將武輒起行酒於前世祖以爲歡使將其部曲至鄴武叩頭辭以不願世祖愈美其意因從擊羣賊世祖擊尤來五幡等敗於慎水武獨殿還陷陣故賊不得迫及〔殿鎮後也音丁殿反言兵敗而鎮其後〕進至安定次小廣陽〔即廣平亭也在今幽州范陽縣西南以有廣陽國故謂此亭為小廣陽也〕武常爲軍鋒力戰無前諸將皆引

而隨之故遂破賊窮追至平谷浚靡而還〔平谷縣名屬漁陽郡浚靡縣名屬右北平郡靡音廉〕中騎都尉封山都矦建武四年與武爲侍〔世祖即位以武爲侍〕軍蓋延等討劉永武別擊濟陰下成武楚兵拜捕虜將軍明年龐萌反攻桃城武先與戰破之會車駕至萌遂敗走六年夏與建威大將軍耿弇西擊隗囂漢軍不利引下隴囂追急武選精騎還爲後拒身被甲持戟奔擊殺數千人囂兵乃退諸軍得還長安十三年增邑更封鄃矦〔鄃縣名屬平原郡故城在今德州平原縣西鄃音俞〕將兵北屯下曲陽備匈奴坐殺軍吏受詔將妻子就國武徑詣洛陽上將軍印綬削戶五百定封爲楊虛矦因留奉朝請帝後會與功臣諸矦讌語從容言曰諸卿不遭際會自度爵何所至乎高密矦鄧禹先對曰臣少甞學問可郡文學博士帝曰何言之謙乎卿鄧氏子志行脩整何爲不掾功曹餘各以次對至武曰臣以武

勇可守尉督盜賊帝笑曰且勿爲盜賊自致亭長斯可矣武爲人嗜酒闊達敢言〔大度也敢言謂果敢於言無所隱也〕餘短長無所避忌帝故縱之以爲笑樂帝〔時醉在御前面折同列言〕雖制御功臣而每能回容宥其小失〔回容也曲法以〕餘祿終輒增邑賞不任以吏職故皆保其福祿終無誅譴者二十五年武以中郎將將兵擊武陵蠻夷還上印綬顯宗初西羌寇隴右覆軍殺將朝廷患之復拜武捕虜將軍以中郎將王豐副與監軍使者竇固右輔都尉陳訢將烏陽營三輔募士〔北武置黎陽營見鄧訓傳涼州諸郡羌胡兵及弛刑合四〕萬人擊之到金城浩亹與羌戰〔浩亹縣名屬金城郡故城在今蘭州廣武縣西南浩音閤亹音門〕斬首六百級又戰於洛〔湟水一名洛都水西自吐谷渾界入在今鄯州湟水縣〕都谷爲羌所敗〔在今蘭州廣武縣西皇水渾界入在今鄯州皇水縣〕死者千餘人羌乃率衆別出塞武復追擊到東西邯大破之〔酈元水經注曰邯川城左右有水西北出南經邯亭注于河蓋以此〕

水分流謂之東西邨也 音相化陰縣東 在今郷州化陰縣東

斬首四千六百級獲生

口千六百人餘皆降散武振旅還京師增

邑七百戸弁前千八百戸永平四年卒子

檀嗣坐兄伯濟與楚王英黨顏忠謀反國

除永初七年鄧太后紹封武孫震為瀅亭

侯 震卒子側嗣 瀅音胡反 側彤反

論曰中興二十八將前世以為上應二十

八宿未之詳也然咸能感會風雲奮其智

勇 風雲已具 稱為佐命亦各志能之士也

▲後漢列傳十二　十九　毛仙　通易

議者多非

光武不以功臣任職至使英姿茂績委而

勿用然原夫深圖遠算固將有以焉爾若

乃王道既衰降及霸德 王謂周也霸謂齊桓晉文公 猶能

授受惟庸勳賢皆序如管隰之迭升栢世 史記曰管仲隰朋修齊國

先趙之同列文朝可謂兼通矣 降自

秦漢世資戰力至於翼扶王運皆武人屈

佐襄下軍公曰趙襄其所譚皆

其政齊人皆悅事之管子曰管仲隰朋可謂兼

不可諱政將安移之對曰隰朋可國語云文公使先趙

子佐令張良是也已上皆華嶠之辭

封驗曰黃命鄭玄注云黃者火之子佐命

▲後漢列傳十二

起 屈起猶勃起也 起音其 勿反 亦有販繒屠狗輕猾之徒

睢陽販繒者樊噲沛人皆從高祖 或崇以連城之賞或任

以屠狗為事者樊噲也 阿衡之地 樊噲 阿倚也衡平也言天下依倚

以阿衡之地 故埶疑則隙生力侔則亂起 執位過則君臣

平也取 也 相疑 則君臣

蕭樊且猶縲紲信越終見菹戮不

等相疑 故信越韓彭

其然乎 乃下廷尉械繫之 蕭何為丞相請上林中空地上大怒

斬繒平限呂后執噲諸人上 令告信反呂后使武士縛信斬之

書告信反越謀反夷宗族刑法志曰夷三族者

梟其首菹其骨肉彭越 令其舍人告越謀反遂族之

越韓信皆受此誅 自茲以降迄于孝武宰

輔五世莫非公族 自高祖迄于孝武凡五代也其中

之 輔皆以公侯勳貴為之 縉赤色也紳帶也

遂使縉紳道塞賢能蔽壅 或作搢插紳之

也謂插笏於帶也 及

於帶也謂插笏 朝有世及之私下多抱關之怨 世

門者前書曰蕭望之署小苑東門俟王仲翁謂望之

謂父子相繼也禮記曰大人世及以為禮抱關謂守

反不肯開為 其懷道無聞委身草莽者亦何

曰不肯開碌碌 雖寇鄧之高勳耿賈之

矯正也達失也枉曲也過其正 存矯枉之志

孟子曰矯枉者過其正 可勝言故光武鑒前事之違

鄧禹為大司徒封高密侯食邑 馮異分土不過大縣數四所加特進朝請

時勳食邑二縣奉朝請賈復封膠東侯凡食 而已

03-350

六縣以列

族加特進　觀其治平臨政課職責各將所謂

道守以政齊之以刑者乎　論語曰導之以政齊之以刑也若以上法繩正功臣則於其

無若格之功臣其傷已甚　格正也

恥

有害　何者直繩則虧喪舊燒情則遷廢

也

禁典選德則功不必厚卑勞則未賢

校其勝否即以事相權　勝否猶可就

秩厚禮允苔元功峻文深憲責成吏職建

參任則羣心難塞並列則其歉未遠　參任

武之世族者百餘若夫數公者則與國

為高祖悉用蕭曹故人

封祿莫不終以功名延慶于後昔留族以

議分均休咎　而郭伋亦譏

南陽多顯　鄭興又戒功臣專任

夫崇恩偏授易

啓私溺之失至公均被必廣招賢之路意

者不其胅乎永平中顯宗追感前世功臣

乃圖畫二十八將扵南宮雲臺其外又有

王常李通竇融卓茂合三十二人故依其

本弟係之篇末以志功臣之次云爾

太傅高密侯鄧禹

中山太守全椒侯馬成

大司馬廣平侯吳漢

河南尹阜成侯王梁

左將軍膠東侯賈復

琅邪太守祝阿侯陳俊

執金吾雍奴侯寇恂

驃騎大將軍參蘧侯杜茂

建威大將軍好畤侯耿弇

征南大將軍舞陽侯岑彭

積弩將軍昆陽侯傅俊

左曹合肥侯堅鐔

征西大將軍夏陽侯馮異

後漢列傳士　二十三　章畋

太傅宣德矦卓茂

贊曰帝績思文庸功是存　庸勳也言將興帝績則念勳功之目也

有來羣后捷我戎軒　捷勝也謂寇鄧之徒翼佐王烈戎車所至皆克捷也

婉孌龍姿儷景同飈　婉孌猶親愛也龍姿謂光武也儷耦青也偶也言諸將齊景翻飛而率大功也

後漢書列傳卷第十二

後漢列傳士　二十四　圖滿

竇融　弟子固　曾孫憲　玄孫章

唐章懷太子賢注

竇融字周公扶風平陵人也七世祖廣國

孝文皇后之弟封章武侯（章武縣屬勃海郡故城在今滄州魯城縣）也融高祖父宣帝時以吏二千石自常山

徙焉融早孤王莽居攝中為強弩將軍司（見前書）

馬強弩將軍即林也東擊翟義還攻槐里（槐里趙明）以軍功

霍鴻等起兵以應翟義王邑等破義還合之融時隨其軍也見前書一

義（王舜之子王臣之）末青徐賊起太師王匡請

儵以任俠為名然事母兄養弱弟內修行

邑小妻家長安中出入貴戚連結閭里豪

封建武男（東觀記續漢書女弟為大司空王）並云寧武男

邑敗於昆陽下歸長安漢兵長驅入關王邑薦融拜

融為助軍與共東征及漢兵起融復從王

為波水將軍（前書音義曰波水在長安南）賜黃金千斤引

兵至新豐莽敗融以軍降更始大將軍趙

萌萌以為校尉薦融為鉅鹿太守

融見更始新立東方尚擾不欲出關而高

祖父嘗為張掖太守從祖父為護羌校尉

從弟亦為武威太守累世在河西知其土

俗獨謂兄弟曰天下安危未可知河西殷

富帶河為固張掖屬國精兵萬騎（漢邊郡皆置屬）

國（一旦緩急杜絕河津足以自守此遺種）

處也（遺猶餘也可以保）兄弟皆然之於是日（毛仙）

為言更始乃得為張掖屬國都尉融大喜

往守萌（守猶求也）辭謝鉅鹿圖出河西（圖謀）萌

即將家屬而西既到撫結雄傑懷輯羌虜

也（今羌中有姓厙音）甚得其歡心河西既安

泉太守梁統金城太守庫鈞（前書音義曰厙姓即倉庫吏後）張掖都尉史苞

州郡英俊融皆與為厚善及更始敗融與

梁統等計議曰今天下擾亂未知所歸河

西斗絕在羌胡中（斗峻絕也前書斗入海）不同心戮

力也（勤并則不能自守權鈞力齊復無以相）

率當推一人為大將軍共全五郡觀時變
動議既定而各謙讓咸以融世任河西為
吏人所敬向乃推融行河西五郡大將軍
事是時武威太守馬期張掖太守任仲並
孤立無黨乃共移書告示之二人即解印
綬去於是以梁統為武威太守史苞為張
掖太守竺曾為酒泉太守辛肜為敦煌太
守庫鈞為金城太守融居屬國領都尉職
如故置從事監察五郡河西民俗質樸而

融等政亦寬和上下相親晏然富殖修兵
馬習戰射明烽燧之警羌胡犯塞融輒自
將與諸郡相救皆如符要（赴敵也每輒
破之）其後匈奴饕义（德創也說文
云义亦饕也）稀復侵寇
而保塞羌胡皆震服親附安定北地上郡
流人避凶飢者皆歸之不絕融等遙聞光武
即位而心欲東向以河西隔遠未能自通
時隗囂先稱建武年號融等從受正朔隗
皆假其將軍印綬隗外順人望內懷異心

使辯士張玄游說河西曰更始事業已成
尋復亡滅此一姓不再興之效今即有所
主便相係屬一旦拘制自令失柄後有危
殆雖悔無及今豪傑競逐雌雄未決（前書音
義曰高祖以）
顧與沛公當各據其土宇與隴蜀合從（項羽謂
高祖音
絫徭遠）
執利台齊眉曰從以咸 高可為六國下不失尉佗（陳勝起佗行南海
趙真定人也
故曰尉佗姓）

傑及諸太守計議其中智者皆曰漢承堯
運
歷數延長今皇帝姓號見於圖書（謂
河圖）
自前世博物道術之士谷子
雲夏賀良等建明漢有再受命之符言之
久矣（前書成帝時谷永上書曰漢家歷運中
衰當再受命矣
季涉三七之節紀漢帝時夏賀良言赤精子
秀發兵捕不道故劉子駿改易名字冀應符命
名劉秀字穎叔冀應符命）
及莽末道士西門
君惠言劉秀當為天子遂謀立子駿事覺
被殺出謂百姓觀者曰劉秀真汝主也皆

近事暴著〔暴露也著見也〕，智者所共見也。除言天命，且以人事論之，全稱帝者數人，而洛陽土地最廣，甲兵最彊，號令最明。觀符命而察人事，它姓殆未能當也。諸郡太守各有賓客，或同或異。融本書獻馬。先是帝聞河西宁富，地接隴、蜀，常欲招之以過覼、述。亦發使遺融書，遇鈞於道，即與俱還。帝見鈞，歡其，禮饗畢，乃遺令還，賜融璽書曰：

制詔行河西五郡大將軍事屬國都尉：勞鎮、中邊五郡，兵馬精彊，倉庫有蓄，民庶殷富，外則折挫羌胡，內則百姓蒙福，威德流聞，虛心相望，道路隔塞，邑邑何已！長史所奉書獻馬悉至〔深知厚意〕，今益州有公孫子陽，天水有隗將軍，方蜀、漢相攻，權在將軍，舉足左右，便有輕重〔猶隴通曰與楚即漢即漢捷以此〕。言之欲相厚豈有量哉！諸事具長史所見，將軍所知。王者迭興，千載一會〔言時難得而易失也〕。欲

遂立桓、文，輔微國，當勉卒功業〔周室微弱齊桓晉文輔之以霸〕。欲三分鼎足，連衡合從，亦宜以時定〔酈通說韓信曰三分天下鼎足而立〕。天下未并，吾與爾絕域，非相吞之國。今之議者，必有任囂效尉佗制〔秦胡亥時南海尉任囂病且死召龍川令趙佗語曰番禺負山險阻南北東西數千里頗有中國人相輔此亦一州之主可為國尉佗行南海尉事佗即移檄九真南海日南皆越之地此七郡也〕七郡之計。王者有分土，無分民，自適已事而已〔今以黃金二百斤〕。今以黃金二百斤賜將軍，便宜輒言。因授融為涼州牧，璽書

既至河西，咸驚，以為天子明見萬里之外，網羅張立〔一作驚〕之情。融即復遣鈞上書曰：臣融竊伏自惟，幸得託先后末屬，蒙恩為外戚，累世二千石，至臣之身，復備列位，假歷將帥〔假借濫也〕，守持一隅。以委質則易為辭，以納忠則易為力。書不足以深達至誠，故遣劉鈞口陳肝膽，自以底裏上露，長無纖介〔言底裏無藏隱而璽書盛稱蜀漢二主三分〕，而璽書盛稱蜀、漢二主三分鼎足之權，任囂、尉佗之謀，竊自痛傷。且融

雖無識猶知利害之際順逆之分豈可背
眞舊之主事姦僞之人廢忠貞之節爲傾
覆之事弃已成之基求無異之利此三者
雖問狂夫猶知去就而目獨何以用心謹
遣同產弟友詣闕口陳區區友至高平<small>平高</small>
<small>今涼州縣也</small> 會甂反叛道絕馳還遣司馬席封<small>尉藉封</small>
閒行通書<small>書席皆作虎字</small><small>東觀記及續漢</small>帝復遣席封賜<small>尉藉解見</small>
友書所以尉藉之甚備<small>甂甂傳</small><small>融旣深</small>
知帝意乃與甂甂書責讓之曰伏惟將軍<small>華定</small>

國富政修士兵懷附親遇厄會之際國家<small>七</small>
不利之時<small>謂漢遭王</small>守節不回<small>回邪承事本</small>
朝後遣伯春<small>恭其奉也</small><small>甂甂之字也</small>委身於國無疑之誠於<small>百</small>
斯有效融等所以欣服高義願從役於將
軍者良爲此也而怨恨之閒<small>悁悁</small>改節易
圖君曰分爭上下接兵<small>言違背</small>委成功造
難就也<small>委弃</small>去從義爲橫謀<small>去從背山東也</small><small>爲橫通西蜀也</small>
年累之一朝毀之豈不惜乎殆執事者貪
功建謀以至於此<small>言隙甂執政事者貪有建</small><small>其功而立此逆謀也</small><small>融稿</small>

痛之當今西州地勢局迫人兵離散易以
輔人難以自建計若失路不反聞道猶迷
<small>淮南子曰通於道者如車軸不運於已而轂致千里不通於道者若迷惑告以東西南北然彷徉復逆</small>
不南合子陽則北入文伯耳<small>大伯盧</small><small>貞亦恃也</small>
矣<small>芳也</small>
虛交而易強禦恃遠救而輕近敵<small>易輕恃</small>
<small>公孫述而</small><small>禦光武也易音以豉反</small>
危衆以舉事仁者不違義以要功以小<small>衆也</small>
敵大於衆何如<small>衆也</small>弃子徼功於義何如
<small>言違也</small>且初事本朝稽首北面忠臣節也<small>首稽</small>
<small>禮君南嚮答君也</small><small>八</small>

拜天子禮也<small>陽之義曰北面答君也</small><small>後漢列傳十三</small>
慈父恩也俄而背之謂吏士何忍而弃之<small>之</small>
謂留子何<small>對伯春謂見在之子也</small>自兵起以來轉於溝壑今
相攻擊城郭皆爲丘墟生人轉於溝壑今
其存者非鋒刃之餘則流亡之孤迄今傷
痍之體未愈哭泣之聲尚聞幸賴天運少
還而大將軍復重興之難是使積痍不得遂
瘳幼孤將復流離其爲悲痛尤足愍傷言
之可爲酸鼻<small>宋玉曰孤子寡婦寒心酸鼻</small>庸人且猶不忍

況仁者乎融聞爲爲忠甚易得宜實難
憂人大過以德取怨我爲難知且以言獲罪也區區所獻唯將軍
省焉雖不納融乃與五郡太守共砥厲兵
馬上疏請師期帝深善美之乃賜融以外
屬圖及太史公五宗外戚世家

外屬孝景皇帝出自竇氏
傳其後魏其縣屬琅邪郡
詔報曰每追念

繼統以正
定王景帝之子朕之所祖昔魏其一言
長君少君賢奉師傅
修成淑德施及子孫
皇太后神靈上天祐漢也從天水來者寫
將軍所讓隗書痛入骨髓畔臣見之當
殷慄慚愧忠臣則酸鼻流涕義士則曠若

後曠說文曰曠明也有矑子而無見曰矑前
曠昭然光照矣

忠孝慈誠勤能如此
薄者所能剋堪誣罔自知河西之助族禍
將及欲設間離之說乃亂惑眞心轉相解搆
而結憾以成其姦又京師百僚不曉國家
及將軍本意多能採取虛僞詭誕妄談令
忠孝失望傳言實毀譽之來皆不徒然
不可不思今關東盜賊已定大兵今當悉
西將軍其抗厲威武以應期會融被詔即

與諸郡守將兵入金城太守居其郡隗囂使使
封何諸種殺金城太守初更始時先零羌
略遺封何與共結盟欲發其眾融等因軍
出進擊封何大破之斬首千餘級得牛馬
羊萬頭穀數萬斛因河揚威武
伺候車駕時大兵未進融乃引還帝以融
信効著明益嘉之詔右扶風修理融父墳
塋祠以太牢數馳輕使致遺四方珍羞梁
統乃使人刺殺張玄遂與囂絕皆解所假

將軍印綬七年夏酒泉太守竺曾以弟報

怨殺人而去郡國侯王龍等曾慚而去郡融
（東觀記曰曾弟嬰報怨殺屬）

承制拜曾為武鋒將軍更以辛彤代之先戒

嵬囂發兵寇安定帝將自西征之秋

期會遇兩道斷且囂兵已退乃止融至姑

被詔罷歸融恐大兵遂久不出乃上書曰

嵬囂聞車駕當西且囂等東下士眾騷動計

且不戰囂之屬皆欲逢迎大軍後

▲後漢列傳十三　十一

臧涼州城昔匈奴故地臧城後人音訛名姑臧也
（姑臧縣名屬武威郡今涼州縣也西河舊事曰）

聞兵罷峻等復疑囂揚言東方有變西州

豪桀遂復附從囂又引公孫述將令守突

門云介猶關也
（突門守城之門墨子曰城百步為一突門也）
（杜預注左傳）

前臣融促其後緩急迭用首尾相資囂勢

排迮不得進退此必破也若兵不
（排迮感迫也）

早進久生持疑則外長寇讎內示困弱復

令讒邪得有因緣臣竊爲憂之惟陛下哀憐

帝深美之八年夏車駕爲西征嵬囂融率五

郡太守及羌虜小月氏等步騎數
（小月氏西城胡國名）

萬輜重五千餘兩與大軍會高平第一
（高平縣）

是時軍旅代帝融先遣從事問會見儀適
（今原州縣郡國志云高平有第一城）

或背使者交私語帝聞融先問禮儀甚善
（儀猶言）

之以宣告百僚乃置酒高會引見融等待

大夫遂共進軍囂眾大潰城邑皆降帝高
（拜弟友爲奉車都尉從弟士太中）

融功下詔以安豐陽泉蓼安風四縣
（四縣）
（章英）

封融爲安豐矦弟友爲顯
（並屬廬江郡安豐令壽州縣也故城在今霍山縣西北安風本漢六安國及陽泉故城並在今安豐縣南）
（杜預注左傳曰蓼音了）

親矦遂以次封諸將帥
（顯親縣故城在今秦州成紀縣東南也）

爲成義矦張掖太守史苞爲襄
（武鋒將軍竺曾爲助義矦酒泉太守辛彤爲扶）

義矦金城

太守庫鈞爲輔義矦酒泉太守梁統

義矦封爵旣畢乃乘輿東歸悉遣融等西還

所鎮融以兄弟並受爵位久專方面懼不

自安數上書求代詔報曰吾與將軍如左

▲後漢列傳十三　十二

右手耳〔韓信亡蕭何自追之人曰丞相何亡〕數執
高祖聞之如失左右手耳見前書

謙退何不曉人意勉循士民無擅離部曲
及隴蜀平詔融與五郡太守奏事京師官
屬賓客相隨駕乘千餘兩馬牛羊被野融
到詣洛陽城門上涼州牧張掖屬國都尉
安豐侯印綬詔遣使者還侯印綬引見就
諸侯位賞賜恩寵傾動京師數月拜為異
州牧十餘日又遷大司空融自以非舊臣

〔一旦入朝在功臣之右每召會進見容貌〕
【後漢列傳十三】（十三）

辭氣卑恭已甚帝以此愈親厚之融小心
又不自安數辭讓爵位因侍中金遷口達
至誠〔金遷安上之曾孫安時為尚書令見前書〕又上疏
曰臣融年五十三有子年十五質性頑鈍

臣融朝夕教導以經藝不得令觀天文見
讖記誠欲令恭肅畏事恂恂循道不願其
有才能何況乃當傳以連城廣土尊故諸
疾王國哉因復請閒求見帝不許後罷諸
遂巡席後帝知欲有讓遂使左右傳出它

日會見迎詔融曰曰者知公欲讓職還土
〔曰者猶往日也〕故命公署熱且自便今相見宜論
它事勿得復言融不敢重陳請二十年大
司徒戴涉坐所舉人盜金下獄帝以三公
參職不得已乃策免融明年加位特進〔二公
十三年代陰興行衛尉事特進如故又兼
領將作大匠弟友為城門校尉兄弟並典
禁兵融復乞骸骨〔說苑曰晏子任東阿乞
骸骨以避賢者之路〕帝輒
賜錢帛太官致珍奇及友卒帝愍融年衰

遣中常侍中謁者即其卧內強進酒食融
長子穆尚內黃公主代友為城門校尉穆
子勳尚東海恭王彊女沘陽公主友子固
亦尚光武女涅陽公主顯宗即位以融從
兄子林為護羌校尉竇氏一公兩侯三公
主四二千石〔一公大司空也兩侯安豐顯親也四
主穆尚內黃公主友子固尚沘陽公主護羌校尉中〕
郎將相與並時自祖及孫官府邸弟相望京
邑奴婢以千數於親戚功臣中莫與為比
永平二年林以罪誅事在西羌傳帝由是

【後漢列傳十三】（十四）

數下詔切責融戒以寶嬰田蚡禍敗之事
田蚡武帝王皇后異父弟也為丞相社會寶嬰之罪使至誅戮事見前書融惶恐乞骸
骨詔令郎弟養病歲餘聽上衛尉印綬賜
養牛上樽酒融在宿衞十餘年年老子孫
干亂政事以封在安豐欲令姻戚悉據故
六安國遂矯稱陰太后詔令六安侯劉肝
去婦因以女妻之五年肝婦家上書言狀
帝大怒乃盡免穆等官諸寶為郎吏者皆

谷闕有詔悉復追還會融卒時年七十八
諡曰戴族賻送甚厚帝以穆不能修尚能不
監護其家居數年謁者奏穆父子自失軄惶整自而擁富貴居大弟常令謁者一人高尚也
數出怨望語帝令將家屬歸本郡唯勳以
沘陽主壻留京師穆坐賂遺小吏捕繫以
與子宣俱死平陵獄勳亦死洛陽獄久之
詔還融夫人與小孫一人居洛陽家舍十

四年封勳弟嘉為安豐侯食邑三千戶奉
融後和帝初為少府及勳子大將軍憲被
誅免就國嘉卒子萬全嗣萬全卒子會宗
嗣萬全弟子武別有傳

論曰寶融始以豪俠為名拔起風塵之中拔音步末反拔卒也
亦音彭八反義兩通以投天隙說文曰蟬蛻所解皮也之間隙遂蟬蛻音稅終膺卿相之
王爵之尊言去微至貴也蛻音稅位此則徼功趣埶之士也及其爵位崇滿
至乃放遠權寵怲怲似若不能巳者又何

智也言融之心欲去權貴以帝不納故嘗獨
詳味此子之風度雖經國之術無足多談
而進退之禮良可言矣

固字孟孫少以尚公主為黃門侍郎續漢書曰
給事黃門侍郎六百石好覽書傳喜兵法貴顯用事
中元元年襲父友封顯親侯顯宗即位遷續漢
中郎將監羽林士都尉監羽林秩比二千石後
坐從兄穆有罪廢于家十餘年時天下又
安帝欲遵武帝故事擊匈奴通西域以固

明習邊事固舊隨融在河〔西曉知邊事也〕十五年冬拜為奉
車都尉〔嶺漢志曰比二千石掌御乘輿〕以騎都尉耿忠為副
〔忠弇孫也〕謁者僕射耿秉為駙馬都尉秉彭為
副皆置從事司馬並出屯涼州明年固與
忠率酒泉敦煌張掖甲卒及盧水羌胡〔水東經臨羌縣故城比又東盧溪水注之水出西南盧川即其地也〕萬二千騎出酒
泉塞耿秉秦彭率武威隴西天水募士及
羌胡萬騎出居延塞〔居延塞在今甘州張掖縣東北〕又太僕
祭肜度遼將軍吳棠將河東北地西河羌
原鴈門代郡上谷漁陽右比平定襄郡兵
及烏桓鮮卑萬一千騎出平城塞固至
天山〔縣在朔方北今名祁連山〕擊呼衍王斬
首千餘級呼衍王走追至蒲類海〔蒲類海今名婆悉海〕
留吏士屯伊吾盧城〔伊吾今伊州故地本匈奴地明帝置宜禾都尉以為屯田故地今伊州納職縣伊吾故小城地也〕耿秉秦彭絕
漢六百餘里至三木樓山〔匈奴中山名〕來苗文穆

至匈奴河水上虜皆奔走無所獲祭肜吳
棠坐不至涿邪山免為庶人時諸將唯固
有功加位特進明年復出玉門擊西域詔
耿秉及騎都尉劉張皆去符傳以屬固〔專將兵者並有符傳操合之取信今去符傳者受固節慶之節度以愛信之故不繼賤之是以愛〕
事已具耿秉傳固在邊數年羌胡服其恩
信〔東觀記曰羌胡見客美肉未熟人人長跪前割之血流指間進之於固固輒為啗不穢賤之是以愛之如父母也〕肅宗即位以公主修勑慈愛累世
崇重加號長公主增邑三千戶徵固代魏

應為大鴻臚帝以其曉習邊事每被訪及
建初三年追錄前功增邑一千三百戶七
年代馬防為光祿勳明年復代馬防為衛
尉固久歷大位甚見尊貴賞賜租祿貲累
巨億而性謙儉愛人好施士以此稱之章
和二年卒諡曰文矦子彪至射聲校尉先
固卒無子國除

憲字伯度父勳被誅定少孤建初二年女
弟立為皇后拜憲為郎稍遷侍中虎賁中

郎將弟篤為黃門侍郎，兄弟親幸，並侍宮省，賞賜累積，寵貴日盛，自王及陰馬諸家莫不畏憚。憲恃宮掖聲勢，遂以賤直請奪沁水公主園田〔沁水公主，明帝女〕，主逼畏不敢計。後肅宗駕出過園，指以問憲，憲陰喝不得對〔喝，音一介反，或作嗚，音烏故反〕。後發覺，帝大怒，召憲切責曰：「深思前過，奪主田園時，何用愈趙高指鹿為馬〔愈猶差也。趙高解見靈帝紀〕。久念使人驚怖。昔永平中，常令陰黨、陰博、鄧疊三人更相糾察〔使更相糾察也。博，陰興之子〕，故諸豪戚莫敢犯法者，而詔書切切〔切切猶勤勤也〕，猶以舅氏田宅為言，今貴主尚見枉奪，何況小人哉！國家弃憲如孤雛腐鼠耳〔啄者曰雛〕。」憲大震懼，皇后為毀服深謝，良久乃得解，使以田還主，雖不繩其罪，然亦不授以重任。和帝即位，太后臨朝，憲以侍中內幹機密，出宣誥命〔幹王也，或曰古管字也〕。肅宗遺詔以篤為虎賁中郎將，篤弟景、瓌並中常侍，於是兄弟

皆在親要之地。憲以前太尉鄧彪有義讓〔委隨猶順從也〕，先帝所敬，而仁厚委隨，故尊崇之，以為太傅，令百官總己以聽，其所施為，輒外令彪奏，內白太后，事無不從。又屯騎校尉桓郁〔郁音於六反〕累世帝師，而性和退自守，故上書薦之，令授經禁中，所以內外協附，莫生嫌疑。憲性果急，睚眦之怨莫不報復〔睚眦，裂眥也，或謂裂眥目視之怨必報。睚音崖，眦音仕懈反〕。永平時謁者韓紆考劾父勳獄，憲遂令客斬紆子，以首祭勳冢〔紆音於〕。齊殤王子都鄉侯暢來弔國憂〔暢，齊武王縯之孫，伯升之子，章帝〕，暢素行邪僻，與步兵校尉鄧疊親屬數往來京師，因疊母元自通長樂宮，得幸太后，被詔召上東門〔東門〕，憲懼暢分宮省之權，遂令客刺殺暢於屯衛之中〔屯兵宿衛之所〕，而歸罪於暢弟利侯剛，乃使侍御史與青州刺史雜考剛等，後事發覺，太后怒，閉憲於內宮。憲懼誅，自求擊匈奴以贖死。會南單于請兵北伐，乃拜憲車騎將

軍金印紫綬官屬依司空　以執金吾耿秉為副發北軍五校黎陽雍營緣邊十二郡騎士及羌胡兵出塞明年憲與秉各將四千騎及南匈奴左谷蠡王師子萬騎出朔方雞鹿塞南單于屯屠河將萬餘騎出滿夷谷度遼將軍鄧鴻及緣邊義

▲後漢列傳十三　　李秀

從羌胡八千騎與左賢王安國萬騎出陽塞皆會涿邪山憲分遣副校尉閻盤司馬耿夔耿譚將左谷蠡王師子右呼衍王須訾等精騎萬餘與北單于戰於稽落山大破之虜眾崩潰單于遁走追擊諸部逐臨私渠比鞮海斬名王已下萬三千級獲生口馬牛羊橐駝百餘萬頭於是溫犢須日逐溫吾夫渠王柳鞮等八十一部率

眾降者前後二十餘萬人憲秉遂登燕然山去塞三千餘里刻石勒功紀漢威德令班固作銘曰惟永元元年秋七月有漢元舅曰車騎將軍竇憲寅亮聖明登翼王室熙　　　　　乃與執金吾耿秉述職巡御理兵於朔方師　　　　鷹揚之校螭虎之士爰該六

▲後漢列傳十三　　陳震

氏羌戎王君長之羣驍騎三萬元戎輕武長轂四分輶軨路萬有三千餘乘陣莅以威神玄甲耀日朱旗絳天絕大漠斬溫禺以釁鼓血尸逐以染鍔遂陵高闕下雞鹿經磧鹵然後四校橫徂星流彗埽蕭條萬里野無遺寇於是域

滅區單反施而旋考傳驗圖窮覽其山川

逐踹逐邪跨安庪乘燕然躪冒頓之區落

焚老上之龍庭

振大漢之天聲

光祖宗之玄靈下以安固後嗣恢拓境宇

上以攄高文之宿憤

茲所謂

一勞而久逸暫費而永寧者也

乃遂封山刊石昭銘上德

其辭曰鑠王師兮征荒裔

勦凶虐兮截海外

敻其邈兮亙地界

封神丘兮建隆嵑

熙帝載兮振萬世

師而還遣軍司馬吳氾梁諷奉金帛遺北

單于宣明國威而兵隨其後時虜中乖亂

氾諷所到輒招降之前後萬餘人遂及單

于於西海上宣國威信致以詔賜單于璽

首拜受諷因說宜修呼韓邪故事保國安

人之福

單于喜悅即將其眾與諷俱還

到私渠海聞漢軍已入塞乃遣弟右溫禺

鞮王奉貢入侍隨諷詣闕憲以單于不自

身到奏還其侍弟於是漠北遺憲古

鼎容五斗其傍銘曰仲山甫鼎其萬年子

子孫孫永保用憲乃上之詔使中郎將持

節即五原拜憲大將軍封武陽庪食邑二

萬戶憲固辭封賜策許焉舊大將軍位在

三公下置官屬依太尉

次太傅下三公上長史司馬秩中二千石

從事中郎二人六百石自下各有增損

還京師於是大開倉府勞賜士吏其所將

諸郡二千石子弟從征者悉除太子舍人

是時篤為衛尉景瓖

皆侍中奉車駙馬都尉四家競修第宅窮
極工匠明年詔曰大將軍憲前歲出征克
滅北狄朝加封賞固讓不受舅氏舊典並
蒙爵土（西漢故事帝舅皆封侯）其封憲冠軍侯邑二萬
戶篤鄧疾景汝陽侯瓌夏陽侯各六千戶
憲獨不受封遂將兵出鎮涼州以侍中鄧
疊行征西將軍事為副北單于以漢還侍
弟復遣車諧儲王等款居延塞欲入朝見
願請大使憲上遣大將軍中護軍班固行
中郎將與司馬梁諷迎之會北單于為南
匈奴所破被創遁走固至私渠海而還憲
以北虜微弱遂欲滅之明年復遣右校尉
耿夔司馬任尚趙博等將兵擊北虜於金
微山大破之克獲其衆北單于逃走不知
所在憲既平匈奴威名大盛以耿夔任尚
等皆為爪牙郎疊郭璜為心腹班固傅毅
之徒皆置幕府以典文章刺史守令多出其
門尚書僕射郅壽樂恢並以忤意相繼自

殺由是朝臣震慴望風承旨而篤進
位特進得舉吏（漢法三公得舉吏）見禮依三公景為
執金吾瓌光祿勳權貴顯赫傾動京都雖
俱驕縱而景為尤甚奴客緹騎依倚形埶
（漢官儀曰執金吾緹騎二百人說文曰緹帛丹黃色也言奴客及緹騎並為縱）
侵陵小人
橫強奪財貨篡取罪人妻略婦女商賈閉
塞如避寇讎有司畏懦莫敢舉奏太后聞
之使謁者策免景官以特進就朝位瓌少
好經書節約自修出為魏郡遷潁川太守
竇氏父子兄弟並居列位充滿朝廷叔父
霸為城門校尉瓌弟襄弟作大匠襄弟嘉
少府其為侍中將大夫郎吏十餘人憲既
負重勞陵肆滋甚四年封鄧疊為穰侯疊
與其弟步兵校尉磊及母元又憲女婿射
聲校尉郭舉舉父長樂少府璜（太后居長樂宮故有少府）
秩二千石皆相交結元舉出入禁中舉得幸
太后遂共圖為殺害帝陰知其謀乃與近
幸中常侍鄭眾定議誅之以憲在外慮其

懼禍為亂忍而未發會憲及鄧疊班師還
京師詔使大鴻臚持節郊迎賜軍吏各有
差憲等既至帝乃幸北宮詔執金吾五校
尉勒兵屯衛南北宮開城門收捕疊磑璜
舉皆下獄誅家屬徙合浦遣謁者僕射收
憲大將軍印綬更封為冠軍侯憲及篤景
瓌皆遣就國帝以太后故不欲名誅憲為
殺宗族賓客以憲為官者皆免歸本郡瓌
以素自修不被逼迫明年坐稟假貧人
徙封羅羨不得臣吏人
初竇后之譖梁氏憲等豫
有謀焉永元十年梁棠兄弟
從九真還路由長沙逼瓌令自殺後和熹
鄧后臨朝永初三年詔諸竇萬全俱還京師
論曰衛青霍去病資強漢之眾連年以事
匈奴國耗太半矣而猾虜未之勝後世猶

傳其良將豈非以身名自終邪嘗憲率羌
胡邊雜之師一舉而空朔庭至乃追奔稽
落之表飲馬北鞬之曲銘石頁鼎薦告清
廟列其功庸兼茂於前多矣而後世莫稱
者章末嘗以降其實也是以下流君
夫二三子得之不過房幄之間非復搜揚
子所甚惡焉
仄陋選舉而登也
病奴僕之時
生無答罵足矣
乃庸力之不暇思鳴之無晨
竇將軍念咎之日
之則為虎不用則為鼠信矣以此言之士
有懷琬琰以就煨塵者亦何可支哉
章字伯向少好學有文章與馬融崔瑗同
好更相推薦
永初中三輔遭羌寇章避難東

國家於外黃 外黃縣屬陳留郡城在今汴州雍丘縣東 居貧蓬戸

蔬食 莊子原憲編蓬為戸 論語顏回飯蔬食也 躬勤孝養然講讀

不輟太僕鄧康 鄧珍之子 聞其名請欲與

交章不肯往康以此益重焉是時學者稱

東觀為老氏藏室道家蓬萊山 老子為守藏史記東觀藏書籍 多也蓬萊海中神山為仙府幽經祕錄並皆在焉

康遂薦章入東觀為校書郎順帝初章女

年十二能屬文以才貌選入掖庭有寵與

梁皇后並為貴人擢章為羽林郎將 續漢志曰羽林郎

郎秩二百石無員 遷屯騎校尉章謙虛下士 郭傳 常宿衛侍從也

收進時輩甚得名譽是時梁竇並貴各有

賓客多交携其間章推心待之故得免於

患貴人早卒帝追思之無巳詔史官樹碑

頌德章自為之辭貴人歿後帝禮待之無

衰永和五年遷少府漢安二年轉大鴻臚

建康元年梁后稱制章自免卒于家中子

唐有俊才官至虎賁中郎將

贊曰惆惆安豐亦稱才雄 楚詞曰惆惆款款 也王逸注曰志純

二九

折鼎王靈以宣 鼎三足三公象折足者言其不 勝任也易曰鼎折足覆公餗也

兵金山聽笳龍庭鑠石燕然 笳胡樂也老子作之 也

孟孫明邊伐北開西 音先韻憲實定于溟遠

漢 一也實亦猶實也 提挈河右奉圖歸忠 奉圖者謂既奉 外戚圖乃歸於

郭傳

三十

范曄　後漢書二十四

唐章懷太子賢注

馬援　子廖　子防　兄子嚴　族孫校

【後漢列傳十四】

馬援字文淵扶風茂陵人也其先趙奢為趙將號曰馬服君子孫因為氏（服馬者言能服馭馬也史記曰趙惠文王以奢有功賜爵號為馬服君）武帝時以吏二千石自（服駅馬也）邯鄲徙焉（茂陵成懽里　曾祖父通以功封重　城在今洛州樂陵縣故援再世不顯）合侯坐兄何羅反被誅（重合縣屬勃海郡故　遂故援再世不顯　事見前書）

援三兄況余貢（余字聖卿貢字季主並有才）能王莽時皆為二千石（況河南太守　校尉貢增山連率　援）年十二而孤少有大志諸兄奇之嘗受齊詩意不能守章句乃辭況欲就邊郡田牧（東觀記曰援以況出為河南太守次兩兄為吏京師見家用不足乃）況曰汝大才當晚成良工不示人以朴且從所好（從其所請也）會況卒援行服（辭況欲就邊郡畜牧也）幕年不離墓所敬事寡嫂不冠不入廬舍（廬）

也後為郡督郵送囚至司命府（王莽置司命官上公已下）皆料四有重罪援哀而縱之遂亡命北地遇赦因留畜牧賓客多歸附者遂役屬數百家（續漢書援過北地任氏畜牧自是役屬　天水父仲又嘗為祖賓苑使）志窮當益堅老當益壯（客皆依援　轉游隴漢間常謂賓客曰丈夫為）馬羊數千頭穀數萬斛既而歎曰凡殖貨財產貴其能施賬也否則守錢虜耳乃盡散以班昆弟故舊身衣羊裘皮絝王莽末四方兵起莽從弟衛將軍林廣招雄俊乃辟援及同縣原涉為掾（涉字先　見前書）莽以涉為鎮戎大尹（王莽改天水為鎮　援為）新成大尹（莽改上郡為增山連率亦改太守為大尹其無封　改太守為正伯稱連率世無封）山連率（莽改漢中為新成也）位貢先詣洛陽帝遣貢復避地涼州世祖即（尹也）爵者為與援俱去郡復卒於官援因留西州隗囂甚敬重之以援為綏德將軍與決籌策是時公孫述稱帝於蜀隗囂使援

往觀之、援素與述同里閈（說文曰閈閈也杜預注左傳閈閈門也）相善，以為既至，當握手歡如平生，而述盛陳陛衛，以延援入，交拜禮畢，使出就館，更為援制都布單衣（東觀記曰都作布史記曰布衣量布也何承天纂文云無極皆布名布方言曰禪衣江淮南楚之間謂之樓關之東西謂之禪衣）、交讓冠，會百官於宗廟中，立舊交之位。述鸞旗旄騎（解在公孫述傳）警蹕就車，磬折而入（磬折者屈身如磬之曲折也），禮饗官屬甚盛，欲授援以封侯大將軍位，賓客皆樂留，援曉之曰：「天下雄雌未定，公孫不吐哺走迎國士（哺食也史記周公餟卓受）（伯禽曰吾一沐三握髮一食三吐哺猶恐失天下之心也），與圖成敗反修飾邊幅（言若布帛之有邊幅也左傳曰如偶人形也面目機發有似於生人也俑音勇）如偶人形。此子何足久稽天下士乎（稽留也）！」因辭歸，謂囂曰：「子陽井底蛙耳（言述志識褊狹如坎井之蛙事見莊子），而妄自尊大，不如專意東方。」建武四年冬，囂使援奉書洛陽，援至，引見於宣德殿，世祖迎笑謂援曰：「卿遨遊二帝間，今見卿使人大慚。」援頓

首辭謝，因曰：「當今之世，非獨君擇臣也（家語曰君擇臣而任之臣亦擇君而事之），臣亦擇君矣。臣與公孫述同縣，少相善。臣前至蜀，述陛戟而後進臣，若今遠來，陛下何知非刺客姦人而簡易若是（在宣德殿南廡下但懷坐故云簡易也）。」帝復笑曰：「卿非刺客，顧說客耳。」援曰：「天下反覆，盜名字者不可勝數（今見陛下恢廓大度同符高祖乃知帝王自有真也）。」帝甚壯之。援從南幸黎丘，轉至東海，及還以為待詔，使太中大夫來歙持節送援西歸隴右，隗囂與援共臥起，問以東方流言及京師得失。援說囂曰：「前到朝廷上引見（東觀記曰援初到粉今黃門引入時上）數十（東觀記曰十四見），每接譙語自夕至旦，才明勇略非人敵也，且開心見誠無所隱伏，闊達多大節，與高帝同，經學博覽，政事文辯，前世無比。」囂曰：「卿謂何如高帝？」援曰：「不如也。高帝無可無不可（此論語孔子自言己之所行也），今上好吏事動如節度，又不喜飲酒。」援意不懌曰

如卿言反復勝邪然雅信援故遂遣長子恂入質援因將家屬隨恂歸洛陽居數月而無它職任援以三輔地曠土沃而所將賓客猥多乃上書求屯田上林苑中帝許之會隗囂用王元計意更狐疑（狐性多疑故曰狐疑）援數以書記責譬於囂囂怨援背己得書增怒其後遂發兵拒漢援乃上疏曰臣援自念歸身聖朝奉事陛下本無公輔一言之薦左右爲容之助（鄒陽書曰蟠木成萬乘之器者左右爲之容）臣不

自陳陛下何因聞之夫居前不能令人輕居後不能令人軒（言爲人無所輕重也詩云如輕如軒輕音丁利反）與人怨不能爲人患臣所恥也故敢觸冒罪忌昧死陳誠臣與隗囂本實交友初囂遣臣東謂臣曰本欲爲漢願足下往觀之於汝意可即專心矣及臣還反報以赤心實欲導之於善非敢譎以非義而囂自挾姦心盜憎主人（左傳晉伯宗妻曰盜憎主人民惡其上）怨毒之情遂歸於臣臣欲不言則無以上聞願聽詣行

在所極陳滅囂之術得空匈腹申愚策退就隴畝死無所恨帝乃召援計事援具言謀畫因使援將突騎五千往來游說囂將高峻任禹之屬下及羌豪爲陳禍福以離囂支黨援又爲書與囂將楊廣使曉勸於囂曰春卿無恙（春卿楊廣字）前別冀南（天水冀縣也）寂無音驛援閒還長安因留上林竊見四海已定兆民同情而季孟閉拒背畔爲天下表的（表猶標也言爲標準謂射的也言背畔之罪爲天下所指射也）常懼海內

切齒思相屠裂故遺書戀戀以致惻隱之計乃聞季孟歸罪於援而納王游翁諂邪之說（游翁王元字也）自謂函谷以西舉足可定以今而觀竟何如邪援閒至河內過存伯春（存猶問也）見其奴吉從西方還說伯春小弟仲舒望見吉欲問伯春無它否竟不能言曉夕號泣婉轉塵中又說其家悲愁之狀不可言也夫怨讎可刺不可毀援聞之不自知泣下也援素知季孟孝愛曾閔不過夫

孝於其親豈不慈於其子可有子抱三木
而跳梁安作自同分羹之事乎〔三木者謂桎及械也司馬遷曰衣褚關三木分羹謂樂羊也解見公孫述傳〕季孟平生自言所以
擁兵衆者欲以保全父母之國而守墳墓
也又言苟厚士大夫而已而今所欲全者
將破亡之所欲守者將毀傷之季孟嘗折愧子陽而不受其爵〔愧猶辱也〕
將反薄之季孟之所欲厚者欲往附之將難
為顏平若復責以重質當安從得子給
今更共陸陸〔陸陸猶碌碌也〕欲往附之將難
是哉往時子陽獨欲以王相待〔謂欲封為王寧王也〕而
春卿拒之今者歸老更欲低頭與小兒曹
共糟糠而食併肩側身於怨家之朝乎〔林字正反〕
併音早 男兒溺死何傷而拘游哉〔游浮也 今〕
國家待春卿意深宜使牛孺卿與諸者老
大人〔大人謂豪傑也〕共說季孟若計畫不從真可引
領去矣前披輿地圖見天下郡國百有四
所奈何欲以區區二邦以當諸夏百有六
平春卿事季孟外有君臣之義內有朋友

之道言君臣邪固當諫爭語朋友邪應有
切磋〔骨曰切象曰磋言朋友之道如切如磋如琢如磨也詩云如切如磋如琢如磨〕
其無成而但薑腰咋舌從族平〔薑腰要音乃罪反弱也薑腰要〕
及今成計殊尚善也過是欲少
味矣〔味以食音乃罪反〕且來君叔天下信士朝廷重之
其意依依常為西州言援商朝廷尤欲
立信於此也〔也商度必不貪約援不得久留願至漆〕
急賜報廣音〔急賜報廣音不若八年帝自西征囂至漆〕
諸將多以王師之重不宜遠入險
右快風〔漆縣屬右扶風〕
阻計尤豫未決〔尤行貌也叢見亦未定也尤音以林反〕
計尤豫未決〔叢說文豫會召援〕
因說隗囂將帥有土崩之埶兵進有必破
之狀又於帝前聚米為山谷指畫形埶開
示衆軍所從道徑往來分析曲折昭然可
曉帝曰虜在吾目中矣明旦遂進軍至第
一〔第一解見九年拜援為太中大〕
夫副來歙監諸將平涼州自王莽末西羌
寇邊遂入居塞內金城屬縣多為虜有來

歛奏言隴西侵殘非馬援莫能定十一年
夏璽書拜援隴西太守援廼發步騎三千
人擊破先零羌於臨洮斬首數百級獲馬
牛羊萬餘頭守塞諸羌八千餘人詣援降
諸種有數萬（金城郡浩水名也壷者水流峽山間兩岸深若門也詩曰龜驚在壷亦其義也今俗呼此水為閔門河壷門縣名屬）
妻子輜重移屯聚羌寇鈔拒浩亹隘（浩亹音告門縣名屬）
之耳援與揚武將軍馬成擊之羌因將其
開道掩赴其營羌大驚壞復遠從唐翼谷（允吾谷允吾音鈆牙援乃潛行）
中援復追討之羌引精兵聚北山上援陳
軍向山而分遣數百騎繞襄其後乘夜放
火擊鼓叫譟虜遂大潰凡斬首千餘級援
以兵少不得窮追收其穀糧畜產而還援
中矢貫脛帝以璽書勞之賜牛羊數千頭
援盡班諸賓客是時朝臣以金城破羌之
西（城破羌縣名屬金城郡故城在今郡州湟水縣故塗）遠多寇議欲棄
之援上言破羌以西城多完牢易可依固
其田土肥壤（無堁）灌溉流通如令羌在湟

後漢列傳十四　九　林康

中（湟水名也據前書出金城臨羌縣羌縣東至允吾入）則
為害不休不可弃也帝然之於是詔武威
太守（梁統也）令悉還金城客民（在武威者）歸
者三千餘口使各反舊邑援奏為置長吏
繕城郭起塢候（宇林曰塢小障也一曰小城字或作塢音一古反）
水田勸以耕牧郡中樂業又遣羌豪楊封（開導）
辟說塞外羌皆來和親又武都氐人背公
孫述來降者援皆上復其氐王君長賜印
綬帝悉從之乃罷馬成軍十三年武都參
狼羌與塞外諸種為寇殺長吏援將四千
餘人擊之至氐道縣（氐道縣屬隴西郡羌在道縣管蠻夷曰道）羌在
山上援軍據便地奪其水草不與戰羌遂
窮困豪帥數十萬戶亡出塞諸種萬餘人
悉降於是隴右清靜援務開寬信恩以待
下任吏以職但總大體而已賓客故人日
滿其門諸曹時白外事援輒曰此丞掾之
任何足相煩（續漢志曰郡當邊戍丞為長史又置諸曹掾史）為長史又置諸曹掾史
使得遨游若大姓侵小民黠羌欲旅距此

後漢列傳十四　十　楊城

乃太守事耳

民驚言羌反百姓奔入城郭狄道長詣門 傍縣嘗有報仇者吏

請開城發兵援時與賓客飲 秋道縣屬隴西郡今蘭州縣也

大笑曰燒虜何敢復犯我 燒虜即 曉狄道

鑄五銖錢事下三府三府奏以為未可許 燒羌即

虎賁中郎將初援在隴西上書言宜如舊 良怖急者可枕下伏 曉狄道

後稍定郡中服之視事六年徵入為

事遂寢及援還從公府求得前奏難十餘 長歸守寺舍 曉渝他寺也 官舍也 良其

▆後漢列傳十四

條乃隨牒解釋 一一解之條奏其狀也 十一 東觀記曰凡十三難援 更其表

言帝從之天下賴其便援自還京師數被

進見為人明須髮眉目如畫 東觀記曰援長七尺五寸色理 髭鬚眉目

容貌如畫 關於進對尤善述前世行事每言

及三輔長者下至閭里少年皆可觀聽自

皇太子諸王侍聞者莫不屬耳忘倦又善

兵策帝常言伏波論兵與我意合每有所

謀未嘗不用初卷人維汜 卷縣名屬河南郡 故城在今鄭州原 武縣西北也

訞言稱神有弟子數百人坐伏誅

後其弟子李廣等宣言汜神化不死以誑

惑百姓十七年遂共聚會徒黨攻沒皖城 皖縣名屬廬江郡今舒城懷寧縣皖音下板反又下管反

南岳大師遣謁者張宗將兵數千人討之 殺皖侯劉閔自稱

復為廣所敗於是使援發諸郡兵合萬餘

人擊破廣等斬之又交阯女子徵側及女 歐側者麗冷縣雒將之女也嫁為朱䧹妻甚雄勇交阯太守蘇定以法

弟徵貳反 攻沒其郡九真日南合浦蠻夷皆 繩之側忿故反 歐側姊妹詩索妻甚怒故反

應之寇略嶺外六十餘城側自立為王於 其志速

是璽書拜援伏波將軍 東觀記曰援上書臣所 伏波將軍印 以為信也所以

南擊交阯軍至合浦而志病卒詔援并將 犬外鬱城皋令印爲白

其兵遂緣海而進隨山刊道千餘里 扶樂縣名屬九真郡 樓船將軍段志等 以扶樂

十八年春軍至浪泊上與賊戰破之斬首

數千級降者萬餘人援追徵側等至禁谿

數敗之賊遂散走明年正月斬徵側徵貳

越志云徵側兵起都麓泠縣及馬援討之奔入金溪究中二年乃得之

傳首洛陽援為新息疾食邑三千戶援乃擊牛釃酒封勞饗軍士（釃猶濾也詩曰釃酒有藙毛萇云以筐曰釃酒有藙酒所瀝反）從容謂官屬曰吾從弟少游常哀吾慷慨多大志曰士生一世但取衣食裁足乘下澤車御款段馬（段遲緩也言形骸山者欲長轂短轂則利長轂則安行緩緩也言形為郡掾史守墳墓鄉里稱善人斯可矣致求盈餘但自苦耳當吾在浪泊西里間虜未滅之時下潦上霧毒氣重蒸仰

〈後漢列傳古〉 十三 李燾

視飛鳶跕跕墮水中（鳶鴟也跕跕墮貌也跕音都牒蝶二反）臥念少游平生時語何可得也今賴士大夫之力被蒙大恩猥先諸君紆佩金紫且喜且懇史士皆伏稱萬歲援將樓舩大小二千餘艘戰士二萬餘人進擊九真賊徵側餘黨都羊等自無功至居風（無功居風並屬九真郡名）斬獲五千餘人嶠南悉平（嶠嶺雅曰山銳而高曰嶠嶠音渠廟反廣州記曰援到交阯立銅柱為漢之極界也）援奏言西于縣戶有三萬二千（西于縣屬交阯郡故城在今交州龍編縣東也）遠界

去庭千餘里（庭縣也庭）請分為封溪望海二縣許之（封溪望海二縣並屬交阯郡）援所過輒為郡縣治城郭穿渠灌溉以利其民條奏越律與漢律駁者十餘事（駁乘也別名越二）與越人申明舊制以約束之自後駱越奉行馬將軍故事十年秋振旅還京師軍吏經瘴疫死者十四五賜援兵車一乘朝見位次九卿援好騎善別名馬於交阯得駱越銅鼓乃鑄為馬式（式法也高祖法反為貴面闕文餘初成懸汶庭剋嚴置酒鑄銅為鼓唯

〈後漢列傳十四〉 十四 李燾

招致同類者盈門豪富子女以金鑄為大釵執以叩鼓叩亭留遺主人也）還上之因表曰夫行天莫如龍行地莫若馬馬者甲兵之本國之大用安（史記平準書曰）寧則以別尊卑之序有變則以濟遠近之難昔有騏驥一日千里伯樂見之昭然不惑（伯樂秦穆公時善相馬者也相寬鐵論曰騏驥貧鹽車垂頭於太行之坂見伯樂則貴而長鳴）近世有西河子輿亦明相法子輿傳西河儀長孺長孺傳茂陵丁君都君都傳成紀楊子阿目援嘗師事子阿受相馬骨法考

之於事輒有驗効目愚以爲傳聞不如親
見視景不如察形今欲形之於生馬則骨
法難備具又不可傳之於後孝武皇帝時
善相馬者東門京〔京東門姓也名也〕鑄作銅馬法獻
之有詔立馬於魯班門外則更名魯班門
曰金馬門臣謹依儀氏䗖中帛氏口齒謝
氏唇鬐丁氏身中備此數家骨相以爲法

援銅馬相法曰水火欲分明水火在鼻兩孔間也上
唇欲急而方口中欲紅而有光此馬千里頷下欲深
下唇欲緩牙前向牙欲去齒一寸則四百里牙劍鋒
鋒則千里目欲滿而澤腹欲充賤欲小季肋欲長懸
薄欲厚而緩縣薄股也股下欲平滿汗溝欲深長而
膝本欲起肘腋欲開膝欲方蹄欲厚三寸堅如石鞾
音居奇反

馬高三尺五寸圍四尺五寸有詔置
於宣德殿下以爲名馬式焉初援軍還將
至故人多迎勞之平陵人孟冀名有計謀
於坐賀援援謂之曰吾望子有善言反同
衆人邪昔伏波將軍路博德開置七郡裁
封數百戶〔漢書曰平南越以爲南海蒼梧鬱林合浦交阯九眞日南朱崖儋耳九郡今此言七郡則與前書不同也〕今我微勞猥饗大縣功薄賞厚
何以能長久乎先生奚用相濟異曰愚不

及援曰方今匈奴烏桓尚擾北邊欲自請
擊之男兒要當死於邊野以馬革裹屍還
葬耳何能臥牀上在兒女子手中邪冀曰
諒爲烈士當如此矣還月餘會匈奴烏桓
寇扶風援以三輔侵擾園陵危逼請行
許之自九月至京師十二月復出屯襄國
〔襄國縣名屬趙國今邢州龍岡縣也〕詔百官祖道援謂黃門郎
梁松竇固曰凡人爲貴當使可賤如卿等
欲不可復賤居高堅自持勉思鄙言松後
果以貴滿致災固亦幾不免明年秋援乃
將三千騎出高柳行鴈門代郡上谷障塞
烏桓候者見漢軍至虜遂散去援無所得
而還援嘗有疾梁松來候之獨拜牀下援
不荅松去後諸子問曰梁伯孫帝婿〔松尚陰公主〕
貴重朝廷公卿已下莫不憚之大人奈何
獨不爲禮援曰我乃松父友也雖貴何得
失其序乎〔禮記曰見父之執友之夫爲婿〕雖貴何獨不得失其序乎
爾雅曰女子之夫爲婿松父何獨不爲禮乎
統也
松父雖貴何得失其序乎〔禮記曰見父之執友不謂之進不敢進不謂之退不敢退不問不敢對〕
鄭玄曰執父同志如事父也松由是恨之二十

四年武威將軍劉尚擊武陵五溪蠻夷
注水經云武陵有五溪謂雄溪樠溪酉溪無溪辰溪是蠻夷所居故謂五溪蠻皆槃瓠之子孫也土俗雄作熊朗作朗漁作武在今辰州界也
深入軍沒援因復請行時
年六十二帝愍其老未許之援自請曰臣
尚能被甲上馬帝令試之援據鞍顧眄以
示可用帝笑曰矍鑠哉是翁也矍鑠勇貌也東觀記作曤音許縛反
遂遣援率中郎將馬武耿舒劉
匡孫永等將十二郡募士及弛刑四萬餘
人征五溪援與送者訣謂友人謁者杜
愔曰吾受厚恩年迫餘日索索盡也常恐不
得死國事今獲所願甘心瞑目但畏長者
家兒或在左右或與從事殊難得調介
介獨惡是耳弟等介介猶權要也子明年春軍至
臨鄉到武陵臨鄉也遇賊攻縣援迎擊破之
斬獲二千餘人皆散走入竹林中初軍次
下雋下雋縣名屬長沙國故城今辰州沅陵縣雋音字兗反有兩道可入
從壺頭則路近而水嶮壺頭山名也在今辰州元陵東武陵記曰此山頭與東海方壺山相似神仙多所游集因名壺頭山也從充則塗夷而運

遠充縣名屬武陵郡充音昌容反帝初以為疑及軍至耿舒
欲從充道援以為弃日費糧不如進壺頭
搤其喉咽搤持充賊自破以事上之帝從
援策三月進營壺頭賊乘高守隘水疾船武陵記曰壺頭山援所
不得上會暑甚士卒多疫死援亦中病遂
困乃穿岸為室以避炎氣室穴也室內有蛇如百斛邊有石竇即援所賊每升險鼓譟援輒
曳足以觀之左右哀其壯意莫不為之流
涕耿舒與兄好畤嫉弇書曰前舒上書當
先擊充糧雖難運而兵馬得用軍人數萬
爭欲先奮今壺頭竟不得進大眾怫鬱行
死誠可痛惜前到臨鄉賊無故自致若夜
擊之即可殄滅伏波類西域賈胡到一處
輒止言似商胡所至輒留賈音古以是失利今果疾疫皆
如舒言會弇得書奏之帝乃使虎賁中郎將
梁松乘驛責問援因代監軍會援病卒松
宿懷不平受其拜以援往遂因事陷之帝大怒追
收援新息侯印綬初兄子嚴敦並喜譏議

並余之子也（喜音許吏反）而通輕俠客援前在交阯還書誡之曰吾欲汝曹聞人過失如聞父母之名耳可得聞口不可得言也好論議人長短妄是非正法（謂譏刺政也）此吾所大惡也寧死不願聞子孫有此行也汝曹知吾惡之甚矣所以復言者施衿結褵申父母之戒（説文曰袷交袵也詩云親結其褵毛萇注云褵婦人之褘也女施袵結悅爾雅曰褵綬也郭璞注曰即今之香纓也儀禮父戒女曰戒之敬之夙夜無違命母戒之曰戒之勘之夙夜無違宮事也）欲使汝曹不忘之耳龍伯高敦厚周慎口無擇言謙約節儉廉公有威吾愛之重之願汝曹効之杜季良豪俠好義憂人之憂樂人之樂清濁無所失（合宜輕重）父喪致客數郡畢至吾愛之重之不願汝曹効也効伯高不得猶為謹勑之士所謂刻鵠不成尚類鶩者也（鶩鴨也）効季良不得陷為天下輕薄子所謂畫虎不成反類狗者也訖今季良尚未可知郡將下車輒切齒州郡以為言吾常為寒心是以不願子孫効也季良名保

十九　李賢

京兆人時為越騎司馬（續漢書曰越騎司馬秩千石）保仇人上書訟保為行浮薄亂羣惑衆伏波將軍萬里還書以誡兄子而梁松竇固以之交結將扇其輕偽敗亂諸夏書奏帝召責松固以訟書及援誡書示之松固叩頭流血而得不罪詔免保官高名述亦京兆（山都縣屬南陽郡故城在今襄州義淸縣東北今名固城也）人此擢拜零陵太守（州今永）初援在交阯常餌薏苡實用能輕身省慾以勝瘴氣（神農本草經曰）人為山都長（也）援欲以為種軍還載之一車時人以為南土珍怪權貴皆望之援時方有寵故莫以聞及卒後有上書譖之者以為前所載還皆明珠文犀（犀之有文彩也）馬武與於陵侯侯昱等（覇之子也）皆以章言其狀帝益怒援妻孥惶懼不敢以喪還舊塋裁買城西數畝地槀葬而已（裁僅也與纔同槀草也以不歸舊塋時槀葬故稱槀）賓客故人莫敢弔會嚴與援妻子草索相連詣闕請

二十　吳佐

罪。帝乃出松書以示之，方知所坐。上書訴冤，前後六上，辭甚哀切，然後得葬。又前雲陽令同郡朱勃詣闕上書曰：臣聞王德聖政，不忘人之功（論語周公謂魯公曰……不使大臣怨乎不以……於一人），採其一美，不求備於眾。故高祖敕葬田橫（釋不誅田橫，初自稱齊王，漢定天下……保於海島，高祖追橫，橫自殺，以王禮葬之……見前書），大臣曠然，咸不自疑（漢朝削通，說轉信背……）。夫大將在外，讒言在內，微過輒記，大功不計，誠為國之所慎也。故章邯畏口而奔楚（章邯為秦將，使人請邯，事至咸陽，趙高不見），燕將據聊而不下（史記無）。豈其甘心末規哉，悼巧言之傷類也（詩云巧言如簧。規善也）。竊見故伏波將軍新息侯馬援，拔自西州，欽慕聖義，閒關險難（閒關……崎嶇也），觸冒萬死，孤立群貴之閒，傍無一言之佐，馳深淵，入虎口，豈顧計哉（戰國策曰魏安釐王……入朝周訴對曰今有人……我呪曰若入不出請徇寡人以首……謂恆入不測之泉而徇臣以首可乎）！

〔王 毛仙〕

首也（囚王於不測之秦而徇王以首竊為王不取也。司馬彪曰……垂餌虎口。又曰夫人臣出萬死不顧一生之計，赴公家之難），謂援使隴囂（嚹也）。寧自知當要七郡之使，徼封侯之福邪？八年，車駕西討隗囂，國計狐疑，眾營未集，援建宜進之策，卒破西州。及吳漢下隴，異路斷隔，唯援獨狄道為國堅守……士民飢困，寄命漏刻，援……眾乃招集豪傑，曉誘羌戎，謀如涌泉，勢如轉規（規負也。孫子曰戰如轉員……奉詔西使鎮慰邊……人悅之猶解於倒縣也。孟子曰當今之時行仁政……），遂救倒縣之急（幾近也）。存幾亡之城（幾，近也）。全師進，因糧敵人，隴箕略平而獨守空郡（守音式授反），兵動有功，師進輒克，誅鋤先零，綠入山谷，猛怒力戰，飛矢貫脛，又出征交阯（南海蒼梧鬱林合浦交阯日南九真皆屬交州），土多瘴氣，援與妻子生訣，無悔吝之心（恨吝猶各惜也），遂斬滅徵側，克平一州，閒復南討，立陷臨鄉，師已有業，未竟而死。吏士雖疫，援不獨存。夫戰或以久而立功，或以速而致敗，深入未必為得，不進未必為……，為非人情，豈樂久屯絕地不生歸哉！惟援……

〔辛蕖〕

觸冒害氣僵死軍事也　僕仆名滅爵絕國土
不傳海內不知其過眾庶未聞其毀卒遇
三夫之言橫被誣罔之謗
　謂韓王曰今一人言市有虎王曰否三人
　王信乎王曰否二人言市有虎王曰否
　市無虎明矣然三人言而成虎今邯鄲
　去魏遠於市而謗臣者過三人願王察之
門葬不歸墓隙並興宗親怖慄死者不
能自列生者莫為之訟臣竊傷之夫明主
釀於用賞約於用刑高祖嘗與陳平金四
萬斤以開楚軍不問出入所為豈復疑以
錢穀開哉夫操孔父之忠而不能自免於
讒此鄰陽之所悲也
　史記鄒陽書曰昔者魯聽
　季孫之說而逐孔子宋信
　子罕之計而囚墨翟夫以
　孔子墨翟之辯不能自免
　於讒諛
詩云取彼讒人投
　墨翟之辯不能自免也
昇有昊天
　吳詩小雅巷伯篇也昇與吳天
　制其罰也昇天也投與吳天
上天而平其惡惟陛下留思賢儒之言
　僅賢無知也高祖
　曰賢儒幾敗吾事
無使功臣懷恨黃泉臣聞
此言欲令
春秋之義罪以功除
　公羊傳曰夏滅項牼城滅之
　曰滅之為不言齊滅為

《後漢列傳十四》　　　二十三　卓茂

韓子曰龐共與魏
太子質於邯鄲謂
龐共曰今二人言
家屬杜

桓公譚也以相
存亡之功故君子為之譚也

義　禮記曰夫聖王之制祀也法施於人則祀之以
　死勤事則祀之以勞定國則祀之能禦大災則
　祀之能捍大患則祀之若援所謂以死勤事者也願下
聖王之祀臣有五

臣年已六十常伏田里竊感藥布哭彭越
之義　前書曰彭越為梁王欒布為梁大夫使於齊
　　　越以謀反集首洛陽詔有收視者捕之布使
　　　還奏事越頭下祠而哭之
公卿平援功罪宜絕宜續以獻海內之望
　　　冒陳悲憤戰慄闕庭書奏報歸
田里勃字叔陽年十二能誦詩書常候援
兄況勃衣方領能矩步
　　　續漢書曰勃能說韓詩　詩頭下施衿
　　　前書音義曰勃能矩步
領正方學者之服也矩矩　辭言嫻雅
步者回旋皆中規矩　　　嫻音閑嫻雅猶
如曰雍容嫻雅援裁知書見之自失況知其意乃
自酌酒慰援
卒當從汝稟學勿畏也　東受
右扶風請試守渭城宰　渭城縣名故城在今咸
　　　　　　　　　　陽縣東北前書音義曰
武守者武守一歲乃　　朱勃未二十
方為具食全體及援為將軍封疾而勃位
不過縣令援後雖貴常待以舊恩而甲侮
之勃愈身自親及援遇讒唯勃能終焉為書
宗即位追賜勃子穀二千斛
　　　東觀記曰章帝
　　　下詔曰告平陵

《後漢列傳十四》　　　二十四

令丞縣人故雲陽令朱勃建武中以伏波將軍爵土
不傳出書陳狀不離無言不顧罪戾懷進善之志有烈士之風
詩云無言不離無德不報其以縣見毅
二千斛賜勃子若孫勿令遠詣闕謝

塋若子石二字也　王恭從兄平阿庚仁之　初援兄子
子也恭敗槃若擁富貴居故國為人尚氣節
而愛士好施有名江淮閒後游京師與衛
尉陰興大司空朱浮齊王章共相友善援
謂姊子曹訓曰王氏廢姓也子石當屏居
自守而反游京師長者　長者謂家俠者也
多所陵折其敗必也後歲餘槃果與司隸

後漢列傳十四　二五　王申

校尉蘇鄴丁鴻事相連坐死洛陽獄而槃
子蕭復出入北宮及王侯邸弟援謂司馬
呂种曰　是援行軍之司馬也　建武之元名為天下重開
自今以往海內日當安耳但憂國家諸子
並壯而舊防未立不許交通賓客若多通賓
客則大獄起矣卿曹戒慎之及郭后薨有
上書者以為蕭等受誅之家客因事生亂
應致貫高任章之變
客
張敕為趙王其相貢高高祖不禮嬌王高恥之置人
醫中欲害高祖又任章父宣霍氏女婿坐謀反誅宣
帝祠昭帝廟章乃立服夜入廟待帝至欲為逆發覺

伏誅並
見前書
帝怒乃下郡縣收捕諸王賓客更
相章引死者以千數呂种亦豫其禍臨命
嘆曰馬將軍誠神人也　永平初援女立為
皇后顯宗圖畫建武中名臣列將於雲臺
以椒房故獨不及援　雲臺在南宮也
圖言於帝曰何故不畫伏波將軍像夾帝
而不言至十七年援夫人卒乃更修封樹
起祠堂　援謚曰忠成侯　建初三年肅宗使五官中郎將持
節追策諡援曰忠成侯　四子廉防光客卿

後漢列傳十四　二六　李賢

容卿幼而岐嶷年六歲能應接諸公專對
賓客嘗有死罪亡命者來過客卿逃匿不
令人知外若訥而內沈敏援甚奇之以為
將相器故以客卿字焉
將卒後客卿亦夭沒
援嘗以干時主將懷負鼎之願蓋為千載之
論曰馬援騰聲三輔遠游二帝及定節立
謀以干戈之禍
遇焉　伊尹負鼎以干湯光武與之過也　然其戒人之禍
智矣　呂种謂誠實固深松王磐等皆如所言也　而不能自免於讒隙

置功名之際理固然乎〔居功名之地讒謗易夫興而能免之者少矣夫〕利不在身以之謀事則智慮不私己以之斷義必蹈誠能回觀物之智而爲之反身之察若施之於人則能恕自鑑其情亦明矣〔見人之謂智自見則明以自見之謂明以自見明爲見人之用其於物理豈不通乎〕

廥字劭平少以父任爲郎〔東觀記曰廥少習明德皇后既立拜廥爲羽林左監虎賁中郎將顯宗朋受遺詔典掌門禁遂代趙憙爲衞尉蕭宗其尊重之時師廖不得爲衞〕

詔令以疏長樂宮不足起於世尚奢靡故元帝終上疏長樂宮不足起於世尚奢靡故元帝

皇太后躬履節儉事從簡約履慮美業難成帝御浣衣哀帝去樂府

罷服官〔前書音義曰齊國舊有三服之官春獻冠幘紈爲首服紈素爲冬服輕綃爲夏服哀帝即位詔罷鄭衞〕帝約之省成帝御浣衣哀帝去樂府

詔令以百姓不足起於世尚奢靡

終上疏長樂宮不足起於世

之樂滅郊祭及武樂等人數也

故罷之省然而侈費不息至於襄亂者夫改政移

百姓從行不從言也〔書曰遵上所命從服收好〕

風必有其本傳曰吳王好劍客百姓多創〔好細腰而國多〕

癃楚王好細腰宮中多餓死〔墨子曰楚靈王好細腰而國多〕

餓人長安語曰〔當時諺言〕城中好高髻四方高一尺城中好廣眉四方且半額城中好大袖四方全匹帛斯言如戲有切事實前下制度未幾後稍不行雖或吏不奉法良由慢起京師今陛下躬服厚繒斤去華飾素簡所安發自聖性〔后言儉素約顏之所安〕下順民望浩大之福莫尚於此陛下既已得之自然猶宜加以勉昌法太宗之隆德戒成哀之不終〔太宗文也玄默爲化身衣弋綈〕

易曰不恒其德或承之羞〔恒卦九三爻詞也巽下震上鄭玄注云巽爲進退不恒又玄體兌兌爲毀折後將有著辱也〕

燕哀帝以董賢爲儉並不終

樂嫁娶葬理過制唯青綠人所常服不禁哀帝初位易惟帳去錦繡乘與席綈繒而已成帝以趙

令斯事一章〔一章終也〕則四海誦德聲薰天地

聲猶薰也言芳薰天地也

神明可通金石可勤而況於行仁心乎況於行令乎願置章坐側以當

蓍人夜誦之音〔蓍人無目也古者蓍師教國子誦六詩前書禮樂志云乃采詩夜誦者其辭戒也〕

可宣露故於夜中默誦也

太后深納之朝廷大議輙以詢訪廖性質誠畏慎不受權執

聲名盡心納忠不屑毀譽　王逸注楚詞云屑顧也　有司
連據舊典奏封廖等累譚不得已建初四
年遂受封爲順陽侯以特進就第每有賞
賜輒辭讓不敢當京師以是稱之子豫爲
步兵校尉太后崩後馬氏失執廖性寬緩
不能教勒子孫豫遂投書怨誹又防光奢
後好樹黨與八年有司奏免豫遣廖防光
就封豫隨廖歸國　考擊物故也物無也故爲事　後
詔還廖京師永元四年卒和帝以廖先帝
之舅厚加賵賻使者弔祭王主會喪謚曰
安矦子遵嗣封程鄉族遵卒無子國除
元初三年鄧太后詔封廖孫度爲潁陽矦
防字江平永平十二年與弟光俱爲黃門
侍郎蕭宗即位拜中郎將稍遷城門校
尉建初二年金城隴西保塞羌皆反燒當　羌東吾
後也以其父滇吾降漢乃入居塞內故稱保塞　拜防行車騎將軍事以
長水校尉耿恭副將比軍五校兵及諸郡
積射士三萬人擊之軍到冀而羌豪布橋

余中

等圍南部都尉於臨洮防欲救之臨洮道
險車騎不得方駕防乃別使兩司馬將數
百騎分爲前後軍去臨洮十餘里爲大營
多樹幡幟揚言大兵且當進羌候見之馳
還言漢兵盛不可當明且遂鼓譟而前羌
虜驚走因追擊破之斬首虜四千餘人遂　鄧元　注水
解臨洮圍防開以恩信燒當種皆降唯布
橋等二萬餘人在臨洮西南望曲谷　經云望曲在臨洮西南去龍桑城二百里　十二月羌又敗耿恭司馬　李索　馬
及隴西長史於和羅谷死者數百人明年
春防遣司馬夏駿將五千人從大道向其
前潛遣司馬彭將五千人從間道衝其
心腹又令將兵長史李調等將四千人繞
其西三道俱擊羌復破之斬獲千餘人得牛
羊十餘萬頭羌退走夏駿追之反爲所敗
防乃引兵與戰於索西又破之　索西縣名故城在今岷州和政縣東亦名臨洮東城亦謂之赤城沙州記云從東洮至西洮一百二十里東洮即謂此城　布
橋迫急將種人萬餘降詔徵防還拜車騎

本索

將軍城門校尉如故防貴寵最盛與九卿
絕席光自越騎校尉遷執金吾四年封防
潁陽侯光為許侯兄弟二人各六千戶防
以顯宗寢疾入參醫藥又平定西羌增邑
千三百五十戶屬上表讓位俱以特進就
第皇太后崩明年拜防光祿勳光為衛尉
防數言政事多見採用是冬始施行十二
月迎氣樂防所上也〔帝紀〕子鉅為常從小

〔以小疾故得常從也〕解見章帝紀

六年正月以鉅當冠

〔禮記曰二十弱冠 冠儀禮曰士冠〕 三王 王中

〔笄於廟門主人玄冠朝服辛筮旅占
告若不吉即筮遠日如初前期三日如初
筮賓如求日於廟門之上始加緇布冠而
加皮弁次加爵弁始加緇布冠而彌
尊冠而字之敬其名也祝曰令月吉
辰加爾元服弃爾幼志順爾成德〕 冠禮也

特拜為黃門

侍郎肅宗親御章臺下殿陳鼎俎自臨冠
之明年防復以病乞骸骨詔賜故中山王
田廬

〔中山王焉以郭太后少子故獨留京師建武
三十年徙封中山永平二年就國故以其田廬
賜防也〕 盧賜防也

以特進就第防兄弟貴盛奴婢各千
人已上資產巨億皆買京師膏腴美田又
大起第觀連閣臨道彌亘街路多聚聲樂

曲度比諸郊廟〔曲度謂典之節度也〕

賓客奔湊四方畢
至京兆杜篤之徒數百人常為食客居門
下刺史守令多出其家歲時賦斂羌胡帝
不喜之數加譴勑所以禁過甚備由是權
埶稍損賓客亦衰八年因兄子豫怨謗事
有司奏防兄弟奢侈踰僭濁亂聖化悉
免就國臨上路詔曰舅氏一門俱就國封
四時陵廟無助祭先后者朕甚傷之其令 三王 章勳

免歸田廬有司勿復請〔留之於京守田
業盧而思恋過也〕 盧而思恋過也

許疾思恋
以慰朕渭陽之情〔渭陽詩秦風也秦康公送
文公于渭之陽念母之
不見也其詩曰我送舅氏如我母在馬
盧氏如我母存馬〕 東觀記曰光遺母喪
哀位特進子康黃門侍郎永元二年光為

光為人小心周密喪母過

太僕康為侍中及竇憲誅光坐與厚善復
免就封後憲為侍中及竇憲誅光坐與逆自殺〔東觀記曰
王當

〔初竇氏有事王當亡私從光乞不與恨去光
以被輕不能自明乃自殺光死後憲他奴郭扈自出證
明光無惡言此子劭上書迎光喪并舊塋詔許之〕

家

屬歸本郡本郡復殺康而防及廖子遵皆
坐徙封丹陽防為翟鄉侯租歲限三百萬
不得臣吏民防後以江南下溼上書乞歸
本郡和帝聽之十三年卒子鉅嗣後為長
水校尉永初七年鄧太后詔諸馬子孫復
京師隨四時見會如故事復紹封光子朗

為合鄉侯

嚴字威卿父余王恭時為楊州牧嚴少孤

東觀記余辛時嚴七歲依姊婿父九江連率平阿侯
王述明年毋復終會述失郡居沛郡建武三年余外
叔父援從車駕東征過梧安乃將嚴兄弟西至
三至雒陽留寄郎舍朱仲孫
孫舍大奴步護視之也
而好擊劍習騎射記曰東觀
後乃白援從平原楊太伯

講學專心墳典能通春秋左氏
都學擊劍習騎射

之元受因覽百家羣言遂交結英賢京師大

人咸異之 大人長者 仕郡督郵援常與計
議乃與敦字孺卿亦知名援卒後
嚴乃與敦俱歸安陵居鉅下 決錄注曰鉅下地名也 三
輔稱其義行號曰鉅下二卿明德皇后既

立嚴乃閉門自守猶復應致讌嫌遂更徙
北地斷絕賓客永平十五年皇后勑使移
居洛陽顯宗召見嚴進對閑雅意甚異之
有詔留仁壽闥與校書郎杜撫班固等雜
定建武注記常與宗室近親臨邑侯劉復
等論議政事甚見寵幸後拜將軍長史將

北軍五校士羽林禁兵三千人屯西河美 武庫

稷縣名 美稷

衛護南單于聽置司馬從事牧守

詔敬同之 將嚴勑過武庫祭蚩尤 蚩尤

閣也 觀其士衆時人榮之肅宗即位徵

拜御史中丞除子鱄為郎 令勸學

省中 勸勉也 尚書答 令勸學

食之炎嚴上封事曰臣聞日者衆陽之長

食者陰侵之徵書曰無曠庶官天工人其

代之 言王者代天官人也故考績

黜陟以明襃貶 無功不黜

則陰盛陵陽臣伏見方今刺史太守專州

典郡不務奉事盡心為國而司察偏阿取
與自己同則舉為尤異異則中以刑法丁仲
反不即垂頭塞耳採求財賂令益州刺史
朱酺楊州刺史倪說倪音五分說音悅涼州刺史尹
業等每行考事輒有物故考按又選舉不
實曾無貶坐是使臣下得作威福也故事
州部所舉上奏司直察能否以懲虛實前書

今冝加防檢武道前制舊丞

武帝元狩五年初置司直比二千石掌佐丞相舉不
法續漢書曰光武以武帝故事置司直居丞相府助
皆錄諸州建武十八年省之

相御史親治職事唯丙吉以年老優游不
察吏罪 丙吉字少卿魯人也宣帝時為丞相採史有罪終無所驗公府不按吏自吉始也見
前於是宰府習為常俗更共闒茸以崇虛
名依違也或未曉其職便復遷徙誠非建
官賦祿之意冝勑正百司各責以事州郡
必得其人若不如言裁以法令傳曰
上德以寬服民其次莫如猛故火烈則人
望而畏之水懦則人狎而翫之為政者寬
以清猛猛以濟寬 左傳鄭子產誅子產謀之謂也如此綏

御有體災眚責消矣眚青亦災也書奏帝納其言而
免酺等官建初元年遷五官中郎將除三
子為郎酺數薦達賢能申解冤結多見納
用復以五官中郎將行長樂衛尉事二年
拜陳留太守酺當之職乃言於帝曰昔京
師數動受誅其家不宜親近京
親倖寶固誤先帝出兵西域置伊吾盧也
煩費無益又寵
是時動女為皇后寶氏方寵時有側聽
師以告寶憲兄弟由是失權貴心嚴
嚴言者
下車明賞罰發姦慝郡界清靜時京師訛
言賊從東方來百姓奔走轉相驚動諸郡
違急各以狀聞嚴察其虛妄獨不為備詔
書勑問使驛係道嚴固執無賊後卒如言
典郡四年坐與宗正劉軼少府丁鴻等更
相屬託徵拜太中大夫十餘日遷將作大
匠在位七年復坐事免後既為寶氏所忌遂不
復在位及帝崩寶太后臨朝寶氏乃退居自
守訓教子孫永元十年卒於家時年八十

二弟敎官至虎賁中郎將嚴七子

唯續融知名續字季則七歲能通論語十

三明尚書十六治詩博觀羣籍善九章筭

術

劉徽九章筭術曰方田第一粟米第二衰分第三少廣第四商功第五均輸第六盈不足第七方程第八句股第九

順帝時爲護羌校尉遷度遼將軍

所在有威稱融自有傳

棱字伯威援之族孫也少孤依從兄毅共

居業恩猶同産毅卒無子棱心喪三年

建初中仕郡功曹與孝廉及馬

記曰毅張掖屬國都尉

百姓賑貧羸薄賦稅與復陂湖溉田二萬

餘頃吏民刻石頌之

氏廢蕭宗以棱行義徵拜謁者章和元年

遷廣陵太守時穀貴民飢奏罷鹽官以利

百姓

稱大將軍竇憲竇憲西屯武威棱多奉軍費

十餘歲斛

賦百姓憲誅坐抵罪後數年江湖多劇賊

以棱爲丹陽太守棱發兵掩擊皆禽滅之

以棱爲

再會稽太守治亦有聲轉河內太守永初

中坐事抵罪卒于家

贊曰伏波好功爰自冀隴南靜駱越西屠

燒種殂年巳流壯情方勇明德旣升家祚

以興廢之三趣防逯驕陵

命而僂再命而傴三命而

俯循牆而走亦莫余敢侮

後漢書列傳卷第十四

唐章懷太子賢注

卓茂
魏霸
　　劉寬

魯恭
弟丕

卓茂字子康南陽宛人也父祖皆至郡守
茂元帝時學於長安事博士江生（江翁也）
帝時為博士號（魯詩宗見前書）習詩禮及歷算究極師法稱
為通儒性寬仁恭愛鄉黨故舊雖行能與
茂不同而皆愛慕欣欣焉（東觀記曰茂為人恬）初辟丞相府史事

孔光稱為長者時嘗出行有人認其馬
茂問曰子亡馬幾何時對曰月餘日矣茂
有馬數年心知其誤嘿解與之挽車而去
顧曰若非公馬幸至丞相府歸我他日馬
主別得亡者乃詣府送馬叩頭謝之茂曰
不好爭如此後以儒術舉為侍郎給事黃
門遷密令（密縣令洛州勞縣也）勞心諄諄視人如子舉善而教口無惡言吏
（忠禮之敬也 詩曰誨爾諄諄 順反）

人親愛而不忍欺之（家語曰密子賤為單父宰人不忍欺 部謂所部也）茂嘗有
言部亭長受其米肉遺遺者（部謂所部也）茂辟左
右問之曰亭長為從汝求乎為汝有事囑
之而受乎將平居自以恩意遺之乎人曰
往遺之耳茂曰遺之而受何故言耶人曰
竊聞賢明之君使人不畏吏吏不取人今
我畏吏是以遺之茂曰汝為敝人矣凡人
所以貴於禽獸者以
日汝為敝人矣凡人所以貴於禽獸者以
有仁愛知相敬事也今鄰里長老尚致餽
（後漢列傳十五 二 李賢）
處故有經紀禮義以相交接汝獨不欲修
之寧能高飛遠走不在人閒邪亭長素善
吏歲時遺之禮也人曰苟如此律何故禁
之茂笑曰律設大法禮順人情今我以禮
教汝汝必無怨惡以律治汝何所措其手
足乎一門之內小者可論大者可殺也且
歸念之於是人納其訓吏懷其恩初茂到

縣有所廢置吏人笑之鄰城聞者皆蚩其

不能河南郡為置守令與茂不為嫌理事自〔東觀記曰守令與茂並居〕

若〔人之吏人不歸往守令〕數年教化大行道

不拾遺平帝時天下大蝗河南二十餘縣

皆被其災獨不入密縣界督郵言之〔續漢志曰郡監〕

太守不信自出案行見乃

服焉是時王莽攝置大司農六部丞勸〔王莽攝政置大司農部丞十三人人部一州勸課農桑令書及東觀記並言六部〕

課農桑 遷

茂為京部丞密人老少皆涕泣隨送及莽〔續漢志曰州勸課農桑令書〕〔後漢列傳十五 三 李賢〕

居攝以病免歸郡常為門下掾祭酒不肯

作職吏更始立以茂為侍中祭酒〔續漢志曰侍中無負〕

從至長安知更始政〔掌侍左右顧問應對本有僕射一人中興轉為祭酒〕

亂以年老乞骸骨歸時光武初即位先訪〔東觀記曰茂時年七十餘矣〕

求茂茂詣河陽謁見乃下詔

曰前密令卓茂束身自修執節淳固誠能

為人所不能為夫名冠天下當受天下重

賞故武王誅紂封比干之墓命畢公表商容〔王子比干紂叔殺之商容膠鬲賢臣武王入殷命開天封此干之墓命畢公表商容之閭表旌顯也閭里門也〕

史記 今以茂為太傅封褒德侯食邑二千

戶〔東觀記曰續漢書〕皆作宣德侯 賜几杖車馬衣一襲絮五

百斤單襖具〔謂之襲具〕復以茂長子戎為太中大夫次

子崇為中郎給事黃門建武四年薨賜棺

槨〔莽音丑金反又所金反莽卒子諶嗣諶卒子隆永〕

汜鄉侯官至大司農〔汜鄉在琅邪郡不其縣也〕冢地車駕素服親臨送菲子崇嗣菲卒子諶嗣諶卒子隆

元十五年隆卒無子國除初茂與同縣孔

休陳留蔡勳安眾劉宣楚國龔勝上黨鮑

宣六人同志不仕王莽時並名重當時休

字子泉哀帝初守新都令〔新都縣也屬南陽郡〕後王莽

秉權休去官歸家及莽篡位遣使齎玄纁

束帛請為國師遂歐血託病杜門自絶光

武即位求休子孫賜穀以旌顯之劉宣

字子高安眾侯崇之從弟知王莽當篡乃

變名姓抱經書隱避林藪建武初乃出光

武以宣襄封安眾侯擢勳子賜為上谷

太守勝鮑宣事在前書勳事在玄孫昱傳

論曰建武之初雄豪方擾虓呼者連響嬰
城者相望虓虎怒也詩曰闞如虓虎城以城自嬰言以城自嬰繞困也斯固倥傯不
暇給之日也宇書曰倥偬困也給足也倥音空偬子孔切事多不暇足給給續也卓茂斷斷
小宰無它庸能斷斷猶專一也書曰斷斷猗無它伎時巳七十
餘矣而首加聘命優辭重禮其與周燕之
君表閭立館何異哉史記燕昭王即位欲雪齊恥以招賢者得郭隗為築宮而師之於是蘊憤歸道之賓也蘊積越關近
捃宗族以排金門者眾矣夫厚性寬中近
於仁犯而不校鄰於恕子曰犯而不校校報也鄰近也曾
斯道也怨悔曷其至乎怨謂為人所怨也悔恨也

五

魯恭字仲康扶風平陵人也其先出於魯
傾公為楚所滅遷於下邑因氏焉世吏二
千石哀平間自魯而徙祖父臣王莽時為
其建武初為武陵太守卒官時恭年十二
弟丕七歲晝夜號踴不絕聲郡中賻贈無
所受公羊傳曰賻財曰賻乃歸服喪禮過成人鄉里奇
之十五與母及丕俱居太學習魯詩時魯

制什

神也閉戶講誦絕人閒事兄弟俱為諸儒
所稱學士爭歸之太尉趙憙慕其志每歲
時遣子問以酒糧皆辭不受恭憐丕
小欲先就其名託疾不仕郡數以禮請謝
不肯應母強遣之恭不得巳而西因留新
豐教授建初初弟丕舉方正恭始為郡吏
傅趙憙聞而辟之肅宗集諸儒於白虎觀
恭特以經明得召與其議與音豫也憙復舉恭
直言待詔公車拜中牟令恭專以德化為
理不任刑罰訟人許伯等爭田累守令不
能決恭為平理曲直皆退而自責輟耕相
讓亭長從人借牛而不肯還之牛主訟於
恭恭召亭長勑令歸牛者再三猶不從恭
歎曰是教化不行也欲解印綬去掾史涕
泣共留之置掾史如郡音貫寬貸也夜反於是吏人信
服建初七年郡國螟傷稼犬牙緣界不入
中牟河南尹袁安聞之疑其不實使仁恕

六

【後漢列傳十五】

掾肥親往廉之〔午怒操主獄屬河南〕阡陌俱坐桑下有雉過止其傍有童兒〔尹見漢官儀廉察也〕恭隨行親曰兒何不捕之雄方將雛親瞿然〔雛音又〕而起〔瞿音又與恭詀曰所以來者欲察君〕之政迹耳今蟲不犯境此一異也化及鳥獸此二異也豎子有仁心此三異也久留徒擾賢者耳還府具以狀白安〔安因〕是歲嘉禾生恭便坐廷中〔便坐於便側之處非正室也〕〔漢書云恭謙不矜功封以言府〕府即奏上尹以激勵曰君以名德久屈中牟豹產之化乃行天降休端應行而生尹甚嘉之〔王某〕

上書言狀帝異之會詔百官舉賢良方正恭薦中牟名士王方帝即徵方詣公車禮之與公卿所舉同方致位侍中恭在事三年州舉尤異會遭母喪去官恭人思之後拜侍御史和帝初立議遣車騎將軍竇憲與征西將軍耿秉擊匈奴恭上疏諫曰陛下親勞聖恩日昊不食憂在軍役誠欲以安定北垂為人除患定萬世之計也臣伏獨思之未見其便社稷之計萬人之命在

七

於一舉數年以來秋稼不熟人食不足倉庫空虛國無畜積會新遭大憂人懷恐懼〔章帝也〕陛下躬大聖之德履至孝之行盡諒〔崩也〕陰三年聽於冢宰百姓闕然三時不聞警〔蹕之音三時謂春夏冬也天子出警入蹕和帝章和二年即位明年春謙擊匈奴帝在諒〕蹕〔三時不出故百姓闕然不聞警蹕〕莫不懷思皇皇若有求而不〔陰謂居喪始死皇皇〕得〔禮記檀弓曰曾人顏丁善喪始死皇皇焉如有求而不得今乃以〕盛春之月興發軍役擾動天下以事戎夷誠非所以垂恩中國改元正時由內及外〔後漢列傳十五〕也萬民者天之所生天愛其所生猶父母〔八〕〔康隆〕愛其子一物有不得其所者則天氣為之姦錯況於人乎故愛人者必有天報昔大王重人命而去邠故獲上天之祐修史記古公〔古公〕

王業之本國人皆戴之戎狄攻之人皆怒欲戰劉以業國人皆戴之戎狄攻之父予不忍以我故戰殺父子不忍為邠人舉國扶老攜弱盡復歸附古公乃營築城郭屋室而邑去之戎狄攻之人皆怒欲戰古公曰國人所以歸附古公乃營築城郭屋室而邑去之〔戎平也〕夫戎狄者四方之異氣也躊夷踞肆與鳥獸無別〔坐踞傲肆放也言平也〕若雜居中國則錯亂天氣汙辱善人是以

聖王之制羈縻不絕而已 字書曰羈馬絡頭也蒼頡篇曰縻牛繮也

今邊境無事宜當脩仁行義尚於無爲令

家給人足安業樂產夫人道又於下則陰

陽和於上祥風時雨覆被遠方夷狄重譯

而至矣易曰有孚盈缶終來有它吉 比卦坤下坎上坤爲土缶之象也坎爲水雨之象也坎在坤上故曰甘雨 言甘雨辭也易比卦辭也

滿我之缶誠來有我而吉已 也坎爲水雨之象也坎在坤上故曰甘雨信盈缶應者豈一道而來故必有它也 夫以德

信 也缶土器也言滿缶有誠信則它人來附而吉也

勝人者昌以力勝人者亡今匈奴爲鮮甲 【後漢列傳十五】九 王仲

所殺遠臧於史庚河西去塞數千里而欲

乘其虛耗利其微弱是非義之所出也前

太僕祭肜遠出塞外卒不見一胡而兵已

困矣 永平十六年竇固祭肜耿秉來苗等四道出邪山無所見而還匈奴固至天山擊走呼衍王肜坐不至涿邪山免爲庶人也

白山之難不絕如縶 白山即天山也匈奴傳曰中國不絕若繈也 都護

陷没士卒死者如積 永平末年焉耆龜茲共攻没都護陳睦殺吏士二千人

远今被其辜毒寡哀思之心未弭乎

者念之以爲累息柰何復欲襲其迹不顧

人

患難平全始徵發而大司農調度不足 慶青大各 反

使者在道分部督趣 趣音促 上下相迫民

閒之急亦已甚矣三輔并涼少雨麥根枯

焦牛死日甚此其不合天心之效也羣僚

百姓咸曰不可陛下獨柰何以一人之計

弃萬人之命不卹其言乎上觀天心下察

人志足以知事之得失陛下恐中國不爲中

國當徒匈奴而已哉惟陛下留聖恩休罷

士卒以順天心書奏不從每政事有益於

人恭輒言其便無所隱諱其後拜爲魯詩 【後漢列傳十五】十

博士由是家法學者曰盛遷侍中數召讌

見問以得失賞賜恩禮寵異焉遷樂安相 章帝孫千乘王寵相也和帝改千乘國爲樂安國故城在今淄州高苑縣北

多盜賊羣輩攻劫諸郡患之恭到重賞賞

開恩信 說文曰以賕受物相貺曰賕 是時東州

降自相捕擊盡破平之州郡以安永元九 博昌縣屬千乘國今青州縣也

年衡拜議郎八月飲酎齋會章臺詔使小

黃門特引恭前其夜拜侍中勑使陪乘勞
問甚渥冬遷光祿勳選舉清平京師貴戚
莫能枉其正十二年代呂蓋為司徒〔漢官蓋曰〕
〔字君上〕〔先陵人也〕十五年從巡狩南陽除子撫為郎中
賜騑馬從駕〔騑副也非正所乘皆為騑馬副馬也〕時弟丕亦
為侍中兄弟父子並列朝廷後坐事策免
〔漢書曰坐族弟弘〕殤帝即位以恭為司徒
〔農都尉炳事免官〕鮪字伯元
頻漢書曰坐族弟弘〔河東平陽人也〕初和帝末下令麥秋得案驗薄刑

後漢列傳十五　　十

恭上疏諫曰臣伏見詔書敬若天時〔尚書若順也〕
〔典曰乃命義和欽若昊天〕憂念萬民為崇和氣罪非
殊死且勿案驗進柔良退貪殘奉時令〔順言
月令以助和氣〕所以助仁德順昊天致和氣利黎民
者也舊制至立秋乃行薄刑自永元十五
年以來改用孟夏而刺史太守不深惟憂
民息事之原進良退殘之化〔月令曰孟夏命
太尉贊桀俊遂〕因以盛夏徵召農人拘對
〔賢良樂長大行爵〕
〔出樣必當其位〕

而州郡好以苛察為政因此遂盛夏斷獄

考驗連滯無已司隸典司京師四方是則
〔漢官儀曰司隸校尉董領京師及三輔三河弘農〕而近於春月分行諸
部託言勞來貧人而無隱惻之實煩擾郡
縣廉考非急逮捕一人罪延十數〔道及比鄰
之追捕〕上逆時氣下傷農業案易五月姤用
事〔東觀記曰五月姤卦用事姤卦〕言君以夏至之日
〔天君之象也異為風號令之〕曰復卦
〔象后也后君施令之象也〕言君以夏至之日
〔施令止四方行者所以助微陰也〕易復卦
施命令止四方行者所以助微陰也〔易經〕

日后以施令誥四方〔誥理也易姤卦巽下乾上初
六一陰爻生五月之卦也本多作古字通用〕
〔鳳姤也易以施令誥四方為后乾象〕

於逮召考掠奪其時哉比年水旱傷稼人
飢流冗〔冗散也〕今始夏百穀權輿陽氣胎養
之時〔爾雅曰權輿始也萬物皆含胎長養之時
〔鄭玄注禮記云申之氣乘之也〕自三月以來陰寒不
〔兩白露之類也時物得而傷也〕以來陰寒不
暖物當化變而不被和氣又曰仲夏挺重
刑出輕繫行秋令則苦雨數來五穀不熟
〔挺猶寬也〕行秋令則草木零落
〔大陵之氣為害也大陵星
兩之氣〕
囚益其食〔寬也挺猶〕行秋令則草木零落
〔名春秋合誠圖曰大陵主
〔八月宿直昴〕人傷於疫
〔為藏主穀〕大陵之氣為害也大陵星

夫斷薄刑者謂其輕罪巳正不欲令

也繫故時斷之也臣愚以爲今孟夏之制

可從此令其決獄案考皆以立秋爲斷以

順時節育成萬物則天地以和刑罰以清

矣初蕭宗時斷獄皆以冬至之前自後論

者互多駁異鄧太后詔公卿以下會議恭

議秦曰夫陰陽之氣相扶而行發動用事

各有時節若不當其時則物隨而傷王者

雖質文不同而茲道無變四時之政行之

若一月令周世所造而所據皆以夏之時也（陳仲）

謂氣候及星辰昏旦皆夏時也　其藥者唯正朔服色犧牲徽

號器械而已（夏以建寅爲正服色犧牲徽號旗旄以建　皆尚赤周以夜半爲朔殷以雞鳴爲朔夏以平旦爲朝祭天地宗廟曰犧牲得吉曰牲徽號旗　之器及甲兵也名也器械禮樂）

禮所損益可知也　故曰殷因於夏禮周因於殷

言二十一月十二月陽氣潛藏未得用事（易曰潛龍勿用　龍以喻陽　氣易乾卦）

雖煦噓萬物養其根芰（麥草根也芰音　該又音莟）

陰在上地凍水氷陽氣否隔閉而成冬故

曰履霜堅氷陰始凝也馴致其道至堅氷

也易坤卦象辭也馴順也言陰以甲順　爲道漸至顯著猶自履霜而至堅氷言五月微

陰始起至十一月堅氷至也夫王者之作助三

因時爲法孝章皇帝深惟古人之道助三

正之微定律著令（三正三微也前書音義曰言　陽氣始施萬物微而未著故　日微一曰天統謂周十一月建子爲正天始施之端也　二曰地統謂殷十二月建丑爲正地始化之端也　三曰人統謂夏十三月建寅爲正人始成之端也）

以致時雍然後黎改以來年歲不孰穀價

常貴人不寧安小吏不與國同心者率入

寅爲正人統謂夏十三月建　亥承天心順物性命

十一月得死罪賊不問曲直便即格殺雖

有疑罪不復讞正一夫吁嗟王道爲虧況

於眾乎易十一月卦也　十一月卦也（攬覽圖中孚易）

盡冬月乃斷其立春在十二月中者勿以

報囚如故事（報四謂奏　請報決正）後卒施行恭再在公

位選辟高第至列卿郡守者數十人而其

著舊大姓或不蒙薦舉至有怨望者恭聞

之曰學之不講是吾憂也（講習也論語　孔子之言也）諸生

不有鄉曲者平終無所言言人患學之不習耳 若能黨賢自有鄉里

之本道要待平 恭性謙退奏議依經潛有補益

三公之群平

然終不自顯故不以剛直爲稱三年以老

病策罷六年年八十一卒於家以兩子爲

郎長子謙爲隴西太守有名績謙子旭爲

至太僕從獻帝西入關與司徒王允同謀

共誅董卓及李催入長安旭與允俱遇害

盃字叔陵性沈深好學孿孿不倦 孿舉不怠之意

遂杜絕交游不荅候問之禮士友常以此 王永

短之而盃欲黙自得遂兼通五經以魯詩

尚書教授爲當世名儒後歸郡爲督郵功

曹所事之將無不師友待之建初元年肅

宗詔舉賢良方正大司農劉寬舉盃時對

策者百有餘人唯盃在高第除爲議郎遷

新野令視事幕年州課第一擢拜青州刺

史務在表賢明慎刑罰七年坐事下獄司

寇論 司寇刑名也決罪曰論言奏而 論波之前書曰司寇二歲刑也 元和元年

衒再遷拜趙相門生就學者常百餘人關

東號之曰五經復興魯叔陵趙王商嘗欲

避疾 商趙王良之孫 便時移住學官盃止不聽官

聞禮諸疾薨於路寢大夫卒於嫡室 室皆正

寢禮喪大 記之文 死生有命未有逃避之典也學官

謂學 舍也王乃上疏自言詔書下盃盃奏曰臣

傳五帝之道修先王禮樂教化之處王欲

殿塞以廣游讌事不可聽詔從盃言王以

此憚之其後帝巡狩之趙特被引見難問

經傳厚加賞賜在職六年嘉瑞屢降吏人

重之永元二年遷東郡太守盃在二郡爲

人修通溉灌百姓豐財數薦達幽隱名士

續漢書曰薦王龔 等皆備帷幄近臣 明年拜陳留太守視事三

衒再遷中散大夫 續漢志曰秩六百石無員

薦盃道蓺深明且見任用和帝因朝會召

見諸儒盃與侍中賈逵尚書令黃香等相

難數事帝善盃說罷朝特賜冠幘履襪衣

一襲盃因上疏曰臣以愚頑顯備大位犬

馬氣衰狠得進見論難於前無所甄明也〔甄別〕

衣服之賜誠為優過臣聞說經者傳先師

之言非從己出不得相讓相讓則道不明

若規矩權衡之不可枉也〔規圓也矩方也權秤錘衡秤衡也〕難

者必明其據說者務立其義浮華無用之

言不陳於前故說師法觀其義

異者各令自說師法博觀其義覽詩人之

百意察雅頌之終始明舜禹皋陶之相戒

尚書帝典謂禹曰作股肱耳目禹曰安汝

止慎乃在位各疏戒禹曰慎厥身修思永博敏九族

顯周公箕子之所陳〔周公〕

惟帝其難之是相誡也 觀乎人文〔揚雄〕

作無逸立政二篇也戒成王

武王陳洪〔易豐封曰觀乎天文以察時變觀乎人文〕

成天下〔以化成天下注云解天之文則時變可知

解人之文則化成可為也〕

令芻蕘以言得罪〔智劉堯採蕘者迂大雅既顯

化成可為也 板詩曰詢于芻蕘也〕

嚴究以求仁賢無使幽遠獨有遺失十三

年遷為侍中免永初二年詔公卿舉儒術

篤學者大將軍鄧騭舉玉再遷復為侍中

左中郎將幷為三老〔三老解見明帝紀也〕五年年七十

五卒於官

魏霸字喬卿濟陰句陽人也〔句音鉤普世有禮〕

義霸少喪親兄弟同居州里慕其雍和建

初中舉孝廉八遷和帝時為鉅鹿太守以

簡朴寬恕為政掾史有過要先誨其失不

改者乃罷之吏或相毀訴霸輒稱它吏之

長終不及人短言者懷慙譖訟遂息永元

十六年徵拜將作大匠明年和帝崩典作〔揚雄〕

順陵時盛冬地東中使督促數罰縣吏以

厲霸霸撫循而已初不切責而反勞之曰

令諸卿被辱大匠過也吏皆懷恩力作倍

功延平元年代尹勤為太常明年以病致

仕為光祿大夫永初五年拜長樂衛尉以

病乞身復為光祿大夫卒於官

劉寬字文饒弘農華陰人也〔學承書曰寬少

民易九明韓詩外傳官風角算歷皆究極師法編

為通儒未嘗與人爭執利之事也觀四隅之

之風占〕父崎順帝時為司徒〔崎音丘宜反〕

有人失牛者乃就寬車中認之寬無所言〔寬嘗行〕

03-395

下駕步歸有頃認者得牛而送還叩頭謝
曰慚負長者隨所刑罪寬覽曰物有相類事
容脫誤幸勞見歸何為謝之州里服其不
校（校報也論語曰犯而不校是也）桓帝時大將軍辟除
司徒長史（梁冀大將軍也）時京師地震特見詢問
再遷出為東海相（東海恭王彊曾孫臻之相也）延熹八年徵
拜尚書令遷南陽太守典歷三郡溫仁多
恕雖在倉卒未嘗疾言遽色常以為齊之
以刑民免而無恥吏人有過但用蒲鞭罰
之示辱而已終不加苦事有功善推之自
下災異或見引躬克責每行縣止息亭傳
輒引學官祭酒（續漢）及處士諸生執經對講
書曰博士祭酒秩六百石祭酒本僕射也
中興改為祭酒處士有道藝而在家者（見父老）
慰以農里之言少年勉以孝悌之訓人感
德興行日有所化靈帝初徵拜太中大夫
侍講華光殿（洛陽宮殿簿云華光殿在華林園內）遷侍中賜衣
一襲轉屯騎校尉還宗正轉光祿勳熹平
五年代許訓為太尉（漢官儀曰許訓字季師平輿人）靈帝頗

好學蓺每引見寬常令講經寬嘗於坐被
酒睡伏（被加也為酒所加披音平寄反）帝問太尉醉邪寬
仰對曰臣不敢醉但任重責大憂心如醉
帝重其言寬簡略嗜酒不好盥浴（說文曰漱手曰盥手曰盥汲又）
京師以為諺寬嘗坐客遣蒼頭市酒迂
久大醉而還客不堪之罵曰畜產寬
須臾遣人視奴疑必自殺顧左右曰此人
也罵言畜產辱孰甚焉故吾懼其死也夫
人欲試寬令恚伺當朝會裝嚴已訖使侍
婢奉肉羹翻汙朝衣婢遽收之寬神色不
異乃徐言曰羹爛汝手其性度如此海內
稱為長者後以日食策免拜衛尉光和二
年復代段熲為太尉在職三年以日變免
又拜永樂少府遷光祿勳以先策黃巾逆
謀（先策謂知也）以事上聞封逯鄉侯六百戶（逯音祿）
中平二年卒時年六十六贈車騎將軍印
綬位特進諡曰昭烈侯子松嗣官至宗正
贊曰卓魯款款情慇德溥（款款忠誠也）仁感昆

蟲愛及胎夗童兒不覓霸臨政亦稱優緩
捕雄也

《後漢列傳十五

二十一

陳敬

列傳卷第十六　范曄　後漢書一十六

唐章懷太子賢注

伏湛子隆　侯霸

宋弘　蔡茂郭賀附

馮勤　趙憙

牟融　韋彪族子義

伏湛字惠公琅邪東武人也九世祖勝字子賤所謂濟南伏生者也湛高祖父孺武帝時客授東武因家焉父理為當世名儒以詩授成帝為高密太傅別自名學為高密王寬傅也寬武帝玄孫廣陵王胥後也前書儒林傳曰伏理字君游受詩於匡衡由是齊詩有匡伏之學故言別自名學也湛性孝友少傳父業教授數百人成帝時以父任為博士弟子五遷至王莽時為繡衣執法武帝置繡衣御史王莽改御史曰執法故曰繡衣執法也使督大姦遷後隊屬正王莽改河內為後隊更始立以為平原太守時倉卒兵起天下驚擾而湛獨晏然教授不廢謂妻子曰夫一穀不登國君徹膳禮記曰年穀不登君膳不祭肺今民皆飢奈何獨飽

乃共食麤糲糲麤米也九章筭術曰粟五十糲率三十一斛粟得六斗米為糲也悉分奉祿以賑鄉里來客者百餘家時門下督素有氣力謀欲為湛起兵湛惡其惑眾即收斬之徇首城郭以示百姓於是吏人信向郡內以安平原一境湛所全也光武即位知湛名儒舊臣欲令幹任內職幹主也徵拜尚書使典定舊制時大司徒鄧禹西征關中帝以湛才任宰相拜為司直行大司徒事車駕每出征伐常留鎮守總攝羣司建武三年遂代鄧禹為大司徒封陽都侯陽都縣名屬城陽國故城在今沂州沂水縣東時彭寵反於漁陽帝欲自征之湛上疏諫曰臣聞文王受命而征伐五國五國謂西伯受命伐犬夷伐密須伐耆伐邘伐崇見史記必先詢之同姓然後謀於羣臣加占著龜以定行事書曰謀及卿士謀及卜筮又曰文王唯卜用克綏受茲命詩大雅曰爰始爰謀爰契我龜故謀則成卜則吉戰則勝其詩曰帝謂文王詢爾仇方同爾弟兄以爾鉤援與爾臨衝以伐崇庸詩大雅也仇匹也鉤援梯所引上城也臨臨車也衝衝車也庸城也崇侯倡紂為無

道被敵為崇國城守先退後伐

左氏傳曰文王聞崇德亂而伐之軍三旬

而不降退修政而
復伐之因壘而降　所以重人命俟時而動故
參分天下而有其二殷下承大亂之極受
命而帝與明祖宗出入四年而滅檀之
五校降銅馬破赤眉誅鄧奉之屬不為無
功今京師空置資用不足未能服近而先
事邊外且漁陽之地逼接比狄黠虜困迫
之家多在城郭聞官兵將至當已收之矣

後漢列傳十六　三　林崇

大軍遠涉二千餘里士馬罷勞轉糧艱阻
今兗豫青冀中國之都而寇賊從橫未及
從化漁陽以東本備邊塞地接外虜貢稅
微薄安平之時尚資內郡況今荒耗豈足
先圖而陛下捨近務遠棄易求難四方疑
怪百姓恐懼誠臣之所惑也復願遠覽文
王重兵博謀近思征伐前後之宜顧問有
司使極愚誠采其所長擇之聖慮以中土
為憂念帝臨見其奏音不親征時賊徐異鄉

等異鄉即獲索萬餘人據富平連攻之不下

賊帥徐少也　富平縣名屬平原郡故城今隸州厭次縣也

唯云願降司徒伏公

帝即

知湛為青徐所信向遣到平原異鄉等
曰歸降護送洛陽湛雖在倉卒造次必於
文德以為禮樂政化之首頗沛猶不可違

顧猶僵什也　是歲奏行鄉飲酒禮遂施行之其

冬車駕征張步留湛居守時燕祭高廟冬

也　而河南尹司隸校尉爭論湛

不舉奏坐策免六年徙封不其侯邑三千

不其縣名屬琅邪郡其音基

六百戶遣就國　後南陽太守

毛仲

後漢列傳十六　四

杜詩上疏薦湛曰臣聞唐虞以股肱康乂
王以多士寧是故詩稱濟濟書曰良哉

詩曰濟濟多士　書曰股肱良哉　雅大　且詩竊見故大司徒陽都

侯伏湛自行束脩訖無毀玷

說文也玷缺也　自行束脩謂年十五以上

篤信好學守死善道經為人師行為
儀表前在河內朝歌及居平原

朝歌河内縣名也敬城在今衛州衛縣西王莽改河内為後隊謂湛為隊屬正也　吏人畏愛則而象之

遭時反覆不離兵凶秉節持重有不可奪

之志陛下深知其能顯以宰相之重眾賢
百姓仰望德義微過斤退父不復用有識
所惜儒士痛心目竊傷之湛容貌堂堂國
之光暉　威儀盛也　智略謀慮朝之淵藪骎骎
屬志白首不表　堋謂蒼日韜韜也韜　實足以先後
　謂童子垂髮　子則有先後也先音先見
王室名足以光示遠人　詩大雅曰
方回首仰望京師　左傳曰鄭武公莊公為平王
　卿士東觀記曰詩上書武
四方諸矣咸　令柱石之臣宜居　楊彪

古者選擇諸矦以為公卿是故四方諸矣咸
方回首仰望京師

輔弼　柱石承棟梁也前書田延年曰將軍為國柱
石尚書大傳曰古者天子必有四鄰前曰疑後曰
丞左曰輔右曰弼天子有問無以對責之疑可正而
不正責之承可揚而不揚責之輔可相導也先詩之輔

涸責之　出入禁門補缺拾遺目詩懇懇不足
以知宰相之才竊懷區區敢不自竭目前
為侍御史上封事言湛公廉愛下好惡分
明累世儒學素持名信經明行修通達國
政尤宜近侍納言左右舊制九州五尚書
令一郡二人　蓋舊制九州共選五人以任尚書令剛
　一郡乃有一人故欲以湛代人之處
可以湛代顧為執事所非但目詩蒙恩深

渥所言誠有益於國雖死無恨故復越職
觸冒以聞十三年夏徵勅尚書擇吏日
及就位因謫見中暑病卒賜秘器帝親弔
祠遣使者送喪脩家二子隆食翁會翁嗣爵卒
子光嗣光卒子晨嗣　東觀記曰晨
愛好學尤篤以女孫為順帝貴人奉朝請
位特進卒子無忌嗣亦傳家學博物多識
順帝時為侍中屯騎校尉永和元年詔無
忌與議郎黃景校定中書五經諸子百家
藝術　中書內之書也藝文志曰諸子凡一百八
術謂醫方卜筮　元嘉中帝復詔無忌與黃景
號曰伏矦注　其書上自黃帝下盡漢令凡八卷見行於令
冕等共撰漢記又自采集古今刪著車要
質嗣官至大司農質卒子字嗣尚栢帝女
陽安長公主女為孝獻皇后嗣曹操殺后誅
伏氏國除初自伏生已後世傳經學清靜
無競故東州號為伏不闘
隆字伯文少以節操立名　東觀記隆作仕郡

督郵建武二年詔懷宮光武其親接之時
張步兄弟各擁彊兵據有齊地拜隆為太
中大夫持節使青徐二州招降郡國隆移
檄告曰乃者猾臣王莽殺帝盜位宗室興
兵除亂誅莽故羣下推立聖公以主宗廟
而任用賊臣殺戮賢良三王作亂盜賊從
橫忤逆天心聖公卒為赤眉所害皇天祐
漢聖哲應期陛下神武奮發以少制衆故
尋邑之軍潰散於昆陽王郎以百萬之軍

趙之師土崩於邯鄲（全趙謂舉）大彤高胡望
旗消罪鐵脛五校莫不摧破梁王劉永幸
以宗室屬籍爵為庶王三不知厭足自求禍
棄遂封爵牧守造為詐逆今虎牙大將軍
屯營十萬已拔睢陽劉永奔迸家已族矣
此諸君所聞也不先自圖後悔何及青徐
羣盜得此惶怖獲索賊右師郎等六校即
時皆降（右或為古）張步遣使隨隆
詣闕上書獻鰒魚（郭璞注三蒼云鰒似蛤偏著一面 石廣志曰鰒無鱗有殼偏著一面）

州石綱孔雜或七或九本草云石決明一名鰒魚音步角反 其冬拜隆光祿
大夫復使於步并與新除青州牧守及都
尉俱東詔隆輒拜令長以下隆招懷綏緝
多來降附帝嘉其功比之酈生（酈生酈食其也說齊王廣）即拜步為東萊太守而劉永
（食其音異基）亦復遣使立步為齊王步貪受王爵先豫
未決（尤音以九反）隆曉辟曰高祖與天下約非劉
氏不王今可得為十萬戶侯耳步欲留隆
與共守二州隆不聽（二州青州徐州也）求得反命步
遂執隆而受永封隆遣閒使上書曰臣隆
奉使無狀（言罪大也）受執凶逆囚在困厄授命
不顧又吏人知步反畔心不附之願以時
進兵無以臣隆為念臣隆得生到闕廷受
誅有司此其大願若令沒身寇手以父母
昆弟長累陛下（累託也陛下力偽反）願以父子
永享萬國與天無極帝得隆奏召父湛流
涕以示之曰隆可謂有蘇武之節（武帝時蘇武使匈奴）
會衞律所將降者陰相與謀劫單于母閼氏歸漢事召武受辭武不屈節引佩刀
發單于使衞律考其事

自刺單于欲降武武不降狀節牧羊海上卧起操持節節旄盡落在匈奴中十九年乃得歸漢見前書也
恨不且許而遽求還也其後步遂殺之時
人莫不憐哀焉五年張步平車駕幸北海
詔隆中弟咸收隆喪賜給棺斂太中大夫
護送喪事詔告琅邪作冢以子璦爲郎中
疾霸字君房河南密人也族父璦以官者
（舍人選良家子孫秩二百石）
有才辯任職元帝時佐霸爲太子舍人（漢官儀曰太子）
曰大常侍成帝時任霸爲太子舍人
事產業篤志好學師事九江太守房元治（東觀記曰從鐘寧君受律也）
穀梁春秋爲元都講
五威司命陳崇舉霸德行遷隨宰（王威司命王莽置）
命將軍又改縣令長曰宰隨（縣名屬南陽郡今廬州縣也）
縣界曠遠濱帶江
湖而亡命者多爲寇盜霸到即案誅豪猾
分捕山賊縣中清靜再遷爲執法刺姦（霸等分部執法左右刺姦六尉六隊如漢刺史）
傳曰置執法左右刺姦選能吏廉
無所疑憚後爲淮平大尹政理有能名（王莽改...）
爲淮平郡（改臨淮郡）及王莽之敗霸保固自守卒全一

郡更始元年遣使徵霸（東觀記曰遣謁者徵霸盛荊州刺史費遂齎璽書徵霸）
璽書百姓老弱相攜號哭遮使者車或當
道而卧皆曰願乞霸君復留朞年民至乃
戒乳婦勿得舉子霸君當去必不能全使
者慮霸就徵臨淮必亂不敢授璽書具以
狀聞會更始道路不通建武四年光武
徵霸與車駕會壽春拜尚書令時無故典
朝廷又少舊臣霸明習故事收錄遺文
奏前世善政法度有益於時者皆施行之
也（月令令春布德行慶施惠下人故曰寛大奉四時謂依月令也）每春下寛大之詔奉四時之令皆霸所建
爲大司徒封關內侯在位明察守正奉公
不回十三年霸薨帝深傷惜之親自臨弔
下詔曰惟霸積善清絜視事九年漢家舊
制丞相拜日封爲列侯（漢自高祖以列侯爲丞相武帝元勳佐命皆）
盡拜公孫弘爲丞相封平津侯因以爲故事
朕以軍師暴露功臣未
封緣忠臣之義不欲相踰未及爵命奄然
而終嗚呼哀哉於是追封謚霸則鄉哀侯

食邑二千六百戶子昱嗣昱嗣臨淮吏人共爲
立祠四時祭焉以沛郡太守韓歆代霸爲
大司徒歆字翁君南陽人以從攻伐有功
封扶陽侯歆好直言無隱諱帝每不能容嘗
因朝會聞帝讀隗囂將公孫述相與書歆曰
亡國之君皆有才桀紂亦有才帝大怒以
責之司隸校尉鮑永固請不能得歆及子
剛切坐免歸田里帝猶不釋復遣使宣詔
爲激發歆又證歲將飢凶指天畫地言其
嬰音 自殺歆素有重名死非其罪衆多不
厭願音一 帝乃追賜錢穀以成禮葬之 成
郡馮勤皆得薨位況字文伯性聰敏爲陳
居相任其後河南蔡茂京兆玉況 王音魏
相代爲大司徒坐事下獄死自是大臣難
命而降其葬禮 後千乘歐陽歙清河戴涉
具禮此言不以非
留太守以德行化人遷司徒四年薨昱後
徒封於陵族 城在於陵縣名屬濟南郡故
太僕昱卒子建嗣建卒子昌嗣 永平中兼

十一 李秀

宋弘字仲子京兆長安人也父尚成帝時
至少府哀帝立以不附董賢遷忤抵罪弘
少而溫順哀平閒作侍中王莽時爲共工
赤眉入長安遣使徵弘遍迫不得
已行至渭橋自投於水家人救得出因伴
死獲免光武即位徵拜太中大夫建武二
年代王梁爲大司空封栒邑侯
租奉分贍九族家無資產以清行致稱
封宣平侯帝嘗問弘通博之士弘乃薦沛
國相譚才學洽聞幾能及楊雄劉向父子
於是召譚拜議郎給事中帝每讌輒令鼓
琴好其繁聲弘聞之不悅悔於薦舉伺譚
內出正朝服坐府上遺吏召之譚至不與
席而讓之曰吾所以薦子者欲令輔國家
以道德也而今數進鄭聲以亂雅頌非忠
正者也 論語孔子曰惡鄭聲之亂雅樂也
邪將令相舉以法平譚頓首辭謝良久乃

士 王莽改少 府曰共工
栒音旬
薦音祈 泆泆也 近也 義近也前書班固曰谷永經況爲踈達不能泆決如劉向父子及揚雄皆故弘引爲
史記曰鄭音好濫淫志也
能自改

遺之後大會羣臣帝使譚鼓琴譚見弘失
其常度帝怪而問之弘乃離席謝曰
臣所以薦譚者望能以忠正導主而令
朝廷耽悅鄭聲臣之罪也帝改容謝使反
服其後遂不復令譚給事中弘推進賢士
顧視之弘正容言曰未見好德如好色者
馮翊相梁三十餘人或相及為公卿者
帝即為微之笑謂弘曰聞義則服可乎對

弘當諫見御坐新屏風圖畫列女帝數
主新寡帝與共論朝臣微觀其意主曰宋
公威容德器羣臣莫及帝曰方且圖之後
弘被引見帝令主坐屏風後因謂弘曰諺
言貴易交富易妻人情乎弘曰臣聞貧賤
之知不可忘糟糠之妻不下堂帝顧謂主
曰事不諧矣弘在位五年坐考上黨太守
無所據免歸第 狀可據言無罪數年卒
弘弟萬以剛彊孝烈著名官至河南尹萬

子由章和閒為太尉坐阿黨竇憲策免歸
本郡自殺由二子漢登登在儒林傳漢字
仲和以經行著名舉茂才四遷西河太守
永建元年為東平相度遼將軍為東平王蒼
立名即以威恩著稱遷太僕上病自乞拜
太中大夫卒策曰太中大夫宋漢清修雪
白正直無邪前在方外仍統軍實懷柔異類莫匪嘉績戎車
載戢邊人用寧子錄乃勳引登九列因病

退譚守約彌堅將授三事未剋而終朝廷
慈悼惜其恬然詩不云乎肇敏戎功用錫
爾祉謂福慶也
萬及其在殯以全素羔羊之絜焉詩國風曰
其令將相大夫會葬加賜錢十
名迹拔同郡韋著扶風法真具稱為知人則
子年十歲與蒼頭共弩射蒼頭弦斷矢激

誤中之即死奴叩頭就誅則察而恕之潁
川荀爽深以爲美時人亦服焉
論曰中興以後居台相總權衡多矣其能
以任職取名者豈非先遠業後小數哉速
故惠公造次急於鄉射之禮君（謂德禮小數謂名法也）
房入朝先奏寬大之令夫器博者無近用
道長者其功遠蓋志士仁人所爲根心者
也　君子以之得貴矣以之失亦得（以之得謂行道義而得固可貴矣以之失謂行道義而失亦爲得也）

宋弘止敞

聲戒淫色其有關雎之風乎（詩序曰關雎樂得淑女以配君子）
根猶本也（子夏在進賢不淫其色也）

王霸

蔡茂字子禮河內懷人也哀平閒以儒學
顯徵試博士對策陳災異以高等擢拜議
郎遷侍中遇王莽居攝以病自免不仕莽
朝會天下擾亂茂素與竇融善因避難歸
之融欲以爲張掖太守固辭不就每所餉
給計口取足而已後與融俱徵復拜議郎
再遷廣漢太守有政績稱時陰氏賓客在

十五

郡界多犯吏禁茂輒糾察案無所回避會洛
陽令董宣舉糾湖陽主帝始怒收宣既而
赦之茂喜宣剛正欲令朝廷禁制貴戚乃
上書曰臣聞興化致教必由進善黜國寧
人莫大理惡陛下聖德係興再隆大命即
位以來四海晏然誠宜鳳興夜寐雖休勿
休伏然頌者貴戚椒房之家數因恩澤干犯
吏禁殺人不死傷人不論臣恐綱墨棄而
不用（繩墨猶斧斤也斧斤謂刑戮也賈誼曰釋斤斧之用）
之用（章懷也）

董宣

近湖陽公主奴殺人西市而與主共
興出入官省通罪積日宛魂不報洛陽令
董宣直道不顧干主討姦京師側耳及其
召欲加箠當宣受怒之初京師側耳下不
蒙宥天下枉殺賓客放濫
宜勅有司案理姦罪使執平之吏永申其
用以厭遠近不綱之情光武納之（縬叶律也建）
武二十年代戴涉爲司徒在職清儉匪懈
二十三年薨于位時年七十二賜東園梓

十六

父游君並修清節不仕王莽賀能明法累
官建武中爲尚書令在職六年曉習故事
多所匡拜荊州刺史引見賞賜恩寵隆
異及到官有殊政百姓便之歌曰厥德仁
明郭喬卿忠正朝廷上下平顯宗將到
南陽特見嗟歎賜以三公之服黼黻覺旒
官建武中爲尚書令在職六年曉習故事
容服以章有德每所經過吏人指以相示

（上欄右起）
棺賵贈甚厚　主作棺也　東園署名
茂初在廣漢夢坐
大殿極上有三穗禾茂跳取之得其中穗
輒復失之　前書音義曰三輔閒謂屋梁爲極也以
屋之大者古通呼爲殿也極殿也以
問主簿郭賀賀離席慶曰大殿者官府之
形象也極而有禾人臣之上祿也取中穗
是中台之位也於字禾失爲秩雖失曰失之
乃所以得祿秩也袟職有闕君其補之
願裁置爲龍龍首袞襲煞故言家　旬月而茂徵爲
龍詩曰袞職有闕仲山甫補之
乃辟賀爲掾賀字喬卿雒陽人祖父堅伯

十七　新傳

莫不榮之永平四年徵拜河南尹以清靜
稱在官三年卒詔書憋惜賜車一乘錢四
十萬
馮勤字偉伯魏郡繁陽人也曾祖父揚宣
帝時爲弘農太守有八子皆爲二千石趙
魏閒榮之號曰萬石君焉兄弟形皆偉壯
唯勤祖父偃長不滿七尺常自恥短陋恐
子孫之似也　東觀記偃爲黎陽令　乃爲子伉娶長妻伉
生勤長八尺三寸八歲善計　計算術也　初爲太
守銚期功曹有高能稱期常從光武征代
政事一以委勤勤同縣馮巡等舉兵應光
武謀未成而爲豪右焦廉等所反　反音憚　勤
乃率將老母兄弟及宗親歸期期悉以爲
腹心薦於光武初未被用後乃除爲郎中
給事尚書　上疏薦勤然始除之　以圖議軍
糧在事精勤遂見親識每引進帝輒顧謂
左右曰佳乎吏也由是使典諸侯封事勤
差量功次輕重國土遠近地執豐薄不相

十六　林芳

逾越莫不厭服焉自是封爵之制非勤不
定帝益以爲能尚書衆事皆令總錄之司
徒疾霸薦削梁令閻楊素有譏議帝常
嫌之既見霸奏疑其有姦大怒賜霸璽書
曰崇山幽都何可偶黃鉞一下無處所
崇山南裔也幽都此裔也偶對也言將殺之不可得也黃鉞以齊
流徙也尚書舜流共工於幽州放驩兜於崇山黃金飾也
事理帝意稍解拜勤尚書僕射職事十五
使勤奉策至司徒府勤還陳霸本意申釋
所以救人欲以身試法邪將殺身以成仁邪
年以勤勞賜爵關內侯遷尚書令拜大司
農三歲遷司徒先是三公多見罪退帝賢
勤欲令以善自終乃因讌見從容戒之曰
朱浮上不忠於君下陵轢同列竟以中傷
朱浮爲大司空坐賣弄國恩免又爲陵轢同列帝衝之惜其功不忍加罪死生吉凶
至今
凶未可知豈不惜哉人臣放逐受誅復
追加賞賜賻祭不足以償之一身詈量
無量可比之貴重也皆與資同忠臣孝子
鐝誠能盡忠於國事君無二則爵賞光乎
之極也皆與資同忠臣孝子覽照前世以爲

當世功名茂不朽可不勉哉勤愈恭約
盡忠號稱任職勤母年八十每會見詔敕
勿拜令御者扶上殿顧謂諸王曰使勤
貴寵者此母也其見親重如此中元元年
東觀記曰中元元年車駕西幸長安祠園陵還
薨
勤燕見前殿盡日歸府因病瑞逆上使太醫療
帝悼惜之使者弔祠賜東園祕器
視賞賜錢帛遂薨
贈賻有加勤七子長子宗嗣至張掖屬國
帛遂薨
都尉中子順尚平陽長公主終於大鴻臚
平陽主明帝女
羽林右監勁爲平陽疾奉公主之祀奮弟
平陽疾薨無子永元七年詔書復封奮兄
建初八年以順中子奮襲主爵爲
田黃門侍郎尚平安公主
章帝女也臣賢案
皇后紀云由尚平邑公主紀傳不同未知孰是
中爲侍中薨子留嗣
勁薨子卯嗣卯延光
趙憙字伯陽南陽宛人也少有節操從兄
爲人所殺無子憙年十五常思報之乃挾
兵結客後遂往復仇而仇家皆疾病無相
距者憙以因疾報殺非仁者心且釋之而

去顧謂仇曰：「爾曹若健，遠相避也。」仇皆卧自搏〔自搏猶叩頭也〕。後病愈，悉自縛詣憙。憙不與相見，責音殺之。更始即位，舞陰大姓李氏擁城不下，更始遣柱天將軍李寶降之，不肯，云聞宛之趙氏有孤孫憙，信義著名，願得降之。更始乃徵憙。憙年未二十，既引見，更始笑曰：「繭栗犢豈能負重致遠乎？」〔犢角如繭栗，言小也。禮緯曰：天地之牲，角繭栗〕即除為郎中，行偏將軍事，使詣舞陰，而李氏遂降。憙因進入潁川，擊〔林慮〕諸不下者，歷汝南界，還宛。更始大悅，謂憙曰：「卿名家駒，努力勉之。」〔武帝謂劉德為千里之駒，故以憙比之〕會王莽遣王尋、王邑將兵出關，更始乃拜憙為五威偏將軍，使助諸將拒尋、邑於昆陽。光武破尋、邑，憙被創有戰勞，還拜中郎將，封勇功侯。更始敗，憙為赤眉兵所圍迫，急乃踰屋亡走，與所友善韓仲伯等數十人攜小弱，越山阻，徑出武關。仲伯以婦色美，慮有彊暴者，而已受其害，欲棄之於道。

憙責怒不聽，因以泥塗仲伯婦面，載以鹿車，身自推之〔風俗通曰：鹿車窄小，裁容一鹿也〕。每道逢賊，或欲過略，憙輒言其病狀，以此得免，既入丹水〔丹水縣名，屬南陽郡，故城在今鄧州內鄉縣西南，臨丹水也〕。遇更始親屬皆裸跣塗炭，飢困不能前〔塗炭若陷泥墜火，翰窮困之極也〕。憙見之悲感，所裝縑帛資糧悉以與之，將護歸鄉里。時鄧奉反於南陽，憙素與奉善，數遺書切責之。而讒者因言憙與奉合謀，帝以為疑。及奉敗，帝得憙書，乃驚曰：「趙憙真長者也。」即徵憙，引見，賜鞍馬，待詔公車。時江南未賓，道路不通，以憙守簡陽侯相。憙不肯受兵〔東觀記曰：勑憙從騎都尉儲融受兵二百人，通利道路，憙白上不願受融兵，車馳往復，其形況上許之〕單車馳之，簡陽吏民不欲內憙，憙乃告諭城中大人，示以國家威信，其帥即開門面縛自歸，由是諸營壁悉降。荊州牧表憙才堪理劇，詔以為平林，遷懷令，擊羣賊，安集已降者，縣邑平定。後拜懷令。大姓李子春先為琅邪相，豪猾并兼，為人

所患憙下車聞其二孫殺人事未發覺即
窮詰其姦收考子春二孫自殺京師為請
者數十終不聽時趙王良疾病將終車駕
親臨王問所欲言王曰素與李子春厚今
犯罪懷令趙憙欲殺之願乞其命帝曰吏
奉法律不可枉也更道它所欲言王無復言
帝後追感趙王乃貰出子春其年遷憙為
平原太守時平原多盜賊憙與諸郡討捕
斬其渠帥餘黨當坐者數千人憙上言惡
惡止其身（公羊傳曰善善及子孫惡惡止其身）可一切徙京師
近郡帝從之乃悉移置潁川陳留於是擢
舉義行誅鋤姦惡後青州大蝗侵入平原
界輒死歲屢有年百姓歌之二十六年帝
延集諸戚讌會歡甚諸夫人各各前言趙
憙篤義多恩往遭赤眉出長安皆為憙所
濟活帝甚嘉之後徵憙入為太僕引見謂
曰卿非但為英雄所保也婦人亦懷卿之
恩厚加賞賜二十七年拜太尉賜爵關內

侯時南單于稱臣烏桓鮮卑並來入朝帝
令憙典邊事思為久長規（規音伏謂建武六年徙雲中五原人於常山居庸關至二十六年復今選雲中五原……蓋憙至此請徙之令盡也。東觀記曰草創苟合未有選人）憙上言復緣
邊諸郡幽并二州由是而定
三十年憙上言宜封禪正三雍之禮中
元元年從封泰山及帝崩憙受遺詔典喪
禮是時藩王皆在京師自王莽篡亂舊典
不存皇太子與東海王等雜止同席憲章
無序憙乃正色橫劍殿階扶下諸王以明
尊卑時藩國官屬出入宮省與百僚無別
憙乃表奏謁者將護分止它縣諸王並令
就邸唯朝晡入臨整禮儀嚴門衛內外肅
然永平元年封節鄉侯三年春坐考中山
相薛脩事不實免（脩光武子中山王焉相也）
後遭母憂上疏乞身行喪禮顯宗不許遣
使者為釋服賞賜恩寵甚渥憙內典宿衛
外幹宰職正身立朝未嘗懈惰及帝崩復

典喪事再奉大行禮事脩巖肅宗即位進
爲太傅錄尚書事擢諸子爲郎吏者七人
長子代給事黃門建初五年薨疾病帝親
幸視及薨車駕往臨甲時年八十四謚曰
正嶷子代嗣官至越騎校尉永元中副行
征西將軍劉尚征羌坐事下獄疾病物故
和帝憐之賜祕器錢布贈越騎校尉節鄉
嶷印綬子直嗣官至步兵校尉直卒子淑
嗣無子國除

年融字子優比海安丘人也少博學以大
夏矦尚書教授大夏矦名勝宣帝時人也門徒數百人名
稱州里以司徒茂才爲豐令司徒舉爲茂才也豐令徐州縣也
薦融忠正公方經行純備宜在本朝廾上
視事三年縣無獄訟爲州郡最司徒范遷
其理狀宇子廬沛人也永平五年入代鮑昱
爲司隸校尉多所舉正百僚敬憚之八年
代爲司農
代包咸爲大鴻臚十一年代鮭陽鴻爲大
司農鮭陽姓也音胡佳反是時顯宗方勤萬機公卿

數朝會每輒延謀政事判析獄訟融經明
才高善論議朝廷皆服其能帝數嗟歎以
爲才堪宰相明年代伏恭爲司空恭字叔齊伏湛同產
兄子也見東觀記舉動方重甚得大臣節肅宗即位
以融先朝名臣代趙憙爲太尉與憙參錄
尚書事建初四年薨車駕親臨其喪時融
長子麟歸鄉里帝以其餘子幼弱勑太尉
掾史敎其威儀進止贈賜恩寵篤密焉又
賜冢塋地於顯節陵下除麟爲郎

韋彪字孟達扶風平陵人也高祖賢宣帝
時爲丞相祖賞哀帝時爲大司馬彪孝行
純至父母卒哀毀三年不出廬寢服音羸
瘠骨立異形醫療數年乃起好學洽聞雅
稱儒宗建武末舉孝廉除郎中以病免復
歸敎授安貧樂道恬於進趣三輔諸儒莫
不慕仰之顯宗聞彪名永平六年召拜謁
者賜以車馬衣服三遷魏郡太守肅宗即
位以病免徵爲左中郎將長樂衞尉數陳

政術每歸寬厚比上疏乞骸骨拜爲奉車
都尉秩中二千石賞賜恩寵俟於親戚建
初七年車駕西巡狩以彪行太常從駕數召
入問以三輔舊事禮儀風俗彪因建言今
西巡舊都宜追錄高祖中宗功臣〈中宗襄〉
顯先勳紀其子孫帝納之行至長安乃制
詔京兆尹右扶風求蕭何霍光後時光無
苗裔唯封何末孫熊爲鄼侯建初二年已
封曹參後曹湛爲平陽侯故不復及焉乃
厚賜彪錢珍羞食物使歸平陵上冢還拜

大鴻臚是時陳事者多言郡國貢舉率非
功次故守職益懈而吏事寖疏各在州郡
有詔下公卿朝臣議彪上議曰伏惟明詔
憂勞百姓垂恩選舉務得其人夫國以簡
賢爲務賢以孝行爲首孔子曰事親孝故
忠可移於君是以求忠臣必於孝子之門
孝經緯　夫人才行少能相兼是以孟公綽
之文也　論語孔子之言也
優於趙魏老不可以爲滕薛大夫

忠孝之人持心近厚鍛鍊之吏持心近
薄〈蒼頡篇曰鍛椎也鍛鍊猶成孰也言深文之吏入人之罪猶工冶陶鑄鍛鍊使之成孰也前漢路溫舒上疏曰鍛鍊而周內之〉
其所以磨之〈者言古之用賢皆磨礪選鍊然後用之〉故也論語孔子曰吾之於人誰毀誰譽如有所譽者其有所試矣斯之謂也
三代之所以直道而行者在〈史記曰明其等曰閱積功曰閱〉
行爲先不可以純以閥閱　士且以才
要歸在於選二千石二千石賢則貢舉皆〈二帝光武明帝也〉又置官選職
得其人矣帝深納之彪以世承二帝吏化
之後多以苛刻爲能〈明帝也〉
不必以才因盛夏多寒上疏諫曰臣聞政
化之本必順陰陽伏見立夏以來當暑而
寒始以刑罰刻急郡國不奉時令之所致
也農人急於務而苛吏奪其時賦發充常
調而貪吏割其財此其巨患也夫欲急人
所務當先除其所患天下樞要在於尚書
百官志曰尚書主知公卿二千石吏人上書外國夷狄事故曰樞要　尚書之選豈
可不重而閒者多從郎官超升此位雖曉

晉文法長於應對然察察小慧類無大能
宜簡省歷州宰素有名者雖進退舒遲時
有不速然端心向公奉職周密宜鑒壽夫
劉譬應無窮支帝拜壽夫為上林令張釋之曰夫絆利口
捷急之對
疾東陽侯言事曾不能出口置此嗇夫為上林令
提急載文帝曰善遂以壽夫為上林令
不拜載也納遲鈍也前書曰周勃木質少文又曰安劉氏者必勃
木質少文又曰安劉氏者必勃
故置令者務簡可皆偻省又諫議之職應用
利令史以助郎職而類多小人好為姦
公直之士通才謇正有補益於朝者今或
從徵試輩輩為大夫也
州郡並宜清選其任責以言績其二千石
視事雖人而為吏民所便安者宜增秩重
賞勿妄遷徙惟聖心書奏帝納之元和
二年春東巡狩以壽行司徒事從行還以
病乞身帝遣小黃門大醫問病賜以食物
壽逐稱困篤章和二年夏使謁者策詔曰
壽以將相之裔勤身餉行出自州里在位

深思縝密木訥之功也
往時楚獄大起

〈後漢列傳十六〉 二九 奧史

歷載中被篤疾連上求退君年在耆艾
有損焉其上大鴻臚印綬其遣子太子舍
人詣中藏府受賜錢二十萬
臚章壽在位無他方欲錄用奄忽而卒其
賜錢二十萬布百四穀三千斛壽清儉好
號曰章卿子族子義義字季節高祖父玄
為京兆杜陵人焉兄順字叔文平興令有
高名
數辟公府輒以事去司徒劉愷復辟之謂
曰卿以輕好去就爵位不躋
盡當選御史意在相薦子其宿留平
秀留音豹曰大馬齒衰旅力已劣
良士旅力既愆
疾不堪久待

〈後漢列傳十六〉 三十 史

之私非所敢當遂跣而起愾追之徑去不

顧安帝西巡徵拜議郎義少與二兄齊名

初仕州郡太傅相焉辟舉理劇為廣都長〔廣都縣名屬蜀郡故城在今益州成都縣東南〕

〔清河郡名在今益州成都縣東南〕政甚有績官曹無事牢獄空

〔屬梁國今陳州縣甘陵陳二縣令在今貝州〕

虛歠上書順帝陳宜依古典考功黜陟徵

集名儒大定其制又讖切左右貶竇氏

言既無感而久抑不遷以兄順喪去官比

辟公府不就廣都為生立廟及卒三縣吏

民為義舉哀若喪考姁豹子著字休明少

以經行知名不應州郡之命大將軍梁冀

辟不就延熹二年桓帝公車備禮徵至霸

陵稱病歸乃入雲陽山采藥不反有司舉

奏加罪帝特原之復詔州郡之迫猶致遍也

勸著遂不就徵遍也靈帝即位中常侍曹

即以陳蕃竇氏既誅海內多怨欲借寵時

賢以為名假借時賢寵祿以求美名用解怨謗白帝就家拜著

東海相東海王彊四代孫即詔書逼切不得已

三十一

卅十

林平

解巾之郡〔巾幅巾也既服冠冕故解幅巾也〕政任威刑為受罰

者所奏坐論輸左校〔左校署名屬將作也〕又後妻憍恣

亂政以之失名音歸為姦人所害隱者恥

之

贊曰湛霸奮庸維寧兩邦

〔注曰奮起也庸功也兩邦謂湛為平原大守霸為淮陽大尹也 尚書曰有能奮庸熙帝之載孔安國曰〕

要降〔徐寇謂徐異卿也降音司徒伏公弘〕

糠〔謂不忘糟糠妻也〕憙政多迹彪明理損年公蘭帝

身終上袞

後漢書列傳卷第十六

三十二

林平

宣秉　　張湛

王丹　　王良

杜林　　郭丹

吳良　　承宮

鄭均　　趙典

宣秉字巨公馮翊雲陽人也少修高節顯
名三輔哀平際見王氏據權專政侵削宗
室有逆亂萌遂隱遁深山州郡連召常稱
疾不仕王莽為宰衡辟命不應及莽篡位又遣使者徵之秉
疾病更始即位徵為侍中建武元年拜
御史中丞　光武特詔御史中丞與司隸校尉
尚書令
專席而坐故京師號曰三獨坐明年遷司
隸校尉務舉大綱簡略苛細百僚敬之

帝嘗幸其府舍見而歎曰楚國二龔不如
雲陽宣巨公
即賜布帛帳帷什物
司直
秉性節約常服布被疏食瓦器
所得祿奉輒以收養親族其孤弱者
分與田地自無擔石之儲
六年卒於官帝敬惜之
彪為郎
止有則居處幽室必自修整雖遇妻子若
嚴君焉
張湛字子孝扶風平陵人也
正色也　詳審三輔以為儀表
或謂湛偽詐湛聞而笑曰我誠詐也人皆
詐惡我獨詐善不亦可乎成哀間為二千
石王莽時歷太守都尉建武初為左馮翊

在郡修典禮，設條教，政化大行。後告歸平陵，望寺門而步。（告請也，告歸謂請假歸。寺門也，即平陵縣門也。風俗通曰：寺門者，嗣也，理事之吏嗣也。）主簿進曰：「明府位尊德重，不宜自輕。」（延壽寺為東郡太守門卒，謂之明府，亦其義。韓君所居曰府。）湛曰：「《禮》下公門，軾輅馬。（論語之文也，鄭玄云恂恂順貌也。史記作恂詢，謂孔子於⋯輅車大也，君所居曰府，輅車曰軾，車馬所載曰軾。軾車前橫木也，乘車必正立，有所敬則俯而憑之，謂之軾。大夫士下公門，式輅馬也。詩曰惟桑與梓必恭敬止也。）孔子於鄉黨，恂恂如也。父母之國，所宜盡禮，何謂輕哉？」（論語之文也。）五年，拜光祿勳。（前書：光祿勳本名郎中令，秦官，武帝改為光祿勳，中二千石，掌大夫、郎中、從官。）

光武臨朝，或有惰容，湛輒陳諫，其失未常（嘗）乘白馬。帝每見湛，輒言「白馬生且復諫矣」。七年，以病乞身，拜光祿大夫，代王丹為太子太傅。及郭后廢，因稱疾不朝，拜太中大夫，居中東門候舍。（漢官儀曰：洛陽十二門，東面三門，最北門名上東門，次南曰中東門。尋門校尉一人，秩二千石，候一人，秩六百石，候舍蓋候之所居。）故時人號曰「中東門君」。帝數存問賞賜。後大司徒戴涉被誅，（涉字叔平，冀州清河人也，坐所舉人盜金下獄。帝彊起湛以）

代之。湛至朝堂，遺失溲便，（溲音所流反。）因自陳疾篤，不能復任朝事，遂罷之。後數年卒於家。

王丹字仲回，京兆下邽人也。哀、平時仕州郡。王莽時連徵不至。家累千金，隱居養志。好施周急。（周急謂周濟困急也。孔子曰：君子周急不繼富。）每歲農時，輒載酒肴於田間，候勤者而勞之。（東觀記載酒肴，循行田頭大樹下飲食勸勉之。）其墮嬾者，恥不致丹，（墮嬾音力臥反。）皆兼功自厲。（厲與勵同。）邑聚相率，以致殷富。其化大洽，風俗以篤。丹資性方絜，疾惡強豪。時河南太守同郡陳遵，關西之大俠也，（遵字孟公。社成俠也。見前書。）其友人喪親，遵為護喪事，賻助甚豐。丹乃懷縑一匹，（縑出自機杼。）陳之於主人前曰：「如丹此縑，出自機杼。」遵聞而有慚色。自以知名，欲結交於丹。丹拒而不許。（記曰東觀⋯）

更始時博為大司馬出使匈奴過謝於丹丹曰遺
反覆唯我二人為天所遺今子當之絕域無以相
贈子以不拜遂揖之二人為揖遂甚悅之

會前將軍鄧禹西征關中
軍糧乏〔丹率〕宗族上麥二千斛禹為表丹領
左馮翊稱疾不視事免歸後徵為太子少
傅時大司徒侯霸欲與交友及丹被徵遣
子昱候於道顯迎拜車下丹下荅之昱曰
家公欲與君結交何為見拜丹曰君房有
是言丹未之許也丹子有同門生喪親家
在中山白丹欲往奔慰結侶將行丹怒而
撻之〔東觀記曰令寄縑以祠焉東觀記曰嗣
怒撻之五十帛二匹以祠〕
為或問其故丹曰交道之難未易言也世
稱管鮑次則王貢〔史記曰管夷吾少時常與
鮑叔牙游鮑叔知其賢管仲貧困嘗欺鮑叔
叔牙終善遇之管仲曰生我者父母知我者
鮑叔牙也王吉字子陽與貢禹為友時人為
之語曰王陽在位貢禹彈冠言其趣舍同也〕
張陳凶其終〔張耳陳餘初為刎頸交後
俊為漢將兵殺陳餘泜水之上〕
蕭朱隙其末〔朱博字子元二人為友著聞當
代後有隙不終故時以交為難並見前書〕
故知
全之者鮮矣時人服其言客初有薦士於
丹者因選舉之而後所舉者陷罪丹坐以

免客慙懼自絕而丹終無所言舉府復徵為
太子太傅乃呼客謂曰子之自絕何量丹
之薄也不為設食以罰之相待如舊其後
遂位卒于家

王良字仲子東海蘭陵人也少好學習小
夏侯尚書〔夏侯建大夏侯勝之從兄子也建
受尚書於勝號小夏侯見前書〕王莽
時復病不仕教授諸生千餘人建武二年
大司馬吳漢辟不應三年徵拜諫議大夫
數有忠言以禮進止朝廷敬之遷沛郡太
守至蘄縣稱病不之府官屬皆隨就之良
遂上疾篤乞骸骨徵拜太中大夫六年代
宣秉為大司徒司直在位恭儉妻子不入
官舍布被瓦器時司徒史鮑恢以事到東
海過候其家而良妻布裙曳柴從田中歸
見夫人妻曰妾是也苦掾無書〔掾即謂鮑
徒之史也〕故來受書欲
跣跪曳柴〔東觀記曰勞苦
相過更無書信〕恢乃下拜歎息而還聞者莫
不嘉之後以病歸一歲復徵至滎陽疾篤

不在進道乃過其友人友人不肯見曰不
有忠言奇謀而取大位何其往來屑屑不
憚煩也　揚雄方言曰屑屑不安也秦晉往來兒貌　遂拒之良
慙自後連徵輒稱病詔以立纖聘之遂不
應後光武幸蘭陵遣使者問良所苦疾不
能言對詔復其子孫邑中徭役卒於家
論曰夫利仁者或借仁以從利體義者不
期體以合義　此言履行仁義其事雖同原其本心真偽各異利仁者謂借仁道以求利耳若天性自然體合仁義者是不期於體而冥然合禮記曰仁者安仁智者利仁畏罪者彊仁與人同功其仁未可知與人同過其仁可知子魯卿之諡孫行父子文子忠乎左傳文子妻不衣帛魯人以為美談　文子魯人也孫行父之諡子忠乎也無衣帛之妾無食粟之馬君子是以知季文子之忠於公室三君矣而無私積可不謂忠乎
公孫弘身服布被汲黯譏其多詐　公孫弘川人也武帝時為丞相汲黯曰弘以三公而身服布被被詐也事見前書
毀別議何也將體之與利之異乎　帝時為丞相汲黯曰弘以三公而身服布被被詐也事見前書
行過乎儉然當世咨其清人君高其節豈
非臨之以誠哉語曰同言而信則信在言

前同令而行則誠在令外不其然乎　迹既殊真偽殊
人之信否亦異同言而信謂體仁與利仁二人同言而人信服其真真者則知信不由出故
偽之詡斯不偽矣　介也屑猶
道斯知交矣
杜林字伯山扶風茂陵人也　案杜鄴傳鄴本魏郡繁陽人也
學沈深家既多書又外氏張竦父子喜文
采　鄴字子夏祖父皆至郡守鄴少孤其母張竦女也鄴從竦子吉學得其家書竦即吉之子也博學文
儒　風俗通曰儒者區也言其區別古今居則玩聖哲之道糟若能納而不能出能言而不能行此通儒若能說而已無能往來此俗儒也
冀等　逯音七倫反將細弱俱客河西道逢賊數
千人遂掠取財襄裼奪衣服　襘解也音拔
王莽敗盜賊起林與弟成及同郡范逡孟
刃向林等將欲殺之冀仰曰願一言而死
將軍知天神乎　言知天道有神乎赤眉兵眾百萬所
向無前而殘賊不道卒至破敗今將軍以

數千之眾欲規霸王之事不行仁恩而反
遭覆車不畏天乎<small>賈誼曰前車覆後車誡詩賊</small>
遂釋之俱免於難閱鄲素聞林志節深相
歆待以為持書平後因疾告去辭還祿食
題復欲令彊起遂稱篤鄲意雖相望且欲
優容之降志辱身至<small>史記曰伯夷叔齊孤竹君之子也兄弟讓位歸文王後武王東</small>
令曰杜伯山天子所不能臣諸侯所不能
友<small>禮記曰儒有上不臣天子下不事諸侯蓋伯夷</small>
叔齊恥食周粟<small>史記曰伯夷叔齊餓死於首陽山</small>

<small>代討伯夷叔齊扣馬諫曰父死不葬爰及干戈可謂孝乎以臣伐君可謂仁乎武王</small>
使順所志林雖拘於鄲而終不屈節建武
六年單成物故鄲乃聽林持喪歸既遣
而悔追令刺客楊賢於隴坻遮東歸之賢見
林身推鹿車載致弟喪乃歎曰當今之世
誰能行義我雖小人何忍殺義士因亡去
光武聞林已還三輔乃徵拜侍御史引見
問以經書故舊及西州事其悅之賜車馬

衣被羣寮知林以名德用甚賀憚之京師
士大夫咸推其博洽<small>東觀記曰林與馬援同鄉里素相親厚援從南方還</small>
海衛宏等皆長於古學<small>河南鄭興東</small><small>宏字粉仲興嘗師事</small>
事劉歆使宏得林且有以益之及宏見林聞
然而服濟南徐巡始師事宏後皆更受林
諸矢使宏得林且有以益之欣然言曰林得興
學林前於西州得漆書古文尚書一卷常
寶愛之雖遭兵亂困握持不離身出以示宏
等曰林流離兵亂常恐斯經將絶何意東
海衛子濟南徐生復能傳之是道竟不墜
於地也古文雖不合時務然願諸生無悔
所學宏巡益重之於是古文遂行明年大
議郊祀制多以為周郊后稷漢當祀堯詔
下公卿議議者僉同帝亦然之林獨以
為周室之興祚由后稷漢業特起功不緣

堯祖宗故事所宜因循定從林議東觀記載

今政甲易行禮簡易從人無愚智卿漢德基業特
起不因緣堯遠於漢人不曉信言提其耳絕不說
諭后稷近周人戶知之又襲以與基由其祥詩曰不
愆不忘率由舊章宜如舊制以解天下之感後

代王良為大司徒直林薦同郡范逡趙
秉申屠剛及隴西牛邯等皆被擢用士多
歸之十一年司直官罷以林代郭憲為光
祿勳內奉宿衛外總三署（三署左右中郎將皆 又五官中郎將皆管郎官也）（左傳曰凡亂在內為軌）
者軛見誘進朝夕滿堂十四年羣臣上言（李芳見續漢書）周密敬慎選舉稱平郎有好學

宜增科禁以
防其源詔下公卿林奏曰夫人情挫辱則
義節之風損法防繁多則苟免之行興孔
子曰道之以政齊之以刑民免而無恥導
之以德齊之以禮有恥且格（皆論語之言也政謂禁令刑謂刑罰格來也言為政之法初訓導之以禁令若有違則齊整之以刑罰則人但免罪而已而無恥愨之心若敬導之以道德整齊之以禮義則民皆有恥愨之心且來服）
故姦軌不勝（左傳曰凡亂在外為軌）

古者肉刑嚴重則人畏法令憲律輕薄

遠慮動居其厚不務多辟周之五刑不過

古之明王深識

三千（五刑謂墨劓剕刖宮大辟也尚書呂刑篇曰五刑之屬三千）大漢初興詳
覽失得故破矩為圓斷彫為樸蠲除苛政
更立疏網（史記曰漢興破觚而為圜斷彫而為樸 號為網漏吞舟之魚亦方也老子曰）
天網恢恢而不漏海內歡欣人懷寬德及至其後
漸以滋章吹毛索疵詆欺無限（老子曰法令滋章盜賊多）
無廉士家無宇行至於法不能禁令不能（遁猶回避也前書曰上相匿以文避法為）
止上下相遁為敝彌深
集以成藏小事無妨於義以為大戮故國（果桃菜茹之饋）
臣愚以為宜如舊制不合翻移從之後
皇太子彊求乞自退封東海王故重選官
屬以林為王傅從駕南巡狩時諸王傅數
被引命或多交游不得應詔唯林特受賞賜又
召必至餘人雖不見譴而林特守慎有
辭不敢受帝益重之（東觀記曰王又以師數加 上書 恭宇道加 子然）
明年代丁恭為少府
二十二年復為光祿勳頃之代朱
浮為大司空博雅多通稱為任職相明年

堯帝親目臨喪送葬除子喬爲郞詔曰公
庶子孫必復其始〔左氏傳晉大夫之言〕夫苹麋之言賢者之後宜
宰城邑其以喬爲丹水長〔屬南陽縣〕

論曰夫感彊以喬爲禦力損則身危飾詐以
圖己詐窮則道屈而忠信篤敬蠻貊貃行焉
者誠以德之感物厚矣〔言忠信行篤敬雖蠻貊〕
故趙孟懷忠匹夫成其仁〔趙盾晉大夫左傳曰晉靈公不君趙盾驟諫之靈公患之使鉏麑賊之盾朝服將往早坐而假寐麑退而言曰不忘恭敬民之主也賊民之主不忠棄君之命不信有一於此不如死也觸槐而死趙盾遂得全論語子張問行子曰言忠信行篤敬雖蠻貊之邦行矣〕
日有殺身以成仁〔論語〕杜林行義烈士假其命易
無求生以害仁
曰人之所助者順有不誣矣〔易繫詞曰天之所助者信人之〕
日人之所助者順〔所助者順不誣言必蒙天人之助也〕
〔後漢列傳十三〕

郭丹字少卿南陽穰人也父稚盧江太守有清名丹七歲而孤小心孝順爲
後母哀憐之〔爲鬻衣裝買產業〕
師長安買符入函谷關〔符即繻也前書音義曰符出入關皆用傳音義煩舊買繻入關符信傳買繻入關封符飲入關符非真符也東觀記曰丹從宛人陳洮買入關〕
乃慨然歎曰丹不乘使者車終不出
也〔因裂繻帛分持後復出之以爲符信傳買入符非真符也〕

───

開〔續漢志曰諸使車皆朱班輪四輻赤衡軛〕既至京師常爲都講
諸儒咸敬重之大司馬嚴尤請丹辭病不
就王莽又徵之遂與諸生逃於北地更始
二年三公舉丹賢能徵爲諫議大夫持節
使歸南陽安集受降丹自去家十有二年
果乘高車出關如其志焉更始敗諸將悉
歸光武並獲封爵丹獨保平氏不下爲更
始發喪衰経盡哀〔喪服斬衰裳上曰衰下曰裳麻在首要皆曰経首経象緇布冠之缨要経象大帶〕
〔後漢列傳十四〕
遂潛逃去敝衣閒行涉歷險阻求謁更始
妻子奉節傳因歸鄉里太守杜詩請爲
功曹丹薦鄉人長者自代而去詩乃歎曰
昔明王興化鄉士讓位〔毛萇詩傳曰虞芮之君相與爭田至其朝周至其朝周爭田相謂曰西伯仁人也盡往質焉乃相與朝周二國君入質而退今功曹推
賢可謂至德勑以丹事編署黃堂以爲後
法〔黃堂太守之聽事〕
遷左馮翊永平三年代李訢爲司徒在朝
再遷幷州牧有清平稱轉使匈奴中郎將
十三年大司馬吳漢辟舉高弟

廉直公正與侯霸杜林張湛郭汲齊名相
善明年坐考隴西太守鄧融事無所據策
免五年卒於家時年八十七以河南尹范
遷有清行代爲司徒遷字子廬沛國人初
爲漁陽太守以智略安邊匈奴不敢入界
及在公輔有宅數畝田不過一頃復推與
兄子其妻常謂曰君有四子而無立錐之
地〔史記楚優孟曰孫叔敖……無立錐之地〕可餘奉祿以爲後世業
遷曰吾備位大臣而蓄財求利何以示後
世在位四年薨家無擔石焉後顯宗因朝
會問羣臣郭丹家今何如宗正劉匡對曰
昔孫叔敖相楚馬不秣妻不衣帛〔孫叔敖楚莊王之相也……〕
音蒙復丘之封

〔孫叔敖楚莊王之相也士虞立期薦
之相楚上下和合吏無姦邪盗賊不起
將死戒其子曰王數封我我不受也汝
死王必封汝汝必無受利地楚越之間
有寢丘者此其地甚惡而名丑楚人鬼
越人禨唯此可長有者孫叔敖死王果
封其子美地子辭請寢丘故至今不失
有寢丘也孫叔敖祠後漢改爲固始縣也〕

〔後漢列傳十七 十五 陳仲〕

典州郡入爲三公而家無遺產長子宇官至常山
帝乃下南陽訪求其嗣長子宇官至常山

吳良字大儀齊國臨淄人也初爲郡吏〔東觀
記曰良爲歲旦與掾史入賀門下掾王望舉
觴上壽詔稱太守功德〔東觀記曰郡敗亂遭離盗賊……〕
雞鳴犬吠之音明府視事五年土地開闢盗賊滅息
五穀豐賤蒙寧足爲無綈望足爲無綈自今以去雅壽雅壽
歲〔東觀記曰良時跪曰門下掾佞諂明府勿受其觴盗〕
良於下坐勃然進曰望佞邪之人欺諂
太守斂容而止讌罷轉良爲功曹恥
無狀願勿受其觴〔小注〕
薦良曰臣聞爲國所重必在得人報恩之
義莫大薦士見〔府西曹掾齊國吳良〕
蒼聞而辟之署爲西曹蒼甚相敬愛上疏
以言受進終不肯謁時驃騎將軍東平王
資質敦固公方廉恪躬儉安貧白首一節
經任博士行中表儀宜備宿衞以輔聖政
臣蒼榮寵絕矣憂責深大絕猶私慕公叔
同升之義懼於臧文竊位之罪〔大夫公孫……〕
言雖著者志節不表又治尚書學通師法

〔後漢列傳十七 十六 吾嘗〕

03-421

論語也文子家臣乃撰操行與文子同又子乃升進之於公與之同孫辰也時柳下惠為士師文仲知其賢而不進達之孔子譏之曰臧文仲其竊位者歟知柳下之賢而不與立事並見之也

敢秉愚瞽犯冒嚴禁顯宗以示公卿

日前以事見良頹然皓然其甚偉夫薦

賢助國宰相之職蕭何舉韓信設壇而拜

不復考試〔蕭何薦韓信於高祖曰陛下必欲爭天下必以良於是設壇場而拜信為大將〕

軍見前書 今以良為議郎永平中車駕近

出而信陽侯陰就倚衛車府令徐〔鉤留〕臣乃

鉤就國良收御者送獄〔詔書讓臣臣乃〕

自繫良上言曰信陽侯陰就倚恃外戚干犯

乘輿無人臣禮為大不敬臣執法守正反

下于理臣恐聖化由是而弛〔弛廢也帝雖赦〕

臣猶在轉良為即丘長〔即丘縣名屬東海郡也〕後遷司徒長史〔哀帝改丞相為大司徒也〕

故城在今沂州東南〔後遷司徒長史大司徒仍相也〕

舊中興因之不改建武十一年省司直置長史〔徐防〕

希旨偶俗以徼時譽〔希猶贍望也〕後坐事免復

拜議郎卒於官

承宮字少子〔世本承姓備大夫成叔承之後也〕琅邪姑幕人

也少孤年八歲為人牧豕鄉里徐子盛者

以春秋經授諸生數百人宮過息廬下樂

其業因就聽經遂請留門下〔續漢書曰宮嘗出行得宮欲笞之之門下生共禁止因為諸生拾〕

薪執苦數年勤學不倦〔續漢書曰宮省出行分門下取豕聽經豬主怪其不還求索得其故宮曰既已與人義不可復取虎所殺鹿持歸肉〕

乃歸家教授遭天下喪亂遂將諸生避地

漢中後與妻子之蒙陰山〔蒙陰縣名屬太山郡有蒙山在今沂州新泰縣東南〕肆力耕種禾黍將乾人有認之者

宮不與計推之而去由是顯名三府更辟〔三府謂太尉司徒司空府〕

皆不應 永平中徵詣公車車駕

臨辟雍召宮拜博士遷左中郎將數納忠

言陳政論議切愨朝臣憚其節名播匈奴

時北單于遣使求得見宮顯宗勅自整飾

宮對曰夷狄眩名非識實者也臣狀醜不

可以示遠宜選有威容者〔續漢書曰夷狄聞臣好欲見臣虛醜故欲見臣〕

臣醜陋形寢不如選長大有威容者示之也

之二十七年拜侍中祭酒建初元年卒肅宗

褒歎賜以家地妻上書乞歸葬鄉里復賜錢三十萬〔續漢書曰宮子豐官至濟陰太守〕

鄭均字仲虞東平任城人也少好黃老書兄為縣吏〔東觀記曰兄為縣游徼〕頗受禮遺均數諫不聽即脫身為傭歲餘得錢帛歸以與兄曰物盡可復得為吏坐臧終身捐棄兄感其言遂為廉絜均好義篤實養寡嫂孤兒恩禮敦至〔東觀記曰均失兄養孤兒子甚篤已冠娶出令別居並門盡推財與之使得一草其母然後隨〕常稱病家廷不應州郡辟召〔建〕郡將欲必致之使縣令謫詣門〔謫詣也〕至卒不能屈於是客於濮陽〔濮陽縣令建〕初三年司徒鮑昱辟之後舉直言並不詣六年公車特徵再遷尚書數納忠言肅宗荀重之後以病乞骸骨拜議郎告歸〔東觀記曰均遺子英奉章詣闕詔召見英問均所苦賜以〕病篤帝賜以衣冠元和元年詔告廬江太守東平相曰〔以毛義廬江人鄭均東平相也議郎鄭均東修安貧恭〕儉節整前在機密以病致仕中善員固黃〔平人故告二郡守相也〕

〔前略〕不怠又前安邑令毛義躬履遜讓比徵辭病淳絜之風東州稱仁書不云乎平章厥有常吉哉〔章明也言德優其稟飾則政之善也尚書咎〕常稱病〔章明也言諸物老成故順其時氣助養育之也故月令仲秋之月養衰老授几杖行糜粥飲食郎玄注云助老氣也〕明年帝東巡過任城乃幸均舍勅存問其賜均羊酒顯茲異行〔東觀記曰賜羊一頭酒二斗終其身問遺〕時人號為白衣尚書永元中卒於家〔續漢志曰尚書秩六百石禄每月七十二石〕故賜尚書禄以終其身

趙典字仲經蜀郡成都人也父戒為太尉〔謝承書曰典太尉戒之叔子也〕典少篤行隱約〔隱猶靜也約儉也〕桓帝立以定策封厨亭侯食邑遠方至〔謝承書曰典學孔子七經河圖洛書內外藝術靡不貫綜受業者百有餘人性明達志節清〕博學經書弟子自遠方至拜議郎侍講禁內再遷為侍中時帝欲廣開鴻池典諫曰鴻池汎溉已且百頃猶復增而深之非所以崇唐虞之約己遵孝文儉節整前在機密以病致仕〔後略〕和初四府表薦〔四府太尉司空大將軍府也謝承書曰典性明達志節清方正皆不應桓帝公車徵對策為諸儒之表〕徵

之愛人也帝納其言而止

茨不翦采椽不斲飯土簋歠土鉶糲粱之飯藜藿之羹夏日葛衣冬日鹿裘約己也文帝嘗欲作露臺召匠計之曰直百金帝曰百金中人十家之產何以

人父卒龔封出為弘農太守轉右扶風公

也父卒襲封出為弘農太守轉右扶風公

事去官衛拜城門校尉轉將作大匠遷少

府又轉大鴻臚時恩澤諸侯以無勞受封

韋曰不悅而莫敢諫典獨奏曰夫無勞受封
賞勞者不勸上忝下辱亂象干度

不用善則自取謫於日月之災故政不可不慎務三一曰擇人二曰因人三曰從時前書曰成帝時

祖之誓非功臣不封
且一切削免爵土以存舊典

帝不從頃之轉太僕遷太常朝廷每有災
異疑議輒諮問之

同日封王氏五侯其日天氣赤黃霧四塞京
帝封丁傳日亦然是不用善人則亂象干度
而已一曰擇人二曰因人三曰從時前書曰成帝時

布被食用
瓦器也

賜輒分與諸生之貧者後以諫爭違百
官就國會帝崩時禁藩國諸侯不得奔弗

典慨然曰身從衣褐之中致位上列

貧者
且鳥烏反哺報德況於士邪
所服謂之烏春秋元命包曰烏孝鳥也
遂解印綬符策什伯縣而

太后復遣使兼贈印綬謚曰獻疾兄子
謙謙弟溫相繼為三公謙字彥信初平元

學博聞宜備國師會病卒

許之再遷長樂少府衛尉公卿復表薦典篤

陳蕃等謀共誅中常侍曹節等下獄自殺不言病卒
趙忠等皆下獄自殺不言病卒

公卿百寮嘉典之義表請以租自贖詔書
馳到京師州郡及大鴻臚並執處其罪而

使者弔祠竇

年代黃琬為太尉獻帝遷都長安以謙行
車騎將軍為前置明年病罷復為司隸校
尉車師王侍子為董卓所愛數犯法尉收
殺之卓大怒殺都官從事而素敬憚謙故
不加罪轉為前將軍遣擊白波賊有功封
郿侯

司徒數月病免拜尚書令是年卒謚曰忠

溫字子柔初為京兆郡丞

歡曰大丈夫當雄飛安能雌伏遂棄

官去遭歲大飢散家糧以振窮餓所活萬
餘人獻帝西遷都爲侍中同輿董至長安
封江南亭侯代楊彪爲司空頃之復爲
司徒錄尚書事時李催與郭汜相攻催遂
虜掠禁省劫帝幸北塢外内隔絶催素疑
溫不與己同乃内溫於塢中又欲移乘輿
於黃白城溫與催書曰公前託爲董公報
讐然實屠陷王城殺戮大臣天下不可家
見而戶說也今與郭汜爭睚眥之隙以成
千鈞之讐誰眠眥皆見（眠眥解見寶融傳　十斤爲鈞言其重）人在塗炭各
不聊生曾不改悟遂成禍亂朝廷仍下明
詔欲令和解上命不行威澤日損而復欲
移轉乘輿（更幸非所此誠老夫所不達也）
於易一爲過再爲涉三而弗改滅頂凶（滅沒也周易大過上六曰過涉滅頂凶無咎過之極過之甚者也涉難過甚故至于滅頂凶也）
不如早共和解引軍還屯上安萬乘下全
人民豈不幸甚催大怒欲遣人殺溫董卓
從弟應溫故掾也諫之數日乃獲免溫從

李燮

車駕都許建安十三年以辟司空曹操子
丕爲掾操怒奏溫辟忠臣子弟選舉不實
免官是歲卒年七十二
贊曰宣鄭二王奉身清方杜林據古張湛
祚莊典以義黜（謂棄郡奔喪）（以租贖罪也）宮由德揚大儀
鵠髮見表憲王（鵠髮白髮）少卿志仕終乘高箱

後漢書列傳卷第十七

桓譚
馮衍　子豹

唐章懷太子賢注

桓譚字君山沛國相人也相縣名故城在今徐州符離縣西也

成帝時為太樂令譚以父任為郎因好音

律謂六律黃鐘太族姑洗……宮商角徵羽謂之五聲聲成文謂之音律……善鼓

琴博學多通遍習五經皆詁訓大義不為

章句說文曰詁訓古言也章句謂離章辨句委曲枝派也能文章尤好古倡樂　俳倡

學數從劉歆楊雄辯析疑異性著倡樂　一　董

也簡易不修威儀而憙非毀俗儒由是多　優

見排抵抵擊也　抵紙音　哀平間位不過郎傅皇后傅皇后哀帝后

父孔鄉侯晏深善於譚傅皇后　哀帝后　是時高安

族董賢寵幸女弟為昭儀皇后日已疏晏

嘿嘿不得意譚進說曰昔武帝欲立衞子

夫陰求陳皇后之過子夫衞皇后也本平陽主家……

今董賢至愛而女弟尤幸殆將有子夫之

父可不憂哉晏驚動曰然為之柰何譚曰

刑罰不能加無罪邪枉不能勝正人夫士

以才智要君女以媚道求主皇后年少希

備又君疾以后尊而多賓客必借

更艱難或驅使醫巫外求方技此不可不

以重執貽致議議不如謝遣門徒務執謙

愨此脩己正家避禍之道也晏曰善遂罷

遣常客常或作賓　入白皇后如譚所戒後晏果

風太醫令欲使求傅氏罪過逐逮后弟

哀帝之時及董賢為大司馬聞譚名欲與

之交譚先奏書於賢說以輔國保身之術

賢不能用遂不與通當王莽居攝篡弒之

際天下之士莫不競褎稱德美作符命以

求容媚譚獨自守黙然無言莽時為掌樂

大夫更始立召拜太中大夫世祖即位徵

待詔上書言事失旨不用後大司空宋弘

薦譚拜議郎給事中因上疏陳時政所宜

【後漢列傳十八上】

曰臣聞國之廢興在於政事政事得失由
輔佐輔佐賢明則俊士充朝而理合世
務輔佐不明則論失時宜而舉多過事夫
有國之君俱欲興化建善然而政道未理
者其所謂賢者異也昔楚莊王問孫叔敖(莊王名旅穆王商臣之子也孫叔敖)
惡也恐王不能定也王曰不定獨在君亦(叔敖楚賢相也言欲為國於是未知何以得之)
在臣乎對曰君驕士曰士非我無從富貴
士驕君曰君非士無從安存人君或至失
國而不悟士或至飢寒而不進君臣不合(事見新序 蓋善政者視俗而)
則國是無從定矣莊王曰善願相國與諸
大夫共定國是也
施教察失而立防威更與文武迭用然(蹀猶動也謂蹀之人也蹀動也 挽不定之人也)
後政調於時而躁人可定(昔)
董仲舒言理國辟若琴瑟其不調者則解
而更張前事見夫更張難行而拂衆者亡(拂違)
是故賈誼以才逐而朝錯以智死(地音扶)

【後漢列傳十八上】

賈誼洛陽人也事文帝為博士每詔令下諸老先生(未能言誼盡為之對人各如其志所出絳灌之屬)
害之文帝亦疏之乃以誼為長沙太傅朝錯潁川人(也事文帝為太子家令號曰智囊景帝即位為御史)
大夫請削諸侯後七國反以誅錯為名遂斬錯見前書 世雖有殊能而
終莫敢談者懼於前事也且設法禁者非
能盡塞天下之姦人之所欲也大
抵取便國利事多者則可矣夫張官置吏
以理萬人縣賞設罰以別善惡人誅傷
則善人蒙福矣今人相殺傷雖已伏法而
私結怨讎子孫相報後忿深前至於滅戶
殘業而俗稱豪健故雖有怯弱猶勉而
行之此為聽人自理而無復法禁者也今宜
申明舊令若己伏官誅而私相傷者加常
一身逃亡皆徙家屬於邊其相傷者雖
二等不得雇山贖罪(雇山解見光武紀)如此則仇怨
自解盜賊息矣夫理國之道舉本業而抑
末利是以先帝禁人二業錮商賈不得官
為吏(高祖時令賈人不得衣絲乘車市井子孫不得官為吏)此所以抑并
兼長廉恥也今富商大賈多放錢貨中家

【後漢列傳十八上 陳寵 四】

子弟為之保役〔保役中家猶中等也 保役可保信也〕趨走與臣僕〔趨走俯伏 是以眾人慕効不耕 東觀記曰中家子弟為之〕
等勤收稅與封君比入〔收稅謂舉錢輸息利也〕
是以眾人慕効不耕
而食至乃多通侈靡以淫耳目今可令諸〔東觀記曰賈人多通侈靡好以淫人耳目而竭盡之〕
商賈自相糾告若非身力所得皆以贓畀〔異音必二反〕
告者如此則專役一已不敢以貨與〔之稍自衰焉 何可得乎夫樹 其財是為下樹 俗難辛變而〕人
人事寡力弱必歸功田畝田畝修則穀入
多而地力盡矣又見法令決事輕重不齊
或一事殊法同罪異論姦吏得因緣為市〔方〕
所欲活則出生議所欲陷則與死比是為
刑開二門也今可令通義理明習法律者
校定科比〔科謂事條 比謂類例〕一其法度班下郡國〔猶〕
除故條〔法書表〕如此天下不知方而獄無怨濫矣
書奏不省是時帝方信讖多以決定嫌
疑又疇賞少薄天下不時安定譚復上疏
曰臣前獻瞽言未蒙詔報不勝憤懣冒死

復陳愚夫策謀有益於政道者以合人心
而得事理也凡人情忽於見事而貴於異〔東觀記〕
聞觀先王之所記述咸以仁義正道為本
非有奇怪虛誕之事蓋天道性命聖人所
難言也自子貢以下不得而聞況後世淺〔論語子貢曰夫子之文章可得而聞 性與天道不可得而聞〕
儒能通之乎〔鄭玄注云性謂人受血氣 天道七政變動之占也 賢愚吉凶天道〕

才伎數之人增益圖書矯稱讖記〔伎謂方伎 醫方之家〕
官也圖書即讖緯符命之類也以欺惑貪邪詿誤〔也數謂數術明堂義和史卜之類也〕
人主焉可不抑遠之哉〔孔丘為讖記以誤人主〕
也臣譚伏聞陛下窮折方士黃白之術甚
為明矣〔黃白謂以藥化成金銀 方士有方術也〕
記又何誤也其事雖有時合譬猶卜數隻
偶之類〔言偶中也〕陛下宜垂明聽發聖意屏群
小之曲說述五經之正義略雷同之俗語〔雷之發聲 物同應俗人無 同禮〕
詳通人之雅謀〔記曰無〕又臣聞安平則尊道術之士有難
則貴介胄之臣〔介甲也 胄兜鍪也〕今聖朝興復祖

統為人臣主而四方盜賊未盡歸伏者此
權謀未得也臣譚伏觀陛下用兵諸所降
下既無重賞以相恩誘或至虜掠奪其財
物是以兵長渠率各生狐疑黨輩連結歲
月不解古人有言曰天下皆知取之為取
而莫知與之為取〔言先饒與之後乃可取也老子曰將欲廢之必固興之將欲奪之必固與之〕陛下誠能輕爵重賞與士共之則
欲奪之必固與之
何招而不至何說而不釋何向而不開何
征而不剋如此則能以狹為廣以遲為速
亡者復存失者復得矣帝省奏愈不悅其〔陳述〕
後有詔會議靈臺所處〔陽衢之洛陽記曰平昌門直南大道東是也〕
明堂大道西是靈臺也　帝謂譚曰吾欲讖決之何如譚
默然良久曰臣不讀讖帝問其故譚復極
言讖之非經帝大怒曰讖非聖無法將
下斬之譚叩頭流血良久乃得解出為六安
郡丞〔六安郡故城在今壽州安豐縣西南〕意忽忽不樂道病卒
時年七十餘初譚著書言當世行事二十
九篇號曰新論上書獻之世祖善焉〔日本道〕

二王霸三求輔四言體五見〔衍〕六諫非七啓寤八柷
嚴九正經十議通十一難事十二道賦十三辨惑十四
述十五策十六閔友琴道各大令
皆為上下〔東觀記曰琴道未造述策閔友琴道各〕一篇餘並有上下琴道各〔日光武讀之策閔友琴道各〕
〔別為上下東觀記曰琴道一章〕琴道一篇未成肅宗使班固續〔琴道一〕
成之〕〔東觀記曰琴道未成但有發首一章〕
十六篇元和中肅宗行東巡狩至沛使使
者祠譚家鄉里以為榮
馮衍字敬通京兆杜陵人也〔東觀記曰野王生〕
〔徒杜陵〕〔黨游人曾祖野王字君卿世〕
〔父也東觀記曰野王立生滿年十七喪父早卒滿生〕〔李崇〕
〔長子也野王生襲父爵為關內侯座生〕

衍幼有奇才年九歲能誦詩至二十而
博通群書王莽時諸公多薦舉之者衍辭
不肯仕時天下兵起莽遣更始將軍廉丹
討伐山東丹辟衍為掾與俱至定陶莽追
詔丹曰倉廩盡矣府庫空矣可以怒矣可
以戰矣將軍受國重任不捐身於中野無
以報恩塞責丹惶恐夜召衍以書示之衍
因說丹曰衍聞順而成者道之所大也逆
而功者權之所貴也〔於正道雖逆遂而卒有成功者謂之權所謂反經合〕

也。義者是故期於有成，不問所由，論於大體，不守小節。昔逢丑父伏軾而使其君取飲，稱於諸疾。

左氏傳，齊晉戰于鞌，晉韓厥逐齊侯，乃與齊侯御，車韓厥將及齊侯，丑父令齊侯下取飲，乃載齊侯以免。逢丑父代齊侯於邴克，邴克將戮之，呼曰：自今無有代其君任患者，有一於此，將為戮乎。邴克曰：人不難以死勉其君，我戮之不祥，赦以勸事君者。乃免之。鄭

祭仲立突而出忽，終得復位，美於春秋。蓋以死立突而出忽，終易亡君子之道也。

夫祭仲之出忽立突，權之大者也。祭仲鄭大夫也，鄭莊公卒，祭仲立公子忽，是為昭公，宋人執祭仲而使出忽而立突，祭仲不從其言，君必死，國必亡，從我而立突，祭仲之謂也。宋人執鄭祭仲何以不名忽，忽可以存易亡，突可以生易死，出忽即祭仲之出忽也。以死易生，以存易亡，古人有權者以

以死易生，以存易亡者，皆權也。故易曰：窮則變，變則通，通則久。

慮世也。故易曰：窮則變，變則通，通則久。若夫詭於衆意，盡國存身，賢智之

言則君可以生易死，國可以存易亡，此之詭於衆意，盡國存身，賢智之詞，皆周易下繫之詞。

是以自天祐之，吉無不利。

知其不可而必行之，破軍殘衆，無補於主，身死之日，行聞之得時無怠，智者不為，勇者不行。且衍聞之得時無怠，當急趨時，言失也。

以五世相韓，椎秦始皇博浪之中。

張良大開地，相韓昭侯宣惠王襄哀王，父及祖相韓之五王也。後秦滅韓，良家僮

隱微而發於此也

敗不可悔時不可失公孫鞅曰

人之所忽也

有高人之行負非於世有獨見之慮見督

茀人猶惡也史記商君傳贊作疑

故信庸庸之論破金

不之策 庸常也金石龍襲當世之操失高明

之德夫決之智之君也疑者事之役也

臧時不重至公勿再計丹不聽遂進及無

命河東

遣尚書僕射鮑永行大將軍事安集北方

永字君長司隸
校尉宣之子

衍因以計說永曰衍聞明君

不惡切慤之言以測幽冥之論忠臣不顧

爭引之患以達萬機之變

兼立銘勒金石令問不忘今衍幸逢寬明

之日將值危言之時

敢拱默避罪而不竭其誠哉伏念天下離

驅武關破百萬之陳推九虎之軍

皋率宛葉之眾將散亂之兵啸昆陽長

咸懷怨怒

皇帝以聖德靈威龍興鳳

不膂太半狹咎之毒入骨髓四夫僮婦

騰波涌更相駘藉

四垂之人肝腦塗地死亡之數

興災異蜂起於是江湖之上海岱之濱風

亡夫婦離散廬落丘墟田疇蕪穢疾疫大

臣貪殘於內元元無聊飢寒並臻父子流

市賦斂愈重眾彊之黨橫擊於外百僚之

息

征萬里暴兵累年

刑法彌深

沒於南夷

緣邊破於北狄

王莽之害久矣始自東郡之師

臣攻武關恭乃拜將軍九人皆以虎為號以捍臣等聲破六虎敗走三虎乃保京師倉鄧羣等乃開武關始迎更

靁震四海席卷天下（席卷言無餘也）

攘除禍亂誅滅無道一暮之間海內大定繼高祖之休烈修文武之絕業社稷復存炎精更輝德冠往初功無與二（此上二句司馬相如如封禪書之詞）天下自以去亡新就聖漢當蒙其福而賴其願樹恩布德易以周洽其猶順驚風而飛鴻毛也（言其易也王襃聖主得賢臣頌曰翼乎如鴻毛遇順風也）然而諸將虜掠逆倫絕理（倫理也亦通于）殺人父子妻人婦女燔其室屋略其財産飢者毛食寒者裸洗草

【後漢列傳十七】 十三

冤結失望無所歸

三軍之政存撫并州之人惠愛其延頸企踵百姓高世之聲聞乎羣士故大將軍之事豈得而望者非特一人也且大將軍以明淑之德之權統命令大將軍以明淑之德誠加乎

珪璧其行束修其心而已哉（言當恢廓規華不可空自清潔）將定國家之大業成天地之元功徒約束修身而已也昔周宣中興之主齊桓霸彊之君耳猶

有申伯召虎夷吾吉甫（申伯周宣王之元舅也召虎召穆公也吉）

攘其蟊賊（蟊賊稼蟲名蟊蝥音牟）

甫謂尹吉甫也皆周宣王臣並見毛詩夷吾管仲之字也

安其疆宇況乎萬里之漢明帝復興而大將軍為之梁棟此誠不可以忽也（左傳子産謂王郎謂王郎也國棟也折橑崩僑將壓焉真定謂劉楊也）且衍聞之兵久則力屈人愁則變生令邯鄲之賊未滅真定之際復擾

姓震駭奈何自怠不為深憂夫并州之地

【後漢列傳十七上】 十四

過百里守城不休戰軍不息兵革雲翔百

東帶名關北逼彊胡（井陘關也要害之塞故曰名關東觀記作石陘關）年穀獨孰人庶多資斯四戰之地攻守之場也如其不虞何以待之故曰德不素積人不為用備不豫具難以應卒（史記子貢說晉君曰不先定不可以應卒音倉忽反）所杖必須良才宜改易非任更選賢能夫十室之邑必有忠信（東觀記曰無謂賢路有聖人）人以承大將軍之明雖則山澤之人無不感德思樂為用矣然後簡精銳之卒發屯

守之三軍既整甲已具相其土地之
饒觀其永泉之利制屯田之術習戰射之
敎則威風遠暢人安其業矣若鎮太原撫
上黨收百姓之歡心樹名賢之良佐天下
無變則足以顯聲譽一朝有事則可以建
大功惟大將軍開日月之明發深淵之慮
監六經之論觀孫吳之策是非詳衆士之白黑（著賢）（孫武吳王闔廬將 吳起魏文侯將並兵法書也）省羣議之是非詳衆士之白黑
也以超周南之迹垂甘棠之風令夫功烈
施於千載富貴傳于無窮伊望之策何以（伊尹呂望）
加茲乃以衍爲立漢將軍置偏禆將軍五人也得自置（東觀記衍爲將軍馮偏禆將軍五人也）
偏禆乃以衍爲立漢將軍（狼孟縣名屬太原郡置偏禆將軍五人也受使得自置）
領狼孟長屯太原（在狼孟縣名屬太原郡故城在今并州陽曲縣東北也）
上黨太守田邑等繕甲養士扞衛井土及與
世祖即位遣宗正劉延攻天井關與田邑
連戰十餘合延不得進邑迎母弟妻子爲（東觀記曰鄧禹使積弩將軍馮愔將兵擊邑惜悉得邑母弟妻子）後邑
延所獲
聞更始敗乃遣使詣洛陽獻璧馬即拜爲

上黨太守（東觀記曰遺騎都尉弓里游諫大夫何叔武即拜邑爲上黨太守）因遣
使者招永衍永衍等疑不肯降衍忿邑背
前約衍乃遺邑書曰蓋聞（東觀記衍與邑素誓列頸俱受重任）
晉文出奔而子犯宣其忠（晉文公重耳辟驪姬之難出奔狐偃字子犯國遂爲霸主）趙武逢難而程嬰明其賢
（勤令返國遂爲霸主也）
二子之義當矣今三王背畔赤眉危國（井孤兒然趙氏真孤乃在程嬰所即以五年晉景公乃立趙武爲卿而復其田邑事見史記）
功之日志士馳馬之秋也伯玉擢選剖符（蝡動謂天下始傳蝡動）
專室大郡（文帝初與郡守始爲銅虎符竹使符分持其一以爲瑞信剖即分也）
黨之地有四塞之固東帶三關西爲國藩（三關謂上黨關壺口關石陘關也 陘音形）
天下之匈假仇讎之刃豈不哀哉（張儀說楚王曰秦下甲攻衞陽晉大關天下智李斯曰所謂借寇兵而齎盜糧也）
衍聞之委質爲

臣無有二心

委質酒屈膝也左傳曰策名委質貳乃辟也臣無二心古之制也

瓶之智守不假器　解見　是以晏嬰臨盟擬

以曲戟不易其辭　左傳見　齊莊公如諸大夫崔杼弑

邑晉人來理把　季孫將以郎邑與之謝息不可

之家謝息孟孫昭公如楚謝息守郎

遂釋　謝息守郎脅以晉魯不喪其邑

夫子從君而喪邑雖吾子亦有倩焉　左傳曰

之在楚於晉罪也又不聽晉魯罪必至吾

無以待也謝息曰古人有言擇子桃與

孫曰吾與子桃辭以無山與之萊柏二山名

注曰摯瓶汲器論小智也魯國

下縣東南有桃虛萊柏二山名

由是言之内無

乖或僻從乘展轉而被畔人之聲蒙降城之恥

東之利也但萊宇似棄文又連桃後學者以作桃棄

易明桃萊難悟不究始輒改萊爲棄衍集以作萊柏

鉤頸之禍外無桃萊之利

臣賢棄謝息無桃邑萊山故言得桃

竊爲左右羞之且邦庶其竊邑畔君以要

大利曰賤而必書莒年夷以土地求食而

名不滅是以大丈夫動則思禮行則思義

未有背此而身名能全者也

庶其邦大夫以魯故言竊邑畔君以要利也年夷莒大夫黑肱以濫來奔昭公三十一年邦黑肱以濫來奔左傳曰以地畔其人名雖不義而必書其名賤而必書以地畔雖不義而不可滅也故君子動則思禮行則思義以名其終或欲蓋而名彰此所謂三畔人名者是也

為伯玉深計莫若與

彰求其此所

鮑尚書同情勠力顯忠貞之節立超世之

功如以尊親係之故能捐位投命歸之

尚書大義既全敵人紓怨　紓緩

符之責下足救老幼之命申眉高談無愧

天下若乃貪上黨之權惜全邦之實衍恐

伯玉必懷周趙之憂上黨復有前年之禍

史記曰趙考成王時韓上黨太守馮亭使人至趙曰韓不守上黨入之於秦其吏人皆安為趙不欲為秦有城市邑十七願拜入於趙趙王大喜召平陽君豹告之曰韓氏所以入上黨於趙者欲嫁其禍於趙也趙受之何如豹曰秦蠶食韓氏中絕不令相通固自以為坐而受上黨之地其實趙得之不易也趙王曰今發百萬之眾攻城經年不得一城今坐受城市邑十七此大利不可失也趙遂發兵取上黨趙王以馮亭為華陵君

昔晏平仲納延陵之誨終免欒高之難

惡所以無故人之利夫樂欲嫁其禍於圍遂發兵取西周圍邯鄲又攻四十萬眾韓氏圍趙於圍懷周趙之圍故言懷周趙之憂前年之禍謂去年秦人圍趙於圍懷周趙之圍故言懷周趙之憂前年之禍

時往昔晏平仲昔延陵季札聘齊見晏平仲曰子速納政與邑無政無邑乃免於難晏子因陳桓子以納政與邑是以免於欒高之難也欒高齊二大夫左氏魯昭公八年欒高無罪

延陵邑名吳公子季札所封故以號延陵季子也

無政乃免於難

作難昭公八年欒高晏子無罪

孫林父違穆子之戒故陷終身

孫林父衛大夫孫文子也穆子魯大夫叔
孫豹也左傳衛獻公使孫林父寧殖逐其君出奔齊後獻公反林父未知所過孫子無詞亦
本悔未嘗子曰孫子必亡而君過而不悛孫子復入國
林父遂以戚邑畔故孫子無詞亦
足陷於此終身之惡也

以爲伯玉聞此至言必若
刺心自非嬰城而堅守則策馬而不顧也
言不過爲
二塗而已

聖人轉禍而爲福智士因敗以
成勝願目彊於時無與俗同邑報書曰僕
雖驚怯亦欲爲人者也豈苟貪生而畏死
哉曲戟在頸不易其心誠僕志也間者老
《後漢列傳十七上》　十九　章懷

母諸弟見執於軍而邑安然不顧者豈非
重其節平若使人居天地壽如金石要長
生而避死地可也今百齡之期未有能至
老壯之閒相去幾何誠使故朝尚在忠義
可立雖老親受戮妻見橫分邑之願也閒
者上黨黜賊大眾圍城義兵兩輩入據井
陘即劉延
自試智勇

非不能當誠知故朝爲兵所害新帝司徒
已定三輔爲隴西北地從風響應其事
謂鄧禹也

昭昭日月經天河海帶地不足以比明
言明死
生有命富貴在天論語子夏之詞天下存亡誠云
命也邑雖沒身能如命何夫人道之本有
恩有義義有所施君臣大義母
子至恩今故主已亡義無誰爲老母拘執
恩所當留而厲以貪權誘以策馬抑其利
士性少嗜欲情厭事爲況全位尊身危財
心必其不顧何其愚乎邑年三十歷位卿
多命殆鄙人知之何疑君子君長敬通
二十　章懷

《後漢列傳十八上》
鮑永字君長也永行集鮑永行將軍事安集并州擁
揭節垂組自相署立揭音其謁反謂負也蓋仲
由使門人爲臣孔子譏其欺天由欲使門人孔子曰由行詐也吾誰欺欺天乎事具論語君長據位
兩州加以一郡兵屯太原自太原趣上黨大谷自太原縣西有大谷是也所謂上黨見圍不窺大谷即上
而河東畔國兵不入郂兵屯太原行集鮑永與太原太守李仲房同心拒井陘即上黨所圍城者不來救也今并州大谷縣西有大谷是也
郡順帝改曰河東也上黨見圍不窺大谷所謂宗
正臨境莫之能援兵威屈辱國權日損三
王背畔赤眉害主未見兼行倍道之赴若

墨羅累繭救宋申包胥重胝存楚衛女馳

歸唁兄之志　夫人其兄即衛公帑夫國曰信衛懿公為狄所滅戴公乃立廬于曹邑許穆夫人閔衛亡思歸唁衛侯而不得乃賦載馳之詩事見在傳　王

衍信之故屯兵界休　界休縣屬太原郡今汾州縣　方移書

衍不從或訕言更始隨赤眉在此　訕偽永言

海言不可也孟子曰挟太山而超北海也

厭為臣子思為君父平欲搖太山而蕩北

能事生安能事死未知為臣為主豈未

亡一歲莫知所定所虛冀妄言苟肆鄙塞未

子塈張舒誘降涅城　東觀記曰叔及舒等誘使內兵殺其縣長馮晏立故謁者祝回為涅長涅城縣西涅音奴結反舒

上黨云皇帝在雍以惑一百姓永遣弟叔及

家在上黨邑悉繫之又書勸永降永不荅

《後漢列傳十八上》二十一

陳邑字伯玉馮翊人也後為漁陽太守　東觀記曰邑為朝芳人也其先齊諸田父豐為王莽著威將軍邑有大節邑能善屬文為漁陽太守未到官道病卒　永衍審知更始已歿乃共

罷兵幅巾降於河內　幅巾飾首而已　帝怨衍

等不時至永以立功得贖罪遂任用之立功謂說下懷說而衍獨見黜永謂衍曰昔高祖賞季

布之罪誅訂丁固之功　季布項羽將數窘漢王漢王即位赦布以為郎中丁固亦羽將亦窘高祖引還高祖即位丁固謁見高祖曰兩賢豈相厄哉丁公乃還漢祖使項王失天下者乃丁公也遂斬之

曰記有之人有挑其鄰人之妻者挑其長

者長者罵之挑其少者少者報之後其夫

死而取其長者或謂之曰夫非罵爾者邪

曰在人欲其報我在我欲其罵人也　陳龜

志天之所壞人不能支君長兵不與韓信同日而論威行得束不及智伯之半天時不能厭而欲明人臣之義當先知故伯主之未然成敗主飯欲貪天下為已今取四海為

足欲明人臣之義當先知故伯主之未然成敗

冰釭天下為敵人舉足遇害動輒履深泉之薄為不為歔亦危矣遇害何如其咸履悲夫鮑之行也言服桀之行悲夫也命也鮑之薄收

張氏舒新行其法能逃不自詣新恐怨其子也子都之業足以致堯讜無不支誠誹不知

三族舒新行其法不自詣新恐怨者也永邑遂與怨自是與邑有

對秦王之詞也見戰國策引之者言己為故主守節亦冀新帝重之也挑音徒了反

難知人道易守守道之臣何患死亡頃之　夫天命誅之

帝以衍為曲陽令〔在曲陽縣名屬常山郡故城在今定州彭城縣西也〕衍上書陳八事其一曰顯

斬劇賊郭勝等降五千餘人論功當封以〔續漢志曰建武六年九月〕

讒毀故賞不行建武六年日食〔武六年建〕

文德二曰襄武烈三曰修舊功四曰招俊

傑五曰明好惡六曰簡法令七曰差秩祿

八曰撫邊境書奏帝將召見初衍為狼孟

長史讒之於尚書令王護尚書周生豐曰〔風俗通曰周生姓也豫章舊志曰豐〕

長以罪摧陷大姓令狐略是時略為司空

衍所以求見者欲毀君也　護等懼之即共

字傳防太山南武陽人也建武七年為豫章太守清約儉惠

排閒衍遂不得入後衛尉陰興新陽侯陰

就以外戚貴顯敬重衍衍遂與之交結

由是為諸王所聘請也興又就並光烈皇后母弟

神龍驤首幽雲蒸景伏見君侯忠孝之性慈仁之情

情合聲比則應德修也衍集與陰就書曰衍聞

年讒老被思病恐一旦無祿命先犬馬懷抱不報齎恨入

〔後漢列傳十八上〕　二十四

冥思剖肝膽有以塞責方今天下安定四海咸服蒙

恩更生之臣無所效其死力側聞東平壯王當

之國擇除官屬不以衍備門衛鄙語

曰水不激不能破舟矢不激不能飲羽不念舊惡

賢所高貴則閣棺之日魂復何恨尋為司隸從

者抵死徙其餘至貶黜衍由此得罪嘗自

事帝懲西京外戚賓客故皆以法繩之大

詔獄有詔赦不問〔時衍又與就書曰奏曹掾遇〕衍叩頭死罪衍村素愚戇

義汙穢外無毫髮之勞內無汗馬之勞衍之罪領備知之

覆之德華重疊閒者蒙明宗授其祿史

灰恩父寵淫肌澒渡署以七月還至陽武聞詔捕悄

送妻子還淄澠縣詣關冀先事自歸十一日到十二日

諸王賓客悄怖詣關冀先事自歸十一日到十二日

毛仲

書報歸田里即日東手詣洛陽詔獄十五日夜詔書

勿問得出遭兩又疾大困冀高曲之德施以田子老

馬之惠長有依歸以兼穆駁馬之勁忠心

恩使長有依歸以兼穆驗馬之勁忠心　西歸故郡開門自保

不敢復與親故通

後漢書列傳卷第十八上

馮衍

建武末上疏自陳曰臣伏念高祖之略而
陳平之謀毀之則疏譽之則親

史記曰魏無知薦陳平於漢王太后以平為將絳灌等咸譖平曰平雖美丈夫如冠玉耳居家盜嫂今大王令護軍諸將奧金多者得善處金少者得惡處是反覆亂臣也王疑之以讓魏無知無知曰臣所言者能也陛下所問者行也今有尾生孝己之行而無益於勝負之數陛下何暇用之乎

忠縝之以法則為罪施之以德則為功尚之
以文帝之明而魏尚之

本傳

仲舒言道德見妒於公孫弘
史記曰董仲舒為人廉直以公孫弘治春秋不如董仲舒而弘希時事位至公卿仲舒以弘為從諛弘嫉之時膠西王素聞仲舒亦善待之弘乃言仲舒可使相膠西王獨仲舒也

李廣奮節於匈奴
史記曰李廣隴西成紀人也為前將軍日後期自剄對簿廣乃引刀自剄

排於衛青
漢書曰李廣從衛青討匈奴青不使當匈奴力失道後期青令長史責廣

道後知也臣與
屈里人文太帝為雲中守匈奴不近雲中後坐上首虜差六級下之吏罰作之馮唐諫文帝曰臣愚以為陛下法太明賞太輕罰太重賞太輕帝悅是為雲中守也

日令唐持節赦尚復以為雲中守也

此忠臣之常所為
流涕也臣衍無馮唐之說乏董生之才寡李廣之
薦下無馮唐之說乏董生之才寡李廣之
自剄也臣行自惟微賤之臣上無無知之

執而欲免謗口濟怨嫌豈不難哉臣衍之
先祖以忠貞之故成私門之禍

衍之祖馬參知薦陳平無知也忠正不屈節於王氏五侯參姊為中山王太后以後親自殺親族死者十七人見前書

於王氏五侯參姊為中山王太后以後親自殺親族死者十七人見前書

而臣衍復遭擾攘之時值兵革之際不敢
回行求時之利也
回邪事君無傾邪之謀將

師無虜掠之心衛尉陰興敬慎周密內自
修勑外遠嫌疑故敢與交通興知臣之貧
數欲勑本業之基本生業也

欲遺其財為立之才不敢處三損之地固讓而不受之

載孔子言曰益者三友損者三友故衍引以為言也

財柄蒼卒之閒據位食祿二十餘年
而財產歲歲狹居處日貧家無布帛

無興馬之飾於今遭清明之時飭躬力行
之秋力行謂盡力行善道也禮記曰力行近於仁也

興譏議橫世蓋富貴易為善貧賤難為工
也疏遠壠畝之臣無望高關之下惶恐自

陳以救罪尤書奏猶以前過不用衍不得
志退而作賦又自論曰

馮子以爲夫人之德不碌碌如玉落落如石〔老子德經之詞也言可貴者非道真玉後碌碌爲人所賤石形落落爲人所賤賤既失矣貴亦未得言當處其不才之間〕

與時變化夫豈守一節哉

風興雲蒸一龍一蛇與道翱翔〔風興雲蒸言物相須也東方朔臧子書〕

用之則〔常務〕

道德之實而不求當世之名闊略小之〔史記〕

法無法因時爲業有度無度與物趣舍〔司馬談之詞也言法度是非皆隨時俗物所趣則向之所舍則達之所謂隨時之義也〕

行舍之則臧進退無主屈申無常故曰有〔化隨時之宜無有常處化音協韻音花〕

其謀〔僬卓異貌也〕

恬然肆志顧嘗好俶儻之策時莫能聽用〔放蕩縱逸不拘恒俗也〕

禮蕩佚人間之事

之息〔言食厚祿不當求小利也禮記曰畜牛羊伐冰之家不畜牛羊伐冰之家卿大夫已上喪祭得賜冰故言不委利害大夫已上諸侯之息牛羊韓詩外傳曰天子之家不恃多少……〕

久棲遲於小官不得舒其所懷〔棲遲猶偃息也抑〕

心折節意悽惋悲夫伐冰之家不利雞豚

以上言其喪祭得賜冰故言不委利害……委積之臣不探市井之

利而韓非之利是以貧窮有所屈而孤寡有所措也〈正身直行〉

況歷位食祿二十餘年而財產益狹居處
益貧惟夫君子之仕行其道也慮時務者
不能興其德爲身求者不能成其功〔言不可兼也爲右奉世〕

去而歸家復羈旅於州郡身愈據職家彌

窮荼卒離飢寒之災有喪元子之禍先將

軍葬渭陵哀帝之崩也營之以爲圍〔將軍即衍之曾祖故言先將軍渭陵元帝陵在長安北五十里哀帝義陵在長安北四十六里奉世墓入義陵塋中所以衍不得入葬而別求也〕

於是以新豐之東鴻門之〔太上皇思東歸乃遷豐邑人於此立新豐鴻門阪名前書音義曰〕

上壽安之中〔在新豐縣故曰新豐鴻門阪在今新豐縣南四里〕

酈山北屬涇渭東瞰河華龍門之陽三晉〔舊大道北下阪口地勢高敞四通廣大南望北五十里衍之曾祖故言先將龍門河所經今絳州縣〕

之路也〔龍門河所經今絳州縣三晉謂韓趙魏也〕

之丘宮觀之墟〔鄠鄂二水名周文王都酆武王都鄗秦本封在隴西秦縣周平西顧鄠鄗周秦〕

舊都遂定塋焉

忠臣過故墟而歔欷孝子入舊室而哀歎〔史記曰箕子朝周過殷墟感生禾黍箕子傷之欲哭則不可欲泣爲其近婦人乃作麥秀之詩船人聞之入……〕

室反諸其所養也反而亡焉失之哀於是乎〔皆爲流涕禮記檀弓曰反哭升堂反諸其所養也反而亡焉失之哀於是爲甚也〕

〈陳琰〉

每念祖考著盛德於前垂鴻烈於後遭時

之禍墳墓蕪穢春秋蒸嘗昭穆無列 司馬相如

功將西田牧肥饒之野殖生產修孝道營 年衰歲暮悼無成

宗廟廣祭祀然後闔門講習道德觀覽乎

孔老之論庶幾乎松喬之福 神農時雨師也 尹文子曰上龐阪陀高岡游仙于

宙目八紘 《後漢列傳大下》 歷觀九州山川之體追覽

上古得失之風愍道陵遲傷德之崩夫觀

其終必原其始故存其人而詠其道疆理

九野經營五山眇然有思陵雲之意也 正也詩曰我疆我理九野謂九州乃作賦自厲命

章玄妙之思也其辭曰

其篇曰顯志顯志者言光明風化之情昭

開歲發春兮百卉含英 開發皆始也爾雅曰春為發生卉草也

詞曰獻歲兮甲子之朝兮汨吾西征 君子貴事尚早故以

朝言之汨行貌楚詞曰汨吾南征汨音于筆反

傷 陵飛廉而太息兮登平陽而懷 悲時俗之險阨兮

石而意量同而妒異獨耿介而慕古兮豈 紛綸流於權衡

時人之所憙 言時俗溺於權利也言時

利兮親讐同而妒異獨耿介而慕古兮豈

也 沮先聖之成論兮折名賢之高風忽道

德之珍麗兮務富貴之樂耽 沮敗也頹墮也言時

固衆夫之所眩兮孰能觀於無形遵孔德之窈冥

兮羌前人之所有內自省而不慙兮遂定

志而弗改 離遭也尤過也言古人有勁直行而遭尤過者有矣即屈原

欣吾黨之唐虞兮 賈誼之流也衍內自省察不改也

憫吾生之愁勤聊發憤而揚情兮將以薄
夫憂心舜也薄散也往者不可攀援兮來者
不可與期病沒世之不稱兮願橫逝而無
由言唐虞性不可攀援而及將來哲又不可豫期
子疾没世而名不稱焉
無所病終身之後名不稱又將縱橫逝而其路
無由也論語孔子曰君 陟雍時而消搖兮超略
陟九峻而臨巖辤兮聽涇渭之波聲 鑾辤
顧鴻門而歔欷兮獻歓兮 卓受山
之所生傷誠善之無辜兮齎此恨而入冥
哀吾孤之早零兮何天命之不純兮信吾罪
音才結反辤音五結反
名姜嫄在今三原縣北巖
之無辜兮豈敗事之可悔
嗟我思之不遠兮恐余殊之有再涙沈瀾
雖九死而不眠兮氣滂涳而雲披心怫鬱而紆結
而兩集兮氣滂涳而雲披心怫鬱而紆結
兮意沈抑而內悲
恨之泝遠已敗之事悔之無及雖九死其猶未悔眠即瞑也今縱
恨之泝遠已敗之事悔之無及楚詞曰雖九死其猶未悔眠即瞑也

瞰太行之姜莪兮
飭躬自勖又恐禍至冊所
以淚落意沈氣憤心結也
觀壺口之峥嶸悼丘墓之蕪穢兮恨昭穆
太行山在上黨東...
之不榮
遠祖馬季長為韓...
歲忽忽而日邁兮壽冉冉
昔伊尹之干湯兮七十說而乃信皁陶釣
於雷澤兮賴虞舜而後親無二士之遭遇
後漢列 十八下 八
處其猶將至功業無成情多憂憤故赴原野而窮居
舟其不與恥功業之無成兮赴原野而窮
美而不伐
王記曰...
兮抱忠貞而莫達率妻子而耕耘兮委
後漢列 十八下 八
盧抑而不縱兮驥驂絆而不試獨慷慨而
韓
遠覽兮非庸庸之所識
戰國策曰...
衛賜之卓貨兮高顏回之所慕
重祖考之洪烈兮故收功於此路
積也衞也衞即卓

子貢貨殖顏回樂道所以不從流俗專心貞固者以其祖考功業隆大若茍末富貴恐致殞辱故於此功也

循四時之代謝兮分五土之刑德相

林麓之所産兮嘗水泉之所殖修神農之

本業兮採軒轅之奇策追周棄之遺教兮

軼范蠡之絕迹

家語曰地東西爲緯南北爲經五土一曰山林二曰川澤三曰丘陵四曰墳衍五曰原隰周禮五土一曰山林二曰川澤三曰丘陵四曰墳衍五曰原隰山林宜皁物川澤宜膏物丘陵宜覈物墳衍宜莢物原隰宜叢物周禮積德之川曰林動物宜毛植物宜莢此皆其所宜也

穀梁傳曰林屬於山曰麓神農耕而種之軒轅黃帝也大戴禮曰黃帝時播百穀草木節用水火財物人得其利周棄帝嚳之子也堯時爲后稷舜以爲農師天下得其利故言嘗報也蠡南陽人范姓名蠡字少伯事越王句踐苦身力戮然以行藏浮海以行變姓名適齊爲鴟夷子皮之陶爲朱公然則范蠡之迹難蹈也

晉之故國愴焉其不遂兮愴去荻之遭秦

踰猶遙也古字通八覽遙之地荒八方荒遠之地

於八荒風波飄其並興兮情惆悵而增傷

陟隴山以踰望兮眇然覽

覽河華之泱漭兮望秦泰

感焉馮亭以上黨降秦趙茶破趙長平而亭死故言不遂遭秦丞相胡亥元年用趙高計不

始皇大臣咸見殺害無遺脫者是遭惑也亭及去疾皆衒之先故遠懷憤怨也決音烏朗反漭音莽

山岳而周覽兮徇碣石與洞庭浮江河而

入海兮沂淮濟而上征

碣石海畔山名也在今平州東洞庭湖名也在今岳州西南衍既流假言涉歷江山周流河海屈原云吾將遠逝以自適路偹遠以周陶庭堅文仲之徒皆遍歷又從都鄙春今壽州地言偹遠逝以自適之類也

瞻燕齊之舊居兮歷宋楚之爲墟

降兮路紆軫而多艱講聖哲之通論兮心

燕都也齊都也紆軫猶盤曲也紆音於宋都睢陽在今宋州楚都郢在今荊州至考烈王爲秦所滅又徙都壽春今壽州也不祀言不祀也

都哀羣后之不祀兮痛列國之爲墟今楚蕭

惆憶而紛紜

紆軫猶盤曲也惆憶猶懷結也惆音丑留反

天路之同軌兮或帝王之異政堯舜煥其

蕩蕩兮或帝王之異政承平而革命

惟思也言路軌則同而帝王德政或異或承平或革命天路上天之路軌轍也異政言異政也合天者偁帝仁義合者偁王故言異政也蕩蕩政教參差有異班曰仲天路而同軌論語孔子曰惟天爲大唯堯則之蕩蕩乎民無能名焉煥乎其有文章蕩蕩政化平暢貌論語孔子曰大哉堯之爲君也煥乎其有文章則煥明也

升日夜而幽

思兮終悵惶而洞疑高陽邈其超遠兮世

軌可與論茲

孔子曰吾嘗終日不食終夜不寢以思無益不如學也惆惶懷惑廣蒼云惆悵而懷惑惆惶音丑紺反或作惆惶悵高陽帝顓頊之

懵禍福未定也惆音它反懵音丑制反未定也高陽帝顓頊之

論夏啟於甘澤兮傷帝典之始傾頌成
康之載德兮詠南風之歌聲

評問也史記曰高陽氏之沈
深而有謀疏通而知事以盡惱洞疑又曰
號也洞亦不定也

尚書曰啟征有扈戰于甘之野孔安國云甘有扈郊地名在今鄠縣
啟禹子也傷帝典之傾也易曰黃帝堯舜垂衣裳而天下治蓋取諸乾坤頌成康之德也易曰積德累功以至成康之世而周南召南之歌盛貌也

思唐虞之晏晏兮

德盛貌也

揖稷契兮而勃興

注曰寬容覆載謂之晏稷契皆堯舜臣鄭玄云稷棄也契卨也

捃摭仁義兮紛其條暢兮至湯武

契禹為司徒契主十四葉孫周號湯滅夏桀而王天下禹后稷十六葉孫周號紂而王天下

昔三后之純粹兮母季世而窮

左傳曰其興也勃焉昔三后之純粹茂盛至末代必窮其災禍周之季葉幽王滅紂近矣三十里

禍平夏桀於南巢兮哭殷紂於牧野

禍平也惜其不能始終純茂每至末代必窮其災禍湯放桀於南巢武王滅紂於牧野何焯近諸三十

詔伊尹於亳郊兮享呂望於酆

詔召也湯都在京兆杜陵亭呂望周太師翼周滅也

功與日月齊光兮名與三王爭流

也

洲者也鄠縣文王所都水中可居曰洲也

乎衢路兮墨子泣乎白絲知漸染之易性
兮怨造作之弗思

揚朱號

淮南子曰楊子見逵路而哭其可以南可以北墨子見染絲而泣之為其可以黃可以黑傷其本性也

黯楚子於南郢兮執趙武於溴梁

楚子

美開睢之識微兮愍王道之擅彊

詩序曰關雎后妃之德也周室將微故詠周文王妃以刺其時

朋拔周唐之盛德兮譏微兮捃相文之

本同而末異也墨子見染絲歎曰染於蒼則蒼染於黃則黃五入而色變故墨子知漸染之易道也

善忠信之救時兮惡許謀之妄作聘申叔
於陳蔡兮會荀息於虞號

荀息虞國大夫

誅犇鉏之介兮聖兮討臧

倉之慇知媮子反於彭城兮爵管仲於夷

儀

兵革之寖滋兮苦攻伐之萌生沈孫武於

五湖兮斬白起於長平

十三

毒從橫之敗俗流蘇秦於洹水兮幽張儀

燔商鞅之法術兮燒韓非之說論

澄德化之陵遲兮烈刑罰之峭峻

惡業最巧之亂世兮

諧始皇之跋扈兮投李斯於四裔

滅先王之法則兮禍寖滛而引大

制中分矯二主之驕奢餽女齊於絳臺兮

饗椒舉於章華

十四

【後漢列傳十六下】

宋襄擒道德之光耀兮表季札於延陵
鄭僑撫仁智之英華兮訪晏嬰於營丘
兮獨於邑而煩惑夫何九州之博大兮迷
不知路之南北
遇末駟蚪而馳騁兮乘翠雲而相伴就
伯夷而折中兮得務光而愈明

日曈曨其將暮

十五

（後漢列傳十六下）

風而容與求善卷之所存兮遇許由於負
成而定慮欽員人之德美兮淹躊躇而弗
去
泰輈吾車於箕陽兮遺吾馬於潁湆聞至
言而曉領兮還吾反乎故宇
陽之變化兮昭五德之精光
字覽天地之幽奧兮統萬物之維綱究陰

款子高於中野兮遇伯
意尉慄而不譫兮俟回

十六

則爲仁義
道智信也

躍青龍於滄海兮豢白虎於金山

鑒巖石而爲室兮託高陽以養仙神雀翔

於鴻崖兮玄武潛於嬰冥朱樓而四望

兮採三秀之華英

篡前修之夸節兮曜往

昔之光勳披綺季之麗服兮揚屈原之靈

芬

芝之茂英

兮長吾佩之洋洋飲六醴之清液兮食五

高吾冠之岌岌

德不用故

相負服之爲

六蕙香草

衡於外術

兮築蕙若而爲室播蘭芷於中廷兮列杜

捷六枳而爲籬

木蘭與新夷光尾閭而煬燿兮紛郁郁而

攢射干雜薜蕪兮楫

暢美華芳畢其發越兮時恍忽而莫貴非

惜身之坦軻兮憐衆美之憔悴

游精神於大宅兮抗玄妙之

常操虛處清靜以養志兮實吾心之所樂

夫莊周之釣魚兮辭卿相之顯

位於陵子之灌園兮羞窮悟而入術離塵垢之窈

約而得道兮羌窮悟而入術雖蓋隱

冥兮配喬松之妙節

存神

與身其執親陂山谷而閒處兮守寂寞而

命兮大老親聃之貴玄德與道其執寶兮名

今以散思兮覽聖賢以自鎮嘉孔丘之知

而求其友

林冥冥兮暢茂蘗焉回翔索其羣兮鹿哀鳴

山巖巖兮造天兮

又玄衆妙之門樂音五孝反

謂天地抗羣也此老子曰玄之

惟吾志之所

女常自探井曰老音逐之遂垍壞於時

地女任氏為妻悍忌不得畜勝妾

非為造作端末安生首尾無罪無辜讒口囂囂以

又多短衍以文過其實遂廢於家衍聖以

觀其從容

庶兮固與俗其不同兮俶儻而高引兮願

顯宗即位

不生不去此婦人事不成自恨以華盛時不早自定至於垂白家貧無祖自生禍映衎以仕官紛然之門闔閭不出以卑耕轉以求衣食無不敬有功

路哉　然有大志不戚戚於賤貧居常慷慨揭

歎曰衎少車名賢經歷顯位懷金垂紫揭　節奉使（金謂印也紫謂綬也金或作衆音求離反）

陵雲之志三公之貴千金之富不得其願　不躲於懷（躲猶屑也）　貧而不衰賤而不恨

年雖疲曳猶庶幾名賢之風（曳猶頹也）　修道德

於幽冥之路以終身名為後世法居貧年（二十二）　林志遠

篇（二十八篇）　衎集見有　蕭宗甚重其文子豹

衎集有問交一篇　書記說自序官錄說策五十　頓慎情一篇（衎與宣孟書曰居室）

老卒于家所著賦誄銘說問交德誥慎情

當因豹夜寐欲行毒害時人稱其孝　愈謹而母疾之益深（書曰又自）

豹字仲文年十二母為父所出後母惡之

麗山下（麗音力之反）　鄉里為之語曰道德彬彬

長好儒學以詩春秋教

意似此妻又見出之　心之所好哉觀其書　傷前遭不良此有去兩婦之

馮仲文（論語曰文質彬彬然後君子鄭玄注彬彬文質雜半貌也）　舉孝廉拜尚

書郎忠勤不懈每奏事未報常俯伏省閤

或從昏至明蕭宗聞而嘉之使黃門持被

覆豹勅令勿驚轤由是數加賞賜是時方平

西域以豹有才謀拜為河西副校尉和帝

初數言邊事奏置戊己校尉城郭諸國復

率舊職遷武威太守視事二年河西稱之

復徵入為尚書永元十四年卒於官

論曰夫貴者負埶而驕人才士負能而遺

行其大略然也二子不其然乎（史記曰魏太子擊達文侯

之師田子方引車下道子方不為禮太子擊曰富貴者驕人乎貧賤者驕人乎子方曰貧賤者驕人耳

諸侯驕人則失其國大夫驕人則失其家貧賤者行不合言不用則去之楚越若脫躧然奈何同

負能而遺行也　負恃也）　馮衎之引挑妻之辟得矣夫納

妻皆知取罝已者而恕義情難光武雖得之於

非反妒情易而恕義情難光武雖得之於

鮑永猶失之於既往守節故亦諭阻於來情

所以見屈於既往守節故亦諭阻於來情

嗚呼（衎為更始寧哀既降埶義守直既行之於已光武屈而不用故言義直所以見屈於既往）

贊曰譚非讖術衍晚委質道不相謀詭時
同失　詭違也言二人之道不相
同俱以違時咸被擯斥也　體兼上才榮微
下秩

也則守節之人見行
被黜瀹阻難於將來

後漢列傳十八下

二三

林芳

唐章懷太子賢注

申屠剛　鮑永　子昱
郅惲

申屠剛字巨卿扶風茂陵人也七世祖嘉
文帝時為丞相剛質性方直常慕史䲡汲
黯之為人　史記曰史䲡字子魚衛大夫也論語孔子曰直哉史魚邦有道如矢邦無道如矢崩書汲黯字長孺武帝時為主爵都尉好直諫時人謂之汲直
仕郡功曹平帝
時王莽專朝多猜忌遂隔絕帝外家馮衛　馮謂昭儀平帝祖母也衛謂衛姬帝母也
方正因對策曰臣聞王事失則神祇怨怒
姦邪亂正故陰陽謬錯此天所以譴告王
者欲令失道之君曠然覺悟懷邪之臣懼
然自刻者也　懼戄並音紀住　今懼業下詔書張設重法抑
校德而虛納毀譽數之重者乃至霣斬傷
斷誹謗禁割論議罪之重者乃至霣斬傷
忠臣之情挫直士之銳殆乖建進善之旌

臣聞成王幼少
周公攝政聽言下賢均權布寵無舊無新
唯仁是親　其宅各田其田無故無新唯仁之觀
尚書大傳曰武王入殷周公曰各安其宅各田其田無故無新唯仁之親
順天地舉措不失然近則召公不悅遠則
四國流言　尚書曰周公為師相成王為左右召公不悅也周公曰既還政成王宜其自退今召公不悅言周公既攝管蔡商奄也成王幼也夫子小周公攝政四國流言曰公將不利於孺子
復為相故不悅也　四國謂管蔡商奄也成王幼少
母之性天道至親今聖主幼少始免繈褓
免繈業平帝即位時年九歲故云始免繈褓
前書音義曰繈絡也繈絡被也或作襁
以來至親分離外戚杜隔恩不得通且漢
家之制雖任英賢猶援姻戚親疏相錯杜
塞閒隙誠所以安宗廟重社稷也今衛
無罪父廢不錄或處窮僻不若民庶誠非
慈愛忠孝承上之意夫為人後者自有正
義至於孳孳孝承其執其執不嫌是以人無賢愚莫
不為怨姦臣賊子以之為便不諱之變誠

03-450

難其慮今之保傅非古之周公周公至聖
猶尚有累何況事失其衷不合天心者哉
昔周公先遣伯禽守封於魯以義割恩寵
不加後〔禽於魯周公旦之子也周公相成王先封伯禽於魯令留輔政其子禽也周公身昔周公攝防禍首先遣伯禽守封於魯禽不令加榮貴以自把損也東觀記曰故先遣伯禽守封於魯之禮〕
故配天郊祀三十餘世〔所滅凡三十四公以魯以周公至頃公至伯禽公一如天子之禮〕霍光秉
宗黨權抑外戚〔昭帝時霍光輔政其子禹及兄孫雲山等皆中郎將奉車都尉〕

政輔翼少主修善進士名為忠直而尊其〔李賢〕
至固終沒之後受禍滅門〔霍光薨後其子禹謀反發覺禹斬母顯及諸女昆弟皆棄市宣帝時為大司馬方令師傅皆以伊周之〕
宣帝時為大司馬
昆弟諸壻皆奉朝請給事中唯
思其危則禍何不到損益之際孔父收歡
位據賢保之任以此思化則功何不至不
說苑曰孔子讀易至損益則喟然而歎孔子曰夫自損者益自益者缺吾是以歎矣
之持滿之戒老氏所慎〔傾不如止也老子曰持而盈之不如其巳止也言執滿必不如止也〕
不全今承襄亂之後繼重敝之世公家屈

竭賦斂重數苛吏奪其時貪夫侵牟財百
姓困乏疾疫天命盜賊羣輩且以萬數軍
行衆止竊號自立無畏憚於危亡也攻犯京〔後漢書謂光武帝元始三年陽陵人杜橫等自稱將軍盜武庫兵攻官寺出四徒也〕
師燔燒縣邑〔稱將軍盜武庫兵攻官寺出四徒也〕
至乃訛言積弩入宮宿衛驚懼自漢興以
來誠未有也國家微弱姦謀不禁六極之

效危於累卵〔尚書大傳曰六極一曰凶短折凶不聽厥極貧極惡極弱極憂極疾聽之不聰厥極疾不建厥極弱不從厥極惡不明厥極視之不明厥極憂〕王者承天順地典
爵主刑不敢以天私其宗不敢以天罰
輕其親陛下宜遂聖明之德昭然覺悟速
述帝王之迹近邇遵孝文之業〔文帝即位使使者徵中山太后迎薄太后者也〕
宮令時朝見又召馮衛二族裁與冗職散〔冗散也〕
抑患禍之端上安社稷下全保傅內和親
戚外絕邪謀書奏荅今元后下詔曰剛所
〔林仁〕
序五敬左傳史曰舜舉八元使布五敎于四方父義母慈兄友弟恭子孝也
義母慈兄友弟恭子孝
也使得執戟親奉宿衛以防未然之符以
后於代之剛欲使平帝迎太中山太后至京師者也
差五品之屬納至親之
五敎五常之敎也尚書舜命契曰汝作司徒敬敷五敎於

言僻經妄說　元后元帝后　王莽之姑也　遵背大義其罷歸
田里後莽篡位剛遂避地河西轉入巴蜀
往來二十許年及隗囂據隴右欲背漢而
附公孫述述剛說之曰愚聞人所歸者天所
與人所畔者天所去也伏念本朝　謂光武也躬
聖德舉義兵龍興行天罰所當必摧誠天之
所福非人力也將軍本無尺土孤立一隅
宜推誠奉順與朝并力上應天心下酬人
望為國立功可以永年　立事可以永年也　今文尚書曰立功　嫌
疑之事聖人所絕以將軍之威重遠在千
里動作舉措可不慎與今璽書數到委國
歸信欲與將軍共同吉凶布衣相與尚有
沒身不負然諾之信況於萬乘者哉　烈士傳曰左伯桃羊角哀二人為死友欲仕於楚道阻遇雨雪計不俱生伯桃謂角哀曰俱死無益子生恐無能致身在樹中伯桃入樹而死楚平王愛角哀之賢而上卿禮葬伯桃角哀夢伯桃曰蒙子之恩而獲厚葬正苦荊將軍家相近今月十五日當大戰以決勝負哀至期日陳兵馬詣其冢作三羊角哀左伯桃二人為死友不得行飢寒自度不俱生伯桃謂角哀曰俱死無益子生恐無能致身在樹中而棄子之賢而上卿禮葬伯桃角哀夢伯桃日蒙子之恩而獲厚葬正苦荊將軍家相近今月十五日當大戰以決勝負哀至期日陳兵馬詣其冢作三日而從之此歿身不負然諾之信也　今
何畏何利久疑如是卒有非常之變上負

忠孝下愧當世　言從漢何畏附蜀
言固常為虛及其已至又無所及是以忠　何利而久疑不決夫未至豫
言至諫希得為用誠願反覆愚老之言睨
不納遂亡從述建武七年詔書徵剛剛將
歸與隗囂書曰愚聞專己者孤拒諫者塞孤
塞之政亡國之風也雖有明聖之姿猶屈
已從眾故慮無遺策舉無過事夫聖人不
以獨見為明而以萬物為心順人者昌逆
人者亡此古今之所共也將軍以布衣為
鄉里所推廊廟之計既不豫定今東方政　廊殿下屋也　廊廟之所也　事必先謀於
教日睦百姓平安而西州發兵人人懷憂　動軍發眾又不深料
騷動惶懼莫敢正言眾疑惑人懷顧望
非徒無精銳之心其患無所不至夫物窮
則變生事急則計易其執然也夫離道德
逆人情而能有國有家者古今未有也將
軍素以忠孝顯聞是以士大夫不遠千里
慕樂德義今苟欲逆意徼幸此何如哉夫

天所祐者順人所助者信（易繫詞之言也）如未蒙
祐助令小人受塗地之禍毀壞終身之德
敗亂君臣之節汙傷父子之恩（不從光武是亂君臣之節也遺子惲入質而背之是傷父子之恩也）衆賢破膽可不愼哉躍
不納剛遂到拜侍御史遷尚書令光武嘗欲
出游剛以隴蜀未平不宜宴安逸豫諫不
見聽遂以頭軛乘輿輪帝遂為止（軛謂以兩軛止輪木也）時內外羣官多帝自選舉加
以法理嚴察職事過苦尚書近臣至乃捶
撲牽曳於前羣臣莫敢正言剛每輒極諫（王逸注楚詞曰捶擊也）
又數言皇太子宜時就東宮簡任賢保以
成其德並不納以數切諫失旨數年出
為平陰令復徵拜太中大夫以病去官卒
於家

鮑永字君長上黨屯留人也（屯留令今路州縣也）父宣
哀帝時任司隸校尉為王莽所殺（莽輔政誅不附巳者伯千乘人受宣故殺宣）
永少有志操習歐陽尚書
尚書見前書 事後母至孝妻嘗於母前叱狗

▲後漢列傳十九　七

而永即去之（去音丘吕反）　初為郡功曹奔以宣
不附巳欲滅其子孫都尉路平承望風旨
規欲害永太守苟諫擁護召以為吏常置
府中永因數為諫陳興復漢室翦滅篡逆
之策諫每戒永曰君長幾事不密禍倚人
門永感其言及諫卒自送喪歸扶風路平
遂收永弟升太守趙興（王者封五色土為社封諸侯則各割其方面土與之燕以黃土直以白茅使歸立社也）
漢茅土
也　不能立節而與鮑宣死之（豈可害其子也）
杸縣出升復署永功曹時有矯稱侍中止
傳舍者興欲謁之永疑其詐諫不聽而出
興遂駕往永乃拔佩刀截馬當匈乃止（當音丁浪反）
後數日恭詔書下捕矯稱者永
由是知名舉秀才不應更始二年徵遷
尚書僕射行大將軍事持節將兵安集河
東并州朝部得自置偏裨輒行軍法永至
河東因擊青犢大破之更始封為中陽侯（中陽縣屬西河郡今汾州孝義縣也）永雖為將率而車服敝素

▲後漢列傳十九　八

為道路所識（東觀記曰永好文德雖行將軍常或有為上加衣卓禮補路稱鮑尚書兵為俗本不者誤也）時赤眉害更始，三輔道絕，光武即位，遣諫議大夫儲大伯（東觀記曰封於大伯所持節於晉陽大夫儲姓子之後也）持節徵永詣行在所，永疑不從，乃收繫大伯（風俗通曰儲姓齊大夫儲子之後也）而傳令辭中遣信人馳至長安也，遣使馳至長安。既知更始已亡，乃發喪，出大伯等，封上將軍列侯印綬，罷兵，但幅巾與諸將（幅巾謂不著冠但幅巾束首也）及同心客百餘人詣河內。帝見永，問曰：卿眾所在？永離席叩頭曰：臣事更始，不能令全，誠慚以其眾幸富貴，故悉罷之（幸希）。帝曰：卿言大而意不悅。時攻懷未拔，帝謂永曰：我攻懷三日而兵不下，關東畏服卿，可且將故人自往城下說之。即拜永諫議大夫，至懷，乃說更始河內太守（東觀記曰永說下懷），於是開城而降。帝大喜（東觀記曰上大喜與永對食上賜洛陽上商里宅陸機洛陽記曰上商里在洛陽東比本餶頑人所居故曰上商里宅也），賜永洛陽商里宅，固辭不受。時董憲裨將屯兵於魯，侵害百姓，乃拜永為魯郡太守。

永到，擊討大破之。降者數千人，唯別帥彭豐、虞休、皮常等各千餘人，稱將軍，不肯下。頃之，孔子闕里無故荊棘自除（闕里解見明紀），講堂至于里門，永異之，謂府丞及魯令曰：方今危急而闕里自開，斯豈夫子欲令太守行禮助吾誅無道邪？乃會人眾，修鄉射之禮，請豐等共會觀視，欲因此禽之。豐等亦欲圖永，乃持牛酒勞饗，而潛挾兵器。永覺之，手格殺豐等，禽破黨與，帝嘉其略，封為關內侯，遷揚州牧。時南土尚多寇暴，永以吏人痍傷之後，乃緩其衡緤（衡緤以控御人也說苑曰理國譬若張琴大絃急則小絃絕故急於其衡緤者非千里之御也），以文圉律示誅彊橫，而鎮撫其餘，百姓安之。會遭母憂去官，悉以財產與孤弟子。建武十一年，徵為司隸校尉。帝叔父趙王良尊戚貴重，永以事勤良，大不敬（東觀記曰時良從送中郎將來歙喪還車駕過夏城門中與五官將相逢道迫怒召門候岑尊入夏城門中與五官將馬頭歙喪還車駕過迫良從後到與右中郎將張邯相逢城門中道迫狹良怒召門候岑尊詰責使前走數十步案良諸侯藩……旋車又召候岑尊詰責使前走數十步）

臣蒙恩入侍知尊帝城門候吏六百石而肆意加
令叩頭都道奔走馬頭前無藩臣之禮大不敬也

由是朝廷肅然莫不戒慎乃辟害恢為都官從事恢亦抗直不避彊禦帝常曰

貴戚且斂手以避二鮑其見憚如此永
行縣到霸陵路經更始墓引車入陌

東北南北為陌東西為阡墓在今萬年縣

寧有過墓哭盡哀而去西至扶風椎牛上苟

遂下拜哭雖以獲罪司隸親北面事人

者也帝意乃釋後大司徒韓歆坐事言免也

何如太中大夫張湛對曰仁者行之宗忠

建武十五年

為東海相坐度田事不實被徵諸郡守多
永固請之不得以此忤帝意出

下獄永至城皋詔書逆拜為兗州牧便道
之官　神亦已勞矣以君惟懼近旦其以永為兗州牧也

視事三年病卒子昱

論曰鮑永守義於故主斯可以事新主矣

恥以其眾受寵斯可以受大寵矣若乃言
之者雖誠而聞之未辭　曉猶　宜苟進之悅
易以情納持正之忤難以理求乎易入則直
則難進也　誠能釋利以徇道居方以從義也

君子之躒也

昱字文泉少傳父學客授於東平建武初

城在今澤州也　上黨郡高都縣屬

有智略乃就謁請署高都長鮑永子

太行山中有劇賊太守戴涉聞昱鮑永子

路開通由是知名後為沘陽長政化仁愛
境內清淨

昱應之遂討擊羣賊誅其渠帥道

史表上之再遷中元元年拜司隸校尉遣

昱詣尚書使封胡降檄　今之露布也

官文書不著姓又當司徒露布
漢官儀曰璽書公卿

小黃門問昱有所怪不對曰臣聞故事通

下書而著姓也帝報曰吾故欲令天下知

思臣之子復爲司隸也昱在職奏法守正
有父風永平五年坐救火遲免後拜汝南
太守郡多陂池歲歲决壞年費常三千餘
萬昱乃上作方梁石洫歲歲决之水門也
常饒足漑田倍多人以殷貴蕭宗召昱問曰旱既
敢爲司徒賜錢帛什器帷帳除子得爲郎
建初元年大旱穀貴
大甚將何以消復災眚對曰臣聞聖人理
國三年有成今陛

下始踐天位刑政未著如有失得何能致
異但臣前在汝南典理楚事
者在汝南昱繫者千餘人恐未能盡當其
罪先帝詔言大獄一起冤者過半又諸徒
者骨肉離分孤魂不祀一人呼嗟王政爲
廝宜一切還諸徒家廬除禁錮與滅絕
死生獲所如此和氣可致帝納其言
雜難知昱奏定辭訟七卷决事都目八卷以齊同法
今息過人怨也四年代年融爲太尉六年薨年七

十餘子德修志節有名稱累官爲南陽太
守時歲多荒災唯南陽豐穰吏人愛悅號
爲神父時郡學父廢德乃修起橫舍
又作俎豆行禮奏樂又尊國老
宴會諸儒百姓莫不勸服在職九年
徵拜大司農卒于官子昂字叔雅有孝義
節行初德被病數年抱負行服關遂潛
于墓次不關時務舉孝廉辟公府連徵不
帶及處喪毀瘠三年
至卒於家

郅惲字君章汝南西平人也
母居喪過禮及長理韓詩嚴氏春秋
作詩內外傳嚴彭祖也受公羊
恭時寇賊羣發惲乃仰占玄象歎謂友人
曰方今鎮星歲熒惑並漢分翼軫之域
去而復來漢必再受命福歸有德

如有順天發策者必成大功時左隊大夫
逯並素好士〔夫氏爲 逯音錄〕
昌愚者以亡昔伊尹自鬻南輔商立功者以〔王莽以潁川爲左隊郡守爲大夫通曰逯秦邑也其大〕
竊不遜敢希伊尹之蹤應天人之變明府〔莽自衒賣也史記曰伊華氏勝臣貴鬻祖以滋〕
儻不疑逆俾成天德並奇之使署爲吏懼〔尹欲干湯而無因乃庖味說湯乃任以國政也〕
不謁曰昔文王抜呂尚於渭濱高宗禮傳
說於巖築桓公取管仲於射鉤故能立弘

後漢列傳十九〔十五〕〔陳書〕

不授驥以重任驥亦僄首裹足而去耳〔師呂望也相傳說而可爲吏位也 業仲父相傳說也〕
非闚天者不可與圖遠君
列就元勳未聞師相仲父而可爲吏位也〔前書志曰太極元 氣合三爲一謂三〕
此斗舍元包一甗陶品類
天地重其人惜其物故運機衡垂日月
遂不受署西至長安乃上書王莽曰臣聞〔救晝夜馳驅足腫脛裂裹裹鶉立秦庭盥音辰 驥自衙困自稱驥史記曰吳兵入郢申包胥走求〕
紀世圖錄豫設〔緣之書顯明帝王之年代也 表明也紀年也言天地造化品物者也〕
顯表
漢

歷父長孔爲赤制〔言孔立作辭著歷運之期爲 漢家之制漢火德尚赤故云〕〔爲赤制即春秋感精符 云墨孔生爲赤制也〕
者順以成德愚者逆〔以取害神器有命不 使愚惑殘人亂時智〕
可虛獲上天垂象陛下逆以取害神器有命不〔上天垂戒欲悟陛下令就臣位轉〕
下順節盛衰〔劉氏亨天永命陛 事受之永長也〕
禍爲福〔樊噲並在漢分也 漢家受天永長命運〕

後漢列傳十九〔十六〕〔盧德〕

若不早圖是不免於竊位也〔則取之盛衰 藏文仲其竊位也孔子曰〕
且堯舜不以天顯自與故禪天下〔堯舜〕
以自界也天爲陛下嚴父而陛下爲陛下孝子〔天之所顯猶不自與以位禪 人言堯之懼舜禪爲位也〕
父教不可廢子諫不可拒惟陛下留神莽
大怒即收繫詔獄劾以大逆惲據經
讖難即害之使黃門近臣脅惲令自告狂
病恍忽不覺所言惲乃瞑目晉曰所陳皆
天文聖意非狂人所能造逐繫須冬會赦
得出乃與同郡鄭敬南遁蒼梧〔經曰南方蒼梧之丘蒼梧之川其中有九疑 郡敬之所葬也在今永州唐興縣東南〕〔山焉舜之所葬也山名世山海〕建武

三年又至盧江因遇積弩將軍傅俊東徇
揚州俊素聞惲名乃禮請之上為將兵長
史授以軍政惲乃誓衆曰無掩人不備窮
人於阨不得斷人支體裸奪百姓放淫婦
女俊軍士猶發冢陳尸掠奪百姓惲諫俊
曰昔文王不忍露白骨〔解見順紀〕武王不以天
下易一人之命〔呂氏春秋曰武王伐紂至鮪水
紂使膠鬲候周師間武王曰何日至膠鬲行天大雨夜不休雨
之應謂夜雨止畢陳白魚入舟之類剋勝也商船號〕
故能獲天地之應尅商如林之旅〔天地
旅衆也如林言衆多尚書曰武王伐紂率其旅若
林會於牧野〕
將軍如何不師法文王而犯逆天〔陳仲
之死〕
地之禁多傷人害物虐及枯尸取罪神明
今不謝天改政無以全命願將軍親率士
卒收傷葬死哭所殘暴以明非將軍本意
也從之百姓悅服所向皆下七年俊還京
師而上論之〔上音時反〕惲恥以軍功取位遂辭
歸鄉里縣令甲身崇禮請以為門下掾惲
友人董子張者父先為鄉人所害〔東觀記曰子張父及

叔父為鄉里盛氏一時所害也〕及子張病將終惲往候之子
張垂歿視惲歔欷不能言惲曰吾知子不
悲天命而痛雠不復也〔言子在吾憂子仇未能報
子亡吾手而不憂也〕子張但目擊而已〔目擊謂舉目而視之也〕
仇人取其頭以
示子張子張見而氣絕惲因詣縣以狀
自首令應之遲〔獄故應對之緩也〕
友報雠吏之私也奉法不阿君之義也〔王通〕
君以生非臣節也趨出就獄令跪而追惲
不及我出敢以死明心〔惲若不去欲自首詣
不從遂自至獄令跪刺以明心也〕惲得
此乃出因病去久之太守歐陽歙請為功
曹汝南舊俗十月饗會百里內縣皆齎牛
酒到府讌飲時臨饗禮訖歙教曰西部督
郵繇延〔繇姓谷繇之後繇音遙〕天資忠貞稟性公方權
破姦凶不嚴而理令與衆儒共論延功顯
之于朝太守甄嘉歟休牛酒養德主簿讀

書教已曹引延受賜惲於下坐愀然前曰

司正舉觥〔愀變色貌司正主禮儀者觥罰爵也以〕

觥音古〔角爲之詩小雅曰兕觥其觩旨酒思柔〕

横反 以君之罪告謝于天案延資性貪邪〔言延外示方貞而内實貪也孔子曰色厲而内荏朋黨搆姦〕

外方内貞 弱也孔子曰色厲而内荏朋黨搆姦

罔上害人所在荒亂怨懟並作明府以惡

爲善股肱以直從此既無君又復無臣

惲敢再拜奉觥歆色慚動不知所言門下

掾鄭敬進曰君明臣直功曹言切明府德

也可無受觥歆意少解曰實歆罪也歆

奉觥服〔左傳曰舜臣堯乃流四凶族〕謝曰昔虞舜輔堯四

罪咸服〔共工于幽州放驩兜于崇山竄三苗于三〕罪咸服也

惲乃免冠〔危殛縣于羽山四罪而天下咸服也〕讒言弗庸孔任不行

謝曰昔虞舜輔堯四〔庸用也孔甚也〕

故能作股肱帝用有歌〔尚書元首起哉孔任不忠夝〕

哉惲遂受〔昭顯也惲自責不忠故〕既陷誹謗又露所言

虎從政〔此縣延也〕〔對虎貪獸以〕昭顯也

惲不忠孔任是昭〔使其佞人昭顯也〕

罪莫重焉請收惲延以明好

惡歆曰是重吾過也〔重再也〕遂不讌而罷惲

歸府稱病延亦自退鄭敬素與惲厚見其

言忤歆乃相招去曰子廷爭縣延君猶不

納延今雖去其執必還〔言歆後必直心無諱〕

誠三代之道〔三代夏殷周也論語曰直道而行也〕然道不

同者不相爲謀吾以壘其君之所〔孟子對齊宣王曰力〕

不能爲忠量其君之所不能爲賊〔宜王許之〕

之危盡去之乎惲曰孟軻以壘其君之所〔孟子對齊宣〕

同者不相爲謀吾不能忍見子有不容君

不能爲忠不能爲賊〔挾太山以趣北海語〕

足以舉百鈞而不足以舉一羽曰明足以察秋豪之末

而不見輿薪則王許之不見輿薪爲不用明故王不

爲禽獸不用恩爲不用功然則一羽之不舉爲不用力

保者爲不用恩非不能也是故王之不王非挾太山以

爲者與不能者之形何以異也〔挾太山以趣北海語〕

君者惲業已彊之矣障君於朝歆障蔽也言歆將以牛酒賞縣延而

惲障蔽不聽之〔中弋陽縣屬汝南郡前書云弋陽山在縣西北也居數月歆果復召

延退而惲又去不可敬乃獨隱於弋陽山

中〔弋陽縣屬汝南郡前書云弋陽山在縣西北也〕居數月歆果復召

延惲於是乃去從敬止漁釣自娛留數十

日惲志在從政既乃喟然而歎謂敬曰天

生俊士以為人也鳥獸不可與同羣之從我為伊呂乎將為巢許而父老堯舜乎若堯舜為父老許由則吾足矣生步重華於南野也步猶暴也重華舜宇謂歸為松子赤松子也彭以歸鄉謂蒼梧也敬曰吾足矣初從謂來今幸得全軀樹類有肌嗣還奉墳墓盡學問道在家孝悌亦從政之義也吾年老矣安得從子勉正性命勿勞神以害生煇於是告別而去敬宇次都清志高世光武連徵不到謝沈書曰敬開居不偹人倫新遷都尉遍府政未能致甘露此虞延並碎飄盈酒言談公車徵客居江夏敬授郡舉廉為上東城門候帝嘗出獵車駕夜還煇拒關不開帝令從者見面於門閒煇曰火明遼遠洛陽城東面北頭門也帝乃迴從東中門入遂不受詔明

《後漢列傳十九》

日煇上書諫曰昔文王不敢盤干游田以萬人惟憂下遠獵山林夜以繼晝其如社稷宗廟何暴虎馮河未至之戒誡小臣所竊憂也書泰賜後令煇授皇太子韓詩侍講殿中及琅邪後令煇授皇太子韓詩侍講殿中及郭皇后廢煇乃言於帝曰臣聞夫婦之好父不能得之於子臣所不敢言雖然願陛下念其可否之計無令天下有議社稷而已帝曰煇善恕已皇王知我必不有所左右而輕天下也后既廢而太子意不自安煇乃說太子曰久處疑位上違孝道下近危殆昔高宗明君吉甫賢臣及有纖介放逐孝子家語曰曾參為以子貴太子宜因左右及諸皇子引愆退

《後漢列傳十九》

身奉養母氏以明聖教不肯所生太子從
之帝竟聽許惲再遷長沙太守先是長沙
有孝子古初遭父喪未葬鄰人失火初匍匐
匶柩上以身扞火火爲之滅惲甄異之以
爲首舉後坐事左轉芒長 芒縣屬沛國故城在今亳州永城縣
歸避地教授
不死入見惲輒仲健惲怒以所杖鐵……坐免
著書八篇以

病卒子壽

二十三　余中

壽字伯考善文章以廉能稱歷孝廉稍遷
冀州刺史時壽兄壽部屬郡多封諸王賓客放
縱類不檢節 皆也 壽案察之無所容貸乃
便部從事專住王國又從督郵合王宮外
動靜失得即時騎驛言上奏
王罪及劾傳相於是藩國畏懼並爲遵節
視事三年冀上蕭清三遷尚書令朝廷每
有疑議常獨進見肅宗奇其智策擢爲京
兆尹郡多彊豪姦暴不禁三輔素聞壽在

冀州皆懷震竦各相檢勑莫敢干犯壽雖
威嚴而推誠下吏皆願効死莫有欺者以
公事免復徵爲尚書僕射是時大將軍竇
憲以外戚之寵威傾天下憲嘗使門生齎
書詣壽有所請託壽即送獄前後上書
陳憲驕恣引王莽以誡國家是時憲弟篤景
奴海內供其役費而憲及其弟景並起
第宅驕奢非法百姓苦之壽以府藏空虛 音正色
軍旅未休遂因朝會譏刺憲等廣

二十四　吳

辭曰甚切憲怒陷壽以買公田誹謗下吏
當誅侍御史何敞上疏理之曰臣聞聖王
關四門開四聰延直言之路下不諱之詔
立敢諫之旗聽歌謠於路 歌謠謂詩也敢諫之幡解已見
上禮記王制曰命太師陳詩以觀民風鄭玄注云陳詩謂采其詩而示之爭臣七人以
自鑑照 有爭臣七人 考知政理達失人心輒
改更之故天人並應傳福無窮臣伏見尚
書僕射郅壽坐於臺上與諸尚書論刺匈
奴言議過差及上書請買公田遂繫獄考

勃大不敬臣愚以為壽機密近臣臣救為
職若懷默不言其罪當誅今壽違衆正議
以安宗廟豈其私邪又臺閣平事分爭可
否雖唐虞之隆三代之盛猶謂謂謂以昌　　史記趙良謂商君曰千人之諾諾不如一士之諤諤王諤諤
不以誹謗為罪　　以昌肦紂而　　請買公田人情細過可裁隱忍忍壽
　　嘿嘿以亡
若被誅臣恐天下以為國家橫罪忠直賊
傷和氣忤逆陰陽臣所以敢犯嚴威不避
夷滅觸死瞽言非為壽也　　論語曰侍於君子有三愆未見顏色而
　　　　言謂之
賢也　　忠臣盡節以死為歸臣雖不知壽
度其甘心安之誠不欲聖朝行誹謗之誅　　鄭立注尚書考靈耀云道德純
　　　　備謂之塞寬容覆載謂之晏
以傷晏晏之化
杜塞忠直垂議無窮臣敢謬豫機密言所
不宜罪名明白當填牢獄先壽僵仆萬死
有餘書奏壽得減死論徙合浦　　今廣州縣　　未行
自殺家屬得歸鄉里
贊曰鮑永沈吟晚乃歸正志達義全先號　　易曰先號咷而後
　　　　笑謂初凶後吉也
後慶　　申屠對策邽悍上書

　　　　　　後漢列傳十九　　二十五　　　　手甲

後漢書列傳卷第十九

有道雖直無道不愚

　　　　　　後漢列傳十九　　二十六　　　　王琮